资产证券化 36 问

汪中 著

中国铁道出版社有限公司
CHINA RAILWAY PUBLISHING HOUSE CO., LTD.

图书在版编目（CIP）数据

资产证券化 36 问 / 汪中著 . —北京：中国铁道出版社
有限公司，2024.4
 ISBN 978-7-113-30836-0

Ⅰ.①资⋯ Ⅱ.①汪⋯ Ⅲ.①资产证券化 - 问题解答
Ⅳ.① F830.91-44

中国国家版本馆 CIP 数据核字（2024）第 050446 号

书　　名	：资产证券化 36 问
	ZICHAN ZHENGQUANHUA 36 WEN
作　　者	：汪　中

责任编辑：张亚慧　　编辑部电话：（010）51873035　　电子邮箱：lampard@vip.163.com
封面设计：宿　萌
责任校对：安海燕
责任印制：赵星辰

出版发行	：中国铁道出版社有限公司（100054，北京市西城区右安门西街 8 号）
网　　址	：http://www.tdpress.com
印　　刷	：河北京平诚乾印刷有限公司
版　　次	：2024 年 4 月第 1 版　2024 年 4 月第 1 次印刷
开　　本	：710 mm×1 000 mm　1/16　印张：18.75　字数：400 千
书　　号	：ISBN 978-7-113-30836-0
定　　价	：88.00 元

版权所有　侵权必究

凡购买铁道版图书，如有印制质量问题，请与本社读者服务部联系调换。电话：（010）51873174
打击盗版举报电话：（010）63549461

序

一晃儿，我从事资产证券化工作已经十年。古人常以十年为期，"十岁为一旬"，在这个特殊的节点上，还是想要做些记录，于是起了写作本书的念头。

我国资产证券化业务自2005年开始试点，在次贷危机后暂停，直至2012年第二轮试点重启，之后银行间、交易所市场各项监管规则陆续出台并不断优化，各类资产品种和交易结构的创新如雨后春笋般涌现，市场规模也急剧攀升，从一个资本市场的小众产品发展成为年发行规模达到3万亿元的重要融资工具。放眼全球，我国也已成为仅次于美国的第二大发行场所。

身处其中而不自知，回过头来看，才深感市场的发展竟是如此波澜壮阔，作为从业人员无疑是幸运的。

写作的过程中也曾设想过不同的主题形式，最终还是决定以发问的形式来展开，所选取的"36问"有些是行业内普遍受关注的话题，有些也是自身在业务过程中反复思考，抑或是还在寻求答案的问题。将这些思考与感悟记录下来、整理成册，既是对过往业务过程的总结，也希望与感兴趣的朋友一起做更多的探讨。

本书分为业务原理及参与主体、交易结构、基础资产、财务与税务、投资人及二级市场五篇：

第一篇共6问，涉及内容包括对ABS业务的起源、国内外市场发展情况的介绍，对底层法律原理的探究，对原始权益人、资产服务机构、中介机构等重要参与方的分析。

第二篇共9问，围绕ABS产品的交易结构展开，包括SPV载体类型、增信结构（外部增信、内部增信）、产品信用评级、期限结构、账户及现金流划转等，还原ABS业务中"基础资产"到"资产支持证券"整个过程中的关键环节。

第三篇共12问，选取了12类典型的基础资产，并结合具体实务案例进行分析，囊括了债权、收益权、不动产等主流的大类资产，同时就知识产权、不良资产等特色资产类型进行了专题介绍。

第四篇共3问，重点分析了资产证券化业务过程中的会计处理和税务事项，就"资产出表"与ABS业务息息相关的话题进行了重点论述。

第五篇共6问，围绕资产支持证券的特点和属性展开，包括投资人构成、二级交易与流动性、质押融资、二级估值等，最后介绍了目前我国市场CDS相关产品的发展情况。

书中内容很多来源于行业内的观点借鉴，涉及引用的部分尽可能将出处予以标识，但难免会有遗漏之处，如有涉及，也请联系指正。

虽说已走出校园多年，且从事的工作也一直是市场及业务相关，但内心深处还是保有一份"读书人"的身份认同。也正因为如此，对于书本始终怀有敬畏之心，对于将自身并不成熟的观点印成铅字，内心也多少还是有些忐忑。

尽管都是对具体业务实践中所遇到问题的总结，也竭尽所能去整理和完善答案，囿于能力所限，还是有诸多不足与遗憾：

（1）本书列示了36个问题，但这36个问题所涉及的内容远远不能涵盖资产证券化业务的完整流程、技术要点，以及资产种类等，作为成书，在框架完整性及全面性方面有诸多欠缺；此外，很多问题所涉及内容会穿插在不同部分，难以严格分类，整体结构会略显杂乱。

（2）我一直在境内机构从业，工作内容也都与境内市场相关，缺乏境外资产证券化市场的实践与直观感受，本书未能对境内外市场的情况做更深入的对比分析。

（3）由于我国交易所企业ABS等品种过往一直是私募发行机制，产品材料并不公开披露，为遵循保密要求，本书中涉及的很多案例信息无法直接呈现，一定程度上也限制了部分观点和内容的展开。

过去十年，从上海到北京，再回上海，再到深圳，生活基本都是围绕着工作和业务打转，家人的理解与支持始终是最大的动力，谢谢你们。

从业以来任职两家机构，非常感恩机构所提供的平台，尤其幸运的是，一直都身处在简单纯粹、积极向上、精进拼搏的团队氛围里，随着工作时日渐长，深感这并非易事。

感谢一路提携的领导、师长，以及一起奋进的团队伙伴，你们给了我太多的智慧点拨。

感谢刘佳敏、王家瑞两位同学，在异常繁忙的工作之余，付出大量时间精力协助整理数据、制作图表、校对文稿等，也相信这本书会是你们ABS生涯一个很有意思的起点，祝福你们越走越远。

感谢这十年业务过程中遇到的所有的同业前辈、合作伙伴、信任我们并将项目交予我们的客户朋友们，这个行业里有太多优秀的头脑、有太多奋进的身影，所有人的努力和碰撞推动着行业不断向前。

最后，祝愿中国资产证券化市场越来越好！

是为序。

汪　中

2023年11月

目 录

第一篇 业务原理及参与主体

1. 如果有一个稳定的现金流，是否就可以将它证券化？ / 2
2. 国内资产证券化市场如何后来居上？ / 8
3. ABS真的能实现破产隔离吗？ / 20
4. 特定原始权益人与非特定原始权益人有什么区别？ / 25
5. 如何区分资产服务机构的"真"与"假"？ / 30
6. 中介机构的职责边界到底在哪里？ / 34

第二篇 交 易 结 构

7. 什么是SPV？ / 40
8. 双SPV结构真的有必要吗？ / 45
9. ABS到底是投行业务还是资管业务？ / 51
10. 结构化产品都有哪些特殊结构？ / 55
11. 差额支付、流动性支持是强增信吗？ / 61
12. 不同市场的信用评级都有哪些区别？ / 66
13. ABS产品级别是怎么评出来的？ / 77
14. 3+3+3+…到底能加几个3？ / 82
15. 账户深深深几许？ / 88

第三篇 基 础 资 产

16. RMBS何以成为证券化第一大家族？ / 96
17. 消费金融资产是否被妖魔化？ / 106
18. 汽车金融资产为何持续被抢爆？ / 117
19. 收费收益权是收费权还是收益权？ / 127
20. 融资租赁ABS如何能经久不衰？ / 134
21. ABS是如何贯穿房企融资周期的？ / 148

i

22. 资产证券化会是PPP的理想退出路径吗？ / 159
23. 应收账款是个筐，什么资产都能往里装吗？ / 169
24. 知识产权ABS有那么高端吗？ / 177
25. 不良资产是否真不良？ / 186
26. 权益并表型ABS知多少？ / 198
27. 公募REITs是终点吗？ / 204

第四篇　财务与税务

28. 新会计准则对资产证券化业务带来哪些影响？ / 216
29. "出表"或"不出表"，谁来决定？ / 227
30. 离税收中性还有多远？ / 233

第五篇　投资人及二级市场

31. 资产支持证券是个什么券？ / 240
32. ABS产品投资人有哪些？ / 246
33. 资产支持证券真的没有流动性吗？ / 257
34. 资产支持证券质押融资是否可行？ / 263
35. ABS产品的二级估值可靠吗？ / 271
36. CDS是否开启了再证券化的大门？ / 278

第一篇

业务原理及参与主体

1. 如果有一个稳定的现金流，是否就可以将它证券化？

导读：本问基于资产证券化业务发展最为成熟的市场——美国市场的发展历程，对资产证券化产品的起源、分类、市场规模等进行介绍，并总结其原理及主要特征。

金融行业有句话流传很广："如果你有一个稳定的现金流，那就将它证券化。"此话的具体出处已不可考，但确实给资产证券化业务以很大的想象空间，同时也点出了这项业务的核心，那就是将现金流（资产）变成证券。

从广义的维度讲，任何将有价值（现金流回报）的资产变成可交易证券的方式都可称为资产证券化，如我们最熟悉的企业上市（IPO），本质上也是将企业股权变成可交易证券（股票）的过程。

具体到该业务品种上，一般认为资产证券化是指将缺乏流动性，但具有稳定可预期现金流的资产（称为基础资产），集结成资产池，打包出售给特殊目的载体（special purpose vehicle，SPV），并借以向投资人发行证券的业务模式。类似于股票、债券等公开市场证券品种，所发行的证券称为资产支持证券（asset-backed security），市场也经常以abs作为资产证券化（asset backed securitization）的简称。

一、资产证券化产品的起源、分类与发展历程

1. 产品起源

资产证券化业务起源于美国，兴起于美国的住房抵押贷款市场。早在20世纪40年代，美国就开始探索和培育住房抵押贷款的二级市场。1968年，美国推出第一张住宅抵押贷款证券，其发行者是新成立的政府机构——政府国民抵押协会，该机构专门以联邦住宅局（FHA）、退伍军人管理局（VA）和联邦农场主管理局（FHMA）担保的抵押贷款组合为基础，为发行的抵押贷款证券提供担保，保证及时向证券投资者支付贷款的本金和利息。

20世纪70年代，住房购买和贷款的需求攀升，贷款机构盘活已发放的住房抵押贷款、回收资金进行再投放的需求越发迫切，资产证券化产品应运而生。1970年，第一只住房抵押贷款支持证券（RMBS）正式发行，此后市场不断走向成熟，以汽

车贷款、信用卡贷款、不良债权等发行的资产证券化产品相继出现。

到目前为止，美国市场也是全球发展最为成熟、发行规模最大、创新品类最多的证券化市场，后面基于美国市场的发展情况对资产证券化产品的起源等进行整体介绍。

2. 产品分类

在美国市场，一般按照基础资产类型，将资产证券化产品分为房地产抵押贷款支持证券（MBS）和资产支持证券（ABS）。

MBS分为RMBS（住房抵押贷款支持证券）、CMBS（商业地产抵押贷款支持证券）、CMO（分级偿还房产抵押贷款支持证券），RMBS以个人住房抵押贷款为基础资产，单笔资产金额小、笔数多、同质化强；CMBS以产生租金收益的大型不动产抵押贷款为基础资产，单笔资产金额大、笔数少、个性化差异较大；CMO则是基于抵押证券为基础资产的结构化衍生产品。

ABS则是指除房地产抵押贷款债权之外的资产所组成的资产池发行的证券，包括狭义的ABS和CDO（担保债务凭证），狭义的ABS主要包括各类同质化贷款资产，如汽车贷款、信用卡贷款等；CDO则进一步分为CBO（担保债券凭证）和CLO（担保贷款凭证），CBO是基于主体债券作为基础资产，CLO则基于对公贷款等作为基础资产，如图1-1所示。

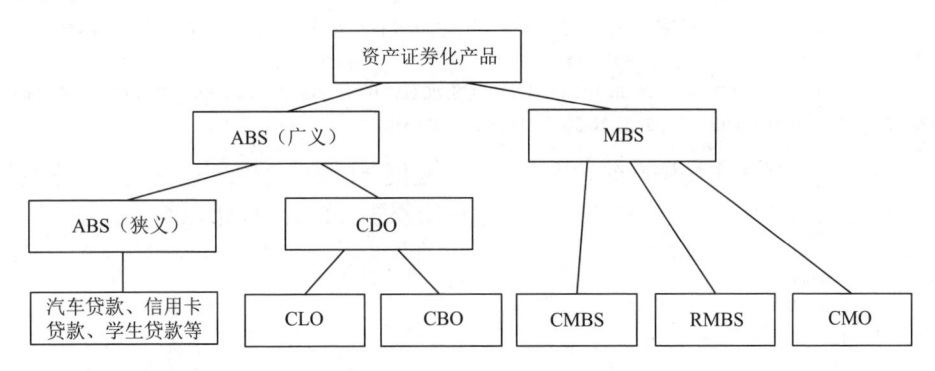

图1-1 美国资产证券化产品分类

3. 发展历程

综上所述，在20世纪70年代第一只资产证券化产品发行后，资产证券化市场大体经历了以下几个发展阶段：

（1）兴起繁荣阶段（1970—1984年）。这一时期可证券化资产仅限于居民住房抵押贷款，其他形式的资产尚未大规模开展，产品还属于美国本土化的金融创新技术，是初步兴起和繁荣时期。

（2）泛化发展阶段（1985—1991年）。随着MBS的大规模发行和推广，以非抵押资产的证券化品种（ABS）、以抵押证券为基础资产的再证券化品种（CMO）等都相继问世，基础资产的种类、产品的结构形式迅速多元化。

（3）全球化阶段（1992—2007年）。这一时期资产证券化产品在越来越多的国家和地区得到推广，金融全球化和金融自由化加速发展。

（4）监管深化及多元化发展阶段（2008年至今）。2007年次贷危机是资产证券化市场发展的一个转折点，市场开始反思证券化产品的风险，监管机构对于发起机构风险自留等方面的要求不断细化。此外，在吸收了美国等市场的发展经验与教训后，近年来，以中国市场为代表的新兴市场发展迅速，并基于国内独特的金融环境与企业融资需求，走出了一条与海外市场完全不同的发展道路。

4. 市场情况

表1-1为各主要经济体2022年度资产证券化产品发行规模。

表1-1 各主要经济体2022年度资产证券化产品发行规模

国家/地区	发行规模
美国	24 482亿美元
中国	20 268亿人民币（2 910.15亿美元）
欧洲	797亿欧元（849.45亿美元）
日本	48 199亿日元（362.35亿美元）
韩国	440 000亿韩元（348.93亿美元）

数据来源：SIFMA、Wind等。

注：1. 人民币对美元折算率根据2022年12月最后一个交易日中间价计算；其他货币对美元折算率根据当日上午9:00国际外汇市场相应货币对美元汇率计算确定

2. 表中各货币兑美元汇率如下：2022-12-30，USD/CNY=0.143 583；2022-12-30，USD/EUR=1.065 804；2022-12-30，USD/KRW=0.000 793；2022-12-30，USD/JPY=0.007 518。

2022年，美国市场资产证券化产品发行规模合计约为2.45万亿美元，债券发行规模合计约8.85万亿美元，在债券市场发行占比约为28%，如图1-2所示。

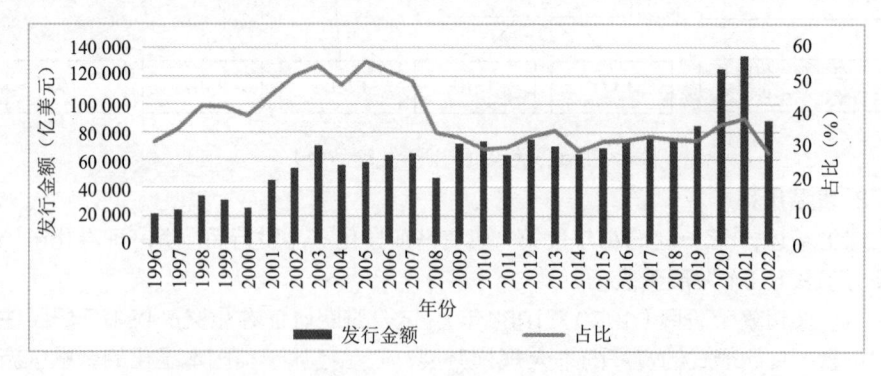

图1-2 美国市场历年债券发行规模及资产证券化产品发行占比情况

数据来源：SIFMA。

在发行种类方面，美国市场2022年MBS发行规模约2.15万亿美元，ABS发行规模约0.30万亿美元，占比分别约为88%和12%，MBS发行占比较高，如图1-3和图1-4所示。

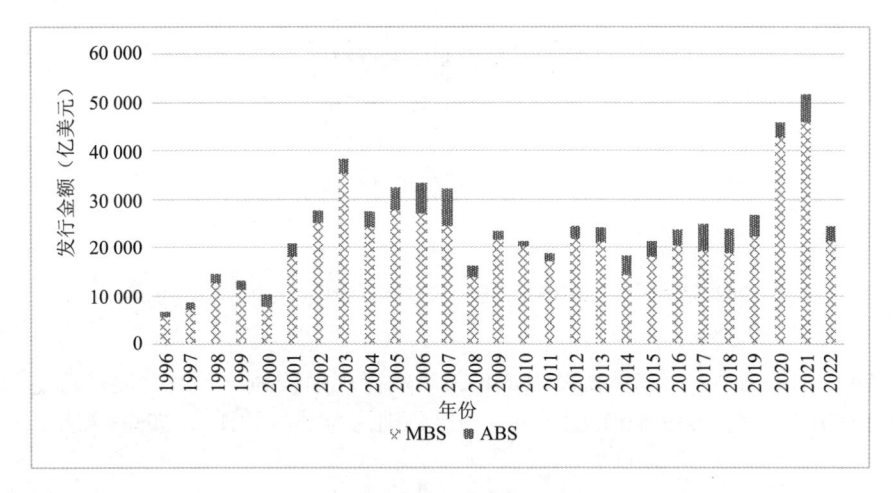

图1-3　美国市场历年MBS及ABS发行规模

数据来源：SIFMA。

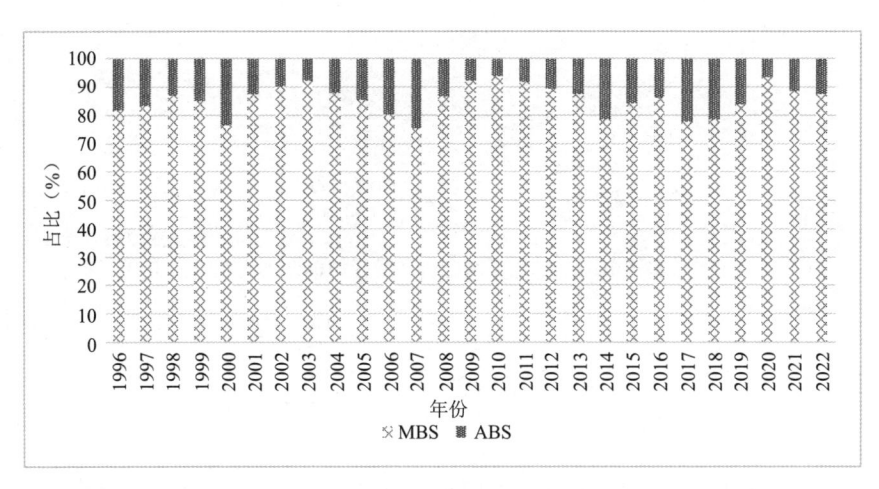

图1-4　美国市场历年MBS及ABS发行规模占资产证券化产品比例

数据来源：SIFMA。

细分品类方面，2022年度美国市场MBS产品中，机构支持MBS、机构支持CMO、非机构支持CMBS、非机构支持RMBS发行规模分别为18 196.35亿美元、2 710.99亿美元、366.58亿美元和181.33亿美元，占比分别约为85%、12%、2%和1%，如图1-5所示。

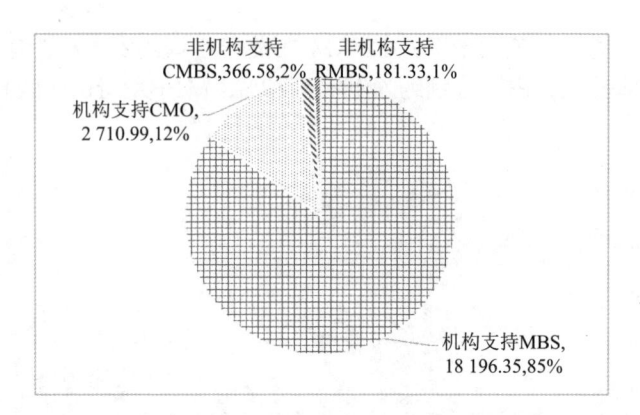

图1-5　2022年美国市场MBS各类基础资产发行规模及占比（单位：亿美元）

数据来源：SIFMA。

在ABS产品中，汽车贷款及CDO&CLO发行规模较高，2022年度发行规模分别为1 078.22亿美元和641.02亿美元，占比分别约为36%和21%，如图1-6所示。

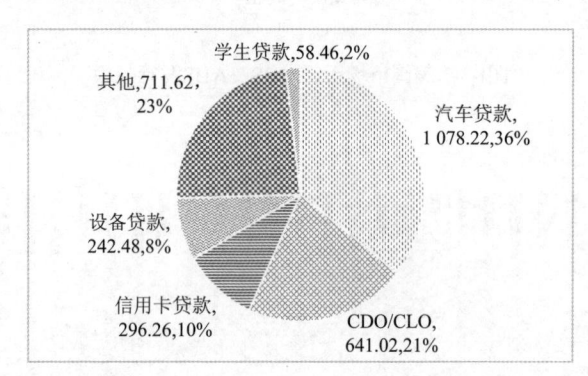

图1-6　2022年美国市场ABS各类基础资产发行规模及占比（单位：亿美元）

数据来源：SIFMA。

二、资产证券化的业务原理与特征

1. 业务原理

住房抵押贷款证券化流程如图1-7所示。

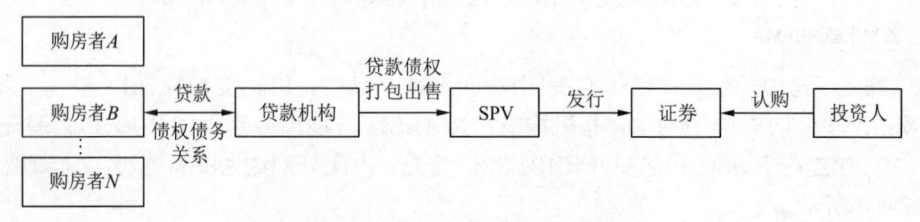

图1-7　住房抵押贷款证券化流程

以发行规模最大的RMBS为例,数量众多的购房者向商业银行或者政策性金融机构申请住房按揭贷款,贷款机构进行贷款发放后在表内形成体量庞大的住房按揭贷款资产,为了有效盘活这部分期限很长的资产,贷款机构选择将资产打包、出售给一个专门设立的SPV,由SPV作为发行人向公开市场投资人发行证券。交易完成后,贷款机构提前回收资金,后续购房者继续按计划偿还贷款本息,SPV取得还款现金流后向投资人进行分配。

从整个交易链条来看,基础资产的收益与风险并没有任何变化,甚至还因为中间的操作环节会有一定的成本损耗,那么这项业务的商业价值又在哪里呢?我认为主要有以下几个方面:

一是将传统的信贷市场(或不动产市场等)与资本市场打通,使得资本市场投资人能够有路径参与这类资产的投资;

二是通过证券结构的设计,将证券分为优先级、次级等不同层级,匹配不同风险偏好的投资人;

三是公开上市的资产支持证券其流动性更高,投资人能够很方便地通过二级交易实现退出,使得短期资金能够参与长期资产的投资。

2. 产品特征

通过观察资产证券化产品的发展演进及结构链条,可以总结该产品区别于其他融资工具的一些典型特征,具体包括:

(1)选择适格的基础资产是前提。不论资产证券化的结构设计如何变化,选择合适的基础资产是前提条件,要求其现金流稳定可预期、可评估、法律属性清晰、可转让等。也正是基于多种多样的基础资产类型,使得产品的创新层出不穷。

(2)SPV是交易的核心。SPV作为受让基础资产、发行证券的主体,独立于其他各个参与机构,这是资产证券化业务的典型特征之一。在本书相关部分将会对SPV的分类、运营管理、税务处理等进行详细介绍。

(3)基础资产的"真实出售"与"破产隔离"是核心要义。区别于资产抵押融资等,资产证券化交易需要真实、完整地转让基础资产,并实现与原资产持有主体的"风险隔离"。

(4)现金流的重整与分配是技术手段。如果把基础资产比喻为食材,所发行的证券是最后呈现的美味佳肴,那么中间的现金流重整、结构设计、证券分层则相当于厨师的加工环节,最为考验参与机构的技术水平。

(5)基础资产的运营管理需持续关注。资产的交割、证券的发行并不是资产证券化交易的结束,证券的偿付与分配依赖于基础资产的现金流回款,需要持续关注基础资产的运营管理。

2. 国内资产证券化市场如何后来居上？

导读：我国资产证券化业务起步较晚，但发展迅速，目前已成为全球第二大发行场所，且在资产构成、产品形态等方面走出一条不同于国外的发展道路。但相较于成熟市场，在产品标准化程度、投资人群体多元化、市场流动性等方面仍有很多不足。本问详细回顾我国资产证券化业务试点以来的发展历程，针对不同场所的发展情况进行对比分析，探讨我国资产证券化市场的发展趋势。

一、我国资产证券化市场发展历程及分类

相较于成熟金融市场，我国资产证券化业务起步较晚，依托于制度法规的不断完善和市场的创新探索，截至2022年底，我国资产证券化产品的存量规模已达到43 481.76亿元，2022年全年资产证券化发行规模达到20 237.29亿元，已经快速成长为仅次于美国市场的全球第二大发行场所。

我国资产证券化市场发展大体经历了如下几个阶段：

（1）探索期（2004—2008年）：2004年国务院颁布《关于推进资本市场改革开放和稳定发展的若干意见》（国发〔2004〕3号），明确提出要积极探索并开发资产证券化品种，并于2005年开始正式试点；

（2）试点重启期（2011—2013年）：受美国次贷危机影响，2008年后我国资产证券化试点有所停滞，直至2011年，银行间市场及交易所市场重新启动发行，多轮试点额度的批准标志着资产证券化市场进入常态化发展阶段，2013年全年证券化发行规模达到279.71亿元。

（3）改革推进及蓬勃发展期（2014年后）：随着一系列制度改革与政策法规的完善，证券化市场迎来高速发展时期。2014—2016年，市场发行规模分别为3 218.44亿元、6 088.32亿元与12 696.07亿元，连续两年发行规模近乎翻倍，2018年发行规模首次突破2万亿元，2021年更是历史性突破3万亿元，市场进入蓬勃发展阶段，如图2-1所示。

根据主管部门、挂牌交易场所的不同，目前我国标准化[①]资产证券化产品分为由中国人民银行与国家金融监督管理总局（简称"金融监管总局"，原银保监会）主管的信贷资产证券化（信贷ABS）、证监会主管的交易所企业资产证券化（企业

---

① 关于标准化ABS及非标ABS的分析详见第五篇第31问。

ABS）及交易商协会资产支持票据①（ABN），如表2-1所示。

单位：亿元

年份	信贷ABS	企业ABS	ABN
2005	172.74		
2006	280.01		
2007	198.02		
2008	282.08		
2009	0.00		
2010	0.00		
2011	12.79		
2012	281.42		
2013	279.51		
2014	3 218.44		
2015	6 088.32		
2016	12 696.07		
2017	15 197.34		
2018	20 204.59		
2019	24 370.69		
2020	29 149.07		
2021	30 802.70		
2022	19 817.84		

注：资产证券化包含企业ABS、信贷ABS及ABN

创新历程：

- **2005年：** 交易所首单ABS：中国联通CDMA网络租赁费收益计划；开元2005年第一期信贷资产支持证券。中国人民银行、中国银监会出台《信贷资产证券化试点管理办法》。
- **2009年一试点办法：** 证监会出台了《证券公司企业资产证券化业务试点指引（试行）》。
- **2011年一再度重启：** 在国际金融危机导致我国资产证券化试点业务停摆后，企业资产证券化业务再度重启。
- **2012年一初步指引：** 5月发布《关于进一步扩大信贷资产证券化试点有关事项的通知》放宽对投资者的限制；8月3日，中国银行间市场交易商协会发布《银行间债券市场非金融企业资产支持票据指引》，对ABN发行进行了初步指导。
- **2014年一管理规定：** 中国证监会发布《证券公司及基金管理公司子公司资产证券化业务管理规定》，资产证券化业务实行备案制和负面清单管理，同时将基金子公司纳入SPV范围内。
- **2016年一指引修订：** 12月12日，中国银行间市场交易商协会发布《银行间债券市场非金融企业资产支持票据指引（修订稿）》，在ABN交易结构中引入了信托。
- **2020年一新证券法：** 新证券法实施，资产支持证券纳入证券范围；施行信贷ABS信息登记，不再对信贷ABS产品备案登记。
- **2022年一规则指引：** 12月30日，上交所发布4个指引文件，旨在强化市场内生的约束，提高审核工作制度化、规范化和透明化。同日，深交所发布《分类审核指引》与《特定品种指引》。

图2-1　2005—2022年中国资产证券化市场发行情况

数据来源：Wind。

表2-1　信贷ABS、企业ABS、ABN特征对比

项　目	信贷ABS	企业ABS	ABN
交易场所	银行间市场	沪深交易所②	银行间市场
监管机构	中国人民银行、金融监管总局	证监会、交易所	交易商协会
发起机构/原始权益人	银行业金融机构（商业银行、汽车金融公司、金融租赁公司、消费金融公司等）	各类工商企业	非金融企业
审批方式	中国人民银行发行注册审批、金融监管总局项目备案（具体职能已下放至银行登记中心）	交易所出具无异议函、发行后基金业协会备案	交易商协会注册及发行备案
发行方式	公募或私募（实际都为公募发行）	私募	公募或私募定向
登记托管机构	中债登	中证登	上清所
特殊目的载体	信托	资产支持专项计划	信托
评级要求	双评级	单评级	单评级
风险自留要求	至少保留基础资产风险的5%	部分品种要求风险自留比例	原则上应保留一定比例基础资产信用风险，但有一些豁免情形
投资者类型	银行间债券市场机构投资者	面向合格投资者发行，发行对象不得超过200人，单笔认购金额不少于100万元	公开发行面向银行间债券市场机构投资者，定向发行面向特定机构投资者

① 根据中国银行间市场交易商协会2023年3月6日最新发布的《银行间债券市场企业资产证券化业务规则》，也可称为银行间市场企业资产证券化产品，本书仍采用市场惯例——资产支持票据（ABN）的名称。
② 机构间私募产品报价与服务系统等场所发行的产品在此不进行讨论。

表2-2为信贷ABS、企业ABS、ABN主要规则文件。

表2-2　信贷ABS、企业ABS、ABN主要规则文件

产品	时间	制度	主要内容
信贷ABS	2020-10	《信贷资产证券化信息登记业务规则（试行）》（银登字〔2020〕19号）	对信贷资产证券化产品的初始登记、存续期变更登记进行了详细规定，规范了信贷ABS产品事前、事中和事后各环节的信息披露机制
	2020-09	《关于银行业金融机构信贷资产证券化信息登记有关事项的通知》	不再对信贷资产证券化产品备案登记，而实施信贷资产证券化信息登记，并由银行业信贷资产登记流转中心承担信贷资产证券化信息登记相关职责
	2016-05	《信贷资产支持证券信息披露工作评价规程（征求意见稿）》	进一步规范信贷资产证券化业务信息披露的操作准则
	2014-11	《关于信贷资产证券化备案登记工作流程的通知》（银监办便函〔2014〕1092号）	将信贷资产证券化业务由"审批制"改为业务"备案制"
	2013-12	《关于规范信贷资产证券化发起机构风险自留比例的文件》	进一步完善信贷资产证券化风险自留制度，可采取垂直自留方式自留风险
	2012-05	《关于进一步扩大信贷资产证券化试点有关事项的通知》（银发〔2012〕127号）	信贷资产证券化试点重新启动
	2005-04	《信贷资产证券化试点管理办法》	我国首个针对资产证券化的管理办法，规定了信贷资产证券化发起机构、资产支持证券投资机构的权责
企业ABS	2022-12	《上海证券交易所资产支持证券挂牌条件确认规则适用指引第1号——申请文件及编制》《指引第2号——大类基础资产》《指引第3号——分类审核》《指引第4号——特定品种资产支持证券》	细化、优化了资产证券化发行要求，目的是强化市场内生约束，提高审核工作制度化、规范化和透明化，为市场主体提供稳定预期
	2014-12	《资产证券化业务基础资产负面清单指引》	资产证券化基础资产负面清单涵盖八类资产，包括以地方政府或融资平台公司为债务人的基础资产、矿产资源开采收益权等现金流不稳定的资产等
	2014-11	《证券公司及基金管理公司子公司资产证券化业务管理规定》	管理人范围由证券公司扩展至基金子公司；资产证券化业务实行基金业协会事后备案和基金资产负面清单；配套出台信批指引和尽职调查指引
	2013-03	《证券公司资产证券化业务管理规定》	对商业银行、保险公司、信托公司等机构开放；细化专项计划资产的独立性要求；基础资产删除商业票据、债券及其衍生品、股票及其衍生品；扩大资产支持证券的运用途径，用于交易、继承、转让、质押及回购融资
	2009-05	《证券公司企业资产证券化业务试点指引（试行）》	对券商如何开展企业资产证券化业务进行细致规定

续表

产品	时间	制度	主要内容
ABN	2023-03	《银行间债券市场企业资产证券化业务规则》《银行间债券市场企业资产证券化业务信息披露指引》	对银行间市场企业资产证券化业务相关规则要求进行了系统化更新与明确
	2021-01	《非金融企业资产支持票据业务尽职调查指引（试行）》	对资产支持票据的尽职调查原则、尽职调查基础工作和预备工作与尽职调查内容等作出细化与规范
	2016-12	《非金融企业资产支持票据指引（修订稿）》	引入特定目的载体（SPV），同时保留既有操作模式；丰富基础资产类型；明确业务参与各方的权责，从交易结构设计、基础资产要求强化风险防范和投资人保护
	2012-08	《银行间债券市场非金融企业资产支持票据指引》	重点对资产支持票据的资产类型、交易结构、信息披露等进行规范，尤其强化对资产支持票据投资人的合理保护机制
	2008-04	《银行间债券市场非金融企业债务融资工具管理办法》	对非金融企业在银行间债券市场的债务融资进行规定；各类创新产品可采用交易商协会注册、监管机构备案的方式

二、我国资产证券化市场基础资产构成及特征

随着我国资产证券化市场发展的不断深化，资产构成呈现向国外成熟市场趋同的趋势，同时因宏观经济下行以及部分行业风险暴露的影响，不同类型资产的风险表现也有所差异。

1. 基础资产构成及变化趋势

（1）信贷ABS

近年来，我国信贷ABS底层基础资产类型不断丰富，由传统的银行对公信贷资产逐渐转变为以个人零售类资产为主。

如图2-2所示，2015年以前，对公类资产发行规模一枝独秀；2016—2017年，融资租赁ABS、消费贷款ABS、不良资产ABS多种类型产品涌现，资产类型百花齐放；2018年后，在监管政策引导以及市场认可的双重驱动下，以住房按揭贷款、个人汽车贷款为代表的零售类资产逐渐成为发行主力。

（2）交易所ABS

企业ABS基础资产类型更为丰富，包括融资租赁债权、企业应收/应付账款、消费金融等债权类资产，基础设施收费收益权资产，以及与不动产相关的各类资产品种等，如图2-3和图2-4所示。

（3）交易商协会ABN

ABN的发行主体及资产类型整体与交易所市场趋同，在一些特定品类方面略有差异，如图2-5和图2-6所示。

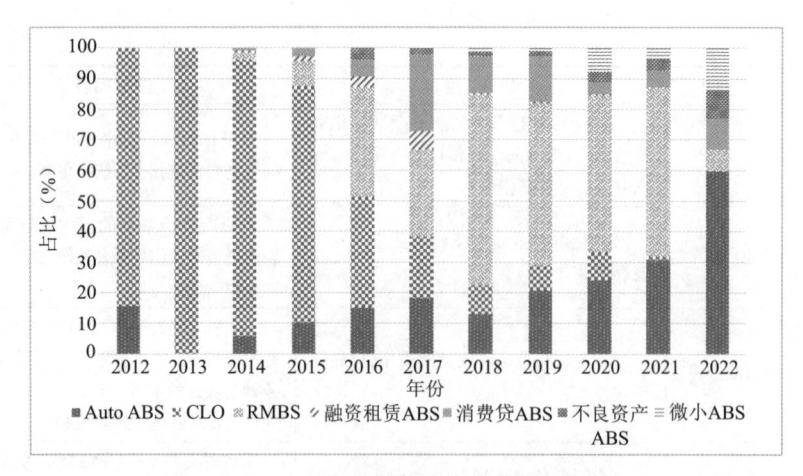

图2-2　2012—2022年信贷ABS基础资产类型占比

数据来源：Wind。

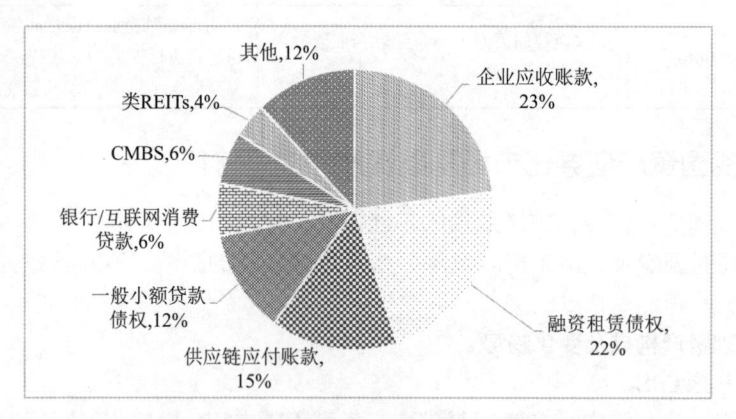

图2-3　2022年企业ABS基础资产类型分布

数据来源：Wind。

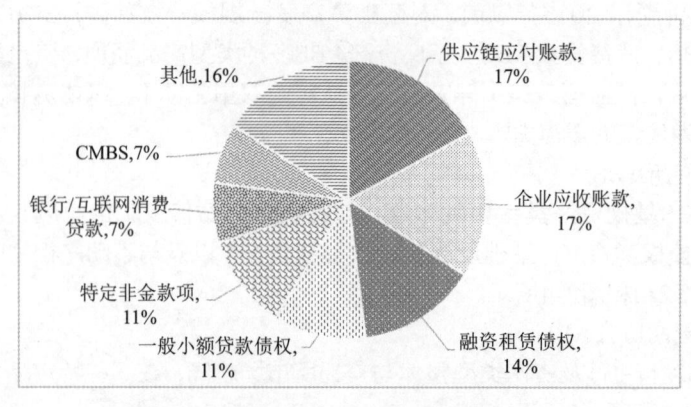

图2-4　2021年企业ABS基础资产类型分布

数据来源：Wind。

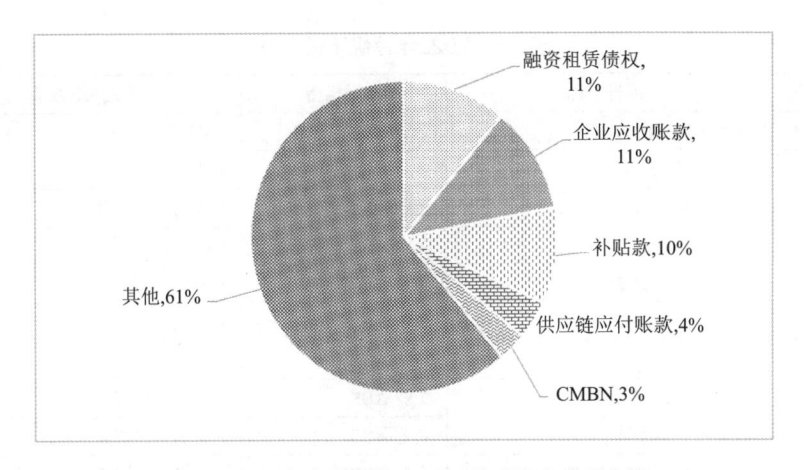

图2-5　2022年交易商协会ABN基础资产类型占比

数据来源：Wind。

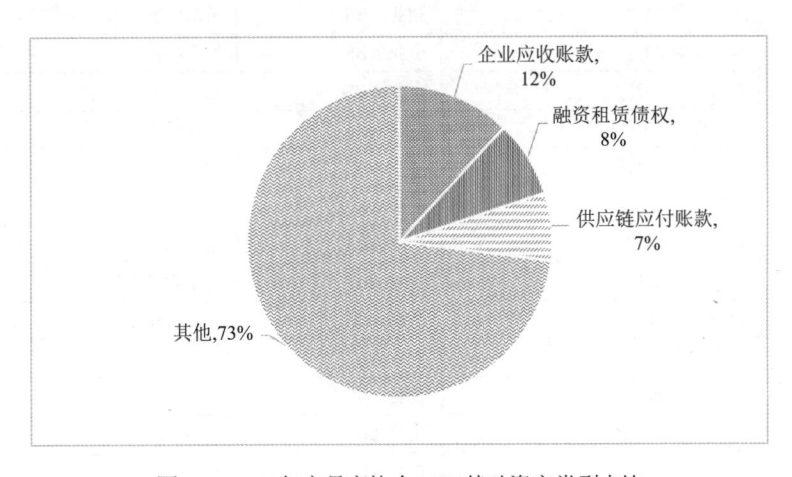

图2-6　2021年交易商协会ABN基础资产类型占比

数据来源：Wind。

2. 风险表现

信贷ABS方面，由于发起机构均为持牌金融机构，整体风险控制能力较强，目前无一单兑付风险事件发生，基础资产为对公信贷资产的，甚至没有一笔暴露出来的底层基础资产违约。

企业ABS及ABN方面，发起机构系各类工商企业主体，随着市场参与主体的增多，已经出现了不少风险爆雷事件。尤其自2018年以来，市场整体信用风险恶化，ABS产品的评级下调数量也相应激增，风险暴露加速。2022年全市场共有34只ABS/ABN个券发生评级下调，从底层资产来看，评级下调主要集中于房地产类ABS、收费收益权类ABS及应收应付账款类ABS；品种方面，主要集中于与发起主体信用关联度高的品种，如表2-3所示。

表2-3 2022年评级下调个券

序 号	债券简称	市场类型	基础资产类型
1	渤海投银2019-1	企业ABS	CMBS
2	阳光二期2021-2	企业ABS	CMBS
3	奥盈二期2021-1	企业ABS	供应链应付账款
4	奥盈三号2021-3	企业ABS	供应链应付账款
5	奥盈资产2021-2	企业ABS	供应链应付账款
6	滇中2号2020-2	企业ABS	供应链应付账款
7	汇欣融2020-3	企业ABS	供应链应付账款
8	平安奥盈2020-1	企业ABS	供应链应付账款
9	鑫荃期一2021-1	企业ABS	供应链应付账款
10	阳光一期2021-1	企业ABS	供应链应付账款
11	阳欣四号2021-4	企业ABS	供应链应付账款
12	奥创二期2020-2	企业ABS	购房尾款
13	华安阳城2021-1	企业ABS	购房尾款
14	融侨购房2021-1	企业ABS	购房尾款
15	天风海天2020-1	企业ABS	购房尾款
16	中山当代2020-1	企业ABS	购房尾款
17	联储贺州2019-1	企业ABS	基础设施收费
18	遵投供水2019-1	企业ABS	基础设施收费
19	三特索道2018-1	企业ABS	客票收费收益权
20	恒浩云2015-1	企业ABS	类REITs
21	华泰阳光2019-1	企业ABS	类REITs
22	慕盛1号2018-1	企业ABS	类REITs
23	学费一期2021-1	企业ABS	其他收费收益权
24	五顺一期2020-1	企业ABS	其他未分类
25	奥创一号2021-1	企业ABS	企业应收账款
26	厦门中骏2021-2	企业ABS	企业应收账款
27	中国林业2021-1	企业ABS	企业应收账款
28	中林集团2021-2	企业ABS	企业应收账款
29	中林集团2021-3	企业ABS	企业应收账款
30	中林集团2021-4	企业ABS	企业应收账款
31	中铝国际2019-1	企业ABS	企业应收账款
32	中山阳光2020-1	企业ABS	企业应收账款
33	阳光城2020-1	ABN	CMBN
34	华济建筑2020-1	ABN	企业应收账款

数据来源：Wind。

三、我国资产证券化产品投资人情况及二级市场表现

我国资产证券化市场投资者高度集中,以商业银行及其理财产品为主。信贷ABS方面,商业银行和非法人产品(含银行理财)占比超过90%;相比而言,企业ABS及ABN的投资人群体更为分散,包括券商、基金、信托、保险等机构也逐渐参与,但从投资份额来看,银行自营及理财仍是最大买方。

1. 投资人结构

根据中国债券信息网、上交所及深交所平台公开披露的数据,截至2022年末,信贷ABS、企业ABS及交易商协会ABN持有者结构如表2-4~表2-7所示。

表2-4　2022年末信贷ABS持有者结构(单位:亿元)

持有者类型	金　额
银行间债券市场	
1. 商业银行	17 641.21
2. 信用社	0
3. 保险机构	95.09
4. 证券公司	748.01
5. 非法人产品	4 475.77
6. 境外机构	211.46
7. 其他	749.36
合计	23 920.88

数据来源:中国债券信息网。

表2-5　2022年末上交所ABS持有者结构(单位:亿元)

持有者类型	金　额
QFII、RQFII	9.77
保险机构	442.05
财务公司	16.87
公募基金	957.11
沪股通投资者	0
基金管理公司资产管理计划	1 255.94
其他金融机构	63.39
企业年金	429.35
社会保障基金	96.41
私募基金	246.28
信托机构	1 490.97
一般机构	765.92
银行理财	1 886.72
银行自营	3 777.14

续表

持有者类型	金额
证券公司资管	1 486.79
证券公司自营	551.62
自然人投资者	0
合计	13 476.33

数据来源：上证债券信息网。

表2-6　2022年末深交所ABS持有者结构[①]（单位：亿元）

持有者类型	金额
自然人投资者	0
基金	391.70
基金专户	425.83
QFII	4.91
RQFII	5.07
券商自营	238.75
券商集合理财	601.16
社保基金	26.47
企业年金	137.45
保险机构	292.23
信托机构	599.86
其他专业机构	838.42
一般机构	1 336.39
合计	4 898.24

数据来源：深圳证券交易所固定收益信息平台。

表2-7　2022年末交易商协会ABN持有者结构（单位：亿元）

持有者类型	金额
一、政策性银行	0
二、存款类金融机构	2 646.09
1. 国有大型商业银行	253.05
2. 股份制商业银行	1 512.54
3. 城市商业银行	529.94
4. 农商行及农合行	143.02
5. 村镇银行	0
6. 信用社	0.50

[①] 深交所将银行自营及理财列入一般机构及其他专业机构投资人；托管金额包含企业资产支持证券及不动产投资信托。

续表

持有者类型	金额
7. 外资银行	205.96
8. 其他存款类金融机构	1.08
三、保险类金融机构	4.76
四、证券公司	283.92
五、基金公司	0.50
六、其他金融机构	144.04
七、非金融机构法人	86.41
八、非法人类产品	4 333.38
九、名义持有人账户（境内）	375.04
十、境外机构	23.03
合计①	7 897.17

数据来源：上海清算所。

2. 发行价格

近年来，ABS产品的发行利率整体与市场利率的走势相贴合。就利差而言，ABS产品与同期限、同评级市场无风险收益率曲线的利差呈现收窄与分化并存的格局。一是随着市场发行增多，投资人对于ABS产品的熟悉度不断提升，且在高息优质资产供给不足的背景下，机构投资者大量配置高等级、优质主体的ABS产品，使得利差收窄；二是由于2018年后债券市场信用违约加剧及近两年房地产等特定行业的急剧调整，不同行业、不同主体所发行的ABS产品出现利差分化局面，如图2-7～图2-9所示。

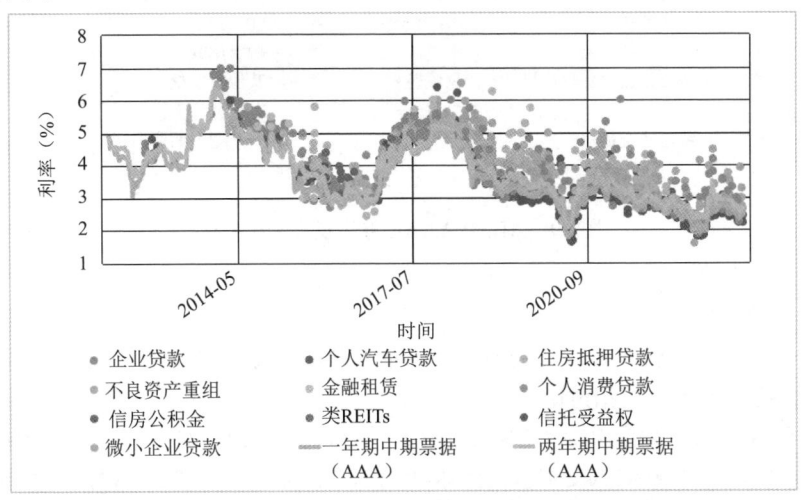

图2-7　信贷ABS中AAA级证券发行利率分布

数据来源：CNABS。

---

① 上清所将非金融企业资产支持票据及项目收益票据合并披露，其中ABN金额为7 780.77亿元，项目收益票据金额为116.40亿元，鉴于项目收益票据规模较小，不影响对ABN整体投资人构成的分析。

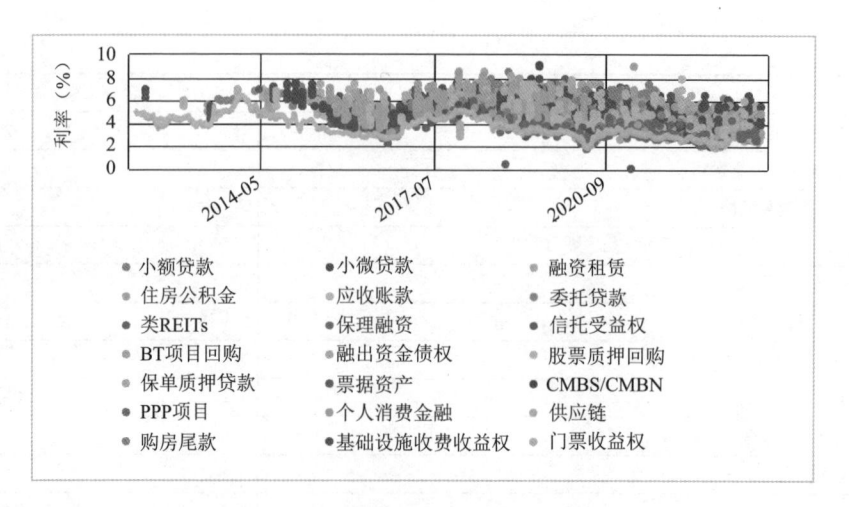

图2-8　企业ABS中AAA级证券发行利率分布

数据来源：CNABS。

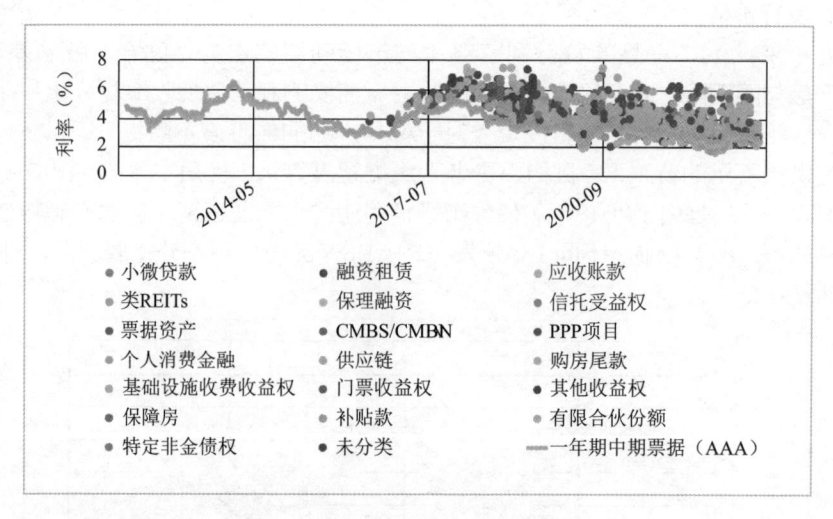

图2-9　ABN中AAA证券级发行利率分布

数据来源：CNABS。

3. 二级交易

ABS产品流动性不足、二级市场交易不活跃的现象已成为市场发展的最大痛点之一，也受到颇多关注和讨论。

交易量方面，2022年，ABS二级市场交易总量为20 021.62亿元，其中银行间债券市场信贷ABS和ABN交易量合计达到12 534.89亿元，信贷ABS为6 180.00亿元，ABN为6 354.89亿元；交易所市场ABS交易量合计达到7 486.73亿元，其中，上交所ABS交易量为5 396.25亿元，深交所ABS交易量为2 090.48亿元。整体上看，ABS产品在银行间市场交易的活跃程度明显优于交易所市场。2022年ABS二级市场交易总量仅占债券二级市场交易量的0.65%。

流动性方面，2022年ABS二级市场换手率为43.86%，较2021年有所提升。但对比债券市场其他品种的成交情况，流动性水平仍然不足。主要原因包括以下几个方面：一是ABS品种由于基础资产多元、交易结构复杂，产品的标准化程度天然弱于其他债券，很大程度影响投资人二级参与；二是我国ABS市场银行类机构投资者占比过高，该类投资者交易性需求较弱；三是发行方式方面，目前我国ABS市场私募产品发行比例较高（其中交易所ABS仅能私募发行），也会影响交易活跃度。

针对上述痛点，监管机构也在不断引入相关制度配套来提升二级交易活跃度。2023年2月6日，沪深交易所债券市场正式启动债券做市业务，做市商制度公开、有序、竞争性的报价驱动机制是保障债券交易效率、提高市场流动性和稳定市场运行的有效手段，是债券市场有效运行的重要基础性制度之一，也是解决信用债流动性不足的重要手段。

2023年2月17日，中国证券投资基金业协会资产证券化业务委员会2023年第一次工作会议召开，会议提出将研究推出ABS公开发行方式，未来将会提振投资人的交易积极性，市场活跃程度也将逐步提升。

4. 展望

对标国外成熟市场，就资产证券化产品构成而言，美国以MBS为核心的信贷债权类资产为主，发行规模占市场的80%以上，结构较为精简和标准化；而我国市场底层资产更为多元化，包括各类债权及未来收益权等类型。市场的初始定位造成了两边的差异，美国市场发起机构的流动性需求和投资者风险管理要求占主导地位，而中国市场则以实体企业的融资需求为主，金融机构的流动性需求为辅。因此，美国市场以机构担保的MBS为主要增长动力，而中国的企业ABS常年占据资产证券化市场的半边天。

近十年来，我国资产证券化市场发展速度较快，已形成"三大监管市场并存""基础资产类型百花齐放"的符合我国国情的本土化市场。此外，为贴合我国企业融资市场发展的实际情况，我国资产证券化产品在资产类型、增信模式、期限结构等方面不断进行创新突破。但相较于以美国为代表的成熟市场，我国ABS产品仍具有较大的进步空间，具体表现为我国标准化债权资产占比相对较少、监管规则亟待统一、二级市场交易活跃度不足等。

随着我国资产证券化市场发展的不断深化，ABS产品也会进一步回归本源，包括基础资产构成方面，RMBS、汽车金融、消费信贷等资产占比不断上升，公募REITs品种试点深化，结构上有向美国市场靠拢的趋势。

3. ABS真的能实现破产隔离吗？

导读："真实出售"与"破产隔离"是提到资产证券化必然会出现的两个概念，本问针对其概念基础、判断标准等进行探讨，并结合实际案例对项目中破产隔离的有效性进行分析。

一、概念界定

资产证券化的结构设计以"风险隔离"为核心展开，主要手段包括两方面：一是将基础资产完整、真实地予以转让；二是设立特殊目的载体（SPV）承接基础资产，使之与原始权益人主体作为两个独立的法律实体存在，也就是经常提到且相伴相生的两个概念："真实出售"与"破产隔离"。

真实出售的概念来源于会计学，且在会计出表判定时，对资产出售环节的评估也是很重要的一环。但真实出售并不完全等同于资产出表，还涉及后续现金流过手安排、风险与报酬的转移测试等。

根据证监会发布的《资产证券化业务知识问答》，针对交易所企业ABS品种，对相关概念也做了相应解释：

基础资产的真实出售是企业资产证券化与原始权益人破产风险隔离的前提，不同基础资产类型均可以实现法律上的真实出售。其中，债权类和权益类资产可以通过依法合规的资产买卖行为实现真实出售。收益权类资产虽然并未在原始权益人的资产负债表内体现，但有相关规则或文件授权基础，真实存在，可以通过法律界定和交易安排实现收益权类资产的真实出售；

企业资产证券化产品是否最终受到原始权益人破产的影响因基础资产类型及具体产品的设计不同而存在差异。其中，主要的影响因素是原始权益人真实出售资产后是否仍需履行资产运营及服务责任，以及是否提供主体信用增级安排两个方面。如收益权类资产证券化产品，在实现真实出售的情况下，仍然需要原始权益人稳定的运营以产生持续现金流，原始权益人破产将直接影响资产支持证券的资产收益，可能存在无法完全实现破产隔离的风险；

资产证券化中的破产隔离包括两层含义：第一，证券化基础资产与原始权益人的破产风险相隔离；第二，证券化基础资产与管理人及其他业务参与人的破产风险相隔离。

从资产证券化制度设计来看，真实出售与破产隔离是一个问题的两面：真实出售是行为方式，而破产隔离是行为效果，其最终目的都是SPV能够完整持有基础资产并享有现金流，并向投资人进行分配。

二、基础资产转让的有效性分析

在各类资产证券化项目中，我们会看到《法律意见书》有专门一个章节就"原始权益人对基础资产转让的真实、合法、有效性"发表意见，也即判断资产是否"真实出售"。

（1）基础资产本身真实、合法、有效

在对基础资产转让的有效性分析之前，基础资产本身的真实、合法、有效性是前提，要求基础资产的范围界定清晰（尤其收益权类资产需明确特定期间、特定范围的特定权益现金流），没有权利瑕疵和负担。针对不同类型的资产，按照不同的确权形式予以确认。

（2）转让对价公允

最高人民法院关于《合同法》司法解释（二）第十九条规定："对于《合同法》[①]第七十四条规定的'明显不合理的低价'，人民法院应当以交易当地一般经营者的判断，并参考交易当时交易地的物价部门指导价或者市场交易价，结合其他相关因素综合考虑予以确认。转让价格达不到交易时交易地的指导价或者市场交易价百分之七十的，一般可以视为明显不合理的低价；对转让价格高于当地指导价或者市场交易价百分之三十的，一般可以视为明显不合理的高价"。

《中华人民共和国破产法》第三十一条规定："人民法院受理破产申请前一年内，涉及债务人财产的下列行为，管理人有权请求人民法院予以撤销。（一）无偿转让财产的；（二）以明显不合理的价格进行交易的；（三）对没有财产担保的债务提供财产担保的；（四）对未到期的债务提前清偿的；（五）放弃债权的"。

综上，在基础资产转让环节，对价公允性视为转让有效的重要条件之一。尤其需要注意的是，很多项目是由母公司或集团公司归集不同子公司主体持有的底层资产，再作为原始权益人打包进行转让，在内部归集底层资产时，也需要考虑内部转让对价。

（3）转让通知以及变更登记等动作尽可能完备

从法律规定上来看，债权类资产只要转让协议生效，债权的转让就是成立的，且附属权益随主债权转移。但在实操中，还会存在无法对抗善意第三人、不通知债务人转让行为对债务人不生效、抵押权变更登记生效等问题（后续会针对具体问题详细论述）。尽管很多项目中，为简化操作，以权利完善事件等形式来规避相关风险，但多少都会对资产转让的有效性产生影响。

三、破产隔离的有效性分析

综上，在资产转让环节强调真实出售，但真实出售并不表明能够实现破产隔

[①] 此处保留《合同法》的说法是因为《合同法》司法解释是专门针对转让对价的，在业内仍然有效。

离，除真实出售外，还与下列关键因素相关。

（1）SPV的法律属性与破产隔离地位

就SPV自身法律独立性而言，SPV的破产隔离效果均有相应的监管文件予以确认，明确SPV财产独立于原始权益人、管理人的固有财产。比如，信贷资产证券化中以特殊目的信托作为SPV，依据的上位法是《中华人民共和国信托法》；企业资产证券化中以资产支持专项计划作为SPV，依据的法律法规包括《中华人民共和国证券法》《中华人民共和国基金法》《证券公司及基金管理子公司资产证券化业务管理规定》。由于存在不同载体形式，不同类型投资人也会对SPV的法律属性有不同认知（如部分外资银行更认可信托作为SPV的破产隔离效果），因而市场上也一直存在呼吁能够统一立法的声音。

（2）基础资产的特征属性是否支持

即便文件中对基础资产的范围界定、转让行为的约定均清晰有效，但以收费收益权为代表的基础资产，其后续持续有效运营仍依托于原始权益人的经营，如果极端情况下原始权益人出现破产清算，基础资产及对应的现金流也很难继续实现。

（3）交易结构的设计是否合理清晰

这里主要考虑操作风险和执行风险，尤其在现金流封闭管理方面，尽管大部分项目都会设置回收款账户或专门的监管账户，但只要回款仍经由原始权益人（作为管理服务机构），则必然存在混同和被挪用的风险，相应会增加后续追偿的难度。

四、案例分析

随着近年来我国资产证券化市场违约及风险案例的增多，观察各类项目的违约处置过程和结果，我们能对ABS产品的破产隔离效果有更直观的认识。

1. 收益权类资产，未来现金流依托于主体持续运营

案例：海航BSP票款ABS[①]

2021年2月10日，海南省高院认为海航控股及其下属10家子公司不能清偿到期债务，且现有全部资产不足以偿付全部负债，裁定受理债权人对公司的重整申请，未到期债券提前到期未兑付，构成实质性违约。海航控股共发行过三只收费收益权ABS产品，分别为"海航2015-1"、"海航2015-2"和"海航2016-1"。

2019年11月26日，据媒体报道，"海南航空3期BSP票款债权资产支持专项计划"（简称"海航2016-1"）未兑付部分档次证券本金，而是向投资人展示展期方案。"海航2016-1"的基础资产是指海南航空根据基础协议享有的特定客票销售收入的权利及其附属担保权益，具体指特定时间区间内销售的票号前三位为880的所有BSP客票款，由BSP客票代理人和国际航协支付相应销售回款。"880"表示该客票为归属于海南航空的客票。根据交易结构，在基础资产所对应的每一特定期间，原始权益人通过国际航协BSP系统销售BSP客票，旅客从BSP代理人处购买BSP客票

---

① 【华西固收研究】主体违约后，ABS兑付情况如何？——《债市周报》20210321

后BSP代理人将BSP客票销售款按国际航协的规定存入BSP清算银行；在每个清算银行划款日，BSP清算银行根据国际航协的指令将属于海南航空的BSP客票收益划入BSP收款账户；在每个BSP收款账户划款日，原始权益人将BSP收款账户中收到的基础资产产生的现金流转付至归集账户。此外，海南控股作为差额支付人提供外部增信。

在这类案例中，由于基础资产现金流依托于原始权益人某项业务的未来收入，当原始权益人经营异常后，严重影响该类业务收入的实现，且增信条款由于主体偿付能力的原因无法落实，继而引发ABS产品违约。可见，对于这一类资产，难以实现有效的破产隔离。

2. 债权类资产，存在现金流被限制或被挪用的风险

案例一：奥园购房尾款ABS

2021年11月，奥园集团宣布其"中山证券-奥创二期资产支持专项计划"将不进行到期兑付，而是向投资人展示展期方案。该笔ABS发行规模为8.16亿元，展期前预计到期日为2021年11月22日，方案显示，此产品将展期一年，展期期间预期年化收益保持不变，即展期后预计到期日为2022年11月22日。2022年11月，奥园集团再次宣布，此产品继续展期至2023年11月22日。

此项目基础资产为购房尾款，在购房尾款ABS项目中，理论上只要入池房屋的按揭回款正常，即便作为原始权益人的房企违约，仍然还是可以实现现金流。但实际情况却并不乐观，一是当房企出现信用风险苗头时，对应楼盘的贷款银行可能会提前限制销售回款转出；二是房企自身的挪用风险；三是这类项目通常设置循环购买，后续循环购买资产的真实性本身都存疑。这类"未来债权"项目的兑付也会和主体信用风险直接挂钩，较难实现破产隔离。

案例二：宝信租赁ABS

2017年7月28日，基金业协会下发纪律处分决定书，对管理"宝信租赁二期ABS"和"宝信租赁四期ABS"的恒泰证券作出处罚。宝信租赁二期ABS成立于2015年3月，发行金额为3.15亿元，宝信租赁四期ABS成立于2015年7月，发行金额为8.74亿元。根据纪律处分决定书，上述专项计划的原始权益人宝信租赁按照约定将基础资产产生的回收款归集至监管账户后，在专项计划投资者不知情的情况下，短期内迅速转出。在专项计划账户划转归集资金日之前，重新将资金集中转回监管账户。截至2017年5月底，宝信租赁从宝信二期监管账户转出的资金笔数为24笔，转出规模为2.75亿元；从宝信四期监管账户转出的资金笔数为21笔，转出规模为6.85亿元。恒泰证券在专项计划持有人不知情的情况下，与原始权益人、监管银行签订《监管协议谅解备忘录》，约定"监管账户中的资金可由宝信租赁用于支付融资租赁业务的设备款或用于偿还宝信租赁向其他机构的借款"。

对于融资租赁债权类资产，理论上可以实现真实洁净转让，即便在原始权益人主体出现风险的情况下，依然可以依托于基础资产的回款。但现实中，操作端的风险会使得破产隔离的有效性大大降低。

3. 不动产类资产，能够有效追偿但难以处置

案例：红博会展CMBS

2017年9月29日，哈尔滨工大高新技术产业开发股份有限公司（简称"工大高新"）发行了"红博会展信托受益权资产支持专项计划"（简称"红博会展CMBS"），发行规模9.5亿元。2018年9月21日，工大高新发布《关于厦门信托——红博会展单一资金信托违约的公告》，称由于其近期资金流动性存在较大困难，无法按时足额偿还信托贷款，已触发相关信托合同中"违约处理"约定条款，厦门信托宣布该信托贷款于2018年9月18日提前到期，并要求工大高新于2018年9月18日向其归还全部未偿贷款本金及相应利息。2018年10月11日，计划管理人华林证券发布公告称，红博CMBS专项计划账户内资金余额不足以兑付当期应付本息，已构成实质性违约。截至2022年末，根据相关查阅的信息，17红博01、17红博02、17红博03、17红博04均未足额偿付，且均已摘牌，17红博05～09仍未完成兑付。

红博会展CMBS底层资产为红博会展购物中心，通过前端信托贷款的结构设计，债权债务关系清晰，且底层资产能够进行有效抵押。这类项目在破产隔离的效果方面较好，触发风险时也能够及时锁定底层资产，并进行相应追偿。

但由于不动产类资产的特殊性，当其无法产生足够的偿付现金流时，短时间内难以被有效处置，处置时间及最终的处置价款都有不确定性，进而对产品的最终兑付造成影响。

五、总　　结

可以看到，法律上判断真实出售主要是看资产是否真实、合法、有效地出售给了SPV，有没有相关法律法规规定的转让无效或可撤销的情形，与会计师判断是否出表的标准并不一样。

同时，真实出售也并不表明一定能实现破产隔离，还需结合不同基础资产的表现形式，以及交易结构设计的完善程度。尤其对于一些特定的基础资产类型，需尽可能在现金流及基础资产运营方面实现闭环，最大限度防范原始权益人主体违约的风险。

4. 特定原始权益人与非特定原始权益人有什么区别?

导读：发起机构或原始权益人是一单资产证券化交易的起点，本问对其概念定义、类型划分，以及特殊结构下的分类进行梳理分析。

一、发起机构与原始权益人

字面理解，一般认为资产证券化的发起机构（发起人）指向特殊目的载体出售基础资产、发起资产证券化交易的主体，而原始权益人指基础资产的初始拥有者。发起机构可以是原始权益人（Originator），也可以是从原始权益人处购买资产并再次出售的主体（Sponsor）。

国内监管文件中关于发起机构的最早出处在《金融机构信贷资产证券化试点监督管理办法》[中国银行业监督管理委员会令（2005年第3号），简称《管理办法》]，根据《管理办法》，"信贷资产证券化发起机构是指通过设立特定目的信托转让信贷资产的金融机构"，在信贷资产证券化业务中，一般以发起机构而非原始权益人的称谓。

根据《证券公司及基金管理公司子公司资产证券化业务管理规定》（中国证券监督管理委员会公告〔2014〕49号，简称《管理规定》）及其配套文件，"原始权益人是指按照本规定及约定向专项计划转移其合法拥有的基础资产以获得资金的主体"。

根据《非金融企业资产支持票据指引（修订稿）》（简称《指引》），"发起机构是指为实现融资目的开展资产支持票据业务的非金融企业"。根据《银行间债券市场企业资产证券化业务规则》（简称《业务规则》），"发起机构是指按照本规则及约定向特定目的载体转移其合法拥有的基础资产以获得资金的主体"。

在实操中，并不刻意对两个主体进行区分，尤其在国内的资产证券化业务中，更多是遵循监管文件中的主体要求进行界定，如表4-1所示。

表4-1 不同监管框架下对于发起机构及原始权益人的相关规定

	信贷资产证券化	企业资产证券化	资产支持票据
定义	发起机构是指通过设立特定目的信托转让信贷资产的金融机构	原始权益人是指按照《管理规定》及约定向专项计划转移其合法拥有的基础资产以获得资金的主体	发起机构是指为实现融资目的开展资产支持票据业务的非金融企业

续表

	信贷资产证券化	企业资产证券化	资产支持票据
主体范围	在中华人民共和国境内依法设立的商业银行、政策性银行、信托投资公司、财务公司、城市信用社、农村信用社及中国银行业监督管理委员会（以下简称银监会）依法监督管理的其他金融机构	未明确规定主体范围	《指引》要求为"非金融企业"，在新出台的《业务规则》中未见相关表述
准入要求或职责	（一）具有良好的社会信誉和经营业绩，最近三年内没有重大违法、违规行为； （二）具有良好的公司治理、风险管理体系和内部控制； （三）对开办信贷资产证券化业务具有合理的目标定位和明确的战略规划，并符合其总体经营目标和发展战略； （四）具有适当的特定目的信托受托机构选任标准和程序； （五）具有开办信贷资产证券化业务所需要的专业人员、业务处理系统、会计核算系统、管理信息系统以及风险管理和内部控制制度； （六）最近三年内没有从事信贷资产证券化业务的不良记录； （七）银监会规定的其他审慎性条件	原始权益人不得侵占、损害专项计划资产，并应当履行下列职责： （一）依照法律、行政法规、公司章程和相关协议的规定或者约定移交基础资产； （二）配合并支持管理人、托管人及其他为资产证券化业务提供服务的机构履行职责； （三）专项计划法律文件约定的其他职责	发起机构不得侵占、损害基础资产，并履行以下职责： （一）配合并支持发行载体和相关中介机构履行职责； （二）按约定及时向发行载体和相关中介机构提供相关披露的信息，并保证所提供的信息真实、准确、完整； （三）《指引》及相关自律规则规定以及交易合同约定的其他职责。 基础资产现金流的获得取决于发起机构持续经营的，发起机构在资产支持票据存续期间还应当维持正常的生产经营活动，为基础资产现金流的产生、支付提供合理的支持和必要的保障
风险自留要求	发起机构需保留不低于5%的基础资产信用风险。具体要求如下： （一）持有由其发起资产证券化产品的一定比例，该比例不得低于该单证券化产品全部发行规模的5%； （二）持有最低档次资产支持证券的比例不得低于该档次资产支持证券发行规模的5%； （三）若持有除最低档次之外的资产支持证券，各档次证券均应持有，且应以占各档次证券发行规模的相同比例持有； （四）持有期限不低于各档次资产支持证券存续期限； （五）中国人民银行、中国银行业监督管理委员会规定的其他要求	《上海证券交易所资产支持证券挂牌条件确认规则适用指引第2号——大类基础资产》： 原始权益人或其关联方应当保留一定比例的基础资产信用风险，其中，债权类、未来经营收入类专项计划的原始权益人或其关联方应当至少保留5%的风险自留。 原始权益人或其关联方按照前款要求进行风险自留后，除按照生效判决或裁定处置外，不得将其持有的资产支持证券进行转让或者以任何形式变相转让。 债权类、不动产抵押贷款专项计划符合下列条件之一的，原始权益人可以免于上述风险自留要求，管理人应当在计划说明书中充分披露原始权益人未进行风险自留的原因及合理性，并揭示相关风险： （一）基础资产涉及核心企业供应链应收款等情况的，基础资产池包含的债务人分散且债务人信用状况良好； （二）原始权益人信用状况良好，且专项计划设置担保、差额支付等有效增信措施	《业务规则》： 第八条 发起机构原则上应当保留一定比例的基础资产信用风险，以风险自留为目的持有的部分不得转让，应有到期。 发起机构、债务人资信状况良好，或设置担保、差额支付、债务加入等有效增信措施的，可以免于上述风险自留要求。符合条件并可免于上述风险自留要求的，应充分披露未进行风险自留的原因及合理性，并揭示相关风险

二、特殊交易架构下原始权益人角色的区别

交易所企业资产证券化的基础资产类型、结构设计较为多元化，在原始权益人的角色设计和内涵上会形成一定差异。

1. 特定原始权益人与非特定原始权益人（一般原始权益人）

根据《管理规定》："第十一条　业务经营可能对专项计划以及资产支持证券投资者的利益产生重大影响的原始权益人（以下简称特定原始权益人）还应当符合下列条件：

（一）生产经营符合法律、行政法规、特定原始权益人公司章程或者企业、事业单位内部规章文件的规定；

（二）内部控制制度健全；

（三）具有持续经营能力，无重大经营风险、财务风险和法律风险；

（四）最近三年未发生重大违约、虚假信息披露或者其他重大违法违规行为；

（五）法律、行政法规和中国证监会规定的其他条件。

上述特定原始权益人，在专项计划存续期间，应当维持正常的生产经营活动或者提供合理的支持，为基础资产产生预期现金流提供必要的保障。发生重大事项可能损害资产支持证券投资者利益的，应当及时书面告知管理人。"

根据2023年1月出台的《上海证券交易所资产支持证券挂牌条件确认规则适用指引第1号——申请文件及编制》，文件对特定原始权益人的范围有了更清晰的界定：

"特定原始权益人，是指符合下列情形之一，且业务经营可能对专项计划及资产支持证券投资者的利益产生重大影响的原始权益人：

（1）与收取基础资产现金流权利相对应的义务尚未履行完毕；

（2）专项计划设置循环购买安排，后续合格基础资产的产生依赖原始权益人持续生成；

（3）基础资产现金流依赖原始权益人持续经营产生，或者原始权益人业务经营可能对专项计划及资产支持证券投资者利益产生重大影响的其他情形。"

从以下几方面对非特定原始权益人与特定原始权益人进行区分，如表4-2所示。

表4-2　非特定原始权益人与特定原始权益人的区别

	非特定原始权益人	特定原始权益人
基础资产适用类型	偿债风险能够完全转移的债权类资产	未来收益权类资产；其他偿付风险或资产收益无法完全向专项计划转移的资产
会计处理	在一定条件下可实现资产出表	一般无法实现资产出表
增信措施	是否设置主体增信不是必要条件	一般会由特定原始权益人或其他关联主体进行增信

续表

	非特定原始权益人	特定原始权益人
职责及准入要求	《管理规定》： 第九条 原始权益人不得侵占、损害专项计划资产，并应当履行下列职责： （一）依照法律、行政法规、公司章程和相关协议的规定或者约定移交基础资产； （二）配合并支持管理人、托管人以及其他为资产证券化业务提供服务的机构履行职责； （三）专项计划法律文件约定的其他职责。 第十条 原始权益人向管理人等有关业务参与人所提交的文件应当真实、准确、完整，不存在虚假记载、误导性陈述或者重大遗漏；原始权益人应当确保基础资产真实、合法、有效，不存在虚假或欺诈性转移等任何影响专项计划设立的情形。	《管理规定》： 第十一条 业务经营可能对专项计划以及资产支持证券投资者的利益产生重大影响的原始权益人（以下简称特定原始权益人）还应当符合下列条件： （一）生产经营符合法律、行政法规、特定原始权益人公司章程或者企业、事业单位内部规章文件的规定； （二）内部控制制度健全； （三）具有持续经营能力，无重大经营风险、财务风险和法律风险； （四）最近三年未发生重大违约、虚假信息披露或者其他重大违法违规行为； （五）法律、行政法规和中国证监会规定的其他条件。 上述特定原始权益人，在专项计划存续期间，应当维持正常的生产经营活动或者提供合理的支持，为基础资产产生预期现金流提供必要的保障。发生重大事项可能损害资产支持证券投资者利益的，应当及时书面告知管理人。

2. 代理原始权益人

在部分资产证券化交易中，如基础资产的初始持有主体较为分散，往往会由某一主体先受让不同主体持有的基础资产，再统一转让至SPV。如反向供应链ABS项目中，由保理公司受让供应商持有的应收账款，如图4-1所示。如正向应收账款ABS项目中，由保理公司或者集团公司受让下属多个子公司持有的应收账款，如图4-2所示。

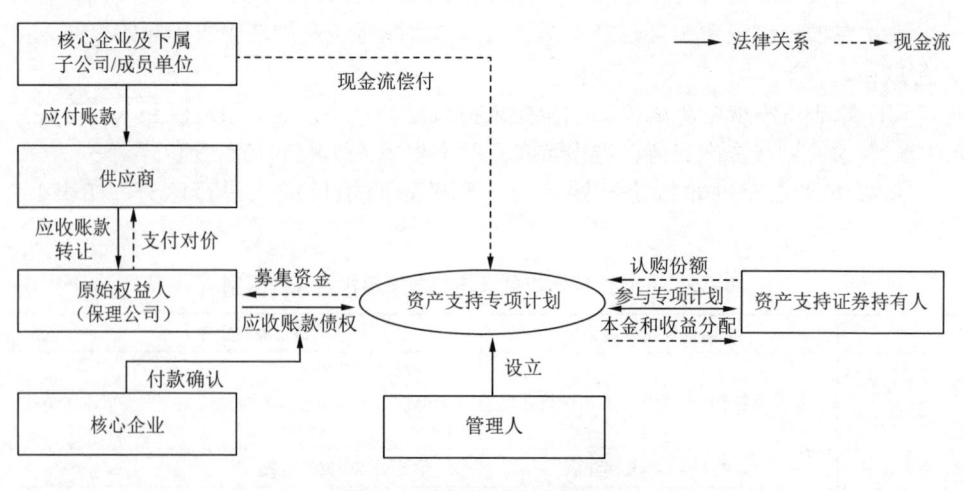

图4-1 反向供应链ABS模式

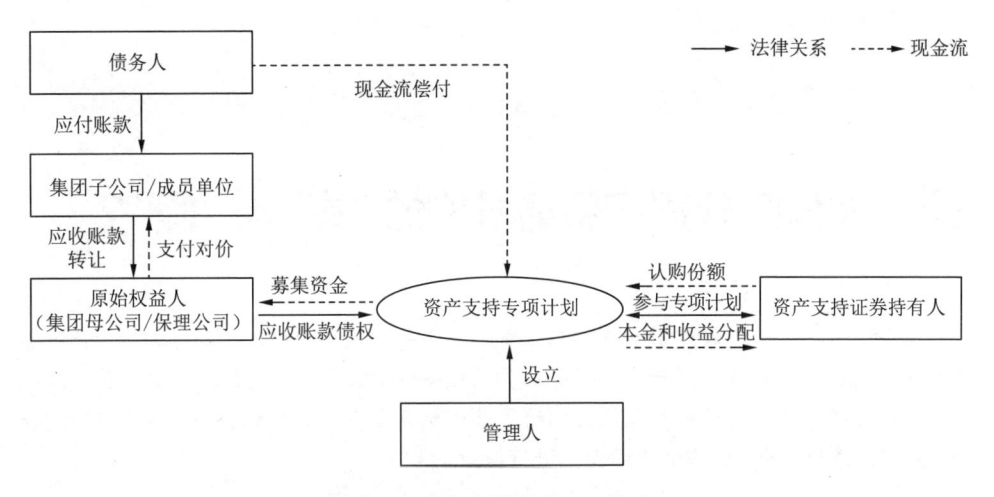

图4-2　正向应收账款ABS模式

但上述资产受让模式也会产生一定的不便利性，"代理原始权益人"模式应运而生，即由某一主体与各原始权益人签署《委托代理协议》，代理原始权益人进行资产转让，有效解决了以下问题：

（1）过桥资金垫付的问题，代理模式下资产不需要真实转让至单一主体名下，无须支付买卖对价，省去了过桥资金垫付的环节；

（2）关联交易的问题，集团公司受让子公司资产、集团内保理公司受让子公司资产都会存在内部关联交易，可能会触发关联交易限额等问题，代理模式则能够有效规避；

（3）特定机构直接作为原始权益人存在限制的问题，如在票据、信用证、付款保函等一些基于商业银行信用的基础资产类型中，由于底层票据的托管服务等离不开银行机构，如能引入银行作为原始权益人能够有效满足底层资产的管理要求、且提升投资人信心，但囿于银行机构在交易所市场的准入限制，以及金融机构受让资产的种种要求，通过代理模式也能起到相似效果。

5. 如何区分资产服务机构的"真"与"假"？

导读： 国内证券化在发展初期，有"重期初交易，轻期间管理"的倾向，资产服务机构的作用往往被忽视，对于资产服务机构的相关机制设计也一定程度上流于形式。随着市场发展的深化，对于资产服务机构的要求也越来越高。本问结合国外成熟市场的经验，就不同情形下资产服务机构的设置进行探讨。

一、资产服务机构的定义与职责要求

资产服务机构是负责管理证券化基础资产的机构，对于基础资产的运营起到至关重要的作用，根据项目类型、基础资产种类的不同，其主要工作一般包括：基础资产现金流的回收与转付、对基础资产运营情况进行记录并定期编制资产服务报告、逾期基础资产的催收与处置等。根据其服务范围与管理效果，有权收取合理的服务报酬。

尽管在不同类型的项目中，资产服务机构的工作内容、收费标准、是否与原始权益人系同一主体都会有所不同，但基本要求是统一的，一是具备独立、有效管理基础资产的资质与能力；二是与原始权益人的职责边界清晰，管理服务行为市场化。

监管文件中对于资产服务机构的要求也重点体现在上述两点，如表5-1所示。过往出现管理风险的项目也是由于服务机构达不到既定标准。

表5-1　监管文件中关于资产服务机构的相关规定

	信贷资产证券化	企业资产证券化	资产支持票据
监管文件	《金融机构信贷资产证券化试点监督管理办法》	《证券公司及基金管理公司子公司资产证券化业务尽职调查工作指引》	《非金融企业资产支持票据指引（修订稿）》
文件要求	第三十五条　贷款服务机构是指在信贷资产证券化交易中，接受受托机构委托，负责管理贷款的机构。贷款服务机构应当由中华人民共和国境内依法设立并具有经营贷款业务资格的金融机构担任。 第三十六条　贷款服务机构可以是信贷资产证券化的发起机构。贷款服务机构为发起机构的，应当与受托机构签署单独的贷款服务合同。	对资产服务机构的尽职调查应当包括但不限于以下内容： （一）基本情况：资产服务机构设立、存续情况；最近一年经营情况及财务状况；资信情况等；	资产服务机构是指接受发行载体委托，就基础资产的管理提供约定服务的机构。资产服务机构可以由发起机构担任。资产服务机构依照服务合同约定管理基础资产，履行以下职责：

续表

	信贷资产证券化	企业资产证券化	资产支持票据
文件要求	第三十七条　贷款服务机构根据与受托机构签署的贷款服务合同，收取证券化资产的本金、利息和其他收入，并及时、足额转入受托机构在资金保管机构开立的资金账户。 第三十八条　贷款服务机构应当制定管理证券化资产的政策和程序，由专门的业务部门负责履行贷款管理职责。证券化资产应当单独设账，与贷款服务机构自身的信贷资产分开管理。不同信贷资产证券化交易中的证券化资产也应当分别记账，分别管理。 第三十九条　贷款服务机构履行贷款服务职能，应当具备所需要的专业人员及相应的业务处理系统和管理信息系统。 第四十条　贷款服务费用应当按照公平的市场交易条件和条款确定。 第四十一条　贷款服务机构应当确保受托机构在资产支持证券发行说明书的显著位置提示投资机构：贷款服务机构根据贷款服务合同履行贷款管理职责，并不表明其为信贷资产证券化业务活动中可能产生的损失承担义务和责任。 第四十二条　银监会根据贷款服务机构在信贷资产证券化业务活动中所承担义务和责任的经济实质，判断其是否形成证券化风险暴露。如果形成证券化风险暴露，贷款服务机构应当按照本办法第四章的有关规定计提资本	（二）与基础资产管理相关的业务情况：资产服务机构提供基础资产管理服务的相关业务资质及法律法规依据；资产服务机构提供基础资产管理服务的相关制度、业务流程、风险控制措施；基础资产管理服务业务的开展情况；基础资产与资产服务机构自有资产或其他受托资产相独立的保障措施	（一）收取基础资产的现金流并按约定划付； （二）制定并实施切实可行的现金流归集和管理措施； （三）定期向发行载体提供资产服务报告，报告基础资产信息； （四）本指引及相关自律规则规定及服务合同约定的其他职责

二、第三方资产服务机构的参与及影响分析

由于国内市场目前绝大部分项目中资产服务机构仍由原始权益人或实际融资人担任，在一些风险项目中也屡屡爆出资产服务机构不尽职的情形。随着一些项目中出现第三方资产服务机构的身影，市场有观点将第三方资产服务机构与"真"资产服务机构、原始权益人体系内的资产服务机构与"假"资产服务机构画等号。我们认为，对于资产服务机构的分析与选择还需结合不同资产类型、交易架构、交易目的综合判定。资产服务机构解任案例如表5-2所示。

表5-2　资产服务机构解任案例

项目名称	案例情况
广发恒进-南方水泥租赁资产支持专项计划	2016年9月20日，资产支持证券持有人大会表决通过了计划管理人解任现任资产服务机构量通租赁、终止《资产服务协议》、授权计划管理人选任继任资产服务机构签署新的资产服务协议和"如截止到2016年最后一个租金回收日，仍未能找到继任资产服务机构的，授权计划管理人终止专项计划"的议案，国内首现ABS产品资产服务机构解任事件

引入第三方资产服务机构相关案例如表5-3所示。

31

表5-3　引入第三方资产服务机构相关案例

项目名称	案例情况
中国中车股份有限公司2022年度同行1号第一期资产支持商业票据	交易商协会ABCP，发起机构为中国中车股份有限公司，将应收账款债权转让予SPV，由体系内中车财务有限公司担任资产服务机构，负责存续期应收账款的管理和转付
天风光大-亿利生态广场一期资产支持专项计划	类REITs项目，原始权益人为首誉光控资产管理有限公司，光控安石（北京）投资管理公司担任特殊资产服务机构，负责监控物业资产运营风险
高和招ная-金茂凯晨资产支持专项计划	CMBS项目，原始权益人为金茂投资管理（上海）有限公司，北京高和金茂企业管理有限公司担任本项目资产服务机构及交易顾问，负责监控物业运营情况及管理回收款
中山证券-彩生活物业资产支持专项计划1号	企业ABS，原始权益人为深圳市彩生活服务集团有限公司，本项目由厦门国际金融技术有限公司担任技术服务商，是国内首单引入技术服务商的物业ABS，厦门国金为项目提供技术支持和存续期管理服务
读秒-去哪儿网"拿去花"第一期消费分期资产支持专项计划	企业ABS，原始权益人为深圳前海敏恒商业保理有限公司，本项目底层资产为个人消费贷款。读秒（上海安趣盈科技有限公司）是品钛（北京）科技有限公司旗下智能信贷服务方案的提供商，担任本项目独立信贷技术服务商，去哪儿网担任资产服务支持机构
元石商业保理（深圳）有限公司2021年度第一至第五期光德善融中小企业供应链定向资产支持票据	交易商协会ABN，发起机构为元石商业保理（深圳）有限公司，本系列产品由广州融山信息科技有限公司担任特殊资产服务机构，基于资产管理云提供全周期资产管理服务，为项目提供回款管理和转付服务
中信证券-简单汇供应链金融1号第1期资产支持专项计划	企业ABS，简单汇信息科技公司作为供应链金融科技平台，首次以特殊资产服务机构的身份直接参与到ABS交易结构中，提供集成大数据、人工智能、区块链等技术的应收账款电子债权凭证——"金单"体系，为各方参与者提供全流程的ABS底层资产信息管理服务
光大保德信-东兴企融-野风现代中心资产支持专项计划	类REITs项目，原始权益人为野风集团房地产股份有限公司，引入深圳前海东方瑞宸基金管理有限公司作为专项计划特殊资产服务机构，在专项计划出现特殊情况时，替换原有资产服务机构，管理处置物业资产
深圳市世纪海翔投资集团有限公司2018年度第一期资产支持票据	不依赖主体信用的CMBN项目，期限长达10年且无回售安排，同时引入第三方专业增信机构和特殊资产服务机构，由中国投融资担保股份有限公司担任本项目的差额支付承诺人，由中裕睿信（北京）资产管理有限公司担任资产服务机构

资料来源：公开信息整理。

（1）融资目的及是否出表

一般而言，对于资产不出表、纯以融资为目的的证券化交易，更倾向于选用原始权益人继续担当资产服务机构。原因是，该模式下原始权益人一般不愿意让渡太多资产管理的权限，且在投资人端，对于资产管理运营的独立性要求通常不会那么高。

反之，资产管理服务的相关安排也会高度影响会计师对于出表的判定，比如是否由原始权益人担任资产服务机构、收费高低、现金流的转付频率等。

（2）管理服务是否涉及牌照要求

对于一些特定的资产类型，其管理服务涉及监管牌照的要求，比如，信贷资产证券化业务中贷款服务机构要求为持牌金融机构，一般也都是由发起机构继续担当服务机构，除非出现重大经营风险等状况。对于水务、高速公路等特许性质的资产，正常情况下管理机构更是只能由被授予特许经营的主体担任。

（3）资产运营的标准化程度

资产运营的标准化越高，通过引入专业第三方资产服务机构以提高运营效率、降低运营成本的空间越大，而越非标准化的资产，通常原始权益人作为资产初始形成机构的管理黏性越强。比如贷款类资产，零售信贷类资产相比对公信贷资产显然更适合第三方服务机构进行管理。

（4）资产的浮动收益高低

有些资产其收益是"封顶"的，如应收账款类型的债权类资产，资产管理的最好效果就是足额回收；而有些资产其收益的上限极高，但波动性也会很大，如商业物业等不动产资产。浮动收益更高的资产，第三方服务机构发挥的空间也更大，也更容易以绩效表现去设定合理的浮动服务报酬条款。

当然，在实际业务中会结合上述各个方面来评估资产服务机构的选择及管理机制，最终目的无外乎最大限度地提高资产管理效率、降低管理成本，提升资产表现。

三、备位资产服务机构的引入及价值分析

资产证券化强调在法律层面的破产隔离风险，而经营层面的风险隔离如何实现？国际市场中备位资产服务机构的设置值得借鉴。

"备位服务机构"（back-up service，BUS）是指对初始选聘的资产服务机构的替代服务商，在发生某些触发事件（最常见的是现有服务商无法履行职责或现有服务商破产）后接替相关管理职责的后备服务商，也称为证券化比赛中的"替补选手"。

国际证券化市场中根据服务商的接替工作准备到位程度（readiness）的不同，把"备位服务"进一步区分为"热备位（hot bus）、温备位（warm bus）、冷备位（cold bus）"[①]，具体含义如下：

"热备位"：指备位服务商可以很快接替原服务商的工作，最快速度地承担起底层资产管理、归集和转付现金流、对逾期或违约资产进行催收处置的职责，通常需要事先完成系统对接、数据匹配、协议签署等，是接替工作准备到位程度相对最高的备位服务；

"温备位"：指备位服务商可以在一定时间内接替原服务商的工作，经过必要的补充准备后可以承担起原服务商的工作职责，是接替工作准备到位程度相对居中的备位服务；

"冷备位"：指期初未明确指定备位服务商，而是等触发机制发生后，再遴选和委任备位服务商，然后经过必要的对接准备工作，在一定时间内由备位服务商接替原服务商的工作职责，是接替工作准备到位程度相对最低的备位服务。

"备位服务"作为资产证券化运营风险管理的重要一环，防范初始资产服务机构经营不善、破产等原因导致资产服务中断的极端风险。虽然发生的概率极低，一旦发生，影响极大，所以，越来越引起市场参与者的重视。且在评级端，如果设置了资质能力强的备位服务机构，能够有效提升评级效果。

目前在国内市场，个别项目中已经开始引入备位机制，如2021年6月发行的"2021年第一期汇通信诚应收账款定向资产支持票据"，即由和盈商业保理（深圳）有限公司作为后备资产服务机构，对标国际评级机构的"热备位"服务标准，通过"热备位"防范极端风险。

---

① 陈春锋.国际证券化市场中的"备位服务（BUS）"及对中国的借鉴意义。

6. 中介机构的职责边界到底在哪里？

导读：在资产证券化业务中，除管理人、承销商外的其他中介机构常包括出具会计意见书和现金流预测报告的会计师事务所、出具法律意见书的律师事务所、出具评级报告的评级机构和出具资产评估报告的评估机构等，各个中介机构的职责范围和工作要求该如何界定、中介机构的责任认定与业务风险如何？本问一一进行探究。

一、中介机构的范围及界定

在经济活动中，中介机构通常指通过专业知识和技术，向委托人提供技术服务并获取报酬的平台和组织。

参与资产证券化业务过程的各类服务机构理论上都属于广义的中介机构，但一般中介机构特指除管理人、承销机构、托管银行之外的其他专业性服务机构，包括出具审计报告和现金流预测报告的会计师事务所、出具法律意见书的律师事务所、出具评级报告的评级机构、出具资产评估报告的评估机构（如有）和出具绿色认证报告的认证机构（如有）等，其范围界定在相关监管文件中均有所涉及。

根据2020年3月新施行的《中华人民共和国证券法》（以下简称《证券法》）：

"第二条　在中华人民共和国境内，股票、公司债券、存托凭证和国务院依法认定的其他证券的发行和交易，适用本法；本法未规定的，适用《中华人民共和国公司法》和其他法律、行政法规的规定。

政府债券、证券投资基金份额的上市交易，适用本法；其他法律、行政法规另有规定的，适用其规定。

资产支持证券、资产管理产品发行、交易的管理办法，由国务院依照本法的原则规定。

第一百六十条　会计师事务所、律师事务所以及从事证券投资咨询、资产评估、资信评级、财务顾问、信息技术系统服务的证券服务机构，应当勤勉尽责、恪尽职守，按照相关业务规则为证券的交易及相关活动提供服务。

第一百六十二条　证券服务机构应当妥善保存客户委托文件、核查和验证资料、工作底稿以及与质量控制、内部管理、业务经营有关的信息和资料，任何人不得泄露、隐匿、伪造、篡改或者毁损。上述信息和资料的保存期限不得少于十年，自业务委托结束之日起算。

第一百六十三条 证券服务机构为证券的发行、上市、交易等证券业务活动制作、出具审计报告及其他鉴证报告、资产评估报告、财务顾问报告、资信评级报告或者法律意见书等文件，应当勤勉尽责，对所依据的文件资料内容的真实性、准确性、完整性进行核查和验证。其制作、出具的文件有虚假记载、误导性陈述或者重大遗漏，给他人造成损失的，应当与委托人承担连带赔偿责任，但是能够证明自己没有过错的除外。"

根据《证券公司及基金管理公司子公司资产证券化业务管理规定》及《证券公司及基金管理公司子公司资产证券化业务尽职调查工作指引》：

"第十三条 管理人应当履行下列职责：

（一）按照本规定及所附《证券公司及基金管理公司子公司资产证券化业务尽职调查工作指引》（以下简称《尽职调查指引》）对相关交易主体和基础资产进行全面的尽职调查，可聘请具有从事证券期货相关业务资格的会计师事务所、资产评估机构等相关中介机构出具专业意见。"

"管理人对计划说明书等相关文件中由中介机构出具专业意见的内容，管理人应当结合尽职调查过程中获得的信息对专业意见的内容进行审慎核查。对专业意见有异议的，应当要求中介机构做出解释或者出具依据；发现专业意见与尽职调查过程中获得的信息存在重大差异的，应当对有关事项进行调查、复核，并可聘请其他中介机构提供专业服务。"

二、中介机构的职责要求

以交易所企业资产证券化为例，《管理规定》及所附的《尽职调查指引》《信息披露指引》明确约定了项目过程中的尽调范围以及对应机构专业报告的披露要求，如表6-1所示。

表6-1 尽职调查的内容及要求

	尽调范围	尽调内容
业务参与人	特定原始权益人	基本情况、主营业务情况及财务状况、与基础资产相关的业务情况
	资产服务机构	基本情况、与基础资产相关的业务情况
	托管人	托管人资信水平、托管人业务资质
	提供信用增级的机构	基本情况、主营业务情况及财务状况、其他情况
	重要债务人[①]	经营情况及财务状况
	其他重要业务参与人	参与人的基本情况、资信水平；参与人的相关业务资质、过往经验及其他可能对证券化交易产生影响的因素
基础资产	合法性	基础资产形成和存续的真实性和合法性；基础资产权属、涉诉、权利限制和负担等情况；基础资产可特定化情况；基础资产的完整性等

---

① 指单一应收款债务人的入池应收款本金余额占资产池比例超过15%，或者债务人及其关联方的入池应收款本金余额合计占比超过20%的债务人。

续表

尽调范围		尽调内容
基础资产	转让合法性	基础资产是否存在法定或约定禁止或者不得转让的情形；基础资产（包括附属权益）转让需履行的批准、登记、通知等程序及相关法律效果；基础资产转让的完整性等
	现金流状况	基础资产质量状况；基础资产现金流的稳定性和历史记录；基础资产未来现金流的合理预测和分析

综上，监管文件中对于证券化交易过程中相关主体及基础资产的尽调内容和要求做了详细规定，而上述尽调工作的不同部分涉及管理人及对应的专业中介机构，以每单业务都会涉及的法律顾问及评级机构为例，可以从《信息披露指引》对其所出具的专业报告披露内容窥见监管机构对其工作范围的要求。《法律意见书》及《评级报告》的披露内容要求如表6-2所示。

表6-2 《法律意见书》及《评级报告》的披露内容要求

《法律意见书》披露内容	（一）管理人、销售机构、托管人等服务机构的资质及权限； （二）计划说明书、资产转让协议、托管协议、认购协议等法律文件的合规性； （三）基础资产的真实性、合法性、权利归属及其负担情况； （四）基础资产转让行为的合法有效性； （五）风险隔离的效果； （六）循环购买（如有）安排的合法有效性； （七）专项计划信用增级安排的合法有效性； （八）对有可能影响资产支持证券投资者利益的其他重大事项的意见
《评级报告》披露内容	（一）评级基本观点、评级意见及参考因素； （二）基础资产池及入池资产概况、基础资产（池）信用风险分析； （三）特定原始权益人的信用风险分析及法律风险分析； （四）专项计划交易结构分析； （五）管理人、托管人等服务机构的履约能力分析； （六）现金流分析及压力测试； （七）跟踪评级安排。 设置循环购买的交易，还需对基础资产的历史表现进行量化分析

再结合《证券法》所要求的："证券服务机构……应当勤勉尽责，对所依据的文件资料内容的真实性、准确性、完整性进行核查和验证""……其制作、出具的文件有虚假记载、误导性陈述或者重大遗漏，给他人造成损失的，应当承担连带赔偿责任，但是能够证明自己没有过错的除外"。

不难看出，证券化业务的中介机构要求能够按照监管规定的范围开展尽调工作并出具相关中介报告，对于报告内容的完整、准确性承担责任。

三、风险项目中所涉中介机构的责任认定

表6-3为部分资产证券化风险项目涉及全面的机构处罚情况。

表6-3 部分资产证券化风险项目涉及全面的机构处罚情况

处罚机构	项目名称	处罚对象	处罚原因	处罚措施
证监会及各证监局	邹平电力购售电合同债权资产支持专项计划	计划管理人、会计师事务所、评级机构、律师事务所	××证券作为邹平电力购售电合同债权资产支持专项计划（以下简称邹平电力ABS）计划管理人，未对邹平电力ABS基础资产进行全面的尽职调查，出具的《邹平电力购售电合同债权资产支持专项计划说明书》部分内容存在虚假记载；在邹平电力ABS存续期间，未及时履行相关信息披露义务，未监督、检查邹平电力集团有限公司持续经营情况和基础资产现金流情况。××会计师事务所未针对邹平电力购售电合同债权资产支持专项计划基础资产项下相关资产获取充分、适当的证据，以支持管理层编制预测性财务信息所依据的最佳估计假设并非不合理。××评级未勤勉尽责，对相关信用评级报告所依据的文件资料的真实性、准确性、完整性进行核查和验证；未有效开展现场考察和访谈；未与委托方签署业务约定书。××律师事务所对所依据的文件资料内容的真实性、准确性、完整性未审慎履行核查和验证义务；未编制核查和验证计划；未将实地调查情况作成笔录	出具警示函
	庆汇租赁一期资产支持专项计划	计划管理人、律师事务所、评级机构	××律所对所依据的文件资料内容的真实性、准确性、完整性未审慎履行核查和验证义务；未将实地调查情况制作成笔录；存在内部风险控制机制执行不到位等问题。××证券未对专项计划基础资产进行全面的尽职调查，即存在部尽职调查过程未严格执行程序，部分访谈未制作访谈记录，尽职调查底稿访谈记录不完整，部分访谈仅有录音、未经被访谈人签字等问题。××评级未能勤勉尽责，对相关信用评级报告所依据文件资料的真实性、准确性、完整性进行核查和验证；未有效开展现场考察和访谈；评级方法不严谨	

资料来源：公开信息整理。

在司法实践中，承销商及会计师事务所、律师事务所、评级机构等中介机构经常作为证券纠纷的被告。究其原因，一方面，中介机构应该按法律规定承担责任；另一方面，也是原告方为了多一条求偿的途径。特别是当原始权益人或发起机构经营出现重大问题，甚至触发违约或破产等情况下，起诉中介机构最终获得赔偿的可能性更大。

过往的判例中，很多案件适用过错推定原则，而中介机构很难证明自身不存在过错，导致法院直接认定其承担全部连带赔偿责任或在一定比例范围内承担连带赔偿责任，并且出现了部分赔偿责任分配较重的情形。如引起市场高度关注的五洋债案中，证券承销商、会计师事务所均承担100%连带赔偿责任，评级机构、律师事务所分别在10%和5%范围内承担连带赔偿责任。

2023年6月，上海金融法院发布消息，全国首例资产支持证券欺诈发行民事赔偿案（美吉特灯都资产支持专项计划的民事赔偿案）已审结。根据判决，作为被告的原始权益人昆山灯都公司管理有限公司须赔付ABS持有人邮储银行本息损失合计

5.6亿元。同时，担任财务顾问的证券公司因故意隐瞒发行人欺诈发行事实应承担100%连带赔偿责任，计划管理人、律师事务所、评级机构被认定各自对信息披露文件中虚假陈述的形成、发布存在重大过失，分别按照30%、10%、10%承担连带赔偿责任。

为体现各负其责的法律精神，基于责任承担与过错程度相匹配的原则，2022年1月21日发布的《最高人民法院关于审理证券市场虚假陈述侵权民事赔偿案件的若干规定》第十七条至第十九条，在区分职责的基础上，对各中介机构的过错审查及免责抗辩理由作出规定，明确了故意和重大过失的审查，细化了过错认定标准，原则性的规定了证券中介机构的责任限于其工作范围和专业领域。但不同机构之间的责任边界如何细分，尚待细化及通过实践中法院的裁判观点来判断。

四、中介机构的风险控制

对于证券中介机构而言，当前面临更加严格的法律环境和更高的赔付风险，在业务过程中可从以下方面防范和减少上述风险。

一是加强流程管理与制度建设，资产证券化业务经历多年的发展，已告别早期的粗放式发展阶段，行业内对于不同的项目类型已形成相对成熟的尽调标准和体系，各个机构内部也都制定了相对完备的管理制度，只要严格按照行业标准和制度要求落实，比如现场核查、公开信息查证、底稿留存、文件面签、过程留痕等工作落到实处，绝大多数常规风险均能有效规避，在出现风险后也能有效进行举证。

二是提高业务风险判断能力，投行从业人员执业能力的重要评判就在于业务风险的判断，事前、事中、事后对于业务风险的敏感度是业务水平的直接体现。基于笔者多年的从业经验总结，"防坑避雷千万条、基本逻辑第一条"，当风险不易判断时，不妨跳出具体的项目环节，思考是否符合基本的业务逻辑，如果有问题，那离"踩坑"和"爆雷"就不远了。

第二篇

交易结构

7. 什么是SPV？

导读：在资产证券化业务的交易结构中，SPV居于中心位置，而事实上其也发挥了至关重要的作用，本问我们一起来探究SPV的定义、分类、功能及实践。

一、定义与分类

SPV通常指仅为特定、专向目的而设立的法律实体，其设立一般有两个直接目的：一是尽可能以低成本持有资产，二是风险隔离。从最广泛的角度来看，以尽可能低的成本（运作成本、税负成本、时间成本、法律成本等），持有一定资产并达成交易的载体都可视为SPV。

不难发现，资产证券化业务天然与上述特点相契合，目前业务实践中的SPV类型主要包括特殊目的信托（special purpose trust, SPT）、特殊目的公司（special purpose company, SPC）及除此之外其他类型的特殊目的实体（special purpose entity, SPE）。

具体采用何种SPV形式，主要取决于当地法律、会计、税收等方面的监管规定。通常而言，SPT一般非纳税实体，可以享受一定的税收优惠，但在基础资产的选择和持有方式、基础资产现金流组合及证券产品发行方面受到一定限制，产品结构也相对单一；SPC模式对于基础资产的选择和产品发行方式限制更少，资产整合及现金流重组的方式也更多元，但可能面临的税收成本也会更大。

通常认为SPV在资产证券化交易中主要有以下三大功能：

（1）受让基础资产并实现与发起机构或原始权益人的破产隔离

对发起机构而言，资产证券化业务的特殊吸引力包括可以突破自身主体信用的限制、以更低的成本融资，以及资产出表、调整资产负债结构；对投资人而言，资产支持证券的特定投资价值在于其风险与收益可以独立于发起机构的经营状况和信用等级变化。而正因为发起机构将资产"真实出售"[1]给特殊目的载体（SPV），实现破产隔离，才使得资产证券化具有上述特性。

（2）发行资产支持证券

SPV在受让特定基础资产后，基于资产现金流在一定的法律框架下发行证券。

---

[1] 关于"真实出售与破产隔离"，详见本书第一篇第3问。

（3）税收中性[①]

由于SPV是为证券化交易专门设立的，该笔证券化业务有可能是SPV的唯一业务，其基础资产的收益大部分都以证券利息或分红的方式支付出去，因此，在对资产证券化税收有专门立法的市场，一般规定在满足一定条件的前提下（如分红不低于一定比例等），资产证券化交易中的SPV明确具有税收中性的地位，且投资资产支持证券也可获得税收优惠。

二、国内实践

抛开资产证券化业务，国内金融机构在SPV的运用方面有着广泛的实践基础及多样的表现形式，包括信托计划、各类资产管理计划、有限合伙企业、私募基金等。笔者认为，这与我国近些年利率市场化、银行资产表外化、资管机构业务投行化的大趋势是分不开的。首先，利率市场化推动银行存款搬家，理财规模急剧膨胀。其次，在表外通过各类资管渠道寻找高收益资产的冲动持续攀升，辅之以分业监管的格局下，不同机构的投资限制与要求之间总会有一定的套利空间。上述原因下催生了各种类型的SPV，各类机构通过不同SPV构建出了更为广泛的资产组合。当然过度嵌套也催生了庞大的影子银行与极高的杠杆，也是这轮金融乱象治理的重点，但不可否认，上述过程对于推动我国利率市场化及金融改革深化的进程有着积极意义，在此不表。

国内资产证券化业务的试点与实践一直在"大资管"业务的发展框架下，SPV的选择也很好地诠释了这一点，如表7-1所示。

表7-1　国内不同SPV模式比较

	挂牌场所	主管部门	SPV模式	法规依据
信贷资产证券化	银行间市场	中国人民银行、金融监管局	特定目的信托	（1）《关于进一步扩大信贷资产证券化试点有关事项的通知》（银发〔2012〕127号）； （2）《中国人民银行关于信贷资产支持证券发行管理有关宜的公告》〔2015〕第7号； （3）《金融机构信贷资产证券化试点监督管理办法》（银监会令2005年第3号）； （4）《关于信贷资产证券化备案登记工作流程的通知》（银监办便函〔2014〕1092号）； （5）《关于信贷资产证券化备案登记工作流程的通知》等
交易所企业资产证券化	沪深交易所	证监会、交易所	资产支持专项计划	（1）《证券公司及基金管理公司子公司资产证券化业务管理规定》（证监会〔2014〕49号）； （2）《资产支持专项计划备案管理办法》等

[①] 关于资产证券化业务中的税务问题，将在本书第四篇第30问中进一步论述。

续表

	挂牌场所	主管部门	SPV模式	法规依据
交易商协会资产支持票据	银行间市场	中国人民银行、交易商协会	特定目的信托	(1)《银行间债券市场非金融企业债务融资工具管理办法》(中国人民银行令〔2008〕第1号); (2)《非金融企业债务融资工具注册发行规则》; (3)《非金融企业资产支持票据指引(修订稿)》; (4)《银行间债券市场企业资产证券化业务规则》及《银行间债券市场企业资产证券化业务信息披露指引》等
保险项目资产支持计划	保险资产登记交易平台	金融监管局、中保登公司	项目资产支持计划	(1)《中国银保监会办公厅关于资产支持计划注册有关事项的通知》; (2)《中国银保监会办公厅关于资产支持计划和保险私募基金登记有关事项的通知》; (3)《中国银保监会办公厅关于资产支持计划和保险私募基金登记有关事项的通知》等
银登中心资产流转	银登中心	金融监管局、银登中心	财产权信托	(1)《关于规范信贷资产转让及信贷资产类理财业务有关事项的通知》(银监办发〔2009〕113号); (2)《关于进一步规范银行业金融机构信贷资产转让业务的通知》(银监办发〔2010〕102号); (3)《中国银监会办公厅关于规范银行业金融机构信贷资产收益权转让业务的通知》等(银监办发〔2016〕82号)
北金所债权计划	北金所	北金所	特定目的信托等	(1)《北京金融资产交易所债权融资计划业务备案工作规程》; (2)《北京金融资产交易所债权融资计划业务指引》等
信托计划	信托公司柜台市场	金融监管局	特定目的信托	(1)《中华人民共和国信托法》; (2)《信托公司管理办法》; (3)《集合资金信托计划管理办法》等

三、总　　结

(1) SPV普遍认为具有降低成本以及风险隔离的功效,但在不同的交易结构中起到的作用不尽相同

三大功能是对SPV普遍作用的一般概括,但在国内当前的证券化交易中未必都能体现出来。比如,企业资产证券化业务中基于收益权类基础资产开展的交易就无法实现"破产隔离"、不少带主体增信的证券化产品层出不穷。再如,交易商协会ABN(资产支持票据)在引入信托结构前即是以发起机构自身作为发起主体,税收层面的专门立法与规定姗姗来迟,但不能因为某一个或者某几个功能的缺失而否认

资产证券化交易的真实性及SPV在其中起到的作用。

（2）目前国内资产证券化业务中的SPV选择带有很深的分业监管烙印，但已呈融合趋势

如前所述，我国资产证券化业务的起步伴随着大资管市场的发展，不同类型的资产证券化产品实际上是不同监管条线和监管框架下资管产品的延伸，因此，也就顺其自然地架设了不同类型的SPV。但实际上，发行场所只是资产证券化业务的构成要点之一，更重要的是与其基础资产类型、交易结构安排相关，国外成熟市场更多也是据此选择合适的SPV作为发行主体。目前国内资产证券化业务中的SPV选择带有很深的分业监管烙印，但已呈融合趋势。比如，个别信托公司已获准在交易所市场作为计划管理人发行资产支持证券。再如，在交易商协会《非金融企业资产支持票据指引（修订稿）》中明确"发行载体可以为特定目的信托、特定目的公司或交易商协会认可的其他特定目的载体"。

（3）SPV的破产隔离机制已在司法判例中得到有效支持，但更上层的立法仍然迫切[①]

2018年5月23日，因合肥科技农村商业银行股份有限公司大兴支行（"科农行大兴支行"）与南陵凯迪和凯迪生态金融借款合同纠纷，科农行大兴支行申请"冻结南陵凯迪和凯迪生态3 000万元的银行存款或查封扣押其价值相当的相关财产"。在财产保全案件执行过程中，平安大华汇通财富作为专项计划管理人对合肥中院"冻结南陵凯迪在安徽国网3 000万元应收账款"的行为提出书面执行异议。

平安大华汇通财富主张"计划管理人已代表'平安凯迪电力上网收费权资产支持专项计划'，向包括南陵凯迪在内的三家公司购买了特定期间（专项计划设立之日起至2020年6月12日止）的上网电费收费权，支付了11亿元的转让对价，并在中登网进行了转让登记，安徽国网亦同意南陵凯迪转让电力上网收费权"。

2018年8月6日，合肥市中级人民法院（以下简称"合肥中院"）作出（2018）皖01执异43号《执行裁定书》，裁定中止对南陵县凯迪绿色能源开发有限公司（"南陵凯迪"）在国网安徽省电力有限公司（"安徽国网"）应支付的电费及补贴3 000万元的执行。

凯迪电力ABS司法判例系全国首例以资产证券化基础资产独立性为审查内容的司法裁判案件，对于推动资产证券化的破产隔离机制具有重要意义。

之后，在"北京首都航空有限公司BSP票款资产支持专项计划""融信租赁2017年一期资产支持专项计划""平银凯迪电力上网收费权资产支持专项计划（二期）""桑德北京水务一期绿色资产支持专项计划"等多个涉及司法诉讼的ABS项目中，法院对于转让予SPV的证券化基础资产的真实有效性、监管账户归集资金的隔

[①] 方筱玮. ABS破产隔离第一案刷屏，主办律师怎么说？

离要求等基本都予以认可和支持，SPV的破产隔离机制得到了有效发挥。但同时也要看到，由于业务过程中很多结构设定和条款设计依据的多为部门规章或规范性文件，在司法解释和主张环节面临了很大的不确定性，资产证券化业务基础性法律建设仍有待加强。

8. 双SPV结构真的有必要吗？

导读： 上一问对资产证券化业务中SPV的定义与分类、功能、实践进行了介绍，在许多证券化项目尤其是交易所的企业ABS项目中，经常会见到所谓的"双SPV"结构，本问针对双SPV结构的产生背景、适用范围等进行分析，找寻不同交易架构下的结构设计规律。

一、双SPV结构的应用

双SPV结构是指在一单资产证券化交易中，涉及两层SPV载体（也有部分项目涉及更多层）。

1. 国外市场的双SPV结构

在美国资产证券化发展过程中，双SPV结构的产生主要是在法律框架下进行合理的税务筹划，即在与资产证券化业务相关的税收中性制度完善之前，双层SPV架构以实现破产隔离和税务筹划的双重目的。在该模式下，原始权益人将基础资产转让给全资子公司SPV1，本次转让构成真实销售；SPV1与SPV2的转让交易则采用抵押融资的形式，不构成真实销售。根据相关法律，母公司和全资子公司之间的销售活动不计入征税范围，同时，抵押融资由于不构成真实销售也不对其征税。这样，双SPV交易结构在实现破产隔离的同时也避免了因缴税而造成的交易成本增加。

2. 我国市场的双SPV结构应用

就国内市场而言，双SPV结构的引入最初是解决基础资产难以特定化的问题，后逐渐演变为一种独具特色的创新模式，有着复杂的商业理性和法律动因，背后则是金融机构对于资产表外化，以及市场主体对"资产生成+快速流转"模式下快速创利的强烈诉求。近几年市场动静很大的"非标转标"业务、金融机构小微或零售资产"信托放款池"业务等都是基于这一逻辑。

目前，双SPV结构在国内市场的典型应用有以下几类：
① "未来经营收入类"双SPV模式，如图8-1所示。
② 资金信托模式CMBS，如图8-2所示。
③ 财产权信托模式CMBS，如图8-3所示。
④ 类REITs结构，如图8-4所示。

市场过往曾发行的航空票款、电影票款、学费收入、租金收益权等类型项目，以及保障房销售收入作为底层现金流来源的项目，大多采用上述结构。

在类REITs项目中，过往出于持股的便利性，以及后续私募基金份额转公募基金份额的可能性（一般会将发行公募REITs作为退出路径之一），常搭设一层私募基金架构。根据最新监管指导，往往由专项计划直接持有项目公司股权或者通过信托计划持股的方式。

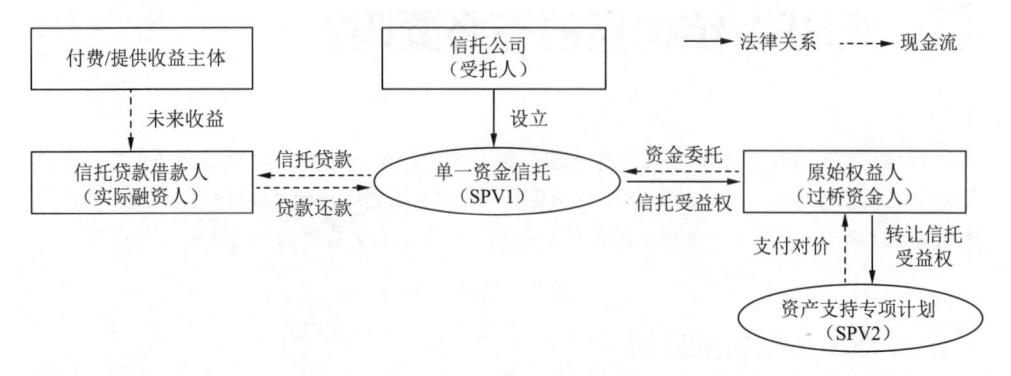

图8-1 "未来经营收入类"双SPV模式

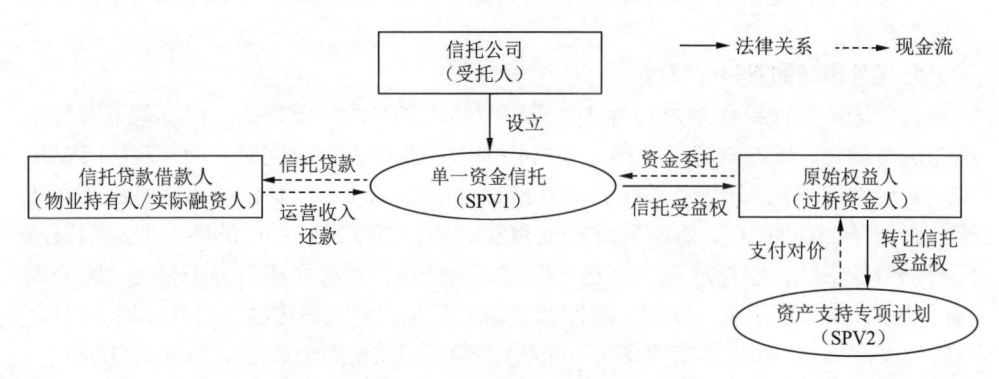

图8-2 资金信托模式CMBS

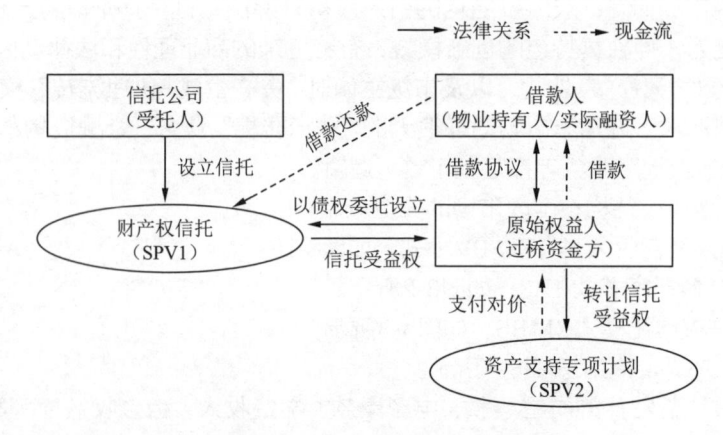

图8-3 财产权信托模式CMBS

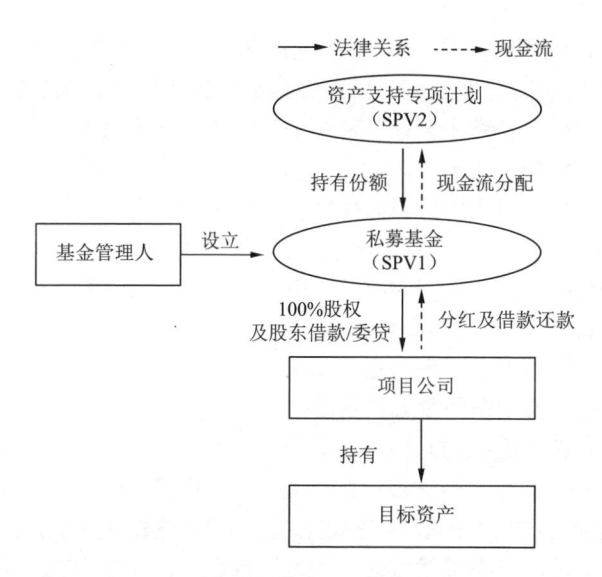

图8-4 类REITs结构

二、双SPV结构的产生原因

每种双SPV结构的设计通常都对应以下一种或多种原因：

（1）解决资产难以特定化及现金流不稳定的问题

根据《证券公司及基金管理公司子公司资产证券化业务管理规定》第三条："本规定所称基础资产，是指符合法律法规规定，权属明确，可以产生独立、可预测的现金流且可特定化的财产权利"。对于上述模式一中涉及的未来收益权类资产，具有难以特定化及现金流不稳定、难以预测的特点，通过"借款贷款+收益权质押+未来现金流作为还款来源"的结构安排，由此重构资产现金流形成稳定的借款债权，完成证券化交易。

（2）解决资产现金流来源多样性的问题

以CMBS项目为例，现金流均来源于特定物业所产生的运营收入，但运营收入通常包括租金收入、停车费收入、物业费收入等，尤其酒店类物业还包括会务收入、餐饮收入等。不同的收入类型对应不同的业务模式、合同基础，难以通过单一的基础资产类型去定义和界定，而通过将所有相关收入均作为借款还款来源的方式很好地解决了上述难点。

（3）解决证券化融资期限与底层现金流期限不匹配的问题

还是以CMBS项目为例，为做大融资规模，项目期限通常设置为18年甚至20年，但底层物业出租合同一般长则3~5年，短则半年到1年，期限上无法覆盖证券化项目的期限。通过形成与融资期限相匹配的债权，以解决期限不匹配的问题。

（4）解决资产无法办理抵押的问题

在CMBS和类REITs项目中，需要将不动产物业抵押至SPV项下作为风控手段，在实操中，各地不动产中心在办理抵押时会有不同的窗口标准，比如只接受《借款合同》作为主合同办理抵押、只接受具备贷款资质的金融机构作为抵押权人。而证券公司或证券公司资管子公司、基金子公司作为企业ABS的计划管理人在早期往往面临无法办理抵押的障碍，因此，在前端选择更为抵押登记机关熟悉和认可的银行、信托公司去发放委托贷款或信托贷款，以便于顺利办理抵押。

（5）解决不同市场对于参与主体准入的问题

在分业监管的背景下，目前国内不同的交易场所的主体准入标准存在差异化，比如银行无法直接在交易所市场作为发起机构、交易商协会ABN仍然属于"非金融企业债务融资工具"体系，导致金融机构无法直接作为发起机构，需要前端嫁接以保理公司、融资租赁公司作为发起机构的交易结构。

（6）解决资产表外形成的问题

在我国的金融体系中，商业银行始终是最大的资产持有方及资产导流方，但监管机构对于商业银行的资产出表及资本管理又最为严格，一旦相关资产在银行表内形成，后续流转则面临诸多监管要求。因此，银行有冲动在前端直接通过导流模式在表外形成资产（一般通过"过桥+信托放款"），进而更便捷地在后端开展资产证券化流转。

此外，根据银保监会《关于加强小额贷款公司监督管理的通知》，"小额贷款公司通过银行借款、股东借款等非标准化融资形式融入资金的余额不得超过其净资产的一倍；通过发行债券、资产证券化产品等标准化债权类资产形式融入资金的余额不得超过其净资产的四倍"。因此，小贷公司的表内资产证券化规模存在天花板，部分小贷公司尤其是资产渠道强的头部互联网小贷也有着强烈的资产表外化需求。

三、从双SPV到单SPV

1. 多层SPV导致管理成本上升

不难理解，每一层SPV的增加都意味着成本的上升，具体体现在：

（1）SPV管理费；

（2）税收成本[①]，目前SPV层面增值税的缴税要求需要与SPV管理人所在地税局进行沟通，部分项目中存在多层SPV多重缴税的问题；

（3）时间成本，每一层SPV都存在资金归集、转付、出具服务报告的流程，时间成本带来资金沉淀成本。

也正因如此，在目前的项目实践中，会尽可能地去掉前端的信托贷款、委托贷款结构，尤其是委贷新规及信托非标额度管控的背景下，该类SPV成本显著上升。在确需嵌套债权的情况下，一般也通过内部关联借款的形式替代，或者资金信托调

[①] 根据财税〔2016〕140号文、财税〔2017〕56号文，"自2018年1月1日起，资管产品管理人运营资管产品过程中发生的增值税应税行为，暂适用简易计税方法，按照3%的征收率缴纳增值税"，实际征收时还需要加上12%（包括7%的城市维护建设税、3%的教育费附加和2%的地方教育费附加）的增值税附加税（附加税费的税基为增值税），整体税负率为3.26%。

整为财产权信托(成本更低)。

2. 多层SPV并不解决底层资产本身的问题

根据《资产证券化业务基础资产负面清单指引》(以下简称《指引》),资产证券化基础资产负面清单包括:

"一、以地方政府为直接或间接债务人的基础资产。但地方政府按照事先公开的收益约定规划,在政府与社会资本合作模式(PPP)下应当支付或承担的财政补贴除外。

二、以地方融资平台公司为债务人的基础资产。

三、矿产资源开采收益权、土地出让收益权等产生现金流的能力具有较大不确定性的资产。

四、有下列情形之一的与不动产相关的基础资产:

1. 因空置等原因不能产生稳定现金流的不动产租金债权。

2. 待开发或在建占比超过10%的基础设施、商业物业、居民住宅等不动产或相关不动产收益权。当地政府证明已列入国家保障房计划并已开工建设的项目除外。

五、不能直接产生现金流、仅依托处置资产才能产生现金流的基础资产。如提单、仓单、产权证书等具有物权属性的权利凭证。

六、法律界定及业务形态属于不同类型且缺乏相关性的资产组合,如基础资产中包含企业应收账款、高速公路收费权等两种或两种以上不同类型资产。

七、违反相关法律法规或政策规定的资产。

八、最终投资标的为上述资产的信托计划受益权等基础资产。"

《指引》明确了即便是信托受益权作为基础资产,但其最终投资标的也不能是负面清单范围,监管审核的原则系穿透式监管。

同时,监管机构也注意到过往通过双SPV模式发行的、底层资产特定化及现金流不稳定的资产类型本身也存在较大风险,在2019年4月19日,中国证监会发布的《资产证券化监管问答(三)》中进行补充明确如下:

"一、对于基础设施收费等未来经营收入类资产证券化产品,其现金流来源于特定原始权益人未来经营性收入,依赖于特定原始权益人的持续经营。对该类资产证券化产品的现金流来源有哪些要求?

答:基础设施收费等未来经营收入类资产证券化产品,其现金流应当来源于特定原始权益人基于政府和社会资本合作(PPP)项目、国家政策鼓励的行业及领域的基础设施运营维护,或者来自从事具备特许经营或排他性质的燃气、供电、供水、供热、污水及垃圾处理等市政设施,公路、铁路、机场等交通设施,教育、健康养老等公共服务所形成的债权或者其他权利。

对于电影票款、不具有垄断性和排他性的入园凭证等未来经营性收入,不得作为资产证券化产品的基础资产现金流来源。

物业服务费、缺乏实质抵押品的商业物业租金(不含住房租赁)参照执行。"

3. 业务实践反向推动监管流程优化

上面提到过往CMBS项目中由于专项计划无法办理抵押导致不得不嫁接委贷或信托贷款结构，但随着市场发行项目的增多，各地抵押登记机关对于资产证券化产品的理解不断提升，逐渐认可专项计划办理抵押，因此，近年来各地单SPV结构的CMBS项目屡见不鲜。

综上所述，双层甚至多层SPV的嵌套基于特定的业务背景，但笔者始终认为，越简练的交易结构越具有生命力，金融从业者的水平也并不体现在搭建纷繁复杂的交易架构，反而应该是去繁就简，尽可能地推动金融交易的透明化、成本最优化。

9. ABS到底是投行业务还是资管业务？

导读： 关于ABS到底属于投行业务还是资管业务，一直是业内热议的一个话题，本问从国外市场流行的"主信托结构"出发，基于监管规则、管理人职责定位等不同角度就这一话题进行分析。

一、主信托模式及其特点

前面介绍了资产证券化业务中SPV的起源、作用及特征等，直观的感觉就是SPV更像是一个被动的载体，只能根据交易结构的需要而搭建、并被动承接资产、履行既定的管理职能，但在种类多元的资产证券化产品中，SPV能够发挥的作用当然可以更为主动，其中主信托模式就是最典型的一种。

主信托模式起源于20世纪90年代的美国，在此之前，美国的资产证券化交易主要采用的是独立交易模式，与国内目前典型的单一信托计划和单一资产支持专项计划模式类似，即每一单资产证券化产品对应一个独立的基础资产池，每一个新资产池的证券化都需要设立一个为其专设的特殊目的载体。尽管循环池结构的出现能够允许资产的有限更替，但特殊目的载体并不改变，并随着证券的清偿而解体。

1991年，主信托模式首次出现在信用卡资产证券化项目中，主信托作为SPV载体在资产端和证券端有以下两大主要特点：

（1）在资产端，可以通过不断购买新的同类资产，实现静态池到动态池的转变；

（2）在证券端，主信托可以在不同时间分期发行不同的资产支持证券，且在不同时间发行的各期证券可以有不同的分层结构、期限结构和信用级别，但它们都以同一个资产池作为还款来源，虽然说资产池中的资产是可以不断更新的。

上述特点其实分别对应于目前国内市场资产证券化产品的循环购买和扩募机制，但和主信托模式还是有本质区别，体现在项目设立时对循环购买标准的设定要求，以及扩募模式下新发证券与整体资产池的对应关系，在此不做延伸。

对于期限短、同质性高的资产，主信托模式极大地提升了交易效率、降低了交易成本，目前在美国市场，主信托模式已成为信用卡、汽车贷款等资产证券化交易的重要模式。

二、主信托模式代表了从"投行卖方"到"资管买方"视角的转变

普遍认为,投行业务是传统的"卖方业务",承销商或财务顾问对资产进行尽调、信息披露,并向市场投资人进行推介销售,更多站在资产卖方的立场,其收益也来源于卖方支付的承销佣金,比较典型的就是股票、债券承销。

而资管业务则强调买方视角,资产管理人先接受投资人委托,以投资人委托的资金寻找合适的投资标的,寻求最大的投资价值,其收益是基于管理费及与投资人的业绩分成,比较典型的是公募基金、私募基金。

不难发现,对金融业务中"卖方业务"或"买方业务"的界定与讨论,源于所站的立场与角度的差异,不同的交易特点造成了卖方属性和买方属性的强弱:

(1)投行业务重期初,资管业务重存续。尽管不能完全形容为一锤子买卖,但在评价一单投行交易的效果时,期初的交易对价是重中之重,比如股票的发行价格、债券的发行利率,也代表了投行机构的水平和能力,而资管机构的价值则体现在存续期对于资产的有效管理。

(2)金融服务机构对于资产表现,影响强则偏资管、影响弱则偏投行。投行机构尽管在股票上市后仍然会持续督导,在债券发行后仍然会进行受托管理,但这种存续期管理更偏重于合规监督、信息披露,而资产本身的表现则受投行机构的影响很小,如股票的价格取决于公司的经营、债券的兑付跟公司的偿债能力变化相关;但资管机构则通过对所投资资产的交易(买入卖出)、参与运营等直接影响资产表现。因此,哪怕就资产证券化业务而言,不同的资产类型也会决定其投行属性与资管属性的强弱,比如与运营能力关联更大的不动产资产相比于静态池的债权类资产,笔者认为前者的资管属性更强。

(3)收费来源于资产方则偏投行,收费来源于资金委托方则偏资管。

三、目前国内ABS业务究竟是"投行业务"还是"资管业务"

国内市场尽管还未出现主信托模式的交易架构,但业内关于ABS业务究竟是投行业务还是资管业务已讨论颇多。笔者认为非此即彼的划分其实并无意义,理解差异更多的是源于所处的立场与角度的不同。而正因为相比于目前国内市场的其他金融业务,资产证券化业务交易链条更长、交易结构更复杂、参与机构更多样、资产种类更多元,且监管规定与业务特点存在一定错位,导致市场对于这一业务的性质理解会有更多的困惑。

1. 监管要求整体更偏资管业务

以讨论最多,也是在这个问题上分歧最为典型的交易所企业ABS为例,在监管要求上,其资管业务属性是非常明显的:

(1)最初选择以专项计划作为SPV载体,决定了业务的监管框架基本上是在资管业务的体系内形成。

根据《证券公司及基金管理公司子公司资产证券化业务管理规定》(下称《管

理规定》）第二条规定："资产证券化业务，是指以基础资产所产生的现金流为偿付支持，通过结构化等方式进行信用增级，在此基础上发行资产支持证券的业务活动。开展资产证券化业务的证券公司须具备客户资产管理业务资格，基金管理公司子公司须由证券投资基金管理公司设立且具备特定客户资产管理业务资格"。

从适用法律法规看，根据《管理规定》可知，资产证券化业务的上位法是《证券法》《证券投资基金法》《私募投资基金监督管理暂行办法》。

从业务载体上来看，根据《管理规定》第四条规定："证券公司、基金管理公司子公司通过设立特殊目的载体开展资产证券化业务适用本规定。前款所称特殊目的载体，是指证券公司、基金管理公司子公司为开展资产证券化业务专门设立的资产支持专项计划（下称专项计划）或者中国证监会认可的其他特殊目的载体"。

根据《资产支持专项计划备案管理办法》，证券公司设立资产证券化业务的专项计划后，也应同证券公司的资产管理业务的资产管理计划备案规则一样，在专项计划设立完成后5个工作日内向中国证券投资基金业协会进行备案。

从合同体系的法律角度来看，资产证券化的主要合同涉及管理人与资金委托人之间的《认购协议》，以及管理人（代表专项计划）和原始权益人签订的《基础资产买卖协议》。

毫无疑问，无论从牌照设定，还是合同法律体系等角度，交易所企业资产证券化业务的监管认定更偏资管业务。更直观一点理解，在目前的项目结构中，不能没有计划管理人，但可以没有承销商。

（2）在证券承销端，监管标准仍比照投行承销的相关管理要求。

根据《证券公司投资银行类业务内部控制指引》（下称《投行内控指引》）："证券公司开展资产证券化业务，需按照投资银行业务流程展业，例如应建立业务部门+质量控制+内核合规风控的三道内部控制防线，开展投行风格的项目前期尽职调查等"。另外，在上海证券交易所《上海证券交易所债券市场投资者适当性管理办法》第八条及深圳证券交易所《深圳证券交易所债券市场投资者适当性管理办法》第八条规定中，也明确将资产支持证券列为"债券"。

可见在证券承销端，监管仍然是按照投行承销相关的标准去要求，但因为并无配套且全面的管理制度，在实际操作中，各家机构的标准并不统一，包括对ABS销售模式是适用代销金融产品还是证券承销业务资质，是否适用"包销"都有着不同理解，并在一定程度上导致业务开展过程中的机构流程差异。

另外，在分业监管的格局下，"谁家孩子谁家抱"的思想还是存在的，正因为不管是作为承销机构的证券公司，还是作为计划管理人的证券公司资管子公司或基金子公司，都受证监会直接管理，很多项目的计划管理人还是承销券商的子公司，因此即便存在上述差异，也并不会导致监管缺位。反观信贷资产证券化业务中，《金融机构信贷资产证券化业务管理办法》等监管规定则更多针对发起机构，在业务过程中，作为市场主管机构的中国人民银行、银保监会也更多是将政策要求落到银行等发起机构，而证券公司、信托公司等参与方则在一定程度上被弱化了。

2. 当前大多项目实质更偏投行业务

在当前的项目操作中，项目发起端绝大多数为资产方，业务的融资属性非常明显，管理人实际上并没有"主动投资"的行为，更侧重存续期的"被动管理"，且在存续期管理过程中，更偏流程管理及合规管理，包括管理人在内的金融服务机构、中介机构都由资产方（原始权益人）实际选任和聘用。因此，从交易的实质而言，当前的资产证券化业务更偏投行业务。

四、未来方向

随着公募REITs业务等推出，未来资产证券化中对于资产端的管理和运营介入会不断深化，对于参与金融机构的资产管理能力提出了更高要求。

"资管投行化"及"投行资本化"是业务趋势，资产证券化是很好的产品驱动。

10. 结构化产品都有哪些特殊结构？

导读：资产证券化常被定义为最典型的结构化业务，但当我们讲ABS产品的结构化属性时，并不仅仅体现在优先次级的结构化分层。本问从ABS产品最常见的内部增信机制讲起，分析交易结构中的"结构化"特征。

如果要列举最包罗万象又似是而非的词汇，"结构化"绝对算得上一个，搜索相关词条，结构化思维、结构化方法、结构化表达，甚至结构化面试都有各类定义和研究，仿佛事事都可"结构化"，且冠上"结构化"的帽子后，原本平平常常的概念都变得"科学"和"高深"许多。

在金融领域，结构化金融也是近些年非常火的一个概念，但过于宽泛[①]或抽象的定义反而不利于我们对具体产品的理解。资产证券化普遍被认为是结构化金融产品的典型形式，笔者认为无非体现在以下几个层面：一是将特定的现金流从原有体系剥离出来并进行重构，体现为资产真实出售、破产隔离、现金流分配；二是站在融资方的角度，资产证券化融资不同于传统的股权融资和债券融资，兼具股债特性；三是在产品端通常有结构化增信，体现为优先劣后分层。

一、资产证券化产品内部增信形式

资产证券化产品在增信层面一般分为内部增信和外部增信，内部增信是指不依赖外部主体、通过资产和产品结构层面的设计以提升证券信用等级的过程。

1. 优先、次级分层结构

优先、次级分层结构，是指按照现金偿还顺序，将ABS产品分为优先级、次优级（也称夹层或中间级）、次级等多个档次，使得不同档次证券在本息偿付、损失分担上享有不同权利和义务的结构安排。需要注意的是，优先和次级是相对概念（如优先级里可能也会进一步区分A、B、C等不同档次），优先和次级也无绝对的"优劣"之分（优先级安全性高收益相对稳定，但次级承担高风险也能博取高收益）。

2. 超额利差、超额抵押、超额现金流

超额利差是指基础资产产生的利息流入超过资产证券化产品各项税、费、证券利息之和的部分，以债权为基础资产的资产证券化产品中，超额利差和封包期沉淀（资产封包到产品发行时回收的现金流）是最普遍的两种现金流自身层面增信的表

[①] 法博齐在其著作中称，一切能够解决原有金融技术与工具不能够解决的金融手段，都是结构化金融。

现形式。

超额抵押是指基础资产本金超过发行证券的票面本金，也主要应用在以债权为基础资产的资产证券化产品中。值得注意的是，超额抵押意味着原始权益人在出售资产时本金也打折，账面上会体现为当期损益（出表型项目）。

超额现金流是指基础资产产生的未来现金流超过资产证券化产品各项税、费、证券本息之和的部分，在以未来收费收益权为基础资产的资产证券化产品中较为常见。

上述增信形式其实都是现金流打折的概念，只是在不同资产形态、不同现金流表现形式上的具体体现。

3. 流动性储备账户

流动性储备账户（或称现金储备账户、储备金账户）类似于准备金机制，当资产证券化产品期间兑付出现困难时，通过动用账户内的储备现金为产品提供一定的偿付支持。储备金的来源一般来自期初的存放或期间未分配留存，其最大的作用是平滑资产证券化产品期间的现金流分布，关于流动性储备账户的具体设置和运行机制详见本书第15问。

4. 信用触发事件

信用触发机制是指当出现不利于资产证券化产品偿付的负面情况时，通过启动信用触发事件对原有现金流的归集和分配顺序进行重新安排，从而保护投资人尤其是优先级投资人利益的机制。信用触发机制通过对不利情况作出反应，能够在一定程度上缓释事件风险的影响。在不同的ABS产品中，各类事件的触发条件有所差异，常见的触发事件包括评级下调、违约率上升、现金流显著减少、证券无法按期兑付等，某类条件的发生可能同时引起多项信用触发事件，如图10-1所示。

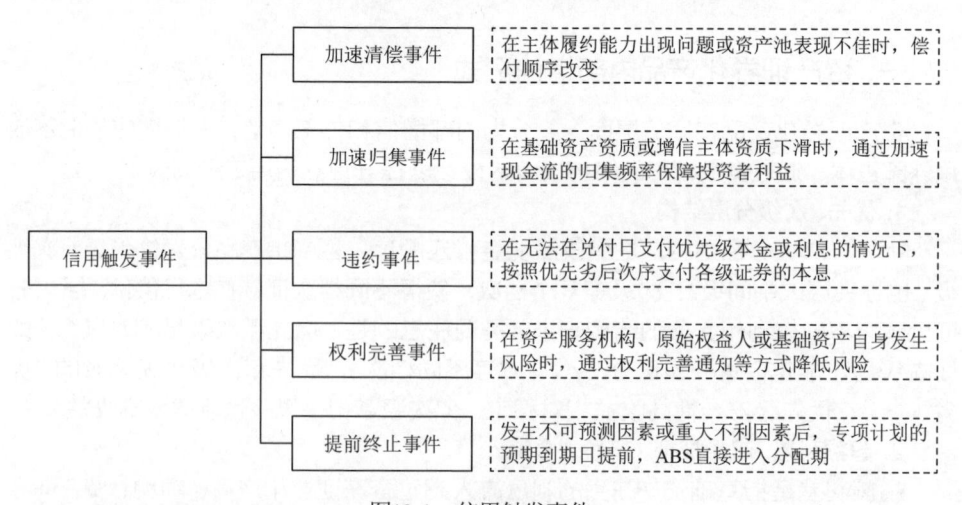

信用触发事件		
	加速清偿事件	在主体履约能力出现问题或资产池表现不佳时，偿付顺序改变
	加速归集事件	在基础资产资质或增信主体资质下滑时，通过加速现金流的归集频率保障投资者利益
	违约事件	在无法在兑付日支付优先级本金或利息的情况下，按照优先劣后次序支付各级证券的本息
	权利完善事件	在资产服务机构、原始权益人或基础资产自身发生风险时，通过权利完善通知等方式降低风险
	提前终止事件	发生不可预测因素或重大不利因素后，专项计划的预期到期日提前，ABS直接进入分配期

图10-1　信用触发事件

（1）加速归集事件

在ABS项目中，基础资产现金流向专项计划账户或监管账户的转付频率越高，则与原始权益人的混同风险越低，但出于操作成本等方面的考虑，会设置一定的归集期,一般为按月或按季(目前实务中允许的最长归集期限)。当原始权益人或资产服务机构等相关主体的评级下降或基础资产表现出现明显下滑时,启动加速归集事件能够降低混同风险,保障投资人利益。

(2)权利完善事件

权利完善事件主要解决债权通知不到位的情况,以及解决从权利在基础资产转让时未进行变更这样的法律瑕疵来设计的。在完整讲述权利完善事件之前,先回顾几个以下知识点。

债权转让通知:

新施行的《中华人民共和国民法典》[①](以下简称《民法典》)基本沿袭了原《合同法》《担保法》中关于债权转让的有关规定,同时新增了"债权转让通知保证人"的条款。

《民法典》第五百四十五条规定:"债权人可以将债权的全部或者部分转让给第三人,但是有下列情形之一的除外:(一)根据债权性质不得转让;(二)按照当事人约定不得转让;(三)依照法律规定不得转让。"

第五百四十六条规定:"债权人转让债权,未通知债务人的,该转让对债务人不发生效力。"

第六百九十六条规定:"债权人转让全部或者部分债权,未通知保证人的,该转让对保证人不发生效力。"

根据上述规定,在债权转让中,是否通知债务人或担保人,并不是决定债权转让本身是否有效的因素,未经通知债务人,不能成为否定债权在债权人和受让人之间发生转让的理由。之所以规定债权转让在未通知债务人的情况下,对债务人不发生效力,主要是保护债务人的合法权益,避免其在不知情的情况下向原债权人作出的清偿行为被认定为无效。

附属担保权益的转移:

《民法典》第五百四十七条规定:"债权人转让债权的,受让人取得与债权有关的从权利,但是该从权利专属于债权人自身的除外。

受让人取得从权利不因该从权利未办理转移登记手续或者未转移占有而受到影响。"

根据上述规定,当主债权发生转让的,附属担保权益随着主债权自然转移,不因是否办理转移登记手续而影响其效力。

取得登记:

《民法典》第二百零九条规定:"不动产物权的设立、变更、转让和消灭,经依法登记,发生效力;未经登记,不发生效力,但是法律另有规定的除外。依法属于国家所有的自然资源,所有权可以不登记。"

第二百二十四条规定:"动产物权的设立和转让,自交付时发生效力,但是法律

[①] 2020年5月28日,十三届全国人大三次会议表决通过了《中华人民共和国民法典》,自2021年1月1日起施行。婚姻法、继承法、民法通则、收养法、担保法、合同法、物权法、侵权责任法、民法总则同时废止。

另有规定的除外。"

第二百二十五条规定："船舶、航空器和机动车等的物权的设立、变更、转让和消灭，未经登记，不得对抗善意第三人。"

根据上述规定，按照不同的物权类型，设立、变更和转让的登记要求有所区别。

抵押登记：

《民法典》第三百九十五条规定："债务人或者第三人有权处分的下列财产可以抵押：（一）建筑物和其他土地附着物；（二）建设用地使用权；（三）海域使用权；（四）生产设备、原材料、半成品、产品；（五）正在建造的建筑物、船舶、航空器；（六）交通运输工具；（七）法律、行政法规未禁止抵押的其他财产。"

第四百零二条规定："以本法第三百九十五条第一款第一项至第三项规定的财产或者第五项规定的正在建造的建筑物抵押的，应当办理抵押登记。抵押权自登记时设立。"

第四百零三条规定："以动产抵押的，抵押权自抵押合同生效时设立；未经登记，不得对抗善意第三人。"

第四百零四条规定："以动产抵押的，不得对抗正常经营活动中已经支付合理价款并取得抵押财产的买受人。"

根据上述规定，按照不同的抵押物类型，抵押生效的触发条件有所区别。

善意第三人：

善意第三人，这里的"善"并不是善良的意思，而是指不知情，通俗来说，善意第三人是指未直接参与双方合同法律关系，对双方的合同关系不知情的合同第三方。

善意第三人来源于民法典中的善意取得制度：无权处分他人动产或不动产的占有人，不法将动产或不动产转让给第三人以后，如果受让人在取得该动产或不动产时出于善意，就可以依法取得对该动产或不动产的所有权，受让人在取得动产或不动产的所有权以后，原所有人不得要求受让人返还财产，而只能请求转让人（占有人）赔偿损失。这里的第三人就是善意第三人，即该第三人不知道法律关系双方的真实情况，通常是指非法交易中，不知情的，已经办理了登记的权利人。

综上所述，由于债权转让的通知制度及抵押权的登记制度方面的相关要求，触发权利完善机制的情形一般有以下两种。

情形一：向债权人、担保人发出权利完善通知

出于工作量（住房按揭贷款、个人消费贷款等可能涉及几千上万笔资产）及底层业务关系等方面的考虑，一般在资产证券化产品设立时，并不进行债权转让通知。不通知虽不影响债权及附属担保权利转让的效力，但对债权人及担保人不发生效力，当出现风险事件时，会向债权人及担保人（如有）发出通知进行权利完善。

情形二：进行抵押权变更登记

对于底层涉及不动产、车辆等抵押登记的资产，在产品设立之初，并不会进行抵押变更登记。尽管抵押权作为附属担保权益会随着主债权自动转移，但不进行变更登记会存在无法对抗善意第三人的风险，当出现风险事件时，进行变更登记操作

以进行权利完善。

（3）加速清偿事件

加速清偿事件主要由两类情况引起：一是主体履约能力出现问题，如原始权益人丧失清偿能力、发起机构或资产服务机构主体评级降低、资产服务机构解任等，二是资产池表现不佳，如累计违约率上升等。

在发生加速清偿事件后，现金流偿付顺序改变，加快偿付最优先档部分的本金。如果产品设立了循环购买机制，在加速清偿事件发生后停止循环购买，直接进入摊还期。

（4）违约事件

违约事件相较于加速清偿事件更为严重，一般出现在资产池质量严重恶化、无法在兑付日支付优先级本金或利息的情况下。

在发生违约事件后，严格按照优先劣后次序支付各级证券的本息。与加速清偿事件仅牺牲次级收益相比，违约事件中优先B级本息的偿付劣后于优先A级，可能还会牺牲优先级中较低层级证券的利益。

（5）提前终止事件

提前终止事件与重大不利变化有关，通过提前进入分配期止损。提前终止事项主要是应对不可预测因素或重大不利因素。

5. 资产证券化"违约"概念的厘定

（1）ABS项目不存在"证券本息偿付的违约"

对于债券项目而言，其基础法律关系为债权债务关系，不能按时还本付息即构成发行人对债券持有人的违约，相关规定和判断标准清晰明确，不存在争议。但ABS项目中投资人与发起机构或原始权益人之间并非债权债务关系，而是信托法律关系，管理人或受托人以信托财产或专项计划财产为限向受益人承担支付信托利益的义务，并且不承诺保本保息。因此，如果以法律上的"违约"作为标准，不存在一般意义上的"证券本息偿付的违约"。

（2）ABS项目涉及基础资产层面的违约及条款履行方面的违约

由于资产支持证券预期本息的兑付是在期初根据基础资产预期现金流进行测算得来，且还会在一定压力情景下进行保守计算。当证券本息未能按照预期偿付时，首先肯定是基础资产的现金流未能正常实现，如果基础资产是债权类资产，则一般涉及基础资产层面的违约。当ABS产品中设置了外部增信措施时，还进一步会涉及外部增信条款履行方面的违约。

二、内部增信的有效性分析

1. 优先次级结构虽是证券化项目的标配，但作用不尽相同

几乎所有的资产证券化项目都会设置优先次级分层，但次级证券的设置及次级厚度是否真的对优先级证券的风险有直接影响，还是"形式次级"，需要结合资产类型及交易结构具体认定。

（1）以债权类资产作为基础资产，且不存在强外部增信的情况下，量化分析次级厚度才有意义。

（2）一般而言，越分散的现金流来源，越有必要对次级规模进行定量分析，另一部分较为极端的项目里，底层现金流来源于单一还款方的，定性去看看次级即可。

（3）许多类型项目中设定5%的次级比例，或者100万元的次级金额，主要是满足监管上的形式要求，次级厚度的多寡实际上并不影响项目风险。

2. 权利完善事件及加速归集事件是现实操作以及法律原理的平衡

真实出售和破产隔离是资产证券化的核心要义，严格意义上来讲，当资产交割后，现金流毫无保留地实时归集并转付到SPV、底层债权转让涉及的通知和登记操作应做尽做，无疑是理论上最完美的状态。但现实中，考虑到操作成本等各方面因素，允许设置一定的缓冲空间，权利完善事件及加速归集事件则是警报触发后的应急响应，是实践过后的现实平衡。

3. 加速清偿等预警机制能否发挥作用的前提还在于预警指标的设置是否合理

和上面提到的权利完善、加速归集类似，加速清偿严格意义上讲也并非一项传统的增信措施，实际上它们并不能为证券提供额外的信用支持，我们更多的是将其理解为一项预警机制。

当主体或资产的变化触发加速清偿后，在资产端将停止循环购买（动态池模式下），在证券端加速最优先档证券的分配。但这些预警机制要能实际发挥效果，有赖于预警指标设置的科学性和灵敏性，以及预警机制传导的有效性。

总而言之，资产证券化作为以基础资产现金流为偿付来源的结构化融资产品，对产品的分析要结合基础资产、交易结构和主体资质多个维度。也正是由于产品的独特属性，其结构设计相比于传统的股、债产品会复杂得多，各类细节设计都体现了"结构化"的特征。但尤其要注意的是，分析产品不能过于陷入结构之中，应尽可能地站在各方视角，还原交易结构设置的深层原因，才不容易被各种"真假"结构混淆。

11. 差额支付、流动性支持是强增信吗?

导读：外部增信是资产证券化业务的重要增信形式，对于产品的最终偿付起至关重要的作用，而实务中保证担保、差额支付、流动性支持等增信条款各异，也暗藏各种容易忽略的小细节，并影响项目整体风险。本问结合当前法律要求及司法实践，对各类增信形式进行比较分析。

一、外部增信的分类

为缓释风险，资产证券化业务通常会在交易安排中纳入各种增信措施，构建一套适合于特定证券化交易的信用增级机制。根据信用支持的来源不同，通常将增信措施区分为内部增信与外部增信两种形式。内部增信是指依赖于基础资产现金流或证券化产品自身交易结构而产生的增信措施，外部增信则依赖于自身现金流和交易结构之外的第三方提供的信用支持。

根据增信的目标对象，将外部增信分为"资产端增信"和"证券端增信"。资产端的常见增信类型包括不合格资产赎回、债务加入或共同债务人确认、运营现金流承诺或补足、运营流动性支持等，证券端常见的增信类型包括保证担保、差额支付承诺、流动性支持、维好承诺等。

1. 资产端增信

（1）不合格资产赎回

不合格资产赎回是指当资产池出现不符合入池标准的基础资产时，由原始权益人按照事先确定的不合格资产赎回价款将对应资产进行购回。尤其要注意的是，当出现不合格资产赎回条款时，要注意区分触发条件，核心要点就在于"是否项目存续期间只要基础资产无法正常回款即作为不合格基础资产"。原始权益人对于基础资产在"初始起算日""项目设立日"的资产保证是常规要求，并不构成强增信条款。

（2）债务加入

债务加入，又称并存的债务承担，原债务人不脱离原债务关系，增信方加入债务中，作为新债务人和原债务人共同对债权人承担连带清偿责任。债务加入的增信形式常见于反向供应链ABS项目中，由集团公司或股东方作为共同债务人对于底层各个子公司或项目公司的应付账款进行确认。

（3）运营现金流承诺

对于商业物业等运营能力要求较高的资产类型，物业运营收益的弹性空间较大且和运营方的能力强相关，如运营方在《物业运营服务协议》有运营现金流保底等业绩承诺条款，也可视为资产端的增信条款，此时需要根据运营方的实力评估对ABS项目的增信效果。

（4）运营流动性支持

运营流动性支持特指第三方主体对基础资产管理机构的日常运营进行支持的行为，目的是保障基础资产的有效管理与运营，运营流动性支持我们将其认定为一种间接的资产端增信行为。运营流动性支持常见于收费收益权项目，对于业务结构单一、资产体量小的发起主体，如以其未来主要的现金流进行资产证券化融资，刨除该部分现金流后，其后续的日常经营得不到保障。

2. 证券端增信

（1）保证担保

保证担保，是指保证人和债权人约定，当债务人不履行债务时，保证人按照约定履行债务或者承担责任的行为。在资产证券化业务中作为增信措施的保证，区别于基础资产附属担保权益中的保证，其并不就底层债务的履行承担责任，而是就资产支持证券是否能够按时足额地向资产支持证券持有人兑付各期预期收益及未偿本金余额承担保证责任。从目前的市场实践来看，该种保证担保通常作为差额支付承诺的下一位增信措施，即保证人与差额支付承诺人、管理人签署担保协议约定，由保证人对管理人在发生差额支付启动事件后，要求差额支付承诺人支付相应款项的权利承担连带责任保证义务。

（2）差额支付

差额支付指差额支付承诺人出具承诺，当触发差额支付条件时（通常为基础资产回收款不足以按顺序支付完毕优先级资产支持证券的各期预期收益和未偿本金），直接向SPV补足差额款项的行为。

（3）流动性支持

与差额支付类似，流动性支持一般也是在优先级本息不足以覆盖的情况下触发，但区别是流动性支持可能会设置返还机制（下一期基础资产现金流回款后，需返还流动性支持机构），或者设置流动性支持上限（每一期或整体流动性支持款项不超过一定金额），或者对流动性支持资金支付资金成本。

（4）维好承诺

当涉及境外保证人时，由于跨境担保的登记难度及履约的不确定性，境外自然人、法人或其他组织通常是通过维好承诺的形式为资产证券化产品提供信用支持。维好承诺不构成保证担保，仅仅起到安慰作用，但对证券的增信与信心提升仍有一定的帮助。

二、担保、差额支付、流动性支持的比较分析

《民法典》于2021年1月1日正式施行，对担保制度进行了重新整合。目前关于担保相关现行有效的法律法规及相关规定主要为《民法典》、最高人民法院关于适用《中华人民共和国民法典》有关担保制度的解释（以下简称《民法典担保解释》）、《全国法院民商事审判工作会议纪要》（以下简称《九民纪要》），相关规定进一步明确了担保行为相关的法律性质认定。下面从保证、差额补足、流动性支持等担保措施的法律定义、增信范围、与主债务关系、权利生效形式等方面出发，以进行区分和比较。

1. 法律定义

（1）保证

根据《民法典》第六百八十一条、第六百八十六条：保证是指保证人和债权人约定，当债务人不履行债务时，保证人按照约定履行债务或者承担责任的行为。保证的方式包括一般保证和连带责任保证。当事人在保证合同中对保证方式没有约定或者约定不明确的，按照一般保证承担保证责任。一般保证和连带责任保证的主要区别在于是否享有先诉抗辩权，一般保证的保证人在债权未经诉讼仲裁并强制执行之前，可以拒绝承担担保责任（法定四种情形除外）；而连带责任保证人只要债权人请求，就有义务承担担保责任。

（2）差额补足/流动性支持

不同于保证、债务加入等有名合同，差额补足/流动性支持没有明确的法律规定其法律关系和性质，属于《民法典》第四百六十七条的无名合同/独立合同，应以约定的具体内容确定权利义务关系。

根据《九民纪要》，法院在对当事人提供第三方差额补足作为增信措施的认定时，若差额补足或流动性支持内容符合法律关于保证的规定，可以认定为保证的，优先认定为保证，若无法认定为保证，则以具体承诺文件具体内容确定权利义务关系。

立法精神希望尽量将难以认定的法律关系纳入担保体系进行认定，同时保护提供增信措施的主体，因此，在无法确认是保证或是债务加入时，先认定为保证，若无连带保证的约定，则会认定为一般保证。

2. 法律关系

保证从属于主债务，通常情况下主债权债务合同无效的，则保证合同将无效。债务加入、差额补足/流动性支持均不具备"从属性"，与主债权相互独立。由于增信方与资产证券化SPV间初始不存在主债权债务关系，因此，将保证担保设定为对差额支付、流动性支持行为的担保。

3. 内部决议与信息披露

（1）内部决议程序

根据《公司法》第十六条、一百零四条、一百二十一条等法律法规规定，公司作为保证人、债务加入方时，应当依照公司章程的规定出具董事会或者股东会、股

东大会决议。差额支付、流动性支持等虽无明确规定，但实践中通常要求比照担保行为履行内部决议程序，避免出现因程序瑕疵而未被认定无效的情形。

（2）信息披露

对于上市公司，根据《民法典担保解释》第九条，上市公司的担保还需履行信息披露程序，而差额支付、流动性支持等行为如未按照上市公司担保的相关要求进行决议和披露，则在司法判定时很可能得不到支持[①]。

根据《企业会计准则　第13号——或有事项》第十四条的规定："企业应当在附注中披露与或有事项有关的下列信息：或有负债（不包括极小可能导致经济利益流出企业的或有负债）；或有负债的种类及其形成原因，包括已贴现商业承兑汇票、未决诉讼、未决仲裁、对外提供担保等形成的或有负债"。差额支付承诺并在明确要求的范围，部分企业并不主动在财务报表中进行披露。

根据《企业信用信息基础数据库管理暂行办法（征求意见稿）》第七条规定："金融机构应当遵守中国人民银行发布的企业信用数据库标准及其有关要求，准确、完整、及时地向企业信用数据库报送借款人、担保人信用信息"。目前企业对外担保情况会录入中国人民银行征信，而差额补足、流动性支持等事项并不会主动录入。

4. 触发条件及增信范围

综上所述，由于主债权债务关系缺失，或者信息披露方面便利性的考虑，项目中大多会采用差额支付机制而非保证担保，在已经有了差额支付这种增信模式的情况下，为什么又会出现流动性支持这种新的增信方式？相比于差额支付，流动性支持一般会有以下一处或多处特征。

（1）返还机制

当某期现金流不足以覆盖优先级本息偿付时，触发流动性支持，在下一个分配时点，当收到基础资产回收款时，优先返还过往垫付的流动性支持款项，再按照顺序进行相关分配。返还机制也体现出"流动性"三个字的含义。

（2）设置金额上限

差额支付是只有存在分配缺口则进行补足，流动性支持可能会设置每一期或者全过程的金额上限。

（3）有偿性

差额支付行为是无偿的，流动性支持可以在款项返还时同时设置一定的补偿机制，比如按照市场化的利率水平对流动性支持款项进行成本补偿。

[①] 2019年中信银行与乐视金融借款合同纠纷案：北京市高级人民法院一审判定"乐视网公司作为上市公司，对其股东乐视控股的债务作出债务加入的意思表示，既未经股东大会决议亦未经董事会决议通过。而中信银行接受该函件时，未审核乐视网公司同意担保的公司决议，也未查阅上市公司公开披露的公告文件，故乐视网公司出具的函件对乐视网公司不产生约束力"，"中信银行本身作为上市公司，对立法关于上市公司为股东提供担保须经股东大会决议与公告的相关规定系属明知。中信银行应当知道乐视网公司的人员采用以出具债务加入承诺函件的方式系规避法律规定的做法。乐视网公司作为上市公司，其相关人员未经依法决议，擅自以公司名义出具债务加入承诺函承担股东债务，不能认定为属于公司的意思，依法不应当认定乐视网公司为承诺函的出具主体"。中信银行不服，上诉至最高人民法院，最高院判决驳回上诉，维持原判。

因此,除去这一类叫法为"流动性支持",但条款仍体现为"差额补足"的情形。一般而言,流动性支持都会在返还机制、金额上限、有偿性方面有所涉及,体现出"有限增信"的特征,其原因是企业方内部管理的要求、会计出表判定等方面。

三、总　　结

(1) 关注条款实质,确保可操作性

尽管增信的叫法千差万别,但最终的实现还是需要根据具体条款的实质约定,且过往司法实践中也倾向于根据增信文件的条款认定担保类型。因此,在项目交易结构设计时,应关注条款实质,同时尽可能地将触发条件、增信范围、时间、金额等要素都约定清楚,确保可操作性。

(2) 从严要求决议程序,确保承诺的有效性

综上,相关法律法规对于公司对外担保的决议程序有明确要求,且多数公司会在《公司章程》或内部制度中明确规定公司对外担保和投资的制度,但很少有签订独立合同的内部决策程序。如差额补足或者流动性支持仅仅是通过签署函件的方式约定,有被认定担保无效的风险[1],我们建议对于差额补足或流动性支持承诺决策流程有效性的核查按照公司对外担保的规定从严要求,以确保承诺的有效性。

---

[1] (2019) 最高法民终 560 号案 (凯迪案), 法院认定该案中的《差额补足合同》被认定为保证合同, 签署《差额补足合同》仅经董事会决议, 未经股东大会决议, 且上市公司凯迪生态公司章程未对外公开, 华融公司作为专业金融机构应知晓章程相关规定, 法院认为:"凯迪生态公司签订《差额补足合同》时, 未经股东大会决议, 华融公司对此未尽审慎注意义务, 主观上存在过错, 并非善意第三人, 在凯迪生态公司对此不予追认的情况下,《差额补足合同》无效。"

12. 不同市场的信用评级都有哪些区别？

导读：信用评级是结构化产品的核心要素。在介绍ABS产品评级的方法、模型之前，本问先就国内外评级市场的发展历程、评级机构在国内不同市场的准入情况及评级符号的含义等进行系统性梳理。

一、信用评级概述

根据中国人民银行、国家发改委、财政部、中国证监会联合发布的《信用评级业务管理暂行办法》(银发〔2019〕5号)（以下简称《暂行办法》），信用评级是指信用评级机构对影响经济主体或者债务融资工具的信用风险因素进行分析，就其偿债能力和偿债意愿作出综合评价，并通过预先定义的信用等级符号进行表示。信用评级关键在于其揭示的是特定的信用风险，或偿债能力风险，而非投资风险、经营风险、财务风险等，尽管这些风险可能会导致信用风险。

根据所评价对象的不同，信用评级又可细分为主权评级、公司主体评级、证券评级、项目评级等。

从全球范围内来看，美国的信用评级制度起步较早、发展较为成熟，在国际信用评级市场占据主导地位，其他国家的信评市场发展、信评制度的设置和完善，也或多或少借鉴了美国市场的经验。

1975年，美国证券交易委员会（SEC）定义了"全国认可的统计评级机构"，即NRSRO（nationally recognized statistical rating organization）。首批获得NRSRO资质的评级机构有三家：Moody's（穆迪），S&P's（标准普尔）和Fitch（惠誉）。时至今日，美国甚至全球信用评级市场仍然由这三大评级机构主宰，占据了全球评级市场约95%的业务份额。

在多年的发展和调整中，三大评级公司对于评级方法、评级符号系统都形成了各自独特的体系。符号体系方面，分为长期评级符号体系和短期评级符号体系。由于评级方法和技术的不同，三家机构对各类级别的定义略有差异。当然，为了使市场具有统一认知，同时满足投资人的使用需求，整体划分也大致统一。

长期级别方面，三家机构均设定"BBB-"或"Baa3"及以上属于投资级别，以下则属于投机级别。短期级别方面，标准普尔分为8个级别，其中"A-1"级别可另加"+"以表示偿债能力极强；惠誉分为7个级别，"F1"可加修正符号"+"以表示更高的信用质量；穆迪分为4个级别，各级别不做微调。而长期级别和短期级别之间有着一定对应和交叉关系，在此不做展开，如表12-1和表12-2所示。

表12-1 三大评级公司长期评级符号意义

标准普尔		穆迪		惠誉	
符号	等级定义	符号	等级定义	符号	等级定义
AAA	清偿能力很强，风险很小	Aaa	信用质量最高，信用风险最低。利息支付有充足保证，本金安全。为还本付息提供保证的因素即使变化，也是可预见的。发行地位稳固	AAA	信用质量最高，违约风险最低。表示偿还债务的能力极强，基本不受不利环境的影响
AA	清偿能力较强，风险小	Aa	信用质量很高，有较低的信用风险。本金利息安全	AA	信用质量很高，违约风险很低。表示偿还债务的能力很强，受不利经济环境的影响不大
A	清偿能力强，有时会受经营环境和其他内外部条件不良变化的影响，但是风险较小	A	投资品质优良。本金利息安全，但有可能在未来某个时候还本付息的能力会下降	A	信用质量较高，违约风险较低。表示偿还债务的能力较强，相比高级别，较易受不利商业和经济环境影响
BBB	目前有足够的偿债能力，但若在恶劣的经济条件或外在环境下，其偿债能力可能较脆弱	Baa	保证程度一般。利息支付和本金安全现在有保证，但在相当长远的一些时间内具有不可靠性。缺乏优良的投资品质	BBB	信用质量良好，违约风险一般。表示偿还债务的能力尚可，但不利商业和经济环境对其影响较大
BB	清偿能力较弱，风险相对越来越大，对经营环境和其他内外部条件变化较为敏感，容易受到冲击，具有较大的不确定性	Ba	不能保证将来的良好状况。还本付息的保证有限，一旦经济情况发生变化，还本付息能力将削弱。具有不稳定的特征	BB	投机性，表示违约风险较大。尤其是在商业和经济环境发生持续性恶化时，但其业务和财务弹性仍可支撑债务的偿付
B	违约可能性较"BB"级高，发债人目前仍有能力偿还债务，但恶劣的商业、金融或经济情况可能削弱发债人偿还债务的能力和意愿	B	还本付息，或长期内履行合同中其他条款的保证极小	B	投机性较高，违约风险存在，仍有一定安全边际。即其偿还债务的能力依赖于良好的商业和经济环境
CCC	清偿能力较弱，风险相对越来越大，对经营环境和其他内外部条件变化较为敏感，容易受到冲击，具有极大的不确定性	Caa	有可能违约，或现在就存在危及本息安全的因素	CCC	违约可能性确实存在
CC	目前违约的可能性很高	Ca	可能或极有可能违约，只有些许收回本金及利息的希望	CC	违约风险很高，很可能已出现了某些违约事项

67

续表

标准普尔		穆迪		惠誉	
符号	等级定义	符号	等级定义	符号	等级定义
C	债务人已提交破产申请或类似情况,但该债务的偿付仍然在继续	C	债务为最低债权等级,通常都是C违约,收回本金及利息的希望微乎其微	C	违约风险极高,当债务人的显示债务进入宽限期,或者进入债务重组的协商阶段
SD	发债人有选择地对某些或某类债务违约			RD	限制性违约,当债务人对某项债务违约,但尚未进入申请破产或类似行动
D	债务到期而发债人未能按期偿还债务,纵使宽限期未满,除非标准普尔相信债款可于宽限期内清还。此外,如正在申请破产或已做出类似行动易致债务偿付受阻			D	违约。指债务人已经进入破产申请或类似的终结行动

资料来源：Moody's, S&P, Fitch官网。

表12-2　三大评级公司短期评级符号意义

标准普尔		穆迪		惠誉	
符号	等级定义	符号	等级定义	符号	等级定义
A-1	清偿能力最强,风险最小	P-1	发行人（或相关机构）短期债务偿付能力最强	F1	信用质量最高。表示能够定期偿付债务的最高能力
A-2	清偿能力较强,尽管有时会受内部条件和外部环境影响,但是风险较小	P-2	发行人（或相关机构）短期债务偿付能力较强	F2	信用质量较高。表示定期偿付债务的能力令人满意,但是其安全性不如更高级别的债务
A-3	清偿能力一般,比较容易受到内部条件和外部环境的影响,有一定的风险	P-3	发行人（或相关机构）短期债务偿付能力尚可	F3	信用质量一般。表示定期偿付债务的能力足够,但是近期负面的变化可能会使其降至非投资级
B	清偿能力不稳定,具有投机性	NP	发行人（或相关机构）不在任何Prime评级类别之列	B	投机性。表示定期偿付债务的能力有限,而且容易受近期经济金融条件的负面影响
C	清偿能力很差			C	较高的违约风险。违约的可能性确实存在,偿付债务的能力完全依赖于一个持续有利的商业经济环境
D	不能按期还本付息			D	违约。表示该实体或国家主权已经对其所有的金融债务违约

资料来源：Moody's, S&P, Fitch官网。

二、我国信用评级市场的发展历程

我国现代信用评级行业诞生于20世纪80年代末，其后随着国内债券市场的蓬勃发展逐渐趋于成熟，与其他很多行业类似，国内评级行业也经历过"草莽发展""清理整顿""引入外资合作""独立自主发展"等阶段。与国外评级机构的交流方面，此前国际三大评级机构主要通过合资机构已经进入中国（穆迪和惠誉在中国的合资机构分别为中诚信国际和联合资信），现阶段国际三大评级机构中，标准普尔、惠誉已分别于2019年1月28日和2020年5月14日被允许在国内从事信用评级业务。

与我国债券市场较为分散的局面类似，我国的评级监管也一度呈现多头模式，经历近两年的合并整合后有很大改善。《暂行办法》规定中国人民银行是信用评级行业主管部门，主管全国的信用评级监督管理工作，发改委、财政部、证监会是信用评级业务管理部门，在职责范围内依法对信用评级业务实施监督管理。但目前评级机构的备案路径不统一仍是值得关注的问题，具体如下。

1. 在中国人民银行备案的信评机构达54家

《暂行办法》明确信用评级机构应向所在地的信用评级行业主管部门省一级派出机构（中国人民银行在各地的分行）进行设立备案、分支机构设立备案、事项变更备案以及解散或破产备案。实际上，2016年9月20日中国人民银行发布的《企业征信机构备案管理办法》（银办发〔2016〕253号）已经明确"中国人民银行省会（首府）城市中心支行以上分支机构具体负责辖区内企业征信机构备案工作"。而根据2023年1月3日中国人民银行官网[①]披露的信息，目前在中国人民银行备案的信评机构有54家，如表12-3所示。

表12-3 在中国人民银行备案的54家信评机构

机构名称	备案地	备案时间	机构名称	备案地	备案时间
惠誉博华信用评级	北京	20200514	厦门联合信用管理	福建	20200724
联合资信评估股份	北京	20200608	广东加诚资信评估	广东	20200812
标普信用评级（中国）	北京	20200611	广东东方安卓信用评估	广东	20200812
蚂蚁信用评估	浙江	20200615	广州南粤信用评级	广东	20200812
上海资信	上海	20200623	天津东方资信评估	天津	20200814
惠众信用评级（浙江）	浙江	20200623	重庆公信达信用管理	重庆	20200814
中债资信评估	北京	20200624	湖北银企评信咨询	湖北	20200817
安融信用评级	北京	20200624	湖北金银评企业信用管理咨询	湖北	20200817
上海新世纪资信评估投资服务	上海	20200702	湖南远东资信评估咨询	湖南	20200817
远东资信评估	上海	20200702	大连汇通融鑫信用管理咨询	辽宁	20200818
广西鼎信信用评级	广西	20200703	瑞泽信用评级	辽宁	20200818
广西信实信用评估咨询	广西	20200703	辽宁诚企联合信用认证	辽宁	20200818
大公国际资信评估	北京	20200703	华泰信用评级	辽宁	20200818
北京中北联信用评估	北京	20200703	中鼎资信评级服务	贵州	20200818

---

① "备案法人信用评级机构" http://www.pbc.gov.cn/zhengxinguanliju/128332/128352/4036074/index.html。

续表

机构名称	备案地	备案时间	机构名称	备案地	备案时间
河北中盈信用管理	河北	20200713	东方金诚国际信用评估	北京	20200819
杭州资信评估	浙江	20200714	大雍信用评估事务	云南	20200821
杭州联合资信评估咨询	浙江	20200714	昆明佑诚资信评估	云南	20200821
宁波鑫远资信评估	浙江	20200714	南京中贝国际信用管理咨询	江苏	20200824
宁波金融事务所	浙江	20200714	北京银建资信评估事务所	北京	20200825
浙江华誉资信评估	浙江	20200714	君维诚信用评估	北京	20200825
大普信用评级股份	浙江	20200714	中证鹏元资信评估股份	深圳	20200825
海南椰都立信用服务	海南	20200714	安泰信用评级	湖北	20200826
青海联合信用管理	青海	20200715	中诚信国际信用评级	北京	20200828
广东恒诚信用管理	广东	20200716	成都数联铭品企业信用评级服务	四川	20210108
四川省大证信用评估服务事务所	四川	20200724	中国诚信信用管理股份	北京	20210210
福建中诚信信用评级咨询	福建	20200724	联合信用评价	北京	20210210
厦门金融咨询评信	福建	20200724	海南绿色发展信用评级	海南	20220422

2. 在证监会备案的信评机构有12家

按照《证券法》的要求，资信评级机构从事证券评级业务实施备案管理。而2021年2月23日证监会发布的《证券市场资信评级业务管理暂行办法》明确"从事证券市场资信评级业务应当向证监会备案"。

证券业协会网站[①]上共公布12家在证监会备案的信评机构名单，其评级品种包括公司债、可转债和交易所企业ABS，如表12-4所示。

表12-4 证监会备案的12家信评机构

序　号	公司名称	备　注
1	东方金诚国际信用评估有限公司	ZPJ006
2	浙江大普信用评级股份有限公司	ZPJ010
3	上海新世纪资信评估投资服务有限公司	ZPJ003
4	标普信用评级（中国）有限公司	首次备案
5	联合资信评估股份有限公司	首次备案
6	中证鹏元资信评估股份有限公司	ZPJ002
7	大公国际资信评估有限公司	ZPJ004
8	安融信用评级有限公司	首次备案
9	中诚信国际信用评级有限责任公司	ZPJ012
10	远东资信评估有限公司	ZPJ007
11	北京中北联信用评估有限公司	ZPJ011
12	上海资信有限公司	ZPJ008

注：① 按2020年3月1日起施行的《中华人民共和国证券法》，资信评级机构从事证券评级业务实施备案管理，上述机构（按备案公示时间排序）已在证监会完成备案；
② 备注一栏中带ZPJ编号的为原证券评级业务行政许可证编号。

---

① https://www.sac.net.cn/xxgs/pjjgxxgs/202008/t20200825_143714.html。

3. 获准发改委企业债评级的信评机构有7家

根据2021年8月16日国家发展改革委办公厅关于公布2020年度企业债券主承销商和信用评级机构信用评价结果的通知（发改办财金〔2021〕636号），目前参与企业债信用评级的机构有7家，如表12-5所示。

表12-5　发改委备案的7家信评机构

排　　名	信用评级机构名称
1	联合资信评估股份有限公司
2	中证鹏元资信评估股份有限公司
3	上海新世纪资信评估投资服务有限公司
4	中诚信国际信用评级有限责任公司
5	远东资信评估有限公司
6	东方金诚国际信用评估有限公司
7	大公国际资信评估有限公司

4. 获准参与银行间债券市场的评级机构有11家

根据交易商协会2021年9月2日发布的评级机构资质名单[①]，评级结果可以在银行间债券市场使用的评级机构有11家，但部分评级机构仅限于特定品种，如表12-6所示。

表12-6　银行间债券市场备案的11家信用评级机构

排　　名	信用评级机构名称
1	中诚信国际信用评级有限责任公司
2	联合资信评估有限公司
3	大公国际资信评估有限公司
4	标普信用评级（中国）有限公司
5	远东资信评估有限公司
6	安融信用评级有限公司（仅金融机构债券）
7	中债资信评估有限责任公司
8	上海新世纪资信评估投资服务有限公司
9	东方金诚国际信用评估有限公司
10	中证鹏元资信评估股份有限公司
11	惠誉博华信用评级有限公司（仅金融机构债券、结构化产品）

5. 主要评级机构的牌照情况

目前市场主要参与的评级机构在各个市场的牌照情况如表12-7所示。

表12-7　评级机构在各个市场的牌照情况

授权机构	中诚信	联合资信	大公	新世纪	东方金诚	中证鹏元	远东	中债资信
证监会	√	√	√	√	√	√	√	×

---

① http://www.nafmii.org.cn/zlgl/zwrz/pjjgzzmd/202109/t20210902_86957.html。

续表

授权机构	中诚信	联合资信	大公	新世纪	东方金诚	中证鹏元	远东	中债资信
交易商协会	√	√	√	√	√	√	√	×
发改委	√	√	√	√	√	√	√	×
保监会	√	√	√	√	√	×	×	√

6. 评级市场的新变化

（1）投资人付费模式艰难试点

由于单纯向发行人进行收费的业务模式一定程度上影响了资信评估机构的客观性，2010年交易商协会推动成立了中债资信评估，这是国内首家采用投资人付费业务模式、以再评级和双评级为主的资信评估机构。《中国人民银行　中国银行业监督管理委员会　财政部　关于进一步扩大信贷资产证券化试点有关事项的通知》要求"资产支持证券在全国银行间债券市场发行与交易初始评级应当聘请两家具有评级资质的资信评级机构，进行持续信用评级……鼓励探索采取多元化信用评级方式，支持采用投资者付费模式进行信用评级"。目前信贷资产证券化项目中均按照一家市场化评级机构+中债资信的双评级模式。

目前市场上采用投资者付费模式的评级机构主要就是中债资信，原本也是采用投资者付费模式的中证指数有限公司（以下简称"中证指数"）已于2021年撤销信用评级备案。目前看来，投资者付费模式下，信用评级机构如何实现盈利并长期经营仍存在痛点。

（2）专业化第三方评级机构越发被市场关注

在如今市场信用风险频发的大背景下，传统评级的评级结果虚高、同质化、市场敏感度低、评级调整滞后性等问题越发凸显，各类专业化的第三方评级机构也越来越受到市场关注，包括中债市场隐含评级、中证市场隐含评级、"YY"评级、专注于低等级城投债的"不周山指数"等。

（3）官方背景的中债金融估值中心试图建立完整的评级和估值体系

中债金融估值中心成立于2017年5月25日，是中债登的全资子公司，具备对各类债项进行评级和估值的先决条件。截至目前，中债价格指标体系已发展成由中债收益率曲线、中债估值、中债指数、中债VaR值、中债市场隐含评级、中债统计、中债SPPI和债务管理工具等产品框架，并覆盖国内所有基金公司、保险公司、证券公司及90%以上的银行类金融机构，权威性较高。由中债估值出具的中债市场隐含评级从投资者和市场角度、结合一级发行利率和二级交易利率来对债项进行评级，且呈现动态实时变化，有效规避了传统资信评估机构调整频率较小、调整动作滞后的问题，目前被市场广泛参考和使用。

三、我国信用评级符号介绍

目前，对于信用主体和信用债券等级符号的官方规范来自中国人民银行下发的

《信贷市场和银行间债券市场信用评级规范》，主体和中长期信用登记符号系统、短期债券信用等级符号系统，以及中长期债券信用等级与短期债券信用等级的对应关系在国内都有了一定标准。

主体信用评级属于中长期信用评级，在信用等级的符号系统上保持一致。但是，主体信用等级并不完全对应本主体发行的债券信用等级，还取决于债券本身在偿还顺序、信用增进措施等方面的条款。

（1）主体及中长期债券信用等级符号及含义

主体及中长期债券信用评级等级划分为三等九级，各级别信用符号及其含义如表12-8所示。

表12-8 中长期债券的信用等级符号及含义

等级		中长期债券的信用等级符号及含义	发债主体信用等级符号及含义
投资级	AAA	偿还债务的能力极强，基本不受不利经济环境的影响，违约风险极低	短期债务的支付能力和长期债务的偿还能力具有最大保障；经营处于良性循环状态，不确定因素对经营与发展的影响最小
	AA	偿还债务的能力很强，受不利经济环境的影响不大，违约风险很低	短期债务的支付能力和长期债务的偿还能力很强；经营处于良性循环状态，不确定因素对经营与发展的影响很小
	A	偿还债务能力较强，较易受不利经济环境的影响，违约风险较低	短期债务的支付能力和长期债务的偿还能力较强。企业经营处于良性循环状态，未来经营与发展易受企业内外部不确定因素的影响，盈利能力和偿债能力会产生波动
	BBB	偿还债务能力一般，受不利经济环境影响较大，违约风险一般	短期债务的支付能力和长期债务偿还能力一般，目前对本息的保障尚属适当；企业经营处于良性循环状态，未来经营与发展受企业内外部不确定因素的影响，盈利能力和偿债能力会有较大波动，约定的条件可能不足以保障本息的安全
投机级	BB	偿还债务能力较弱，不利经济环境影响很大，有较高违约风险	短期债务支付能力和长期债务偿还能力较弱；企业经营与发展状况不佳，支付能力不稳定，有一定风险
	B	偿还债务的能力较大地依赖于良好的经济环境，违约风险很高	短期债务支付能力和长期债务偿还能力较差；受内外不确定因素的影响，企业经营较困难，支付能力具有较大的不确定性，风险较大
	CCC	偿还债务的能力极度依赖于良好的经济环境，违约风险极高	短期债务支付能力和长期债务偿还能力很差；受内外不确定因素的影响，企业经营困难，支付能力很困难，风险很大
	CC	在破产或重组时可获得保护较小，基本不能保证偿还债务	短期债务支付能力和长期债务偿还能力严重不足；经营状况差，促使企业经营及发展走向良性循环状态的内外部因素很少，风险极大
	C	在破产或重组时可获得保护较小，基本不能保证偿还债务	短期债务支付困难，长期债务偿还能力极差；企业经营状况一直不好，基本处于恶性循环状态，促使企业经营及发展走向良性循环状态的内外部因素极少，企业濒临破产

注：除AAA级、CCC级（含）以下等级外，每一个信用等级可用"+""-"符号进行微调，表示略高或略低于本等级。

（2）短期债券信用等级符号及含义

短期债券信用评级等级划分为四等六级，各级别信用符号及其含义如表12-9所示。

表12-9　短期债券信用评级信用符号及其含义

等级		含　　义
A等	A-1	最高级短期债券，其还本付息能力最强，安全性最高
	A-2	还本付息能力较强，安全性较高
	A-3	还本付息能力一般，安全性易受不良环境变化的影响
B等	B	还本付息能力较低，有一定违约风险
C等	C	还本付息能力很低，违约风险较高
D等	D	不能按期还本付息

注：每一个信用等级均不进行微调。

（3）长短期债券各等级信用风险对应关系

长短期债券各等级信用风险对应关系如表12-10所示。

表12-10　长短期债券各等级信用风险对应关系

中长期债券信用等级	短期债券信用等级
AAA	
AA+	A-1
AA	
AA-	A-2
A+	
A	
A-	A-3
BBB+	
BBB	
BBB-	
BB+	B
BB	
BB-	
B+	
B	C
B-	
CCC	
CC	D
C	

（4）影子评级信用等级符号及含义

在资产证券化项目中，经常会看到影子评级的表述，影子评级（shadow

rating）是指针对以企业债权类资产作为基础资产的结构化产品进行信用评级时，一般需对每笔资产的借款人、承租人、债务人或担保人（如有）开展影子主体评级。影子评级客观上是对基础资产涉及主体的信用水平的大致判断，无法等同于常规意义上的正式信用评级结果。因此，影子评级不会对外公布，仅适用于结构化产品。同时，为了区别于正式信用评级，在结构化产品中，使用影子评级的等级符号（后缀"s"）表示。

影子评级信用等级符号与主体信用等级符号直接对应，以中诚信对外公布的信用等级划分为例，如表12-11所示。

表12-11　影子评级信用等级符号及定义

等级符号	含　义
AAA_s	受评对象偿还债务的能力极强，基本不受不利经济环境的影响，违约风险极低
AA_s	受评对象偿还债务的能力很强，受不利经济环境的影响较小，违约风险很低
A_s	受评对象偿还债务的能力较强，较易受不利经济环境的影响，违约风险较低
BBB_s	受评对象偿还债务的能力一般，受不利经济环境影响较大，违约风险一般
BB_s	受评对象偿还债务的能力较弱，不受不利经济环境影响很大，有较高违约风险
B_s	受评对象偿还债务的能力较大地依赖于良好的经济环境，违约风险很高
CCC_s	受评对象偿还债务的能力极度依赖于良好的经济环境，违约风险极高
CC_s	受评对象在破产或重组时可获得保护较小，基本不能保证偿还债务
C_s	受评对象不能偿还债务

注：除AAA_s级、CCC_s级及以下等级外，每一个信用等级可用"+""-"符号进行微调，表示略高或略低于本等级。

（5）结构化产品信用等级符号及含义

针对以基础资产产生的现金流作为支持并具体结构化设计的资产证券化产品，评级机构按照结构化产品（structured finance）的信用等级符号进行列示，加上后缀"sf"以示区分，如表12-12所示。

表12-12　结构化产品信用等级符号及定义

等级符号	含　义
AAA_{sf}	结构化产品持有人获得利息及时支付和本金在法定到期日或以前足额偿付的可能性极高，且基本不受不利经济环境的影响，产品的预期损失极低
AA_{sf}	结构化产品持有人获得利息及时支付和本金在法定到期日或以前足额偿付的可能性很高，且不易受不利经济环境的影响，产品的预期损失很低
A_{sf}	结构化产品持有人获得利息及时支付和本金在法定到期日或以前足额偿付的可能性较高，虽易受不利经济环境的影响，产品的预期损失较低
BBB_{sf}	结构化产品持有人获得利息及时支付和本金在法定到期日或以前足额偿付的可能性一般，易受不利经济环境的影响并可能遭受损失，产品的预期损失一般
BB_{sf}	结构化产品持有人获得利息及时支付和本金在法定到期日或以前足额偿付的可能性较低，极易受不利经济环境的影响并可能遭受较大损失，产品的预期损失较高

续表

等级符号	含义
B_{sf}	结构化产品持有人获得利息及时支付和本金在法定到期日或以前足额偿付的可能性依赖于良好的经济环境,具有较大的不确定性,受不利经济环境影响很大且会遭受很大打击,产品的预期损失很高
CCC_{sf}	结构化产品持有人获得利息及时支付和本金在法定到期日或以前足额偿付的可能性极度依赖于有利的经济环境,具有极大的不确定性,产品的预期损失极高
CC_{sf}	基本无法保证结构化产品持有人获得利息的及时支付和本金在法定到期日或以前的足额偿付
C_{sf}	结构化产品持有人无法获得本息偿付,产品本金部分或全部损失

注：除AAA_{sf}级，CCC_{sf}级及以下等级外，每一个信用等级可用"+""-"符号进行微调，表示略高或略低于本等级。

（6）评级展望及观察名单含义

评级展望及观察名单含义如表12-13和表12-14所示。

表12-13 评级展望含义

评级展望	含义
正面	受评对象的信用等级在未来12～18个月内有较大的概率被调升
稳定	受评对象的信用等级在未来12～18个月内有较大的概率被维持
负面	受评对象的信用等级在未来12～18个月内有较大的概率被调降
待决	受评对象的信用等级在未来12～18个月内的变动概率及趋势有待进一步观察确定

注：评级展望仅仅是中诚信国际基于当前的评级假设对评级对象未来信用品质发展趋势及变动概率的预估，并不表示中诚信国际一定会对受评对象信用等级进行相应的调整。

表12-14 观察名单含义

观察名单	含义
观察名单	观察名单反映可能对已公布的信用级别进行修正的情况。观察名单制度说明正在审查中的评级短期内是否有可能发生变动。正在审查中的评级可能被调高（UPG），也可能被调低（DNG），或走向不明朗（UNC）。列入观察名单后3～6月内应组织开展信评委会议对于审查的级别进行讨论，如无须对级别进行调整，则应撤出观察名单

13. ABS产品级别是怎么评出来的?

导读：不同于主体评级，结构化产品评级尤其关注基础资产和交易结构，本问结合不同评级机构的评级方法模型，对国内结构化产品的评级思路进行简要梳理。

一、信用评级的基本方法模式

信用评级是对受评对象信用风险的评价，且是潜在的、尚未发生的风险，这种信息不对称也正是信用评级存在的基础。目前，市场成熟的信用评级体系基本囊括了对受评对象系统性风险和非系统性风险的全面考量。以中诚信披露的《信用评级方法总论》为例，中诚信在开展评级操作时首先基于成熟的量化信用评估模型评估受评主体的财务风险，然后考察评价影响经营风险的定性要素（包括宏观经济、行业和区域因素对要素的影响）得出受评主体的财务实力评级，再次会基于国情实际切实考量受评主体获得个体意外信用支持的可能性、稳定性和程度的分析，最后得到受评主体的综合信用实力评价，也即发行人评级，如图13-1所示。

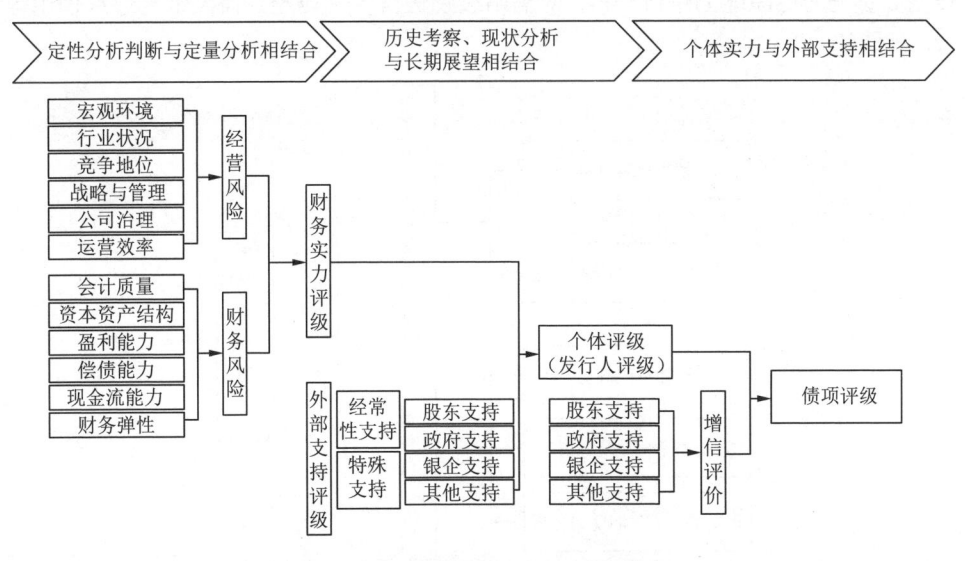

图13-1 中诚信信用评级方法体系框架

对比各大评级机构的方法体系，基本框架整体相似，只是在宏观、中观、微观各个层面根据评级机构自身的理解,所运用的假设模型、参数因子、分数权重等方面各有差异。宏观层面,主要的考察因素包括宏观环境、区域环境对受评对象所处行业及自身信用品质的影响;中观层面主要考察受评对象所处行业的特点,包括行业周期性、行业监管环境和政策、行业竞争、行业供求趋势、进入壁垒等;微观层面主要考察受评对象自身的行业地位、竞争优势、运营模式、内部管理、财务状况、流动性等方面。

同时,评级机构会根据不同的行业类型、市场变化等动态调整评级方法与参数,力求最及时准确地对风险进行反应。

二、结构化产品评级方法

不同于工商企业的主体评级,结构化产品评级的关注点更多在于基础资产、交易结构方面,对于参与主体更多关注其尽职能力,而非参与主体的信用状况。

目前国内各大评级公司结构化产品的评级方法和模型都是在充分参考借鉴了国际成熟的结构化产品评级技术方法的基础上,结合我国结构化产品运作实践和经验进行了一定调整(尤其是企业ABS项目类型多种多样,很多在国外成熟市场并无先例)。整体而言,结构化产品的评级一般会从基础资产及现金流、交易结构、重要参与方三个维度进行分析。参照中债资信《资产支持证券信用评级方法体系总论》所介绍的,对资产支持证券进行信用评级时,中债资信首先以基础资产池的整体信用质量分析为基础,根据交易结构安排、增信措施分析,通过定量分析得到证券定量分析指示信用级别;然后,分别对基础资产与证券面临的法律风险、交易结构风险及重要参与方尽职能力进行分析,对信用级别进行定性调整,得到证券最终信用等级,如图13-2所示。

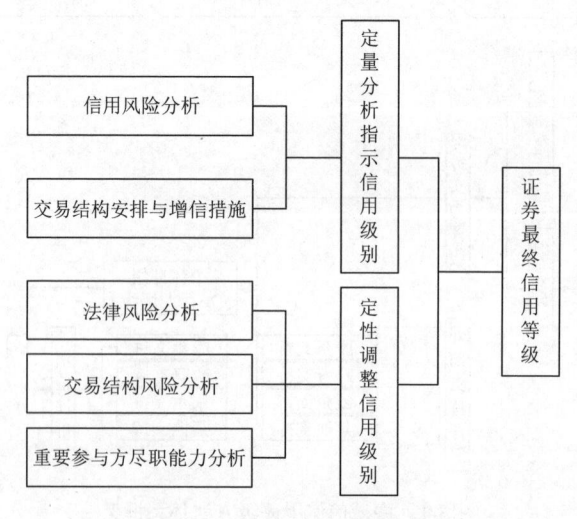

图13-2 资产支持证券评级思路

1. 基础资产信用风险分析

基础资产信用分析是结构化产品信评中最基本的一环，也是整个信用分析过程的起点。基础资产信用分析包括特征分析和模型分析，特征分析主要为定性分析，模型分析主要为量化分析。

（1）特征分析

基础资产特征分析主要包括：

- 基础资产类型：考察基础资产的性质，如债权、收益权、不动产等；
- 基础资产分散程度：考察基础资产的同质性与分散程度；
- 基础资产信用质量：考察基础资产对应的底层债务人的特征、信用水平、相关性等；
- 基础资产信用表现：通过发起机构提供的历史数据考察基础资产的违约率、回收率、早偿率等；
- 历史数据质量：考察历史数据的数据充足程度、是否经历完整产品周期或经济周期、历史池与资产池的匹配程度等；
- 外部因素对基础资产信用质量的影响：考察宏观经济、行业政策、发起机构信贷政策等外部因素对基础资产信用质量的影响。

对基础资产进行全面特征分析是量化分析的前提，只有对基础资产特征有全面了解，才能选择合适的工具组合。

（2）模型分析

根据基础资产的不同特征，采用不同的信用风险分析模型/信用质量分析方法，基础资产特征分析会是多个交叉的维度，比如，按照基础资产分散度可以划分为单一基础资产和组合基础资产；按照基础资产权利类型可以分为收益权和债权，债权又可以进一步划分为正常类和不良类；按照基础资产用途，又可分为用于消费的贷款、用于经营的贷款、用于特定费用支付等。通过定量分析方法的运用，得出基础资产在不同压力情景下所产生的现金流水平。

在不同的大类资产类型中，目前运用较为广泛的量化模型包括以下几种，将在基础资产部分，结合特定的基础资产类型进行细化介绍。

① 蒙特卡罗模拟法

蒙特卡罗模拟是一种在多个领域内被广泛应用的统计计算方法。当某问题无法进行确定性计算或不存在准确解的情况下，通过蒙特卡罗模拟可以遍历随机事件从而得到答案。在评估基础资产组合信用风险时，可以利用概率来描述可能出现的违约情况及损失情况，然后利用随机数模拟不同资产的违约及损失情况，通过多次模拟后得出资产组合的联合违约分布。蒙特卡罗模拟法多见于企业贷款结构化产品的信用评级。

蒙特卡罗模拟法的主要优势是其较强的灵活性，能够处理不同集中度和同质程度的基础资产。主要局限是：此方法要求对基础资产逐笔进行影子评级，当基础资产数量较大时，逐笔评估成本较高，对基础资产的数据需求也较高；由于该方法模拟时需要进行多次重复模拟，当基础资产数量较大时，模拟耗时可能较长。

② 历史数据静态池法

静态池法是指通过分析由发起机构提供的与基础资产特征相似的历史资产的信用表现，推测基础资产在未来存续期内的违约及损失表现。静态池法多见于个人贷款结构化产品的信用评级。

静态池法的主要优势是其处理同质性强、笔数较多的基础资产时，能够快速地实现对组合信用风险的量化评估，且运算过程较为简单，不需要进行大量重复模拟，故运算效率较高。主要局限是：此方法无法用于处理同质性较低的基础资产，当基础资产差异较大时无法满足其理论基础；此方法不适于处理基础资产笔数较少或集中度较高的情况，当基础资产笔数较少或集中度较高时，占比较大的单笔基础资产的违约风险会被低估，从而对基础资产的组合信用风险产生影响。

③ 现金流覆盖倍数法

现金流覆盖倍数法多见于收益权类资产结构化产品的信用评级。基本思路为：当完成收益权类资产的现金流预测及结构化产品的债务偿付安排的设计后，在该类产品预定的每个本息偿还的兑付日，其现金流入与结构化产品现金流出之比需达到一定的必备现金流覆盖倍数。中诚信国际参照不同收益权类基础资产的历史表现及实践操作经验，对不同类别的基础资产设定了相应的必备现金流覆盖倍数。

④ 不动产资产评级法

商业地产抵押贷款的信用风险通常使用偿债覆盖倍数和抵押率两个指标来评估。偿债覆盖倍数是评估商业地产的预测年度现金流对结构化产品年度需支付的本金、利息和费用的覆盖能力。如果该指标小于1，则表明基础资产现金流没有能力偿还债务并很可能违约。抵押率是衡量商业地产抵押贷款的违约损失程度，抵押率等于贷款金额除以房地产评估价值。抵押率越低，抵押物能够承受越高的跌价空间而保证贷款的偿付，同时债务人违约意愿也越低，从而对结构化产品本息偿付提供越高的保障。

2. 交易结构分析

在前一步基础资产现金流分析的基础上，根据交易结构安排、增信措施等，进一步考察若干压力情景下基础资产池现金流对受评证券按照交易合同约定完成兑付的情况，从而得到定量分析指示信用级别。

交易结构分析的重点主要包括：资产委托或转让方式、现金流分配机制、内部增信与外部增信手段、信用触发安排、是否设置循环购买等特殊操作等。

对压力情境下基础资产与增信措施对受评证券的支持水平的测算，作为评判受评证券信用级别的重要依据。一般压力情景包含两个方面：分别是信用风险压力和市场风险压力。信用风险压力情况包括但不限于宏观经济下行甚至出现衰退、基础资产相关行业整体信用品质出现恶化、原始权益人/资产服务机构运营出现不可预测的问题等；市场风险压力情况包括但不限于资产价格出现大幅下降、市场利率大幅波动、发行利率急剧上升等。压力测试是评级机构使用的一种用来评价与校准评级要素、进而保持评级符号可比性的重要工具。通过使用压力测试的方法达到使不同类型基础资产、甚至不同类型证券之间信用级别可比的效果。

3. 风险分析调整

除了基础资产信用风险和交易结构风险外，还需要进一步就其他未考虑的风险情形进行补充分析，主要包括法律风险和重要参与方履职风险。

结构化产品的交易链条较长、交易环节和参与方众多，评级机构还会关注产品内在的法律风险，包括基础资产与发起机构的破产隔离、基础资产转移的有效性、各方内部决议的有效性、交易文件的有效性和可执行性等。上述风险点一般也是法律尽调的重点内容，会结合法律顾问的法律意见进行评判。

结构化产品重要参与机构的履职能力同样会对产品兑付产生重要影响，包括SPV管理人、发起机构、资产服务机构、资金保管机构、增信机构等。通过对上述参与方的股东背景、经营状况、财务状况、内部管理情况等方面的分析，综合判断其履职能力。

14. 3+3+3+…到底能加几个3？

导读：由于需要和基础资产的期限进行匹配，资产证券化产品的期限设置相比于其他金融产品更为复杂，由此也衍生出循环购买、回售含权等各类组合方式，本问基于业务实践，对目前市场主流的期限设计方法逐一探讨。

一、期限概念界定

资产证券化产品的期限由于需要对应底层基础资产的特征，其期限概念相比于普通信用债要复杂很多，常见的期限定义如下。

1. 基准日、初始起算日与设立日

初始起算日（封包日）：一般是针对债权类资产，指从该日起基础资产产生的现金流归属于SPV（部分项目也会特殊约定仅限于本金部分，封包日到设立日期间的利息不归属于SPV）。

基准日：通常就是指的初始起算日，更偏向于强调"尽调基准"，指资产要素及相关尽调都会基于该日期作为基准，也会约定自基准日之后的现金流归属。

设立日（成立日）：指项目正式设立的日期，资产支持证券也会从该日开始计算利息。

兑付日：指兑付证券本金、利息的日期，各档证券的最后一个兑付日也是其预期到期日。

2. 预期到期日与法定到期日

预期到期日（预计到期日）：针对各档证券，是指该档证券本金预期全部得到偿还的日期，最后一档证券的预期到期日也是整个项目的预期到期日。

法定到期日：指专项计划或信托最晚结束的日期，通常会晚于预计到期日2～3年。

（1）预期到期日证券未偿付完成并不自然触发违约

在项目设计时，会对资产的现金流情况进行测算，得出正常情况下证券的预期到期日，但预期到期日只是个"预测值"，除非特殊约定，否则即便在预期到期日未能得到完全偿付也不能归为违约事件。但若法定到期日还未能偿付，则一定触发违约事件。

（2）法定到期日的间隔并非"法定"，而是基于具体项目的约定设置

此处的法定到期日并非字面理解的"法定"，即法律所规定的日期（现有的法律法规中并未有相关条文对预期到期日与法定到期日的间隔时间进行限制），而是基于项目情况、资产特征及法律诉讼等因素在项目文本中所约定的日期。通常设置法定到期日晚于预期到期日2~3年，是基于目前我国司法诉讼等的实践经验，一般而言一审审理需6个月，二审需3个月，而判决执行则可能需1年，故而整个期间可能长达2年。鉴于追索的需要，法定到期日的设置为预期到期日之后2年及以上为宜。如"法定到期日"届至还未能就证券本息兑付予以处理完毕，则SPV终止，由SPV的管理人或受托人以原状分配方式将SPV项下资产分配给投资者，后续基础资产相关未尽事宜由投资者自行处理。

在《民法总则》将诉讼时效改为3年后，市场上也出现将法定到期日时间改为3年的情况，但其设定的内在逻辑并非完全如此，如图14-1所示。

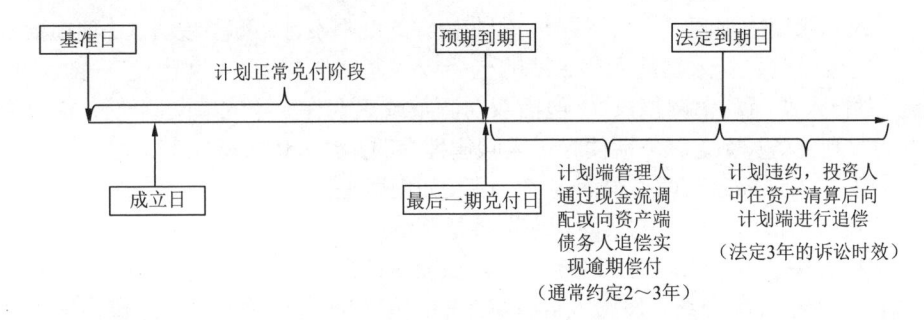

图14-1 资产证券化项目主要时间节点

（3）实践中通常不会等到法定到期日才触发违约，但该机制设置仍具备现实意义

在业务实践中，如果项目存续期间未能正常偿付，说明底层资产的回款出现问题，以及差额支付或担保等增信措施未能发挥作用，则相应已经触发了相关保护机制，管理人也通常会尽快采取有关措施。尽管如此，法定到期日与预期到期日的设置依然有着很重要的现实意义，一方面，预期到期日反映资产证券化产品的预期未来现金流，便于各交易方提前规划现金流；另一方面，法定到期日的设置也保障了交易各方对权益的合理主张，其中既妥善地授予了管理人对于资产的管理权限和周旋空间，又保障了权益人对于本金的受偿权利与合理期待。

3. 到期期限与加权期限

讲到期期限与加权期限之前，有必要先介绍固定摊还与过手摊还的概念。固定摊还与过手摊还都是资产支持证券本金的兑付方式，固定摊还也称计划摊还，是指在发行时就会明确证券本金在固定时点的兑付金额；而过手摊还方式下每一期证券本金的兑付金额是不确定的，仅约定全部本金最后得到兑付的预期时间。

正因为资产支持证券存在期间本金兑付的情况，因此，证券的到期期限与加权期限是存在差异的。到期期限比较好理解，就是证券预期到期日与设立日的间隔。

加权期限（加权平均期限）反映资金实际占用时间，即用本金金额为权重来度量证券实际期限，具体算法就是每期支付本金乘以当期支付日至设立日的天数，然后将各期的乘积相加，最后除以初始本金余额。

在项目设立前，加权期限的数字仅是一个预测值，是基于早偿、逾期、发行利率等因素进行的模拟测算结果，但加权期限是投资人进行投资决策的一个非常重要的参考要素。

二、长期资产与短期证券——回售模式及ABCP发行

资产支持证券的发行期限需要匹配基础资产的期限，相对而言，市场投资人对于证券的期限偏好相对固定，但资产的期限有长有短，当资产期限过长或过短（相对于证券期限而言）时，需要引入一些产品设计模式来进行处理。

1."3+3+3+…"的含权回售模式

含权回售模式来源于含权债券[①]，即在债券的期限设计中赋予投资人一项重要权利——将债券向发行人提前回售到期的选择权。通常与"投资人回售权"一同出现的是"发行人票面利率调整权"（包括双向调整或只允许上浮的单向调整），以平衡双方的权利义务关系。在一期债券进入回售程序时，会大体按照如下流程：

① 发行人选择是否调整票面利率，以及如何调整；
② 投资人根据调整后的票面利率选择是否继续持有债券；
③ 根据投资人回售情况，确定是否会触发债券提前清偿；
④ 如债券继续存续，发行人将所持有的回售债券进行转售，超过转售期限后该部分债券予以注销。

含权回售的发行模式在一些典型的基础资产类型上得到了普遍运用。

（1）收费收益权项目

目的：

融资规模与未来一定期限的预期收入直接对应，为了做大融资规模，需要拉长期限，但投资人无法投资期限过长的证券；

限制：

① 整体期限不能超过基础资产预期运营时限，比如特许经营期；
② 根据《监管问答（三）》，"未来经营收入类资产证券化项目……专项计划期限原则上不超过5年，其中，基础资产现金流来源于政府和社会资本合作（PPP）项目，或者交通运输、能源、水利及重大市政工程等基础设施的，可以适当延长"。

（2）CMBS或类REITs项目

背景：

对于不动产物业相关的项目，融资规模对标物业估值，但还款现金流来源于租金等物业运营收益，于是只能通过拉长期限来实现现金流对证券端的有效覆盖。

[①] 含权债券包括含"赎回权""回售权""可调换权""提前还款权益"等，在此不做展开。

限制：

① 整体期限不能超过物业产权剩余期限；

② 实践中通常在20年左右（以18年为主，最长的有24年），一是租售比、cap rate值反过来限制了物业的估值规模，给融资规模也相应框定了上限；二是拉长期限只能增加未来现金流，但融资规模过大会导致第一、第二年度现金流可能都无法覆盖证券利息。因此，"18年"是平衡了抵押率、现金流覆盖要求且符合当前我国不动产市场实际租售回报的一个现实选择。

2. ABCP发行方式

（1）简介

在国外市场，资产支持商业票据（ABCP）是指发起机构把自身拥有的、能够产生稳定现金流的应收账款、票据等资产按照"破产隔离、真实出售"的原则出售给特定目的载体（SPV），并由特定目的载体以资产为支持进行滚动发行的短期类货币市场工具。

2020年6月2日，交易商协会创新推出ABCP支持中小微企业融资，ABCP是交易商协会在现行资产支持票据（ABN）体系下推出的资产支持类融资直达创新产品，仍属于ABN体系下产品机制的创新，可以理解为传统ABN产品的"短期限、滚动发行版本"。之后交易所市场的企业ABS也推出了对应的发行方式，下面以交易商协会ABCP为例进行分析。

截至2022年12月31日，市场已发行328只ABCP，发行金额共计3 781.67亿元，基础资产包括企业应收账款、融资租赁债权、供应链应付账款、补贴款、PPP等资产类型。

（2）产品特点

① 滚动发行机制

ABCP的发行期限不超过1年，在产品到期前，可通过新一期ABCP发行的募集资金兑付前一期次的ABCP。具体而言，最迟于前一期ABCP兑付日前一日将后一期ABCP募集资金或流动性支持款划付至托管机构指定账户，并由其统一向前一期ABCP持有人分配前一期ABCP本息。

② 滚动发行的规模可以调整，实现"扩募"或"缩募"

"缩募"比较好理解，对于一包固定的基础资产，如果ABCP存续期间有资产本金回款，如果保持基础资产不变，续发的ABCP本金则相应缩减（部分本金得到提前偿付）。"扩募"则是当ABCP滚动发行时，原始权益人可追加交付基础资产给SPV，扩大发行规模。

③ 资产端"循环购买"与证券端"滚动发行"相结合

对于短久期的资产，可以同时在资产端引入"循环购买"机制，在发行端按照ABCP的"滚动发行"方式，如"河钢保理2020-1项目"。

④ 一般需要外部增信方

由于到期后滚动发行存在不确定性，但前一期ABCP的兑付是刚性的，为了保证兑付,一般需要信用资质强的外部主体对续发不成功提供流动性支持。在国外成熟市场,除了无限额的外部支持,也会设计有限额的外部支持,降低增信方的增信负担。

(3)与含权回售的异同

与含权回售模式相比,尽管都能起到缩短发行期限、降低发行成本的效果,但ABCP在以下方面还是有着本质区别:

含权回售证券的名义预期到期期限与基础资产是一致的,但ABCP的证券期限则不匹配;

含权回售证券的投资人具有选择权,ABCP投资人无选择权,到期只能以重新认购的方式参与;

含权回售证券只有一次发行(回售后的证券转售不属于新发行),ABCP则是多次滚动发行。

三、短期资产与长期证券——循环购买

1. 相关概念

静态池:即基础资产池从基准日或初始起算日起就确定了入池资产,并保持不变;

动态池:基础资产池在项目期间是会动态变化的,即有新的基础资产会不断加入进来;

循环期:在循环期内,基础资产生产的现金流只向投资者支付利息不支付本金,多余的现金流用于购买新的满足合格标准的基础资产;

摊还期:在摊还期内,停止购买新的资产,基础资产产生的现金流累积后按照计划向投资者支付本息。

循环购买是指在各方明确入池基础资产的筛选标准以后,在特定期限内基础资产收回款项产生的现金流不完全用于向投资人进行分配,而是用于持续购买新的满足合格标准的基础资产,从而使得基础资产池形成一个动态的循环池,直至特定期间结束。

2. 产生背景

常规的资产证券化都是采用静态资产池的模式,即基础资产在期初一次性转让给SPV后,资产池的资产就固定不变了,之后随着基础资产的到期回款,证券端也会逐渐兑付,但这种静态池的模式很大程度上限制了一些流动性较强的短期甚至超短期(如随借随还)的资产进行证券化。循环购买有效地解决了基于短期资产发行长期证券的期限错配问题,为市场上一些期限较短但是能够持续获取的资产提供了证券化融资的可能,并且提升了融资效率。

3. 适用资产类型

由于循环购买交易模式的特殊性,一般适用于期限短、小额分散、同质性高、资产表现易于量化的资产类型。

4. 主要风险

（1）基础资产质量下降的风险

在循环购买模式中，对于基础资产入池质量的控制主要分为三个方面：

一是前端控制，通过对基础资产历史数据的分析设定严密且合理的基础资产准入标准；

二是期间控制，由管理人、法律顾问等在每次循环购买后，对循环购买的基础资产进行补充尽调，并随时关注基础资产表现；

三是后端控制，产品层面设置不合格资产赎回机制等触发条件。

（2）循环期备选合格资产不足导致整体资产收益率下降的风险

资产证券化产品设立之后，在循环购买期间有可能出现合格基础资产不足的情况，从而导致资金闲置，资产池的整体收益率下降。事前需要根据原始权益人的业务开展情况确定合理的发行规模，同时在产品层面设置提前分配等条款对冲该风险。

15. 账户深深深几许？

导读：资产证券化业务类似一个将基础资产产生的"源水"不断输送到投资人"水池"的过程，项目过程中的各类账户好比"管道"，目标就是安全、高效、及时地进行引流，本问对业务过程中常见的各类实体账户，以及虚拟子账户进行介绍，并重点分析监管账户对于风险隔离所能起到的效果。

根据沪深交易所已发布的多种类型基础资产的《挂牌条件确认指南》，明确要求"基础资产的现金流回款路径应当清晰明确，管理人应当在专项计划文件中明确专项计划账户设置、现金流自产生至当期分配给投资者期间在各账户间划转时间节点安排等"。不难看出，账户设置的目的是保障现金流划转的安全，而账户设置的科学性与完善性、账户管理的严密性是现金流能否安全划付的关键。

一、实体账户

资产证券化业务涉及的账户形式较为多样，以交易所企业ABS为例，在不同环节涉及的实体账户主要如图15-1和图15-2所示。

投资人 ⇒ 募集资金收款账户 ⇒ 专项计划账户 ⇒ 资产买卖价款收款账户

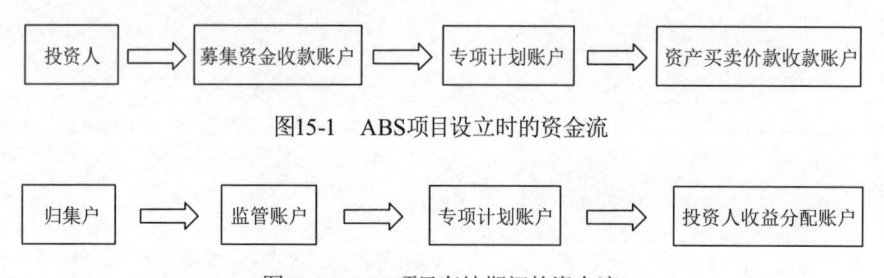

图15-1　ABS项目设立时的资金流

归集户 ⇒ 监管账户 ⇒ 专项计划账户 ⇒ 投资人收益分配账户

图15-2　ABS项目存续期间的资金流

（1）募集资金专户

募集资金专户也称募集资金收款账户，是指计划管理人以自身名义开立的专门用于接收、存放、划转发行期间认购人交付的认购资金的资金账户。每期产品发行前都必须确定一个对应的募集专用账户，募集专用账户只在产品推广期间存在，如项目发行失败，会从募集资金专户中将认购资金返还投资人。在实际业务中，计划管理人一般会有多个常用的募集资金专户，根据业务需要重复使用。

（2）归集户

归集户一般指原始权益人基础资产收款账户，是原始权益人开立的用于接收基础资产回收款的资金账户，在无法变更基础资产资金回流路径时，纳入资产证券化业务的账户管理范畴。

基础资产从原始权益人转让至SPV之后，原则上应该将基础资产的转让通知到底层债务人或者相关费用支付人并做相应的回款账户变更，但是在目前发行的众多ABS产品中，这个操作很难实现。因此，一般基础资产虽然转让了，但是基础资产的回收款依然是回到原先的原始权益人基础资产收款账户，然后再相应进行转付。根据基础资产类型和业务性质的不同，该账户有可能是一个、也可能是多个，并通过相关合同条款设置来约束原始权益人的转付义务，并且在触发一定事件的情况下，管理人会进行相应的权利完善措施（要求变更回款账户等）。

（3）监管账户

监管账户，顾名思义是受监管的账户，并不是所有项目中都会设置监管账户，一般当基础资产回款无法直接向托管账户划转时，会设置监管账户作为过渡，监管账户可以是以原始权益人的名义开立，也可以是以专项计划的名义开立。

（4）托管账户

专项计划账户特指托管账户，是计划管理人以专项计划的名义在托管银行开立的资金账户，专项计划的一切资金活动均必须通过该账户进行，是ABS业务中最核心的账户。

托管账户的使用贯穿整个产品存续期间，从向原始权益人支付基础资产转让价款，再到存续期基础资产的回款、收益分配、费用支付及合格投资，一直到最后产品的兑付、清算等均通过专项计划账户即托管户来实现。

专项计划账户中的资产均属于专项计划，与管理人、原始权益人及其他参与方都会实现破产隔离。

（5）原始权益人收款账户

原始权益人收款账户是以原始权益人名义开立的用于接收计划管理人向其支付基础资产转让价款的账户，是原始权益人的一般银行账户，该账户由原始权益人指定，在《资产买卖协议》中明确列示。

该账户类似债券业务中的募集资金户，都是企业接收募集资金的银行账户，但债券业务的募集资金户会要求强监管，以落实债券募集资金的使用约定，而ABS项目系资产出售的融资行为，一般无须监管募集资金的使用，对ABS项目资金监管的重点反而是基础资产回款及转付，此处不同也是ABS业务和债券业务差异的重要体现。

二、虚拟子账户

在部分资产证券化项目中，还会通过一些虚拟子账户的设置来调节现金流，进而在结构设计上起到信用增级和风险缓释的效果，常见的有以下几种。

1. 托管账户中区分本金账户和收益账户

对于信贷资产、融资租赁等生息类债权资产，一般是以基础资产本金余额对应资产支持证券的本金规模，以基础资产收益作为资产支持证券的收益来源，为进一步细化分配机制，保障最优先档证券的偿付，部分项目会在托管账户内区分收益账和本金账（也有进一步区分税收账，常见于信贷资产证券化项目中），如图15-3和图15-4所示。

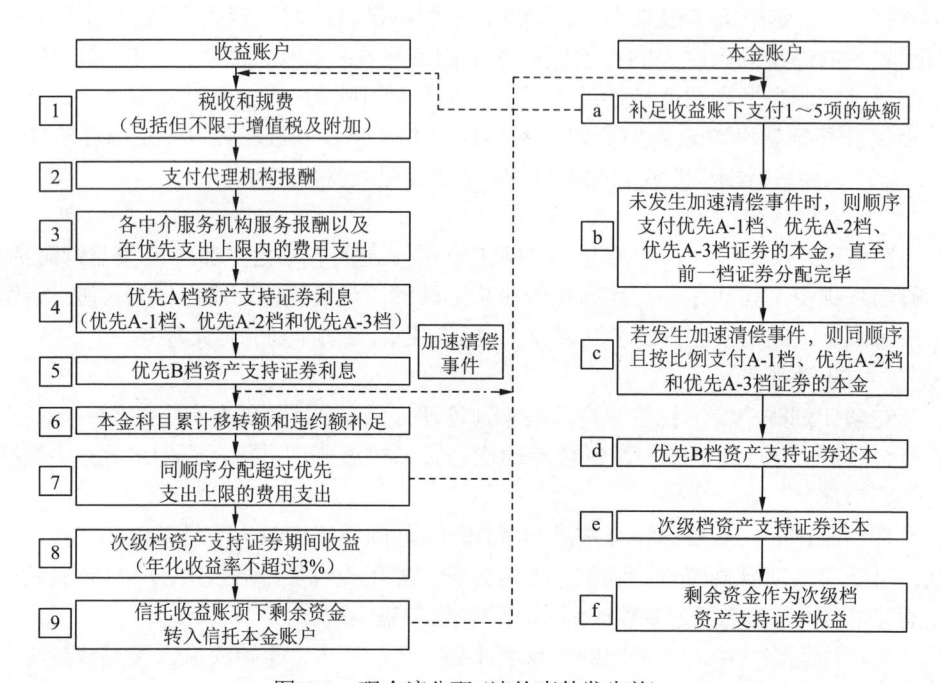

收益账户

1	税收和规费（包括但不限于增值税及附加）
2	支付代理机构报酬
3	各中介服务机构服务报酬以及在优先支出上限内的费用支出
4	优先A档资产支持证券利息（优先A-1档、优先A-2档和优先A-3档）
5	优先B档资产支持证券利息
6	本金科目累计移转额和违约额补足
7	同顺序分配超过优先支出上限的费用支出
8	次级档资产支持证券期间收益（年化收益率不超过3%）
9	信托收益账项下剩余资金转入信托本金账户

本金账户

a	补足收益账下支付1~5项的缺额
b	未发生加速清偿事件时，则顺序支付优先A-1档、优先A-2档、优先A-3档证券的本金，直至前一档证券分配完毕
c	若发生加速清偿事件，则同顺序且按比例支付A-1档、优先A-2档和优先A-3档证券的本金
d	优先B档资产支持证券还本
e	次级档资产支持证券还本
f	剩余资金作为次级档资产支持证券收益

图15-3 现金流分配（违约事件发生前）

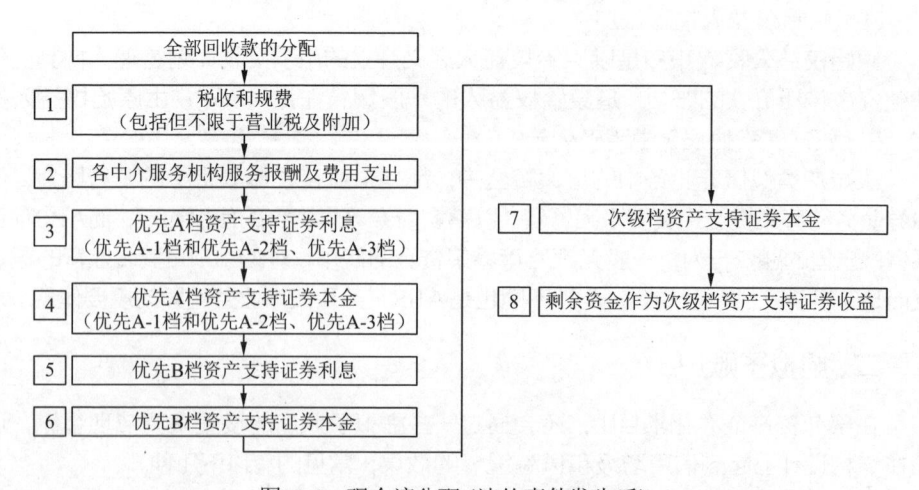

全部回收款的分配

1	税收和规费（包括但不限于营业税及附加）
2	各中介服务机构服务报酬及费用支出
3	优先A档资产支持证券利息（优先A-1档和优先A-2档、优先A-3档）
4	优先A档资产支持证券本金（优先A-1档和优先A-2档、优先A-3档）
5	优先B档资产支持证券利息
6	优先B档资产支持证券本金
7	次级档资产支持证券本金
8	剩余资金作为次级档资产支持证券收益

图15-4 现金流分配（违约事件发生后）

综上所述，该案例中证券分层为优先A档（包括优先A-1、优先A-2、优先A-3）、优先B档和次级档，在本金账户和收益账户间存在相互回补的机制，在出现加速清偿或者违约事件后，两个账户之间的转付顺序及分配流程会有一定的差异。整体而言，目的是在出现基础资产恶化等情形后，能够尽可能地保障更优先档的争取偿付。同时可以看到，虽然优先A-1、A-2、A-3档证券在常规情形下本金到期有先后，但其法律上的受偿顺序是一样的，风险情况下会同比例分配。

2. 设置流动性储备账户

流动性储备账户属于内部流动性储备措施，是指通过在托管账户中留存一定的资金以保障下一期次的分配，主要解决基础资产现金流回款波动较大的问题（在大额对公类型的资产可能会出现），如图15-5所示。

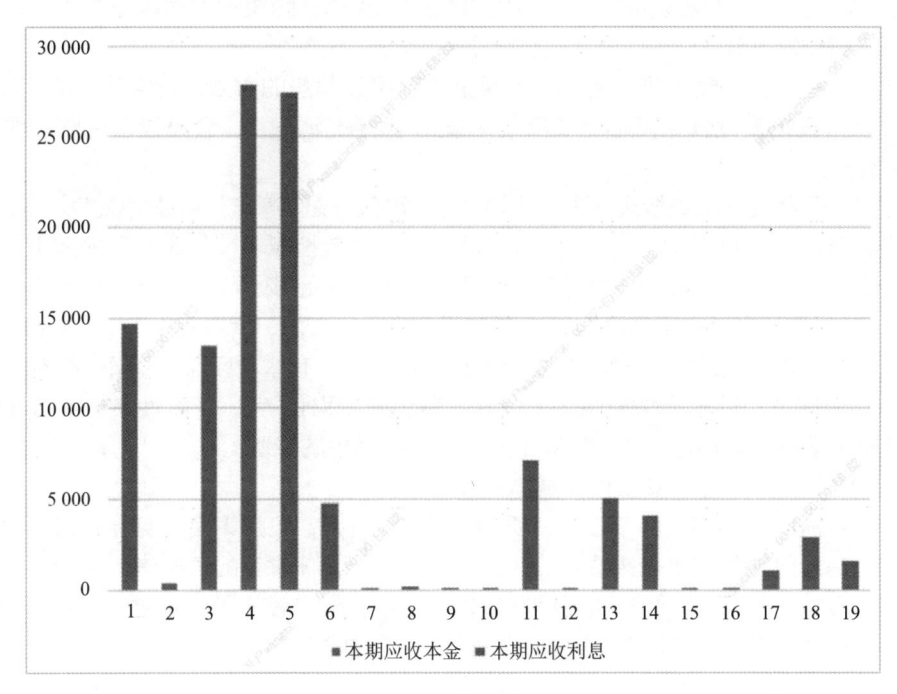

图15-5　某对公信贷资产证券化项目现金流分布[①]

上述示例对公信贷资产证券化项目中，资产池本金106 248万元，加权利率5.62%，看起来非常充裕，但分布很不均匀，多个期次无本金现金流。在现金流分布不均匀的情况下，可能因为个别期数现金流入有限而导致当期优先级证券本息无法足额兑付，从而对分层结果产生较大影响。

如引入流动性储备账户，在不动用外部增信及外部现金流的情况下，就可以有效平滑未来的现金流分布，以提升评级效果。

[①] 示例数据来源：《闲话 ABS 第五季：谁动了我的选票之不均匀的现金流（联合资信）》。

三、监管账户的有效性分析

大多ABS项目中会设置监管账户以缓释信用风险，但实践中监管账户能否有效发挥作用，还与基础资产本身的特性、监管账户条款的具体约定等息息相关。

1. 监管账户的设立背景

根据交易所《挂牌条件确认指南》："基础资产现金流应当由现金流提供方（债务人、承租人等）直接回款至专项计划账户，难以直接回款至专项计划账户的，应当直接回款至专项监管账户。专项监管账户资金应当与原始权益人的自有资金进行有效隔离，禁止资金混同或挪用。"

"基础资产或底层资产回款，自产生至归集进入专项计划账户的周期，应当不超过1个月，专项计划设置等有效增信措施的，现金流归集周期可以适当延长，但最长不超过3个月。"

从监管文件中也不难看出，关于现金流管控最理想的方式，肯定就是"由现金流提供方直接支付至专项计划账户"，在无法满足的情况下，会设置监管账户作为过渡账户。

（1）现金流无法直接进入专项计划账户，需区分是"不能"还是"不想"

在具体业务过程中，大多会基于"难以直接回款至专项计划账户"的理由，通过设置监管账户以满足监管要求，此时需要辨别原始权益人是"不能"还是"不想"。有些项目由于底层涉及回款来源过于分散（自来水、商户租金等），或是收费场景限制（高速公路等），确实客观上无法实现封闭；有些项目则由于原始权益人不愿意影响现金流回款方业务关系（应收账款、融资租赁等），或索性希望资金在原始权益人账户上多停留，存在主观上不愿意及时归集的情况。

（2）归集频率需在安全性和成本指标间平衡

现金流回款的归集频率越高，项目的安全性越强，但归集后的现金流沉淀在账户内还是会对整体成本带来影响，因此，还需结合具体项目的情况进行平衡。主体信用等级越高的项目，能够接受的归集期也越长，但一般最长不超过3个月。同时，尽可能提高账户内合格投资的收益，降低资金沉淀成本。

（3）资金混同风险是要考虑的主要风险

监管账户设置的本意是希望能够尽可能及时地掌握到基础资产的回款状态，并非简单意义上的"只进不出"，比如与基础资产管理相关的合理支出，从回款中提取也是正常的。而为了避免与基础资产之外的现金流之间出现争议，在出现风险事件时能够具备强制执行的条件，需要重点防范混同风险。

2. 司法案例介绍

（1）案情简介[①]

2019年10月30日，湖北省武汉市中级人民法院下达（2019）鄂01执异786号《国通信托有限责任公司、融信租赁股份有限公司金融借款合同纠纷执行审查类执

[①] 饺子兄弟、大队长金融. ABS刷屏案例，账户隔离的冷思考。

行裁定书》支持了案外人山西证券关于融信租赁2017年一期资产支持专项计划（以下简称"专项计划"）项下开立在中国光大银行股份有限公司福州分行华林支行、账号为79**********72银行账户（以下简称"监管账户"）资金的执行异议，并中止了对监管账户内资金的执行。该案例是司法判例中首次对ABS监管账户的破产隔离进行裁定，如表15-1所示。

表15-1 对ABS监管账户的破产隔离进行裁定

项目		内容
当事人	案外人	山西证券股份有限公司（"山西证券"）
	申请执行人	国通信托有限责任公司（"国通信托"）
	被执行人	融信租赁股份有限公司（"融信租赁"）
案由		山西证券就融信租赁与国通信托借款合同纠纷诉讼保全一案中的执行标的（专项计划层面资金归集及监管账户中资金）提出执行异议
争议焦点		山西证券是否可就专项计划层面资金归集及监管账户中的资金主张权利
裁判结果		山西证券（计划管理人）系涉案账户（专项计划层面资金归集及监管账户）中资金的权利人，对涉案账户中的资金享有足以排除强制执行的权益，依法应对该执行标的中止执行
裁判理由		（1）专项计划层面资金归集及监管账户中的资金是种类物，具有流通性，在特定条件下，不能简单适用《执行异议和复议案件司法解释》第25条的规定，以"登记主义"来判断案外人对涉案账户资金是否享有排除执行的权利； （2）基于专项计划端的《资产买卖协议》和《监管协议》，融信租赁作为资产服务机构将其归集的基础资产产生的回收款按照协议约定汇入该账户，在此情形下，该资金已被特定化； （3）就该项项目下基础资产的转让，已向中国人民银行的征信系统进行了登记，具有对外公示的效力
核心要点梳理		（1）计划管理人可就专项计划层面资金归集及监管账户中的资金（而非账户本身）主张权利； （2）专项计划文件（包括但不限于《资产买卖协议》《资产服务协议》《监管协议》等交易文件）中，所明确的现金流回收及转付安排及监管账户的资金监管安排可在一定程度上视为账户内的资金已被特定化； （3）专项计划层面基础资产转让登记安排可在一定程度上起到登记公示的作用

（2）案例启示[①]

① "监管账户资金特定化"在法律上予以支持

根据相关规定，货币作为一种特殊的动产，实行占有即所有原则。在本案中，法院认为：在特定条件下，不能简单适用"登记主义"来判断案外人对涉案账户资金是否享有排除执行的权利。即通过"监管账户内资金特定化"以突破"资金占有即所有"是能够被司法所认可的。

② 账户资金与账户本身的归属存在区别

在本案中，山西证券就监管账户内的资金而非监管账户本身提出了执行异议。法院认为，虽然《最高人民法院关于人民法院办理执行异议和复议案件若干问题的规定》第二十五条第一款第（三）项作出"对案外人的异议，人民法院应当按照下列

[①] 张文超、方筱玮：市场首例ABS监管账户破产隔离裁定问世。

标准判断其是否系权利人：银行存款和存管在金融机构的有价证券，按照金融机构和登记结算机构登记的账户名称判断……"的规定，涉案账户由融信租赁公司开立，但不能据此简单判断涉案账户内的资金属于融信租赁公司所有。山西证券提出异议所主张的是涉案账户内的资金，并非涉案账户。

另外，我们认为，融信租赁虽然是监管账户的开立机构，但是其此时的角色为资产服务机构，即便强调账户本身的归属，也应区分其不同角色定位。

③ 监管账户的隔离效果有赖于相关的合同条款做支撑

在本案中，法院支持"监管账户内的资金已经实现特定化"，源于专项计划文件的相关约定：融信租赁应使用监管账户归集基础资产所产生的全部回收款。监管账户归集的基础资产回收款，只能用于向专项计划账户划转，不得作为其他任何用途。监管银行不得将监管账户与资产服务机构的任何其他账户合并，且不得将监管账户中来源于基础资产回收款的资金进行抵销或截留用于偿还任何对监管银行所欠的债务等内容。

因此，在项目的交易设计过程中，需要提前考虑上述要点，尽可能完善合同条款的约定，避免出现争议情形。

同时，在出现风险后是否可以得到有效执行，尤其需要关注两点：一是监管账户内资金的来源，是否有且只有基础资产产生的回收款；二是监管账户内资金使用的限制安排，是否只能用于向专项计划账户进行转付。否则，很可能会出现人民法院支持，但无法有效执行的问题。

第三篇

基础资产

16. RMBS何以成为证券化第一大家族？

导读： RMBS一直是国外市场最成熟，也是发行量最大的证券化品种，是服务于住房金融市场最为活跃的金融工具。尽管国内RMBS产品的发行，在房地产调控的大背景下，带有明显的政策周期。但庞大的基础资产体量，以及同质性强、分散、期限长的资产特征，决定了RMBS产品始终会是证券化市场的主流品种。本问在产品介绍的基础上，结合目前的政策要求，从供需端对RMBS产品的未来发展进行分析。

一、RMBS简介

RMBS（Residential Mortgage-Backed Securities）是指以个人住房抵押贷款作为基础资产发行的证券化产品，是市场发行最早，也是发行量最大的证券化品种。在美国市场，自20世纪70年代RMBS产品问世以来，产品类型不断丰富、产品结构不断成熟，RMBS发行量在美国债券市场的占比长期在20%以上，且RMBS存量也达到美国住房抵押贷款存量的50%~60%，是服务于住房金融市场最为活跃的金融工具。

在国内市场，RMBS也是最早试点的证券化品种，"建元2005年第一期个人住房抵押贷款资产支持证券"拉开了我国RMBS发行的序幕，但市场真正大规模发行是在2017年之后，2018—2021年连续四年的发行规模超过4 000亿元。2022年以来，受整体地产调控的影响，监管部门对RMBS产品的发行节奏进行了较强管控，产品发行急剧萎缩，如图16-1所示。另外，以往年度银行机构有着强烈的住房按揭贷款出表、腾挪额度的需求，但在未来地产形势扭转、按揭需求缩减的大背景下，即便政策放开，RMBS产品供给端的变化也值得关注。

我国居民个人住房抵押贷款的形式包括商业性个人住房抵押贷款、公积金住房抵押贷款和个人住房组合贷款，俗称商贷、公积金贷款和组合贷，分别是指由商业银行、公积金中心或者二者共同发放的按揭贷款。目前市场上RMBS主要由商业银行以其持有的住房抵押贷款资产在银行间市场发行，公积金中心也曾在银行间和交易所市场少量试点发行相关产品如表16-1~表16-3所示。

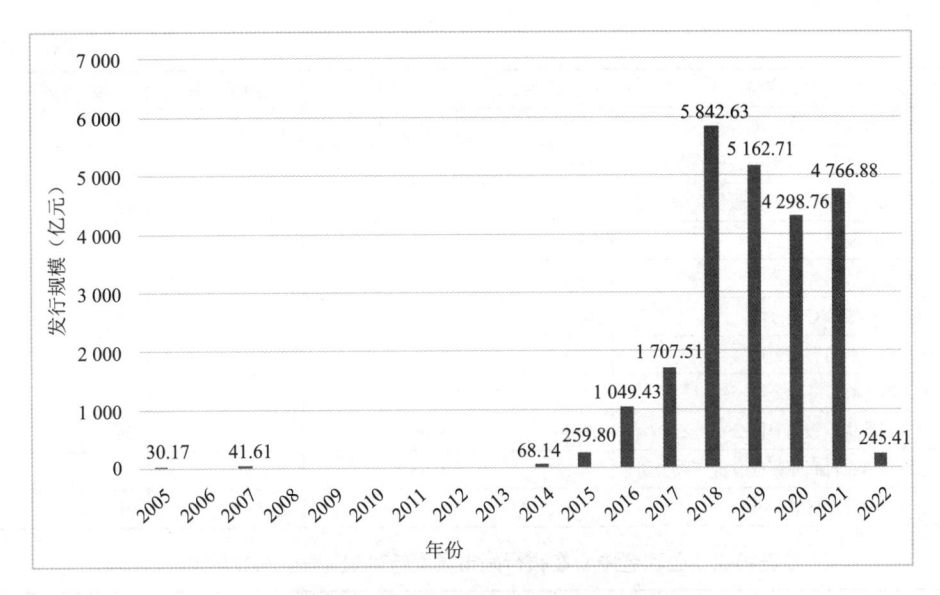

图16-1 我国RMBS产品历年发行情况

表16-1 各商业银行RMBS累计发行规模（截至2022年末）

机构名称	金额（亿元）	市场份额（%）	项目只数	发行排名
中国建设银行股份有限公司	8 356.00	35.60	81	1
中国工商银行股份有限公司	6 381.12	27.18	51	2
中国银行股份有限公司	2 239.15	9.54	24	3
招商银行股份有限公司	1 099.22	4.68	21	4
兴业银行股份有限公司	886.28	3.78	10	5
中国农业银行股份有限公司	828.73	3.53	7	6
中信银行股份有限公司	776.52	3.31	18	7
交通银行股份有限公司	521.34	2.22	7	8
中国邮政储蓄银行股份有限公司	486.10	2.07	8	9
上海浦东发展银行股份有限公司	358.74	1.53	6	10
杭州银行股份有限公司	325.40	1.39	10	11
徽商银行股份有限公司	169.56	0.72	4	12
江苏银行股份有限公司	140.25	0.60	6	13
平安银行股份有限公司	109.79	0.47	3	14
北京银行股份有限公司	99.89	0.43	2	15
中国民生银行股份有限公司	98.68	0.42	2	16
华夏银行股份有限公司	76.07	0.32	2	17
浙商银行股份有限公司	72.46	0.31	3	18
中德住房储蓄银行有限责任公司	60.77	0.26	1	19
青岛银行股份有限公司	59.90	0.26	2	20

续表

机构名称	金额（亿元）	市场份额（%）	项目只数	发行排名
广发银行股份有限公司	52.78	0.22	1	21
广东顺德农村商业银行股份有限公司	45.19	0.19	2	22
江苏江南农村商业银行股份有限公司	39.46	0.17	3	23
汉口银行股份有限公司	35.11	0.15	1	24
南京银行股份有限公司	35.01	0.15	3	25
郑州银行股份有限公司	34.99	0.15	1	26
成都银行股份有限公司	24.90	0.11	2	27
东莞银行股份有限公司	20.00	0.09	1	28
重庆三峡银行股份有限公司	20.00	0.09	1	29
江苏常熟农村商业银行股份有限公司	14.57	0.06	1	30
苏州银行股份有限公司	5.08	0.02	1	31

表16-2　公积金中心在银行间市场发行列表（截至2022年末）

公积金中心	发行期数	累计发行金额（亿元）
上海市公积金管理中心	4	381.22
武汉住房公积金管理中心	1	20.41
杭州市住房公积金管理中心	1	10.00
湖州市住房公积金管理中心	1	5.14

表16-3　公积金中心在交易所市场发行列表（截至2022年末）

公积金中心	发行期数	累计发行金额（亿元）
武汉住房公积金管理中心	1	5.00
苏州市住房公积金管理中心	1	20.00
杭州市住房公积金管理中心	1	4.75
泉州市住房公积金管理中心	1	10.00
湖州市住房公积金管理中心	1	4.00
滁州市住房公积金管理中心	1	8.00
三明市住房公积金管理中心	1	5.00
龙岩市住房公积金管理中心	1	5.00
泸州市住房公积金管理中心	1	5.00

二、案例介绍

RMBS交易结构非常标准化，以2022年1月30日发行的"中盈万家2022年第一期相关资料信息来源于公开披露的《产品说明书》"为例进行相关介绍。

1. 交易结构

中盈万家2022-1产品交易结构如图16-2所示。

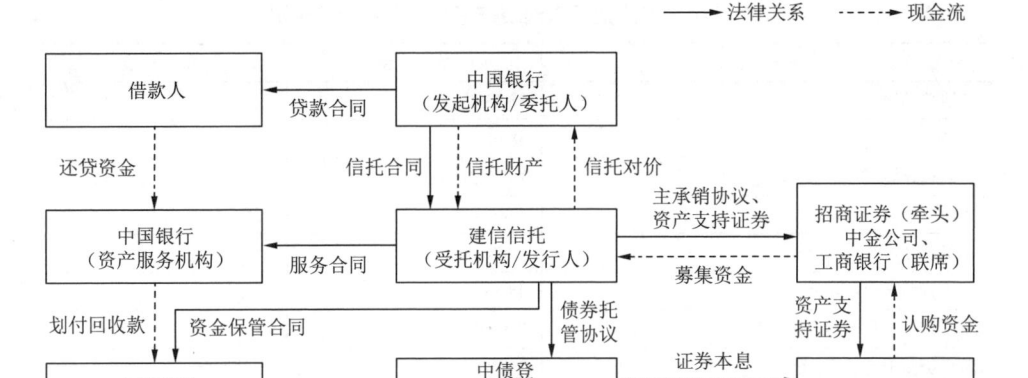

图16-2　中盈万家2022-1产品交易结构

具体交易过程如下：

根据《信托合同》约定，"中国银行"作为"发起机构"将部分个人住房抵押贷款作为"信托财产"委托给作为"受托机构"的"建信信托"，由"建信信托"设立中盈万家2022年第一期个人住房抵押贷款证券化信托。"受托机构"将"资产支持证券募集资金净额"支付给"发起机构"。

"受托机构"向投资者发行资产支持证券，并以"信托财产"所产生的现金流为限支付相应税收、信托费用及本期资产支持证券的本金和收益。本期资产支持证券分为"优先档资产支持证券"和"次级档资产支持证券"，其中"优先档资产支持证券"包括"优先A-1档资产支持证券""优先A-2档资产支持证券""优先A-3档资产支持证券"和"优先A-4档资产支持证券"。

"受托机构""发起机构""牵头主承销商""联席主承销商"签署《主承销协议》，"牵头主承销商"和"联席主承销商"再与其他承销商签署《承销团协议》，由"牵头主承销商""联席主承销商"和其他承销商承销除"发起机构"持有的全部"次级档资产支持证券"以外的全部资产支持证券。

2. 基础资产及特征[①]

本次资产证券化项目入池信贷资产涉及中国银行向38 610名借款人发放的38 639笔个人住房抵押贷款。本项目的初始起算日为2021年10月1日00:00。初始起算日及之后，入池贷款资产所产生的现金流都将归入信托资产。其中，自初始起算日起（含该日）至信托生效日（不含该日）之间，入池贷款项下计收的利息（按照权责发生制计算已经实际收到的和未实际收到的利息）不属于入池的信贷资产。

（1）入池资产笔数与金额特征

截至2021年10月1日00:00，资产池的入池资产笔数与金额特征情况如表16-4所示。

---

① 数据来源：中盈万家2022年第一期个人住房抵押贷款资产支持证券发行说明书。

表16-4 资产池的入池资产笔数与金额特征情况

基本情况	数值	单位
入池总笔数	38 639	笔
总户数	38 610	户
合同总金额	1 869 215.78	万元
入池总金额	1 307 436.81	万元
单笔贷款最高合同金额	1 000.00	万元
单笔贷款平均合同金额	48.38	万元
单笔贷款最高未偿本金余额	829.09	万元
单笔贷款平均未偿本金余额	33.84	万元
单户贷款平均未偿本金余额	33.86	万元

（2）入池资产期限特征

截至2021年10月1日00:00，资产池的入池资产期限特征情况如表16-5所示。

表16-5 资产池的入池资产期限特征情况

基本情况	数值	单位
入池资产加权平均合同期限	17.67	年
加权平均剩余期限	12.60	年
加权平均账龄	5.07	年
贷款最长剩余期限	20.92	年
贷款最短剩余期限	0.25	年

（3）入池资产利率特征

截至2021年10月1日00:00，资产池的入池资产利率特征情况如表16-6所示。

表16-6 资产池的入池资产利率特征情况

基本情况	数值	单位
入池资产加权平均贷款年利率	4.81	%
最高贷款利率	7.45	%
最低贷款利率	3.33	%

（4）入池资产抵押物特征

截至2021年10月1日00:00，资产池的入池资产抵押物特征情况如表16-7所示。

表16-7 资产池的入池资产抵押物特征情况

基本情况	数值	单位
入池抵押住房初始评估价值合计	3 247 753.20	万元
加权平均初始抵押率	61.71	%
加权平均初始贷款价值比	46.16	%
入池抵押住房一二线城市占比	50.94	%
资产池抵押一手房占比	63.26	%

（5）入池资产借款人特征

截至2021年10月1日00:00，资产池的入池资产借款人特征情况如表16-8所示。

表16-8 资产池的入池资产借款人特征情况

基本情况	数值	单位
借款人加权平均年龄	41.66	岁
30（不含）～40（含）岁借款人贷款的金额占比	36.13	%
借款人加权平均年收入	22.87	万元
借款人加权平均收入债务比	37.34	%

3. 结构分层

（1）信用评级思路和方法

和对其他资产支持证券一样，评级机构对RMBS信用等级的评定是对证券违约风险的评级，即在考虑基础资产损失分布的情况下，评估受评RMBS本金和利息获得及时、足额偿付的可能性。以中债资信披露的RMBS评级方法为例：

首先，发起机构自身静态池数据体现出的平均违约风险和基础资产自身特点体现出的违约风险等，决定了基础资产整体的组合信用风险水平。其次，考虑超额利差、流动性支持、信用触发事件等交易结构特点，以及压力情景下受评证券本金和利息的覆盖程度，根据交易结构和特定压力条件进行现金流分析及压力测试。最后，基于证券获得的信用增级量大于目标损失比率（TLR），且在所有压力条件下的临界违约比率大于目标违约比率（TDR），同时结合交易结构风险、法律意见和参与机构尽职能力的分析等，得到证券最终的信用级别，如图16-3所示。

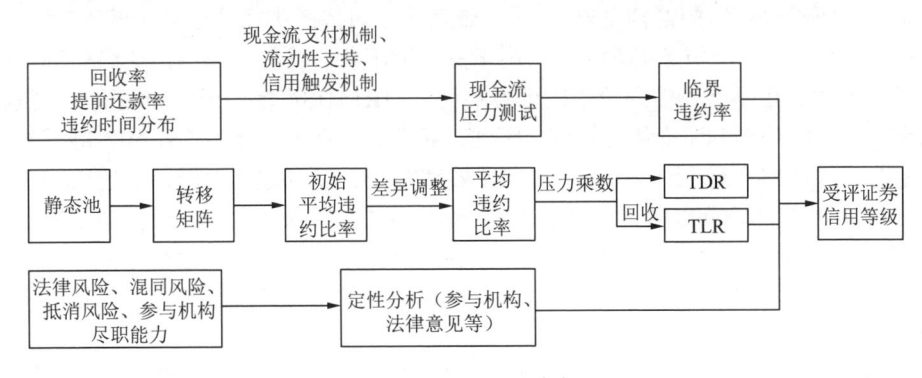

图16-3 信用评级流程

（2）分层结果

本案例对应的最终分层结果如上，值得注意的是，在考虑RMBS产品期限时，早偿率是非常重要的指标，证券预期到期日考虑早偿率，假设早偿率为每年10%[①]。如果在基础资产零早偿、零违约的假设下，优先A-1档、优先A-2档、优先A-3档、

---

① 根据中债资信对近30家发起机构发放的全量房贷静态池历史数据进行处理，并计算相同年份房贷资产的早偿率均值，得到各机构房贷早偿率均值区间为5.0%～10.5%，总体围绕8.0%上下波动。

优先A-4档及次级档资产支持证券预期到期日分别为2023年12月26日、2026年7月26日、2032年6月26日、2033年10月26日、2042年9月26日，与一定早偿率情景下的结果差别还是很大，尤其是对于长期限证券而言，如表16-9所示。

表16-9 长期限债券的证券预期到期日应考虑早偿率

分档情况	评级（中债资信/标普信评）	发行金额（元）	分层占比（%）	利率类型	还本方式	预期到期日
优先A-1档	AAAsf/AAAspc（sf）	2 200 000 000.00	16.83	浮动利率	固定摊还	2023-12-26
优先A-2档	AAAsf/AAAspc（sf）	3 000 000 000.00	22.95	浮动利率	固定摊还	2025-02-26
优先A-3档	AAAsf/AAAspc（sf）	5 631 000 000.00	43.07	浮动利率	过手摊还	2027-06-26
优先A-4档	AAAsf/AAAspc（sf）	1 000 000 000.00	7.65	浮动利率	过手摊还	2028-04-26
次级档	—	1 243 368 125.09	9.51	—	—	2042-09-26
合计	—	13 074 368 125.09	100.00	—	—	—

4. 出表设计

目前银行机构开展RMBS的主要诉求是要实现贷款出表、腾挪房贷额度，因此，追求的会计处理效果为"完全出表"或"继续涉入"，而最终的处理效果又和次级证券的处理方式直接相关。

根据信贷资产证券化发起机构风险自留的要求，发起机构自持不少于5%比例的证券，可以垂直自持各档证券的5%，或者水平自持最劣后档证券不低于5%。在信用卡、车贷、消费贷款等项目中，由于资产期限短、贷款利率高，次级档的收益可预期性强，也是市场较为抢手的证券品种。但RMBS产品由于资产期限长、贷款利率低，次级证券的可销售性较弱。因此，通常的处理方式是发起机构自持全部次级证券，并最终实现"继续涉入"的会计处理效果，以本案例为例，发起机构中国银行自持全部9.51%的次级档证券，会计意见为："普华永道对中国银行拟定的会计处理原则没有异议，即中国银行将在其合并财务报表中，对信托进行合并；在合并的基础上，依据其对基础资产池信贷资产继续涉入的程度，继续确认相关基础资产池信贷资产和负债。"

当然，随着市场投资人对于RMBS产品尤其是国有大行发行的RMBS产品认可度不断提升，也有一些产品尝试对外销售次级档证券，并实现"完全出表"的会计效果。

三、RMBS产品供需分析

在当前市场环境下，对于商业银行而言，个人按揭仍然是安全性高、收益稳定的资产，银行也有动力不断进行新增投放，但在房住不炒的大背景下，包括个人按揭贷款在内的房地产贷款始终是监管重点,在贷款额度方面受到严格管控。2020年底,中国人民银行及中国银行保险监督管理委员会联合发布《关于建立银行业金融机构房地产贷款集中度管理制度的通知》(银发〔2020〕322号),明确了房地产贷款集中度管理制度的机构覆盖范围、管理要求及调整机制,分档设置房地产贷款余额占比和个人住房贷款余额占比两个上限,如表16-10所示。

表16-10 房地产贷款余额占比和个人住房贷款余额占比两个上限

银行业金融机构分档类型	房地产贷款余额占比上限	个人住房贷款余额占比上限
第一档:中资大型银行		
中国工商银行、中国建设银行、中国农业银行、中国银行、国家开发银行、交通银行、中国邮政储蓄银行	40%	32.5%
第二档:中资中型银行		
招商银行、农业发展银行、浦发银行、中信银行、兴业银行、中国民生银行、中国光大银行、华夏银行、进出口银行、广发银行、平安银行、北京银行、上海银行、江苏银行、恒丰银行、浙商银行、渤海银行	27.5%	20%
第三档:中资小型银行和非县域农合机构①		
城市商业银行②、民营银行	22.5%	17.5%
大中城市和城区农合机构		
第四档:县城农合机构		
县城农合机构	17.5%	12.5%
第五档:村镇银行		
村镇银行	12.5%	7.5%

注:① 农合机构包括:农村商业银行、农村合作银行、农村信用合作社。
② 不包括第二档中的城市商业银行。

截至2022年9月末,居民个人住房按揭贷款余额达到38.91万亿元,但RMBS余额仅为11 368.88亿元,占比为2.92%,相比于美国市场近80%的占比,仍有巨大的可盘活空间,如图16-4所示。

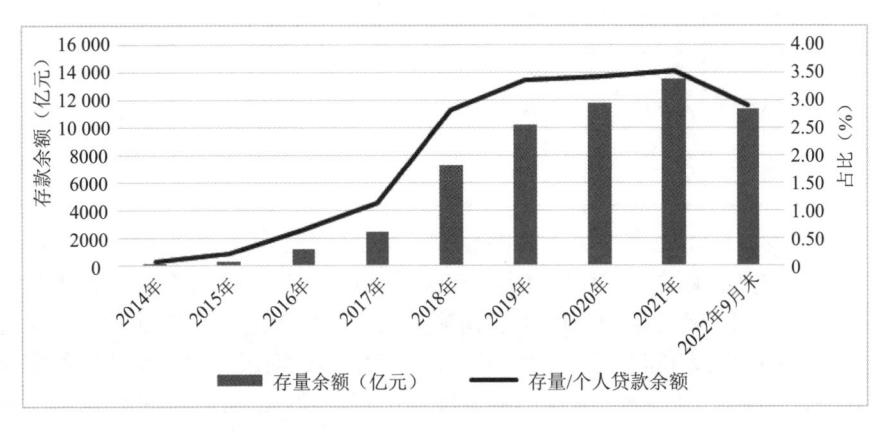

图16-4 RMBS存量占个人住房抵押贷款余额的比例仍然较低

尽管各家银行释放个人房贷的需求依然存在，但RMBS产品发行的最大不确定性因素还是在于监管政策，比如2022年受政策影响，RMBS的发行即明显萎缩，如表16-11所示。

表16-11　各银行房贷释放需求分析（单位：亿元）

银　行	银行类型	个人住房贷款余额（截至2021年末）	个人住房贷款余额距离监管红线情况	RMBS理论发行空间
中国建设银行	第一档	63 865.83	1.54%	−2 882.36
中国工商银行	第一档	63 626.85	−1.71%	3 541.70
中国银行	第一档	48 264.12	−1.71%	2 679.61
招商银行	第二档	13 744.06	4.68%	−2 603.99
兴业银行	第二档	11 211.69	5.32%	−2 355.32
中信银行	第二档	9 733.90	0.05%	−21.96
中国农业银行	第一档	52 422.88	−1.91%	3 268.31
中国邮政储蓄银行	第一档	21 693.09	1.11%	−717.27
交通银行	第一档	14 895.17	−9.80%	6 426.13
浦发银行	第二档	9 059.74	−1.07%	512.34
杭州银行	第三档	825.39	−3.48%	204.60
徽商银行	第三档	1 222.20	1.17%	−76.31
江苏银行	第二档	2 438.96	−2.58%	361.38
平安银行	第二档	2 793.76	−10.88%	3 333.14
北京银行	第二档	3 496.31	0.90%	−149.83
民生银行	第二档	5 954.58	−5.28%	2 136.80
广发银行	第二档	2 799.27	−6.16%	1 245.49
青岛银行	第三档	459.37	1.31%	−32.01
浙商银行	第二档	908.44	−13.26%	1 786.04
南京银行	第三档	835.40	−6.93%	547.66
郑州银行	第三档	408.42	−3.37%	97.38
华夏银行	第二档	3 039.22	−6.27%	1 387.84
东莞银行	第三档	519.92	1.75%	−47.27
江苏常熟农村商业银行	第四档	139.18	−3.95%	64.32
成都银行	第三档	850.28	4.38%	−170.34
苏州银行	第三档	323.46	−2.33%	49.78

在需求端，RMBS资产具有分散性高、剩余期限长、抵质押率高、同质性强和信用质量较高的特点，在国外市场一直是低风险、长久期资金的配置重点。在我国市场，一直以来房地产价格持续趋势向上，借款人还款意愿非常强，表现为低违约率和高早偿率的特征。从过往已发行产品的数据表现看，累计违约率水平整体较低，普遍在1%以下，各存续期表现均不超过1.5%；RMBS的年化早偿率基

本在5%～15%的区间内，在存续期达到35期以上时，也就是产品存续3年左右时，RMBS产品的累计早偿率几乎均超过20%。

随着经济增速下行，部分城市房价下跌的风险，以及居民收入波动的风险均会传到RMBS底层资产的表现，也要求投资人对区域经济风险、借款人分布、宏观政策风险等进行更全貌的判断。

17. 消费金融资产是否被妖魔化？

导读：随着互联网金融的崛起，近年来我国消费金融市场快速增长，消费金融ABS也一度成为ABS发行的主力军。但随着居民杠杆率的抬升、资产投放的下沉，信用风险也在集聚，政策层面有着持续收紧的趋势。本文基于我国消费金融市场的发展现状与未来展望，并结合过去几年消费金融ABS的发行情况，对市场"争议颇多"的消费金融资产进行梳理分析。

一、市场概况

广义的消费金融包括居民部门所有以消费为目的的贷款服务，包括住房按揭贷款、汽车贷款、耐用品消费和日常消费信贷等。本文所研究的狭义消费金融一般去除房贷，特指用来满足日常消费的借贷需求，根据业务是否依托特定的消费场景，又可以分为消费贷和现金贷。

1. 我国消费金融市场发展情况

随着近年来中国经济以及居民收入的持续增长，消费信贷市场也快速发展，根据艾瑞咨询研究院的统计和测算，我国狭义消费信贷余额规模已经从2014年的4.2万亿元上升至2021年末的17万亿元，年复合增长率达到22.1%，预计未来几年仍将以接近8%的复合增长率持续增长，到2026年将接近25万亿元，如图17-1所示。

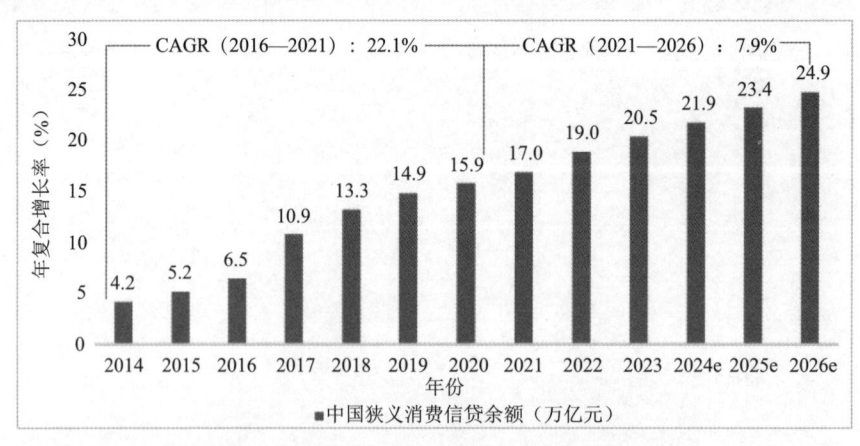

图17-1　2014—2026年中国狭义消费信贷余额

注释：狭义消费信贷余额是指居民不包含房贷的消费信贷余额，包括由银行、消费金融公司、汽车消费金融公司、小贷公司及各类互联网消费金融机构提供的消费信贷余额。
资料来源：中国人民银行、国家统计局、CNABS、Wind、艾瑞咨询研究院自主研究测算。

传统上，我国是奉行勤俭节约、量入为出的消费观，如何理解近年来消费信贷的快速上升，以下几点影响较大：

"90后""00后"步入社会，新消费的观念已经和老一辈不尽相同；

网购和在线支付的崛起，以及金融科技的渗透，使得消费金融的应用场景和可得性有了质的提升。

根据艾瑞咨询研究院的统计和测算，美国消费金融渗透率从1960年的22.1%增长到2021年的36.4%，61年时间增长了14.3%。但我国从2014年的11.2%增长到2021年29.8%，不过短短的7年时间。同时考虑中国国情和民间借贷的活跃性，中国狭义消费信贷实际渗透率高于当前数据水平，我国消费金融的渗透率应该已经接近美国水平，如图17-2所示。

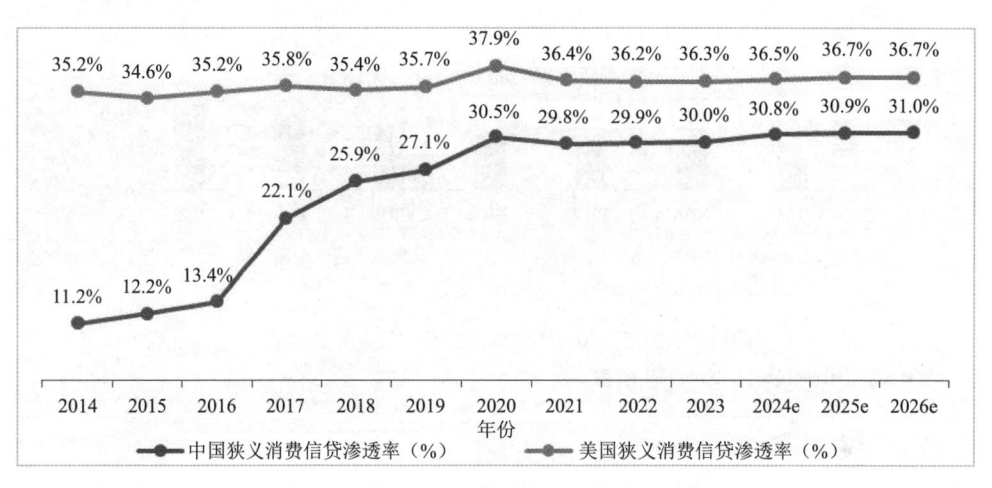

图17-2　2014—2026年中国狭义消费信贷余额

注释：

（1）由于美国披露的狭义消费信贷余额中，不包含信用卡应偿余额中的免息部分，为与美国比较时更具可比性，在中国狭义消费信贷余额中减除了信用卡免息部分余额，定义为狭义消费信贷渗透率（可比）；

（2）中国狭义消费信贷余额渗透率 = 中国狭义消费信贷余额 ÷ 中国社会消费品零售总额；美国狭义消费信贷余额渗透率 = 美国狭义消费信贷余额美国个人消费支出规模；

（3）美国狭义消费信贷余额指居民和非营利机构部门的消费贷款，中国狭义消费信贷余额仅包括居民消费贷款；

（4）根据美国经济分析局数据，美国的个人消费支出规模与消费信贷余额数据都做了一定微调，所以，本次对所有历史数据都做了回溯更新。

资料来源：中国人民银行、国家统计局、CNABS、Wind，艾瑞咨询研究院自主研究测算。

消费贷对消费的刺激作用，如图17-3所示。

（1）消费贷在一定程度上对消费行为具备正向促进作用；

（2）超过杠杆率后消费贷反向挤出消费行为。

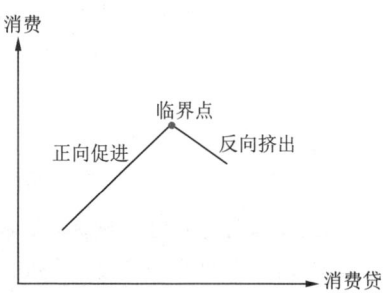

图17-3　消费贷对消费的刺激作用

但实际上消费金融渗透率的上升是有限的，虽然在一定程度上消费金融可帮助居民打破资金约束、实现资金的跨期分配进而促进消费，但这种促进作用并非持续存在，一旦杠杆率超出临界点，利息压力过大，消费金融反而对消费产生挤出效应。因此，从长期看，在渗透率达到一定程度后，也将进入类似美国市场的稳定阶段。

另外，由于房贷的影响，我国住户部门贷款余额和占比持续上升，居民进一步加杠杆的空间有限，如图17-4和图17-5所示。

图17-4　2015—2021年中国住户部门贷款余额及占比

资料来源：中国人民银行，艾瑞咨询研究院。

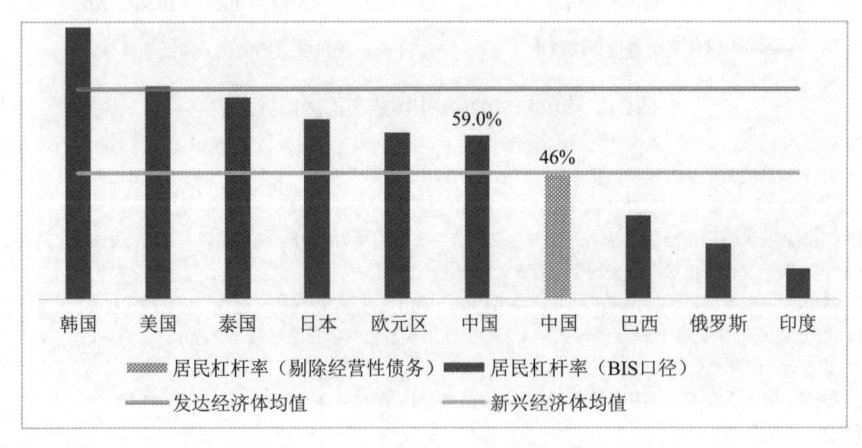

图17-5　居民杠杆率的国际比较

注释：居民杠杆率 = 住户贷款 ÷ GDP

资料来源：《2020年第四季度中国货币执行报告》、艾瑞咨询研究院。

2. 我国消费金融市场参与主体

根据所持有牌照类型的不同，消费金融服务提供主体主要包括商业银行、汽车金融公司[①]、消费金融公司和小贷公司，不同类型机构的客群定位、产品类型有着不同特点。此外，互联网金融平台越来越成为我国消费金融市场最重要的参与方之一，借助其流量与技术优势，通过控股或参股消费金融公司、小贷公司，或者与商业银行、信托公司合作等形式进行放款，如表17-1～表17-4所示。

表17-1 我国消费金融市场主要参与主体比较

	商业银行	消费金融公司	小贷公司	互联网金融平台
客群定位	优质	较优质	下沉	相对多元
产品形式	信用卡、消费贷	消费贷	消费贷、现金贷	通过不同持牌主体合作不同产品形式
定价	低	较高	高	相对较高区间
参与主体	100多家国有、股份制、城农商行均有参与，19家民营银行也是重要参与主体	目前共有消费金融公司29家	全国小贷公司超过6 000家，传统小贷公司只允许在当地展业，网络小贷公司打破了区域限制（50亿元以上注册资本），目前以大型网络小贷公司参与为主	最初互联网金融平台主要是P2P平台，随着P2P平台的清理整顿，目前市场主要参与主体为头部互联网大厂旗下的平台

表17-2 互联网背景民营银行

名　称	成立时间	注册资本	2021年末资产规模（亿元）	股东背景
微众银行	2014-12-16	385 000万元人民币	4 387.48	深圳市腾讯网域计算机网络有限公司持股30%
金城银行	2015-04-16	300 000万元人民币	520.38	三六零安全科技股份有限公司持股30%
网商银行	2015-05-28	657 140万元人民币	4 258.31	蚂蚁科技集团股份有限公司持股30%
新网银行	2016-12-28	300 000万元人民币	571.16	四川银米科技有限责任公司持股29.50%
亿联银行	2017-05-13	300 000万元人民币	598.96	吉林三快科技有限公司持股28.50%
苏宁银行	2017-06-15	400 000万元人民币	1 012.21	苏宁易购集团股份有限公司持股30%
中关村银行	2017-06-17	400 000万元人民币	522.02	用友网络科技股份有限公司持股29.80%

表17-3 互联网背景消费金融公司

名　称	成立时间	注册资本	2021年末资产规模（亿元）	股东背景
海尔消费金融	2014-12-26	100 000万人民币	155.52	海尔集团公司持股30%，海尔集团财务有限责任公司持股19%
招联消费金融	2015-03-06	1 000 000万人民币	1 496.98	招商银行和中国联通各持股50%
南银法巴消费金融（原苏宁消费金融）	2015-05-14	600 000万人民币	9.08	南京银行持股66.92%，法国巴黎银行持股31.28%

[①] 汽车金融业务围绕汽车消费展开，情况较为特殊，在此不做分析，关于车贷ABS详见第18问。

续表

名　称	成立时间	注册资本	2021年末资产规模（亿元）	股东背景
蒙商消费金融	2016-12-21	50 000万人民币	—	微梦创科网络科技（中国）有限公司持股40%，深圳萨摩互联网科技有限公司持股15.60%
哈银消费金融	2017-01-24	150 000万人民币	—	哈尔滨银行持股53%，度小满（重庆）科技有限公司持股30%
尚诚消费金融	2017-08-17	100 000万人民币	127.27	上海银行持股38%，携程旅游网络技术（上海）有限公司持股37.50%
金美信消费金融	2018-10-10	50 000万人民币	—	国美控股集团有限公司持股33%
小米消费金融	2020-05-29	150 000万人民币	63.16	小米通讯技术有限公司持股50%
蚂蚁消费金融	2021-06-04	800 000万人民币	—	蚂蚁科技集团股份有限公司持股50%
唯品富邦消费金融	2021-10-19	50 000万人民币	19.90	唯品会（中国）有限公司持股49.90%，特步（中国）有限公司持股25.10%，富邦华一银行持股25%

表17-4　注册资本达50亿元互联网背景小贷公司

名　称	成立时间	最新增资时间	注册资本	2021年末资产规模（亿元）	股东背景
重庆市蚂蚁小微小额贷款	2013-08-05	2019-10-10	1 200 000万人民币	621.48	蚂蚁科技集团股份有限公司持股100%
深圳市财付通网络金融小额贷款	2013-10-28	2022-06-01	1 000 000万人民币	—	深圳市腾讯网域计算机网络有限公司持股100%
深圳市中融小额贷款	2012-06-06	2022-04-27	900 000万人民币	—	深圳今日头条科技有限公司持股100%
重庆度小满小额贷款	2015-10-21	2022-02-20	740 000万人民币	324.08	度小满（重庆）科技有限公司持股94.59%
重庆星雨小额贷款	2012-12-19	2020-04-24	600 000万人民币	—	上海星图金融服务集团有限公司持股100%
重庆京东盛际小额贷款	2016-01-05	2021-12-06	500 000万人民币	—	北京正东金控信息服务有限公司持股88%
重庆美团三快小额贷款	2016-11-28	2021-08-04	500 000万人民币	—	北京三快在线科技有限公司持股100%
福州三六零网络小额贷款	2017-03-30	2022-01-05	500 000万人民币	—	上海淇毓信息科技有限公司持股100%
重庆隆携小额贷款	2009-06-18	2022-06-12	500 000万人民币	—	重庆隆合科技有限公司持股93.40%

资料来源：根据公开信息整理。

二、业务模式及监管要求

目前，放款机构针对消费金融贷款的投放一般包括自营模式、助贷模式和联合贷模式，不同模式项下也对应不同的监管要求。

1. 业务模式分类

（1）自营模式

自营模式也称自主放贷模式，指放贷机构独立完成获客、风控、放款和贷后管理全流程业务，贷款形成的资产也正常进入放贷机构的表内。自营模式参与主体清晰明了，监管机构也较容易进行监管，也是最合规和最受监管鼓励的模式。但由于自营模式对于放款主体的资本金消耗以及杠杆率限制有较高要求，尤其是2017年141号文（《关于规范整顿"现金贷"业务的通知》）明确要求信贷资产转让、资产证券化等融入的资金与表内融资合并计算，不得突破杠杆比例，导致互联网平台为扩大放贷规模，纷纷转向"助贷"和"联合贷"模式。

（2）助贷模式

助贷模式项下，助贷平台方一般提供获客和风控服务，再由金融机构或资金方进行二道风控和放款，资产出现逾期后，一般也由助贷方协助进行催收。而如果助贷方仅仅提供客户推荐，不提供风控服务和贷款管理，则称为纯引流模式。助贷模式下，平台方通过技术服务费等获取收益，同时向资金方进行不同程度的风险兜底。

（3）联合贷模式

联合贷模式介于自营模式和助贷模式之间，平台方和资金方向用户联合放款，过往平台方一般出资比例极低，目前要求不低于30%。理论上平台方和资金方是按出资比例承担风险，但平台方还是会通过各种方式承担更浮动的风险，并取得超额收益。

2. 监管要求

表17-5为近年来消费金融相关政策梳理。

表17-5　近年来消费金融相关政策梳理

出台时间	政策法规	要　点
2020-07	《商业银行互联网贷款管理暂行办法》（中国银保监会令2020年第9号）	《办法》共七章七十条，包括总则、风险管理体系、风险数据和风险模型管理、信息科技风险管理、贷款合作管理、监督管理和附则，多处规定也直接对相关业务产生深远影响： 1. 单户用于消费的个人信用贷款授信额度应当不超过人民币20万元，到期一次性还本的，授信期限不超过1年； 2. 商业银行不得以任何形式为无放贷业务资质的合作机构提供资金用于发放贷款，不得与无放贷业务资质的合作机构共同出资发放贷款； 3. 在过渡期安排方面，按照"新老划断"原则设置过渡期，过渡期为《办法》实施之日起2年

续表

出台时间	政策法规	要　点
2020-09	中国银保监会办公厅《关于加强小额贷款公司监督管理的通知》（银保监办发〔2020〕86号）	《通知》在小额贷款公司业务范围、对外融资比例、贷款金额、贷款用途、经营区域、贷款利率等方面提出了要求，其中一条对小贷ABS规模直接进行了限定： 1. 小额贷款公司通过银行借款、股东借款等非标准化融资形式融入资金的余额不得超过其净资产的1倍； 2. 通过发行债券、资产证券化产品等标准化债权类资产形式融入资金的余额不得超过其净资产的4倍
2020-11	中国银保监会、中国人民银行关于《网络小额贷款业务管理暂行办法（征求意见稿）》	1. 小额贷款公司经营网络小额贷款业务应当主要在注册地所属省级行政区域内开展；未经国务院银行业监督管理机构批准，小额贷款公司不得跨省级行政区域开展网络小额贷款业务； 2. 经营网络小额贷款业务的小额贷款公司的注册资本不低于人民币10亿元，且为一次性实缴货币资本。跨省级行政区域经营网络小额贷款业务的小额贷款公司的注册资本不低于人民币50亿元，且为一次性实缴货币资本； 3. 在单笔联合贷款中，经营网络小额贷款业务的小额贷款公司的出资比例不得低于30%
2021-01	最高人民法院关于《新民间借贷司法》	民间借贷司法保护上限为1年期LPR的4倍，包括小贷公司在内的七类金融机构不适用上述规定，但实操中4倍LPR成为很多业务的利率"标尺"
2021-02	中国银保监会办公厅《关于进一步规范商业银行互联网贷款业务的通知》（银保监办发〔2021〕24号）	在《商业银行互联网贷款管理暂行办法》基础上，进一步强化了系列要求： 1. 商业银行与合作机构共同出资发放互联网贷款的，应严格落实出资比例区间管理要求，单笔贷款中合作方出资比例不得低于30%； 2. 商业银行与合作机构共同出资发放互联网贷款的，与单一合作方（含其关联方）发放的本行贷款余额不得超过本行一级资本净额的25%； 3. 商业银行与全部合作机构共同出资发放的互联网贷款余额不得超过本行全部贷款余额的50%； 4. 地方法人银行开展互联网贷款业务的，应服务于当地客户，不得跨注册地辖区开展互联网贷款业务
2021-03	中国人民银行公告〔2021〕第3号	所有贷款机构（包括但不限于存款类金融机构、汽车金融公司、消费金融公司、小额贷款公司以及为贷款业务提供广告或展示平台的互联网平台等）的产品均应明示贷款年化利率
2021-09	《征信业务管理办法》	规范并强化征信业务边界，强化保护个人隐私、保护信息主体的合法权益
2022-07	中国银保监会《关于加强商业银行互联网贷款业务管理 提升金融服务质效的通知》（银保监规〔2022〕14号）	在《暂行办法》基础上，进一步从贷款主体责任、信息数据管理、贷款资金管理、合作业务管理等方面提出了要求，并明确商业银行互联网贷款存量业务过渡期至2023年6月30日

资料来源：公开信息整理。

整体而言，在消费金融尤其是互联网消费贷款经历井喷式发展后，监管重心转向控风险：一是对金融机构、互联网平台等展业规范性提出严格要求，尤其关注数据安全和个人隐私保护；二是对商业银行在互联网贷款总量控制、风控能力建设、跨地域经营等方面都提出了相关规定，控制传统银行的水源；三是强化了小贷公司相关监管要求，跨区展业要求50亿元以上注册资本、开展ABS融资等不得超过净资产4倍，控制其规模上限；四是引导消费贷产品定价有序下行。

上述监管措施也确实对近年来消费金融ABS（尤其是互联网平台背景的小贷机构）的发行产品产生了较大影响。

三、消费金融ABS发行情况

目前，我国市场消费金融ABS产品以银行间市场"持牌消费金融机构"发行的信贷ABS，以及交易所市场"互联网平台机构"主导的各类企业ABS。

1. 消费金融类信贷ABS发行情况

信贷ABS方面，基础资产类型包括商业银行信用卡贷款资产及银行和消费金融公司发放的消费贷款资产，如图17-6所示。

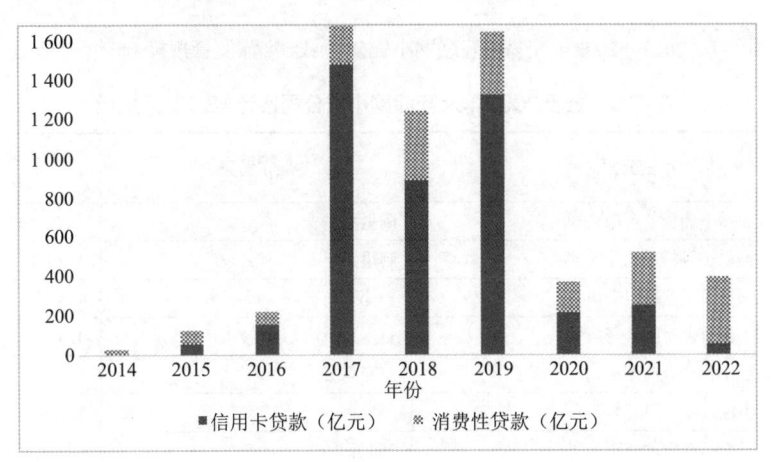

图17-6　2014—2022年消费金融类信贷ABS发行规模

2. 交易所消费金融类ABS发行情况

交易商协会ABN一直对消费金融资产的准入较为严格，小贷公司一直无法作为发行主体，除以京东白条为代表的消费金融资产有少量发行外，其他获准开展的互联网金融机构表外放款资产限定为小微企业贷款，在此不做讨论。

在交易所市场，消费金融ABS曾一度占据绝对份额，但随着互联网金融监管的不断趋严，整体占比和单家发行规模均呈收紧态势。交易所消费金融ABS发行形式有两类：一是直接由小贷公司作为原始权益人，基于表内小贷资产发行（目前受小贷公司债券、资产证券化融资余额不得超过净资产4倍的限制），如图17-7和表17-6所示；二是由信托公司、保理公司作为原始权益人，资产类型大部分为和银行、互联网平台、保险公司、消费金融公司等合作的联合贷或助贷类型资产，如图17-8和表17-7所示。

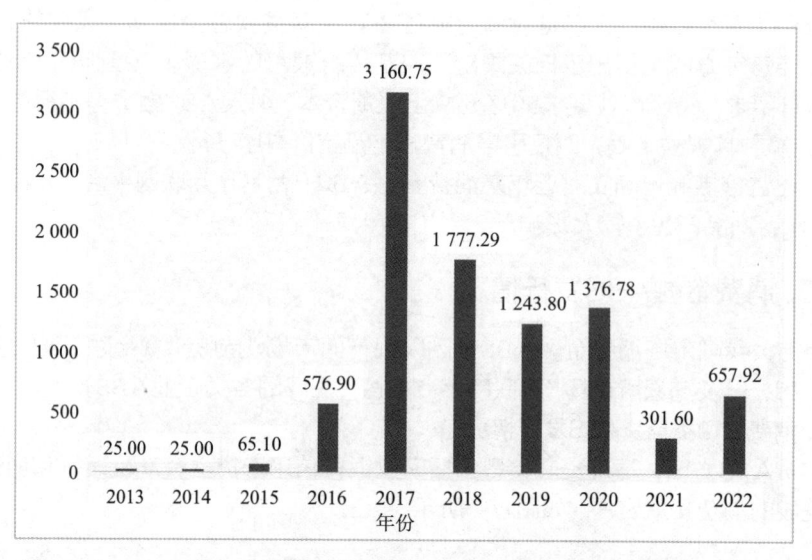

图17-7 2013—2022年交易所互联网小贷公司ABS产品发行规模（单位：亿元）

表17-6 截至2022年末互联网小贷公司累计ABS发行规模

小贷公司	股东背景	累计发行规模（亿元）
重庆市蚂蚁小微小额贷款有限公司	阿里系	4 801.00
重庆市蚂蚁商诚小额贷款有限公司	阿里系	3 161.41
重庆美团三快小额贷款有限公司	美团系	424.00
重庆度小满小额贷款有限公司	百度系	423.29
重庆京东盛际小额贷款有限公司	京东系	159.70
重庆市小米小额贷款有限公司	小米系	123.00
福州三六零网络小额贷款有限公司	360系	29.00
重庆星雨小额贷款有限公司	苏宁系	24.00
重庆市西岸小额贷款有限公司	滴滴系	15.00
深圳市顺丰合丰小额贷款有限公司	顺丰系	13.50
合肥市国正科技小额贷款有限公司	联想系	11.10
重庆神州数码慧聪小额贷款有限公司	神州数码系	5.90
重庆中金同盛小额贷款有限公司	联想系	5.24
广州拉卡拉网络小额贷款有限责任公司	联想系	5.00
重庆海尔小额贷款有限公司	海尔系	4.48
重庆众安小额贷款有限公司	电信系	2.50
惠州市仲恺TCL智融科技小额贷款股份有限公司	TCL系	2.02

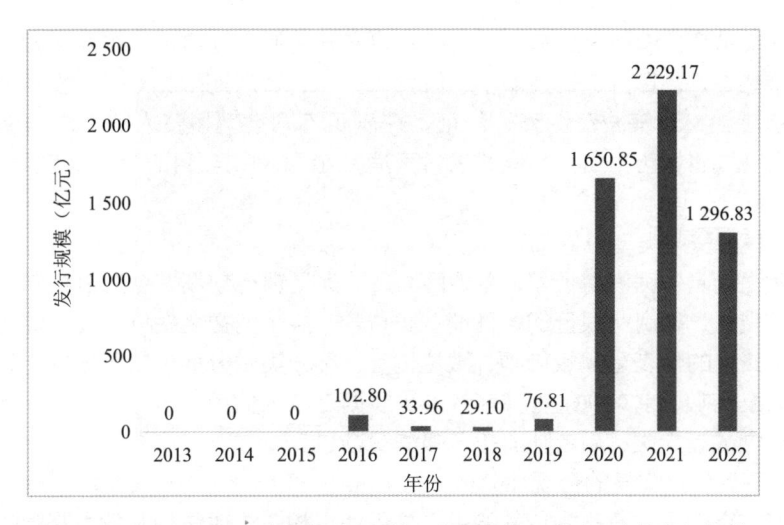

图17-8　2013—2022年末信托公司、保理公司消费金融ABS产品发行规模

表17-7　截至2022年末信托公司、保理公司消费金融累计ABS发行规模

信托、保理公司	累计发行规模（亿元）
华能贵诚信托有限公司	2 052.50
中航信托股份有限公司	901.71
天津信托有限责任公司	594.00
五矿国际信托有限公司	530.60
中国对外经济贸易信托有限公司	486.00
光大兴陇信托有限责任公司	353.63
商融（上海）商业保理有限公司	132.80
陕西省国际信托股份有限公司	100.10
浙江省浙商商业保理有限公司	90.00
厦门国际信托有限公司	80.00
上海国际信托有限公司	80.00
天津趣游商业保理有限公司	28.91
国投泰康信托有限公司	16.50
云南国际信托有限公司	5.32
深圳前海敏恒商业保理有限公司	2.45

注：根据Wind数据进行整理，其中包括部分底层资产为小微企业或小微企业主贷款的资产。

四、总　　结

消费金融ABS的发展与我国消费金融市场的整体发展与进程息息相关，尤其是近年来互联网金融崛起对居民消费的影响。整体而言，随着三驾马车中消费驱动的占比越来越高，消费金融有着持续稳定且多元化的市场需求。作为ABS基础资产的消费金融资产，具备单笔金额小、借款人分散、资产期限相对短、收益率高、资产信用跨度大、政策波动性强等特征，在满足不同类型投资人的需求与偏好的同时，相比于其他零售类资产，也要求对于消费金融ABS项目的分析维度更为多样，具体如下：

（1）基础资产类型分析

按照是否具备强消费场景，分为两类：一类是银行或消费金融机构向消费者直接发放的贷款，如商业银行的各种消费类贷款、持牌消费金融机构发放的各种小额贷款，最典型的代表是蚂蚁借呗、微粒贷等；另一类是分期付款的模式，如信用卡分期、蚂蚁花呗、京东白条等。前者主要根据借款人信用资质，填写的资金用途一般比较模糊或者大类，后者则依托于强消费场景。

（2）基础资产本身的合规性分析

应着重审查入池资产中贷款的用途是否违反相关法律法规及各类监管政策中的限制性规定，如根据《关于规范整顿"现金贷"业务的通知》，基础资产项下的基础合同应非属于"无指定用途、无客户群体限定"的"现金贷"，且不应涉及"校园贷"及"首付贷"等不符合国家政策、法规要求的情形；《关于防止经营用途贷款违规流入房地产领域的通知》规定，禁止经营用途贷款违规流入房地产领域；以及政策不鼓励的"医美分期贷款"等入池。

（3）平台背景分析

消费金融的客群层次较广，不同类型的放款主体和获客平台的客群定位及风控特征有着很大区别，对于平台背景的主体资质一般从股东资质、资本实力、风控及回收能力等维度分析，同时还需注意平台经营的政策合规风险。

18. 汽车金融资产为何持续被抢爆？

导读： 近年来，随着汽车消费的持续发展，汽车金融市场也呈现"群雄逐鹿"的局面，不同主体在形成汽车金融资产投放后，也持续通过证券化手段进行流转，车贷ABS呈"供需两旺"的态势。随我国汽车金融渗透率的进一步提升，商用车、以网约车为代表的经营性租赁车辆、新能源车、二手车的占比进一步提高，车贷ABS的产品形态和特征也在不断丰富与变化。

一、市场概况

1. 汽车市场

汽车作为重要的可选消费品，不仅自身在社会消费品零售总额占比达到10%以上，也能带动上下游产业链多个环节，汽车制造更是被视为一国整体工业能力的代表。我国汽车销量已连续多年居世界首位，但随着汽车普及率提升等因素影响，增速呈波动下行趋势，如图18-1所示。

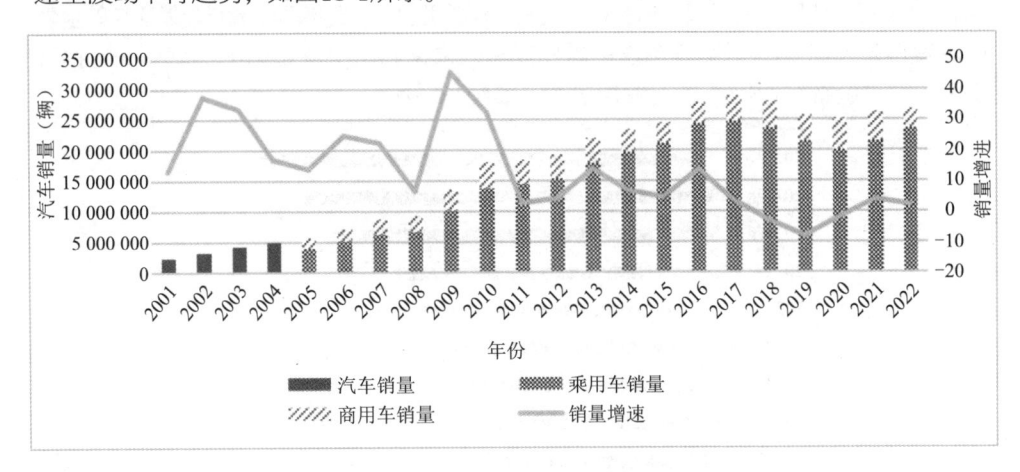

图18-1　2001—2022年我国汽车销售情况

数据来源：Wind。

在"碳中和"的目标驱动下，随着新能源汽车技术的不断成熟，近年来新能源汽车的销量增长迅速，且新能源汽车市场已经从政策驱动转向市场拉动，如图18-2所示。

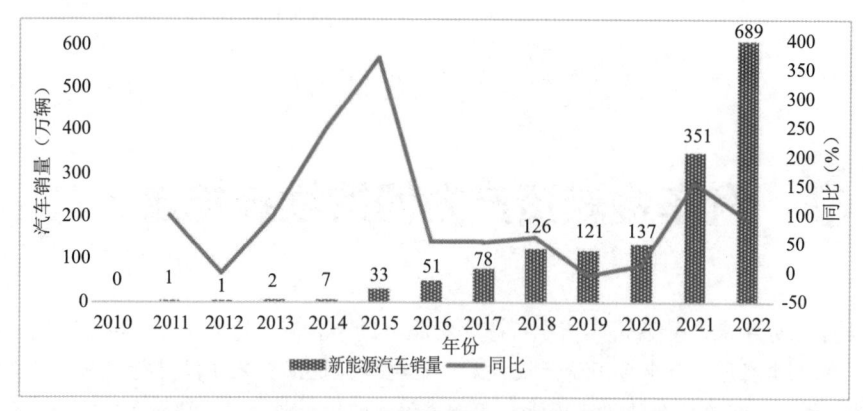

图18-2　2010年以来我国新能源汽车销量及同比增速

数据来源：Wind资讯，中国汽车工业协会。

2. 汽车金融市场

广义汽车金融涵盖汽车研发、生产、流通、销售及售后等全产业链、全生命周期的金融活动，包括供应链金融等。而狭义汽车金融特指金融机构在汽车销售环节提供的融资性金融服务，分为面向C端购买者的"零售汽车金融"（"汽车消费金融"）、面向B端销售者的"经销商汽车金融"，在资产证券化领域，主要是指零售汽车金融。

在国内汽车行业稳步发展的同时，汽车金融的发展亦呈现迅猛势头。这既源于汽车本身行业销量的增长，更得益于汽车金融渗透率[①]的不断提升。根据相关行业统计，2022年我国汽车金融渗透率约为58%，而国外发达的汽车金融市场渗透率普遍超过70%，我国汽车金融渗透率和发达国家相比仍差距明显。随着我国汽车金融市场发展越发成熟、信用体系建设越发完备，未来我国汽车金融渗透率有一定提升空间，汽车金融行业仍有较大发展潜力，如图18-3所示。

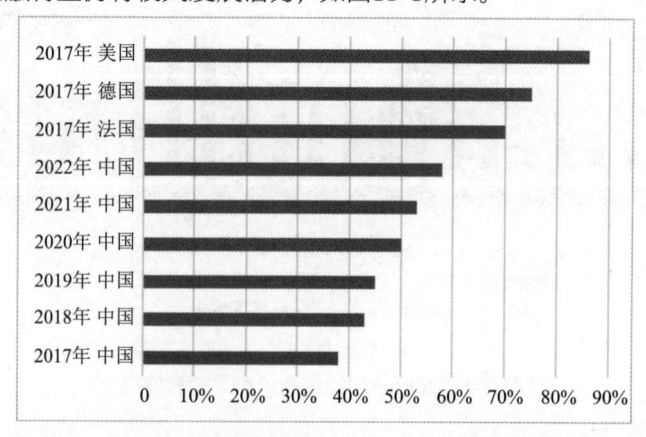

图18-3　我国汽车金融渗透率趋势及国际汽车金融渗透率水平

数据来源：中国汽车工业协会，联合资信行业报告。

---

① 汽车金融渗透率 = 汽车贷款规模 ÷ 汽车销售规模。

目前，国内参与汽车金融市场服务的主体包括商业银行、汽车金融公司、融资租赁公司以及互联网金融平台等。根据标普评级的数据，汽车金融公司、银行分别占据汽车金融市场约50%、30%的份额，是目前汽车金融市场的主要参与方。

商业银行参与汽车金融业务一般包括两类：一是自主获客模式，通过本行零售客户群或与汽车主机厂商合作等挖掘客户需求，以汽车贷款、信用卡分期等形式投放，一般审批门槛相对较高、客户资质较优、定价也会较低；二是助贷模式，通过与租赁公司或第三方平台等合作放款，获客与前端审批由合作方完成，客户资质相比前者有所下沉。

汽车金融公司通常具有主机厂或经销商集团的背景，一般会重点布局本品牌的汽车贷款，同时也会根据自身发展目标向外品牌扩展。优势是渠道资源广泛、汽车专业性强、有一定车辆处置能力、实际利率较低（厂商贴息），而劣势是资金成本高于银行、产品范围受限等。

融资租赁公司和互联网金融平台（很多也是利用融资租赁牌照放款）通常定位相对下沉，一类是主机厂或经销商背景的融资租赁公司，与体系内汽车金融公司差异化展业；二是与服务提供商[（service provider, SP）即专门给客户提供汽车金融服务的渠道服务商]合作，由SP推荐客户并放款；三是互联网平台引流，利用平台在消费场景、渠道入口方面的优势获客并投放。

汽车金融是一个体量足够庞大，且客户分层明显的市场，尤其在互联网金融大发展、新能源汽车产业链不断完善的背景下，不同参与机构积极利用自身优势，聚焦特定客群或者细分产品，呈现百花齐放局面，产品形态也越来越丰富。按照是否新车划分，有一手车和二手车融资；按照车辆用途，有乘用车和商用车融资，甚至专门针对网约车的融资；新能源汽车领域，还有针对电池等重要部件进行融资的电池租赁产品等。

3. 车贷ABS发行情况

自我国开展资产证券化以来，汽车金融资产以其分散度高、抵质押物、租赁物回收变现难度低、资产收益水平高及现金流分布均匀等特点，成为众多ABS产品中最热门的类型之一。目前，我国市场车贷ABS产品类型主要包括商业银行、汽车金融公司、汽车财务公司以表内汽车贷款资产在银行间市场发行的信贷ABS产品及融资租赁公司以租赁资产在交易所和银行间市场发行的租赁ABS和ABN产品。其他还有少量通过小贷公司、平台方经信托公司助贷放款等形式所形成的资产，在交易所市场发行的ABS产品，如图18-4所示。

根据联合资信统计，2021年，汽车金融ABS发行主体共计45家，其中，25家为融资租赁公司，18家为汽车金融公司，2家为商业银行，数量上较2020年增加了4家发行主体。

从发起单数来看，2021年，融资租赁公司发起71单，同比增长9.23%；汽车租赁公司发起48单，同比增长20.00%；商业银行发起4单，如图18-5所示。从发行规模来看，汽车租赁公司发行规模2 421.34亿元，占比70.54%，同比增长31.57%，平均发行规模50.44亿元；融资租赁公司发行规模797.60亿元，占比23.24%，同比增长2.90%，平均发行规模11.23亿元；商业银行发行规模213.78亿元，占比6.23%，同比增长113.80%，平均发行规模53.45亿元，如图18-6所示。总体来看，2021年汽车金融公司在发行规模上占据主导地位，而融资租赁公司虽然单均规模较小，但发行单数占比达到58%。

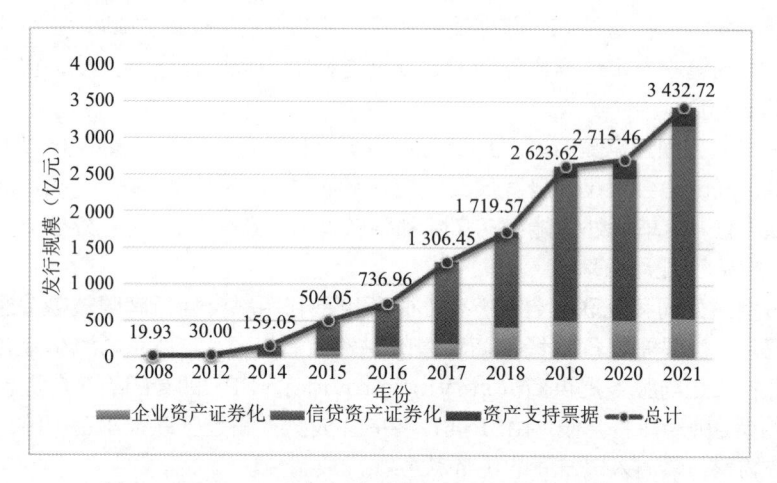

图18-4　2008—2021年各类型市场Auto-ABS发行规模情况

数据来源：Wind，联合资信行业报告。

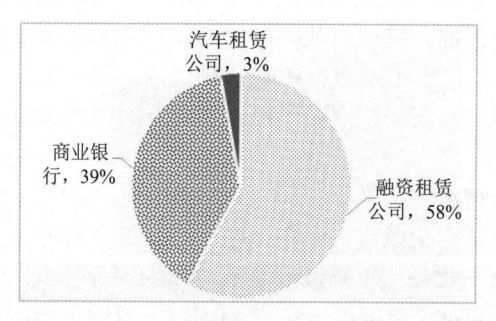

图18-5　2021年Auto-ABS,市场各类型发行主体发行笔数占比

数据来源：Wind 资讯，联合资信行业报告。

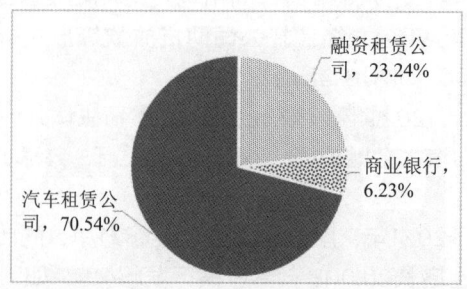

图18-6　2021年Auto-ABS,市场各类型发行主体发行规模占比

数据来源：Wind 资讯，联合资信行业报告。

二、案例介绍

以2022年6月17日发行的一汽汽车金融有限公司"屹腾2022年第二期个人汽车贷款资产支持证券"为例,对交易结构及产品特征进行简要演示(相关资料信息来源于公开披露的《产品说明书》)。

1. 银行间市场汽车贷款ABS

(1)交易结构

交易结构如图18-7所示。

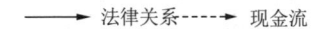

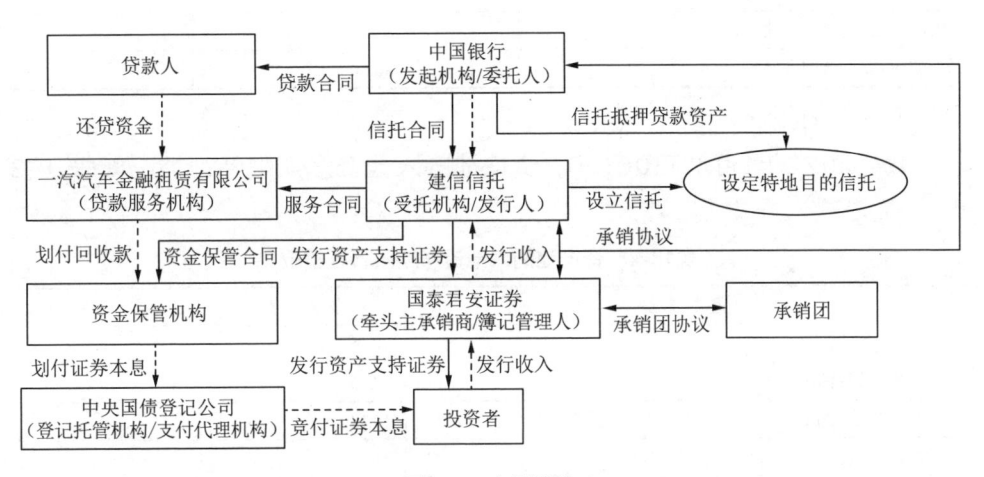

图18-7 交易结构

具体交易过程如下:

根据《信托合同》约定,"一汽汽车金融"作为"发起机构"将相关个人汽车抵押贷款资产及附属担保权益作为"信托财产"委托给"受托机构"的"建信信托",由"建信信托"设立屹腾2022年第二期个人汽车贷款资产证券化信托。"受托机构"将"资产支持证券募集资金净额"支付给"发起机构"。

"受托机构"向投资者发行资产支持证券,并以"信托财产"所产生的现金流为限支付相应税收、信托费用及本期资产支持证券的本金和收益。本期资产支持证券分为"优先档资产支持证券"和"次级档资产支持证券"。

(2)基础资产及特征[①]

本期资产支持证券的资产池涉及发起机构向113 326名借款人发放的113 358笔贷款,全部信贷资产均为正常类贷款(根据银监会《非银行金融机构资产风险分类指导原则(试行)》中的五级贷款分类)。截至2022年1月25日00:00(初始起算日),全部未偿贷款本金总额为520 896.91万元,数值若出现总数与各分项数值之和尾数不符的情况,均为四舍五入原因造成。

<u>资产池统计信息:</u>

---
① 数据来源:屹腾2022年第二期个人汽车贷款资产支持证券发行说明书。

资产池统计信息如表18-1所示。

表18-1 资产池统计信息

基本情况	数 值	单 位
总笔数	113 358	笔
总户数	113 326	户
合同总金额	916 340.35	万元
借款人平均未偿本金余额	4.60	万元
单笔贷款平均本金余额	4.60	万元
单笔贷款最高本金余额	67.94	万元
单笔贷款平均合同金额	8.08	万元
单笔贷款最高合同金额	80.80	万元

入池资产期限特征：

截至2022年1月25日00:00，资产池的入池资产期限特征情况如表18-2所示。

表18-2 资产池的入池资产期限特征情况

基本情况	数 值	单 位
加权平均合同期限	28.08	月
加权平均剩余期限	17.95	月
加权平均贷款账龄	10.13	月
贷款最长剩余期限	31	月
贷款最短剩余期限	6	月

入池资产利率特征：

截至2022年1月25日00:00，资产池的入池利率特征情况如表18-3所示。

表18-3 资产池的入池利率特征情况

基本情况	数 值	单 位
加权平均贷款利率	1.90	%
最高贷款利率	4.72	%
最低贷款利率	0	%

入池资产抵押物特征：

截至2022年1月25日00:00，资产池的入池资产抵押物特征情况如表18-4所示。

表18-4 资产池的入池资产抵押物特征情况

基本情况	数值	单位
抵押车辆总价值	1 462 612.47	万元
加权平均初始贷款价值比	59.97%	%
资产池抵押新车占比	100%	%

入池资产借款人特征：

截至2022年1月25日00:00，资产池的入池资产借款人特征情况如表18-5所示。

表18-5 资产池的入池资产借款人特征情况

基本情况	数值	单位
加权平均年龄	36.16	岁
30～40岁借款人贷款的金额占比	40.51	%
借款人加权平均年收入	25.78	万元
借款人加权平均收入债务比	5.05	倍

（3）结构分层

信用评级思路和方法：

与RMBS等其他零售类资产类似。

分层结果如表18-6所示。

表18-6 分层结果

资产支持证券	发行规模（元）	发行规模占比	占资产池比例	发行利率	预计到期日	评级（联合资信/中债资信）
优先级资产支持证券	4 464 000 000.00	90.00%	85.70%	固定利率	2023-07-26	AAAsf/AAAsf
次级资产支持证券	496 000 000 00	10.00%	9.52%	—	2024-09-26	—
证券总规模	4 960 000 000.00	100.00%	95.22%	—	—	—
超额抵押	248 969 103.20	5.02%	4.78%	—	—	—
总规模	5 208 969 103.20	—	100%	—	—	—

本案例对应的最终分层结果如表18-6所示。值得注意的是，由于入池贷款利率较低（厂商系发起机构的贴息产品较多，主机厂给到发起机构的贴息通常并不入池），无法覆盖发行端成本，资产池存在超额抵押设计。

（4）出表设计

目前汽车金融公司发行ABS产品的主要目的是融资，大多数项目并不出表，次级证券也通常全部由发起机构自持。以本案例为例，发起机构一汽金融自持全部10%的次级档证券，会计意见为："德勤对一汽汽车金融拟定的会计处理原则没有异议，根据我们对有关拟实施交易描述的阅读及对相关会计准则的理解，我们赞同贵公司的看法，即贵公司合并财务报表中需要合并特殊目的信托，贵公司和特殊目的信托应当继续确认相关信贷资产。"

2. 交易所市场汽车融资租赁ABS

交易结构：

具体交易过程如下（同常规租赁ABS交易结构）：

（1）认购人通过与计划管理人签订《认购协议》，将认购资金以专项资产管理方式委托计划管理人管理，计划管理人设立并管理专项计划，认购人取得资产支持证券，成为资产支持证券持有人。

（2）计划管理人根据与原始权益人签订的《资产买卖协议》的约定，将专项计划资金用于向原始权益人购买基础资产，即基础资产清单所列的由原始权益人在专项计划设立日转让给计划管理人的、原始权益人依据租赁合同自基准日（含该日）起对承租人享有的租金请求权（不含留购价款）和其他权利及其附属担保权益。

（3）资产服务机构根据《服务协议》的约定，负责基础资产对应的应收租金的回收和催收，以及违约资产处置等基础资产管理工作。资产服务机构在回收款转付日将基础资产产生的现金流划入托管账户。

（4）托管银行根据《托管协议》对专项计划资产进行托管。

（5）差额支付承诺人向计划管理人出具《差额支付承诺函》，对专项计划账户资金不足以根据《标准条款》支付应付相关税收、专项计划费用及优先级资产支持证券预期收益和未偿本金余额之和之间的差额部分承担补足义务。

（6）计划管理人根据《计划说明书》及相关文件的约定，向托管银行发出划款指令，托管银行根据划款指令，将相应资金划拨至登记托管机构的指定账户用于支付资产支持证券本金和预期收益。

交易特点：

（1）基础资产界定

与汽车贷款不同，融资租赁模式下，入池的基础资产为由原始权益人在专项计划设立日转让给计划管理人的、原始权益人依据租赁合同、合作协议等享有的，与其融资租赁债权份额对应的自基准日（含该日）起对承租人享有的租金请求权（不含留购价款）和其他权利及其附属担保权益。

（2）车辆权属、登记与抵押事项

在汽车贷款业务模式下，车辆所有权及车辆登记均在承租人名下，同时将车辆抵押至银行或汽车金融公司。在融资租赁业务模式下，又分为直租[①]和回租[②]两种，

[①] 直租租赁，是指客户选车，由汽车融资租赁公司将车买下，然后租回给客户使用。汽车所有权在融资租赁公司，客户享有使用权，需要在支付一定保证金的基础上按月支付租金。租赁合同到期时，客户可选择付尾款把车买下，获得汽车所有权，也可以让汽车融资租赁公司把车收回。

[②] 售后回租，是指车辆登记在客户名下（包括新车和二手车），与租赁公司签署《融资租赁合同》，把车辆转让给租赁公司再租回使用，车辆登记不发生变更，仅仅抵押给租赁公司。租赁期满时，客户收回对车辆的所有权，或按约定方式处理车辆。

区别在于直租登记（上牌）在租赁公司名下，回租登记在承租人名下并将车辆抵押至租赁公司。

① 所有权、登记权不一致及自物抵押

在融资租赁业务中，租赁物的合同所有权毫无争议在租赁公司名下，但车辆存在登记上牌的特殊性，一是从传统观念角度而言，我国汽车消费者更容易接受机动车登记证中记载的所有权人是自己；二是各地车牌限制政策不同，如果登记在出租人名下还可能涉及"摇号"压力；三是发生交通事故后，可能让出租人陷入交通事故责任纠纷中。

因此实务中，仍然以登记在承租人名下为主，并进行抵押增信。这种情况下出租人既是所有权人（合同名义上），又是抵押权人，构成自物抵押。

② 部分地区车管所不受理融资租赁公司申请的抵押业务

由于上述原因，部分地方认为涉及"名租实贷"，要求回租业务应该进行标准的机动车过户登记，不允许办理抵押。导致很多租赁公司在展业过程中，会先签署一份《借款协议》，专门用于办理抵押，抵押办理完成后将相关协议封存或销毁。

③ 抵押权变更登记风险

在车贷ABS业务中，抵押权作为贷款债权或融资租赁债权的附属权益随着主债权转让至SPV项下，但因对抵押车辆进行逐笔变更抵押登记成本过高，所以一般暂不处理。当贷款违约需要行使抵押权时，可能会因此无法对抗善意第三人，最终给投资人带来损失。一般会通过设置权利完善措施或者约定不合格资产赎回等进行风险防范。

3. 经营性汽车租赁ABS

上述汽车贷款、融资租赁模式下，金融服务针对消费者的购车需求。但商用车市场伴随着国内物流业蓬勃发展，以及以网约车和分时租赁为代表的移动出行迅猛增长，一些卡车司机、网约车司机将车辆作为生产工具，只需要使用权，以经营租赁的形式租入车辆。

以某网约车平台开展的"××租车资产支持专项计划"为例，其将"××汽车租赁及其子公司与承租人签署汽车出租合同提供汽车出租服务从而对承租人享有租金请求权和其他权利及其附属担保权益"作为基础资产。在经营性租赁模式下，租赁债权系合同租金，具有期限不稳定等特征，且承租人的租金支付基于出租人持续提供服务，与融资租赁模式下的"债务"关系属性截然不同。因此，在项目类型认定上，接近于收益权ABS类型，而非债权型基础资产，在评级要求上，需要有强主体进行信用增信。

在新能源汽车销售过程中，部分新能源汽车采用车辆和电池销售分离的模式，购车人可以选择电池租赁服务。与上面案例类似，"某电池租赁资产支持专项计划"中，"原始债权人基于《动力电池租用及服务协议》对承租人享有租用服务费债权"开展ABS融资，项目类型类似收益权ABS，同时需要强主体进行增信。

三、车贷ABS特点及趋势

（1）供需两端将继续维持"火爆"态势

回到本篇标题，汽车贷款资产具有同质性强、贷款发放流程标准化、资产笔数多、单笔金额小、区域分散度高、还本付息频率高、期限较短、车辆回收及处置价值高等特点，而上述特点恰恰全部长在投资人"审美"上，因而车贷ABS备受主流投资人推崇。尤其对于外资银行等境外投资人，其对合资汽车金融公司等有着天然的亲近感，也认为车贷资产是为数不多和境外资产能够对标的资产品类，这类低成本资金的参与，进一步拉低了车贷ABS的发行价格。

从实际资产表现也确是入池，据评级机构统计，大多数车贷ABS发起机构的平均累计违约率在（1.5%和4.5%）的范围内，占比超过70%。同时根据发起机构的历史数据，计算出逾期30天以上贷款的历史回收率，大多数在（30%和50%）的区间范围内，占比达到约75%。

另外，从供给端而言，区别于住房贷款、互联网平台消费贷款等，汽车消费可谓是持续鼓励的一种消费形式，其政策不确定性低。

（2）新能源车、商用车、二手车等资产占比会不断提升

近两年发行的车贷ABS产品中，不少以新能源汽车为基础资产的项目陆续发行，未来随着新能源车销量占比的进一步提升，预计对应资产的ABS发行量也会不断上升。

与乘用车相比，一般会认为商用车资产违约率相对较高，违约回收率相对较低。但未来随着大数据的应用提升，对于商用车运营状态的监测更加实时，商用车ABS资产违约风险会更加可控，预计未来商用车ABS将会有较大的增长空间。

过往发行的车贷ABS产品中，部分项目会混入一些二手车资产，但占比仍较少，二手车资产也并不受市场投资人青睐。根据中国汽车通协会数据显示，2021年，二手车交易呈震荡中上升趋势，全年共交易1 758.51万辆，同比增长22.62%，交易金额为11 316.92亿元，同比增长27.32%。2022年，受疫情影响，二手车累计交易量为1 602.78万辆，同比下降8.86%，与同期相比减少了155.7万辆，累计交易金额为10 595.91亿元，同比下降6.37%。

随着汽车存量市场的增长、二手车市场行业标准化和专业化越来越高，预计未来会有更多的二手车资产形成和发行ABS。

19. 收费收益权是收费权还是收益权？

导读：收费收益权ABS算是资产证券化市场的"特色"品种，本问从收费收益权的定义及法律属性出发，对该类型ABS品种的结构特点和尽调要求等进行分析，并探究其风险特征。

一、概念界定及分类

在现行的法律法规相关文件中，并没有关于"收费收益权"的官方表述，也正因如此，在业务过程中相关概念也极易混淆。本节从收益权和收费权的概念定义出发，对"收费收益权"的特征和分类进行探讨。

1. 相关概念界定

（1）收益权

在讲收费收益权之前，我们先来了解"收益权"的概念。根据《民商法词典》，收益权是指获取基于所有者财产而产生的经济利益的可能性，是人们因获取追加财产而产生的权利义务关系，收益权是所有权在经济上的实现形式。收益权概念的广泛运用于近些年我国金融市场产品创新，尤其是前些年泛资管行业创设资产标的的需求，一般特指和"金融资管"相关的收益权。

根据一些业内人士的总结，目前和金融资管相关的收益权类型主要包括：

以债权作为基础资产的收益权，包括一般应收账款以及部分金融或类金融的债权类资产如贷款、保理、融资租赁等。此外，亦包括票据等具有债权属性的有价证券所对应的基础资产收益权；

以股权作为基础资产的收益权，包括未上市公司股权或上市公司股权。此外，亦包括合伙企业份额等具有一定的类股权属性的基础资产收益权；

以特殊目的载体的份额作为基础资产的收益权，包括信托受益权的收益权、资管份额收益权、基金份额收益权等。

（2）收费权

收费权是未来的金钱权利，通常与特许经营相关，根据《市政公用事业特许经营管理办法（2015年修正）》（"126号令"）："第二条 本办法所称市政公用事业特许经营，是指政府按照有关法律、法规规定，通过市场竞争机制选择市政公用事业投资者或者经营者，明确其在一定期限和范围内经营某项市政公用事业产品或者提供某项服务的制度。"

城市供水、供气、供热、公共交通、污水处理、垃圾处理等行业，依法实施特许经营的，适用本办法。

《基础设施和公用事业特许经营管理办法》（"25号令"）第二条："中华人民共和国境内的能源、交通运输、水利、环境保护、市政工程等基础设施和公用事业领域的特许经营活动，适用本办法。

第三条　本办法所称基础设施和公用事业特许经营，是指政府采用竞争方式依法授权中华人民共和国境内外的法人或者其他组织，通过协议明确权利义务和风险分担，约定其在一定期限和范围内投资建设运营基础设施和公用事业并获得收益，提供公共产品或者公共服务。"

且根据相关规定，特许经营权不允许擅自转让和处置，根据《基础设施和公用事业特许经营管理办法》"第十八条，获得特许经营权的企业在特许经营期间有下列行为之一的，主管部门应当依法终止特许经营协议，取消其特许经营权，并可以实施临时接管：（一）擅自转让、出租特许经营权的；……"

因而，直接以特许经营权作为证券化的基础资产不具备可行性，而是特定为特许经营相关的收费权。

（3）收费权与合同债权共同组成了收费收益权

综上，收益权强调基于基础合同权利的衍生，收费权与特许经营、垄断排他性相挂钩。根据公众号"大队长金融"的总结如表19-1和图19-1所示。

表19-1　收费权与特许经营、垄断排他性相挂钩

权利内容	基本含义	核心要点
收费权	基于特许经营权产生	无须合同，无须特定付款义务人，只要有明确的特许经营许可业务范围，就有收费权
合同债权	基于业务合同产生	有合同，有特定的付款义务人，才会有合同债权
收益权	基于基础权利产生	只要有先于收益权的基础权利（合同债权或收费权），收益权即因基础权利收到钱的一方，需将款项转给收益权持有方

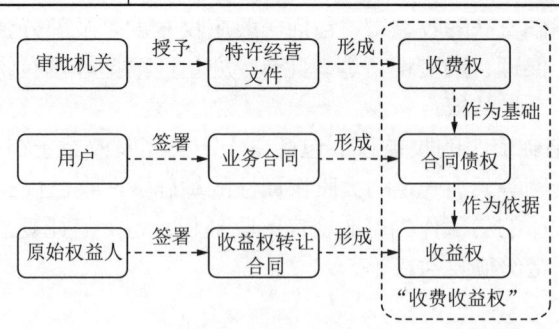

图19-1　收费收益权

资料来源：公众号"大队长金融"。

① 审批机关或有权机构授予了原始权益人特许经营的权利，确认了原始权益人的特许经营权和收费权；
② 用户（付费方）与原始权益人签署业务合同，原始权益人有向用户收费的合同债权依据；
③ 原始权益人基于上面两个权利项下的内容，将未来特定范围、特定期限的收费收益作为证券化基础资产转让给 SPV，并进行质押登记等完善措施。

2. 监管要求

从更广义的角度也有观点认为，所有不是基于既有合同债权，而是以未来的运营收益作为还款来源的ABS都可以归类为收益权ABS，比较典型的包括前面提到的市政基础设施和公用事业类ABS（通常与特许经营相关）、CMBS和类REITs（基于商业体的租金、运营收益等）、保障房ABS（基于保障房的销售收入）、住房租赁ABS（基于长租公寓、公租房等的租金收入）、物业费ABS、景区或入园凭证ABS、学费ABS等。

先从监管规则出发，根据沪深交易所《基础设施类资产支持证券挂牌条件确认指南》（简称《指南》）："基础设施类资产支持证券，是指以燃气、供电、供水、供热、污水及垃圾处理等市政设施，公路、铁路、机场等交通设施，教育、健康养老等公共服务产生的收入为基础资产现金流来源所发行的资产支持证券""基础资产、底层资产的运营应当依法取得相关特许经营等经营许可或其他经营资质。"

根据证监会债券监管部发布《资产证券化监管问答（三）》，在《指南》基础上进一步就未来经营收入类资产证券化的有关事项进行明确："一、基础设施收费等未来经营收入类资产证券化产品，其现金流应当来源于特定原始权益人基于政府和社会资本合作（PPP）项目、国家政策鼓励的行业及领域的基础设施运营维护，或者来自从事具备特许经营或排他性质的燃气、供电、供水、供热、污水及垃圾处理等市政设施，公路、铁路、机场等交通设施，教育、健康养老等公共服务所形成的债权或者其他权利。对于电影票款、不具有垄断性和排他性的入园凭证等未来经营性收入，不得作为资产证券化产品的基础资产现金流来源。物业服务费、缺乏实质抵押品的商业物业租金（不含住房租赁）参照执行。"

根据2022年底最新发布的《上海证券交易所资产支持证券挂牌条件确认规则适用指引第1—4号》等文件，"未来经营收入类基础资产，是指特定原始权益人基于①国家政策鼓励的行业及领域的基础设施运营维护，或者②从事具备特许经营或排他性质的燃气、供电、供水、供热、污水及垃圾处理等市政设施，③公路、铁路、机场等交通设施，④教育、健康养老等公共服务所产生的收入"。

综上所述，证券交易所关于收益权类ABS的要求是非常清晰的，基础设施收费强调其特许性质、不动产强调物业的实质抵押（住房租赁租金ABS、保障房ABS因为其特定的政策鼓励属性留了一定的口子），物业费、电影票款、不具垄断排他的入园凭证都明确予以限制，其他类型收益权ABS如要开展，需要论证具备很强的政策性或垄断排他性，一般空间很小。

交易商协会ABN暂时未出台明确规定，但监管思路与交易所一脉相承，目前仅仅是对于强主体的物业费ABN等少量品种有一定差异化空间。

3. 市场发行情况

本文针对基础设施相关的收费收益权ABS进行分析，近年来其发行情况如图19-2所示。

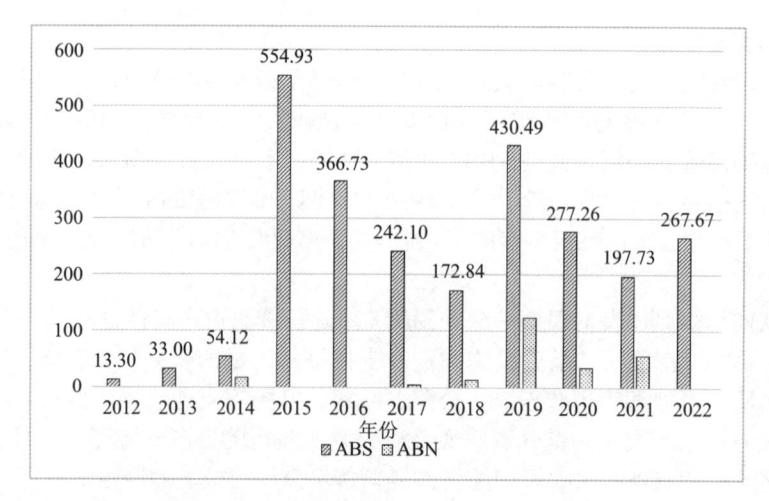

图19-2　基础设施收费收益权ABS发行情况

数据来源：Wind资讯。

二、产品介绍

下面以一单自来水收费收益权ABS项目进行演示。

1. 交易结构及步骤

自来水ABS交易结构如图19-3所示。

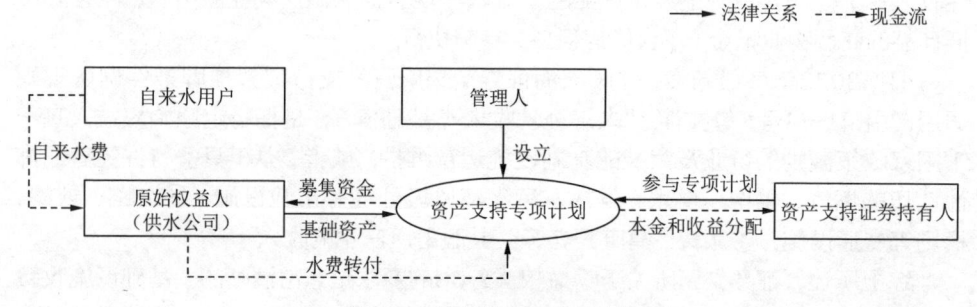

图19-3　自来水ABS交易结构

（1）原始权益人（供水公司）将自来水收费收益权作为基础资产，转让给由计划管理人设立的资产支持专项计划（SPV）。

（2）投资人通过购买资产支持证券参与资产支持专项计划，管理人将募集资金转付给原始权益人。

（3）存续期内，资产服务机构（一般由供水公司担任）将收取的各期自来水费转付给专项计划，由管理人负责向资产支持证券持有人分配本金和收益。

2. 审核要点及尽调要求

《指南》从主体准入、资产合规性、转让要求等方面做了明确的规定，基本也都对应中介机构的尽调重点。

（1）主体准入要求

根据《指南》第十六条："特定原始权益人开展业务应当满足相关主管部门监管要求、取得相关特许经营许可或其他经营资质、基础资产或底层资产相关业务正式运营满2年、具备资产运营能力且符合下列条件之一：（一）主体评级达到ＡＡ级以上；（二）专项计划设置担保、差额支付等有效增信措施，提供担保、差额支付等增信机构的主体评级为ＡＡ级及以上。"

解读：因涉及政策许可，需核查经营资质要求；由于属未来经营收入类型ABS产品，资产本身的增信效用有限，需要强主体进行增信。

（2）主体持续运营要求

根据《指南》第十八条："特定原始权益人应当具备持续经营能力，管理人应当在专项计划文件中测算专项计划存续期间特定原始权益人经营现金流入扣除向专项计划归集的现金流后对经营成本、税费的覆盖情况，并分析其对相关资产的控制程度和持续运营能力。若覆盖存在缺口或相关资产控制、运营能力存在潜在不利影响，管理人应当设置合理的运营保障措施，并在计划说明书中进行充分的风险揭示。"

由于将未来经营现金流提前进行变现融资，需关注后续持续运营能力；实操中可以用业务收入的毛现金流进行融资，但必须有其他业务板块或者其他主体对原始权益人该项业务的运营成本提供流动性支持。

（3）基础资产合规性要求

根据《指南》要求："（一）基础资产的界定应当清晰，具有法律、法规依据，附属权益（如有）的内容应当明确。（二）基础资产、底层资产及相关资产应当合法、合规，已按相关规定履行必要的审批、核准、备案、登记等相关程序。（三）基础资产、底层资产的运营应当依法取得相关特许经营等经营许可或其他经营资质……"

与其他ABS业务的要求相近，对于底层资产的合规性要求明确核查，相对特殊的在于该类业务的资质性要求。

（4）基础资产权利限制解除要求

在操作ABS时，不少项目会存在存量融资（尤其是运营成熟的基础设施项目，一般会存在银行质押贷款等），根据《指南》要求："基础资产或底层资产已经存在抵押、质押等担保负担或者其他权利限制的，应当能够通过专项计划相关安排在原始权益人向专项计划转移基础资产时予以解除。"

在业务过程中，如果企业能够提前以自有资金进行提前还款是最优选项，如无法安排，则一般是要求贷款银行出具《同意函》，同意后续以ABS募集资金偿还原有借款，并配合解质押。

3. 增信安排及评级要求

综上，此类项目通常会对应主体增信，评级机构也会根据最强增信主体的主体评级来评定证券评级，在一定的现金流覆盖基础上（一般是1.2～1.3倍以上），可以使得证券评级高于主体评级一个等级，如ＡＡ主体将证券增信至ＡＡ+、ＡＡ+，增信主体将证券增信至ＡＡＡ。

此外，对于这种"非债权类"资产，优先次级结构等内部增信手段更多偏形式性，难以起到太多实质性增信效果。

4. 期限设计

（1）与特许经营相关的期限匹配

根据《指南》要求："特许经营等经营许可或其他经营资质应当能覆盖专项计划期限。经营资质在专项计划存续期内存在展期安排的，管理人应当取得相关授权方或主管部门关于经营资质展期的书面意向函，在计划说明书中披露按照相关规定或主管部门要求办理展期手续的具体安排，说明专项计划期限设置的合理性，充分揭示风险并设置相应的风险缓释措施。"

（2）《监管问答（三）》窗口指导不超过5年

根据《监管问答（三）》，"在符合《指南》关于专项计划期限规定的前提下，专项计划期限原则上不超过5年，其中，基础资产现金流来源于PPP项目，或者交通运输、能源、水利及重大市政工程等基础设施的，可以适当延长"。

在项目实践中，原始权益人希望将融资期限拉长，以便取得更大的融资规模，但根据相关政策指导，原则上需控制在5年内，针对重要的基础设施项目，最长一般不超过10年。

此外，考虑销售端的安排，一般会是3+n年这种含权结构，在第三年末设置回售条款，允许投资人届时提前退出。

三、产品风险特征及风险防范

如上文所分析，相比于其他ABS品种，收费收益权ABS的基础资产较难做到"真实出售和破产隔离"，且与原始权益人未来持续经营情况息息相关，产品本质上更接近于"收费权质押融资"，因而近几年出现的ABS风险事件很多也集中在该品种，如表19-2所示。

表19-2　近年收费收益权ABS部分违约事件一览

序　号	产品名称	基础资产类型	信用主体	违约时间	事件概要
1	海南航空1期BSP票款债权资产支持专项计划	客票收费权	海南航空控股股份有限公司	2020-01-23	海航集团出现流动性危机，无法正常兑付
2	平安凯迪电力上网收费权资产支持专项计划	电力收费权	凯迪生态环境科技股份有限公司	2018-06-12	凯迪生态因相关行为涉嫌信息披露违规，于2018年被证监会立案调查，目前正进行合并重整
3	大成西黄河大桥通行费收入收益权专项资产管理计划	通行费收费权	鄂尔多斯市益通路桥有限公司	2016-05-29	由于经济下滑，以及所在区域煤矿进行环保改造，双重因素叠加导致基础资产现金流大幅下降，是首例ABS违约案例

在业务执行过程中，需结合资产特点进行严格把关，主要包括：

（1）将原始权益人主体和增信主体的自身信用风险考察放在重中之重；

（2）原始权益人或实际融资人主营业务排他性，可着重分析其主营业务是否具有排他性，并且是否与居民日常生活运转息息相关。简言之，政策性越强、市场化程度越弱越安全；

（3）地区经济发展情况。由于市政项目的运营情况与区域经济、区域财政关联度很大，因而对于区域经营发展情况的评估也非常重要；

（4）谨慎预测现金流，控制规模。根据融资主体的资信情况评估融资规模，并非一定按照现金流能支撑融资规模的上限去操作，还要留有一定空间。

20. 融资租赁ABS如何能经久不衰？

导读： 随着我国融资租赁行业不断发展，租赁资产证券化的发行也日渐常态化，目前已成为市场主流的品类之一。清晰的债权属性、等额本息或等额本金的还款设计带来的平滑现金流、租赁公司经营杠杆限制下的资产流转需求等，都是该品种得以持续发展的内生原因。同时，随着市场的不断成熟，发行集中度不断提升，新的细分资产类型不断推陈出新。

一、市场概况

近年来，我国融资租赁行业快速发展，以融资租赁债权作为基础资产的ABS产品发行也节节攀升，已成为ABS市场最稳定的发行品种之一。

1. 融资租赁行业及市场概况

（1）融资租赁业务模式分类

融资租赁，是指出租人根据承租人对租赁物和供货人的选择或认可，将其从供货人处取得的租赁物按合同约定出租给承租人占有、使用，向承租人收取租金的交易活动。与经营租赁不同，融资租赁以承租人占用融资成本的时间计算租金，而经营租赁以承租人租赁使用物的时间计算租金。经营租赁中与资产所有权有关的风险在出租人一方，而融资租赁中与资产所有权有关的风险和报酬转移至承租人一方。

从租赁模式上看，融资租赁业务最主流的是直租和回租两类模式：直租即出租人根据承租人需求，向出卖人购买租赁物，提供给承租人使用并收取租金，相关租赁物一般为新设备；回租指出租人从承租人处买入租赁物，再返租给承租人并收取租金，相关租赁物既可能是新设备、二手设备或者其他适格的租赁物资产。两者的主要区别是，回租模式中出卖人与承租人为同一主体，特别是对于二手设备的回租，一般该笔融资租赁业务不再涉及设备的供应商；而直租模式中出卖人与承租人是不同的主体。

回租模式在行业内整体占比还是远高于直租，模式上也更接近于类信贷融资，在未来专业化租赁不断提升，以及监管鼓励租赁回归本源的大背景下，直租占比将进一步提升，如图20-1和图20-2所示。

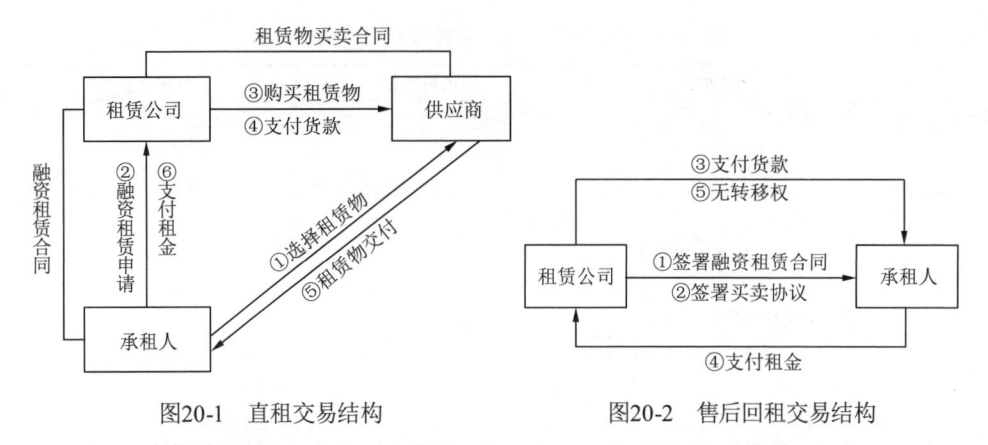

图20-1　直租交易结构　　　　图20-2　售后回租交易结构

（2）全球及我国融资租赁市场现状

随着近年租赁行业的发展和扩张，我国已成为仅次于美国的第二租赁大国。根据《全球租赁报告》所披露的数据，截至2020年底，我国的租赁业务总量已达到3 002.10亿美元，美国租赁业务总量为4 403.80亿美元。但在租赁业务渗透率（当年租赁市场业务量/当年固定资产投资额）方面，2020年我国市场为9.40%，低于美国（22.00%）、英国（28.40%），略高于日本（5.10%）；虽然近年来我国租赁市场渗透率缓慢上升，但与租赁发达市场相比，仍有一定的提升空间。

（3）租赁公司分类

在我国，根据监管规则的不同，租赁公司可分为金融租赁公司和融资租赁公司，二者尽管从事的业务本质上没有差异，但在准入门槛、监管指标、融资环境等方面还是面临较大差异。根据《金融租赁公司管理办法》[①]，金融租赁公司是指经银保监会批准，以经营融资租赁业务为主的非银行金融机构，其规模普遍较大，融资难度、融资成本相对较低，杠杆倍数的上限更高，受到更严格的监管，而融资租赁公司为非金融机构，原先由商务部监管，2018年5月商务部办公厅发布商办流通函〔2018〕165号，将融资租赁公司的监管规则职责划给了银保监会。银保监会于2020年5月26日发布《融资租赁公司监督管理暂行办法》（银保监发〔2020〕22号），融资租赁公司的监管向金租公司靠拢。

其中根据资金来源的不同，融资租赁公司又可细分为内资租赁公司和外资租赁公司，两者在注册条件、融资环境等方面存在差异。相对于内资租赁公司，外资租赁公司发展时间较早，数量较多，准入门槛较低，审批相对宽松，如表20-1所示。

[①] 中国银行业监督管理委员会令 2014 年第 3 号 http://www.gov.cn/gongbao/content/2014/content_2684507.htm。

表20-1　金融租赁、外资租赁和内资租赁的比较

	金融租赁	内资租赁	外资租赁
监管部门	银保监会（原为银监会）	银保监会（原为商务部）	银保监会（原为商务部）
相关监管文件	《金融租赁公司管理办法》	《融资租赁公司监督管理暂行办法》	《融资租赁公司监督管理暂行办法》
最低注册资本	一次性实缴货币资本，最低限额1亿元人民币或等值可自由兑换货币	不低于1.7亿元人民币	不低于1 000万美元
杠杆率要求	资本净额不得低于风险资产的8%	风险资产不超过净资产总额的8倍	风险资产不超过净资产总额的8倍
获批难度	极大	较大	较小
发起人	商业银行、大型企业、境外融资租赁公司等，且对发起人财务、内容经营等方面做出细化规定	中国境内企业或自然人	发起人之一为外国公司、企业和其他经济组织
业务范围	融资租赁业务、转让和受让融资租赁资产、固定收益类证券投资业务、接受承租人的租赁保证金、吸收非银行股东3个月（含）以上定期存款、同业拆借、向金融机构借款、境外借款、租赁物变卖及处理业务、经济咨询	融资租赁业务；租赁业务；与融资租赁和租赁业务相关的租赁物购买、残值处理与维修、租赁交易咨询、接受租赁保证金；转让与受让融资租赁或租赁资产；固定收益类证券投资业务	融资租赁业务；租赁业务；与融资租赁和租赁业务相关的租赁物购买、残值处理与维修、租赁交易咨询、接受租赁保证金；转让与受让融资租赁或租赁资产；固定收益类证券投资业务

按照股东背景、资源禀赋等方面的差异，一般将金租公司区分为银行系和非银行系。普遍而言，银行系金租在资产端依托母行的渠道和网点优势、资金端借助母行的同业资金来源优势，进行快速扩张，如表20-2所示。

表20-2　金租公司资产规模排名（前十）

序号	金融租赁公司名称	股东	资产规模（亿元）	最新报告期
1	交银金融租赁有限责任公司	交通银行股份有限公司	3 494.86	2022-06-30
2	国银金融租赁股份有限公司	国家开发银行股份有限公司	3 480.15	2022-06-30
3	工银金融租赁有限公司	中国工商银行股份有限公司	2 985.60	2022-06-30
4	招银金融租赁有限公司	招商银行股份有限公司	2 710.84	2022-09-30
5	华夏金融租赁有限公司	华夏银行股份有限公司	1 345.27	2022-06-30
6	建信金融租赁有限公司	中国建设银行股份有限公司	1 338.50	2021-12-31
7	光大金融租赁股份有限公司	中国光大银行股份有限公司	1 214.52	2022-09-30
8	兴业金融租赁有限责任公司	兴业银行股份有限公司	1 202.22	2022-06-30

续表

序号	金融租赁公司名称	股东	资产规模（亿元）	最新报告期
9	华融金融租赁股份有限公司	中国华融资产管理股份有限公司	1 179.82	2021-12-31
10	浦银金融租赁股份有限公司	上海浦东发展银行股份有限公司	1 160.04	2022-09-30

数据来源：Wind、金租公司年报。

融资租赁公司则一般被分为厂商系、平台系和独立第三方系，前两者在业务资源上对股东或关联方的依赖程度较高：厂商系依托关联方的设备供应、对产业链的了解或控制力，业务来源较稳定，但行业集中度高，关联方集中度可能也较高；平台系则关联城投平台，业务主要涉及基础设施、公用事业方面的融资租赁区域和行业的集中度均较高，如表20-3和表20-4所示。

表20-3 融资租赁公司资产规模排名（前十五）

序号	融资租赁公司名称	股东	资产规模（亿元）	最新报告期
1	远东国际融资租赁有限公司	远东宏信有限公司	3 072.18	2022-09-30
2	平安国际融资租赁有限公司	中国平安保险（集团）股份有限公司	2 701.06	2022-09-30
3	中航国际租赁有限公司	中航工业产融控股股份有限公司	1 749.89	2022-09-30
4	国网国际融资租赁有限公司	国网英大国际控股集团有限公司	1 579.45	2022-09-30
5	海通恒信国际融资租赁股份有限公司	海通创新证券投资有限公司	1 184.15	2022-09-30
6	中电投融和融资租赁有限公司	国核资本控股有限公司	775.18	2022-09-30
7	中国环球租赁有限公司	通用环球医疗集团有限公司	757.23	2022-09-30
8	广州越秀融资租赁有限公司	广州越秀金融控股集团有限公司	696.39	2022-09-30
9	一汽租赁有限公司	一汽资本控股有限公司	655.62	2022-09-30
10	海发宝诚融资租赁有限公司	中远海运发展股份有限公司	616.99	2022-09-30
11	芯鑫融资租赁有限责任公司	浙江齐芯科技有限责任公司	600.96	2022-09-30
12	中交融资租赁有限公司	中国交通建设股份有限公司	595.28	2022-09-30
13	梅赛德斯-奔驰租赁有限公司	戴姆勒大中华区投资有限公司	582.67	2022-06-30
14	中建投租赁股份有限公司	中国建银投资有限责任公司	517.10	2022-09-30
15	华能天成融资租赁有限公司	华能资本服务有限公司	496.09	2022-09-30

数据来源：Wind、租赁公司年报。

表20-4 租赁业细分类型

	细分类型	特征
金融租赁	银行系	持有金融牌照，融资环境更好；股东或关联方为银行，可借助母行网点及信用信息进行业务拓展，规模较大
	非银行系	持有金融牌照，融资环境更好；股东或关联方为非银行

类型	细分类型	特　征
融资租赁	厂商系	股东或关联方为租赁物的供应商，或租赁客户多为股东/关联方的上下游；行业方面的专业性较强，对租赁物相关行业及产业链上客户的状况较了解；行业集中度较高，关联方集中度可能也较高
	平台系	股东或关联方为地方融资平台，租赁业务多涉及基础设施、公用事业等，区域、行业集中度均较高
	独立第三方系	不受制于行业、区域，提供更多元化融资租赁服务

各类租赁公司数量、合同余额、数量占比和合同余额占比如图20-3～图20-6所示。

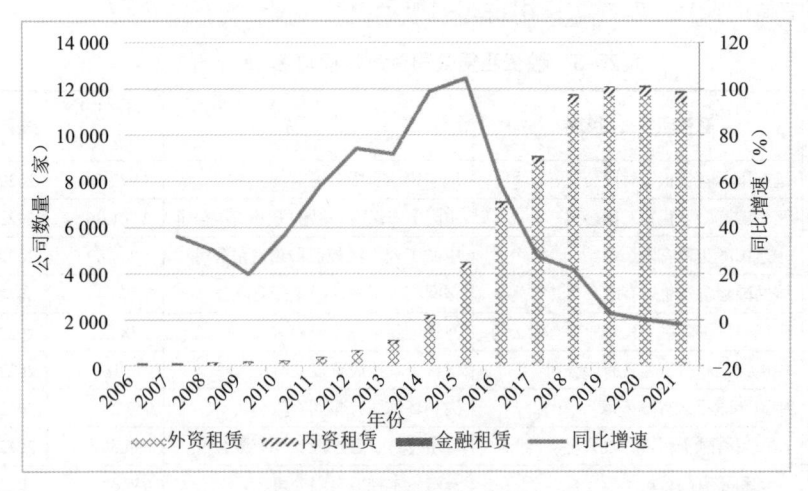

图20-3　各类租赁公司数量

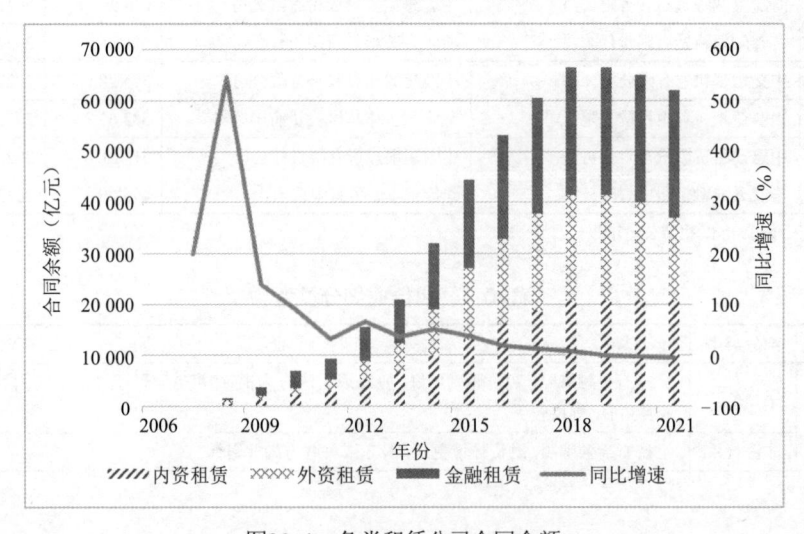

图20-4　各类租赁公司合同余额

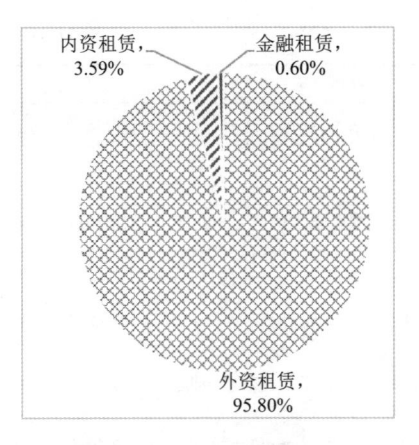

图20-5　各类租赁公司数量占比
（截至2021年末）

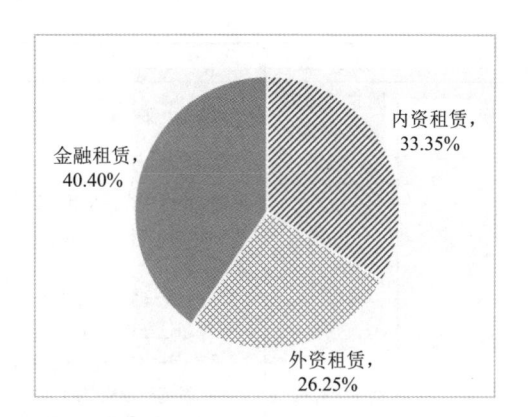

图20-6　各类租赁公司合同余额占比
（截至2021年末）

数据来源：Wind。

（4）融资租赁行业监管新规及其影响

2020年6月9日，银保监会正式发布《融资租赁公司监督管理暂行办法》（银保监发〔2020〕22号，以下简称《暂行办法》），这是融资租赁公司划归银保监会监管后落地的首个政策规范，明确了融资租赁公司的业务范围，规定租赁物应为固定资产，同时新增或调整了相关监管指标，对融资租赁公司的监管呈现趋严的趋势，如表20-5所示。

表20-5　《暂定办法》规定要点

事项	规定	要求
经营规则	租赁公司	第五条　融资租赁公司可以经营下列部分或全部业务： （一）融资租赁业务； （二）租赁业务； （三）与融资租赁和租赁业务相关的租赁物购买、残值处理与维修、租赁交易咨询、接受租赁保证金； （四）转让与受让融资租赁或租赁资产； （五）固定收益类证券投资业务
	租赁物	第七条　适用于融资租赁交易的租赁物为固定资产，另有规定的除外。 融资租赁公司开展融资租赁业务应当以权属清晰、真实存在且能够产生收益的租赁物为载体。融资租赁公司不得接受已设置抵押、权属存在争议、已被司法机关查封、扣押的财产或所有权存在瑕疵的财产作为租赁物
监管指标	融资租赁资产比重	第二十六条　融资租赁公司融资租赁和其他租赁资产比重不得低于总资产的60%
	杠杆率	第二十七条　融资租赁公司的风险资产总额不得超过净资产的8倍。风险资产总额按企业总资产减去现金、银行存款和国债后的剩余资产确定

续表

事项	规定	要求
监管指标	固定收益类证券投资比重	第二十八条 融资租赁公司开展的固定收益类证券投资业务，不得超过净资产的20%
监管指标	集中度管理	第二十九条 融资租赁公司应当加强对重点承租人的管理，控制单一承租人及承租人为关联方的业务比例，有效防范和分散经营风险。融资租赁公司应当遵守以下监管指标： （一）单一客户融资集中度。融资租赁公司对单一承租人的全部融资租赁业务余额不得超过净资产的30%。 （二）单一集团客户融资集中度。融资租赁公司对单一集团的全部融资租赁业务余额不得超过净资产的50%。 （三）单一客户关联度。融资租赁公司对一个关联方的全部融资租赁业务余额不得超过净资产的30%。 （四）全部关联度。融资租赁公司对全部关联方的全部融资租赁业务余额不得超过净资产的50%。 （五）单一股东关联度。对单一股东及其全部关联方的融资余额，不得超过该股东在融资租赁公司的出资额，且同时满足本办法对单一客户关联度的规定

融资租赁新规发布以来，已有十余个省级行政单位发布《融资租赁公司监督管理细则》，因地制宜明确监管落地要求，如表20-6所示。

表20-6 十余个省级行政单位落实融资租赁新规

地区	发布时间	名称
河北	2020-08-26	《河北省融资租赁公司监督管理实施细则（暂行）》
辽宁	2020-09-15	《辽宁省融资租赁公司监督管理实施细则（暂行）》
广西	2020-10-10	《广西壮族自治区融资租赁公司监督管理实施细则（暂行）》
江苏	2021-01-21	《江苏省融资租赁公司监督管理实施细则（试行）》
湖南	2021-01-28	《湖南省融资租赁公司监督管理指引（试行）》
山东	2021-02-08	《山东省融资租赁公司监督管理实施细则（暂行）》（征求意见稿）
浙江	2021-03-09	《浙江省融资租赁公司监督管理工作指引（试行）》
广东	2021-05-13	《广东省融资租赁公司监督管理实施细则》（征求意见稿）
云南	2021-06-15	《云南省融资租赁公司监督管理实施细则（试行）》
上海	2021-08-03	《上海市融资租赁公司监督管理暂行办法》
山东	2021-12-08	《山东省融资租赁公司监督管理暂行办法》
湖北	2021-12-21	《湖北省融资租赁公司监督管理实施细则（试行）（征求意见稿）》
吉林	2021-12-31	《吉林省融资租赁公司监督管理实施细则（试行）》
福建	2022-02-21	《福建省融资租赁公司监督管理实施细则（试行）》
北京	2022-03-25	《北京市融资租赁公司监督管理办法（征求意见稿）》
贵州	2022-08-03	《贵州省融资租赁公司监督管理暂行实施细则（征求意见稿）》
安徽	2022-09-30	《安徽省融资租赁公司监督管理实施细则》

整体而言，监管导向租赁业务回归本源，同时在《暂行办法》的基础上，各地针对跨省经营、集中度等根据实际情况进行了差异化规定，并明确了过渡期。

2. 融资租赁资产证券化市场情况

自2015年以来，租赁资产证券化产品发行规模不断增长，由2015年的611.80亿元增长至2022年的3 123.66亿元，年均增长率达到31.22%；发行数目呈同步增长态势，自2015年的65只增长至2022年的287只，年均增长率达到28.08%，如图20-7和图20-8所示。

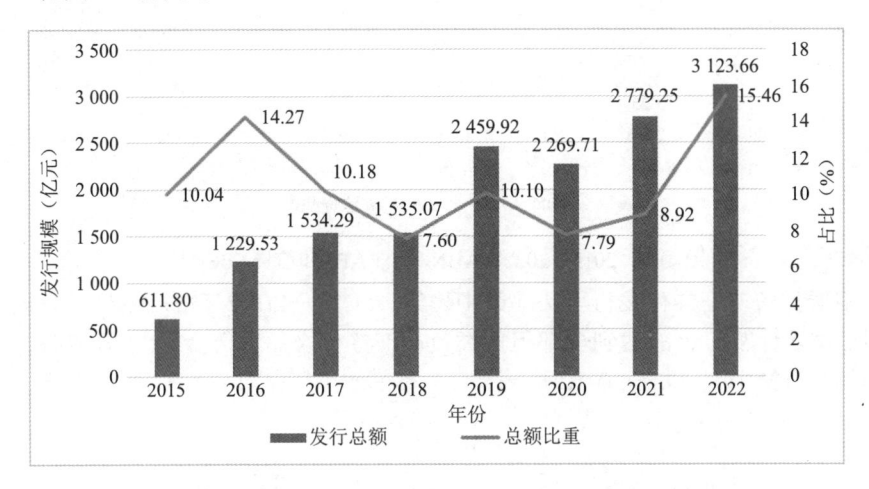

图20-7　2015—2022年租赁资产证券化产品发行规模及规模占比

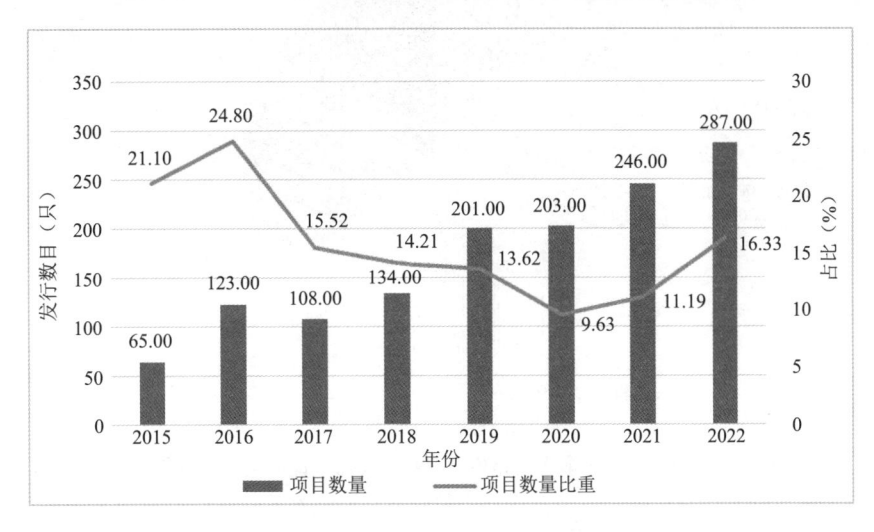

图20-8　2015—2022年租赁资产证券化产品发行数目及只数占比

此外，近年来企业ABS市场快速发展，逐渐成为租赁资产证券化产品发行的主要场所。银行间信贷资产证券化品种方面，金租公司作为发起机构的信贷ABS发行处于暂停状态。2022年，以租赁资产为基础资产的企业ABS产品发行规模达到2 581.36亿元，占全市场租赁资产证券化产品发行额的82.81%，如图20-9所示。

图20-9　2015—2022年ABN、企业ABS和信贷ABS占比

年份	ABN	企业ABS	信贷ABS
2015	0	89.88	10.12
2016	3.23	86.13	10.64
2017	21.40	56.07	22.53
2018	20.96	77.84	1.21
2019	35.22	63.20	1.59
2020	27.36	71.76	0.88
2021	18.72	81.28	0
2022	17.19	82.81	0

租赁类资产证券化发行呈头部集中趋势。2019—2022年发行金额排名前十的租赁公司累计发行金额达到全部租赁类资产证券化产品发行金额的36.20%，具有较高的发行集中度，如图20-10所示。

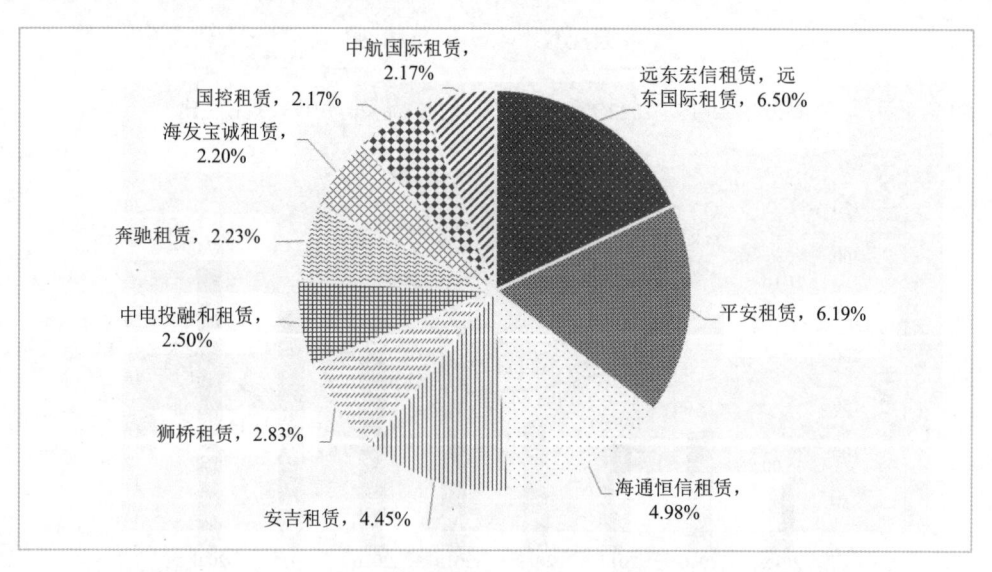

图20-10　2019—2022年前十大租赁公司原始权益人证券化产品发行规模占比

数据来源：Wind。

- 远东宏信租赁，远东国际租赁，6.50%
- 平安租赁，6.19%
- 海通恒信租赁，4.98%
- 安吉租赁，4.45%
- 狮桥租赁，2.83%
- 中电投融和租赁，2.50%
- 奔驰租赁，2.23%
- 海发宝诚租赁，2.20%
- 国控租赁，2.17%
- 中航国际租赁，2.17%

二、产品介绍

综上所述，银行间市场金融租赁ABS产品发行基本停滞，针对融资租赁公司而

言,交易商协会ABN及交易所ABS的产品结构、操作流程类似,仅仅在于审批部门及上市场所的不同,考虑到交易所ABS发行规模更大、相关监管办法披露更详尽,后面整体基于交易所ABS的框架进行介绍。

1. 交易结构及步骤

计划管理人根据与原始权益人签订的《资产买卖协议》的约定,将专项计划资金用于向原始权益人购买基础资产,即基础资产清单所列的由原始权益人在专项计划设立日转让给计划管理人的、原始权益人依据租赁合同自基准日起对承租人享有的租金请求权(不含留购价款)和其他权利及其附属担保权益,如图20-11所示。

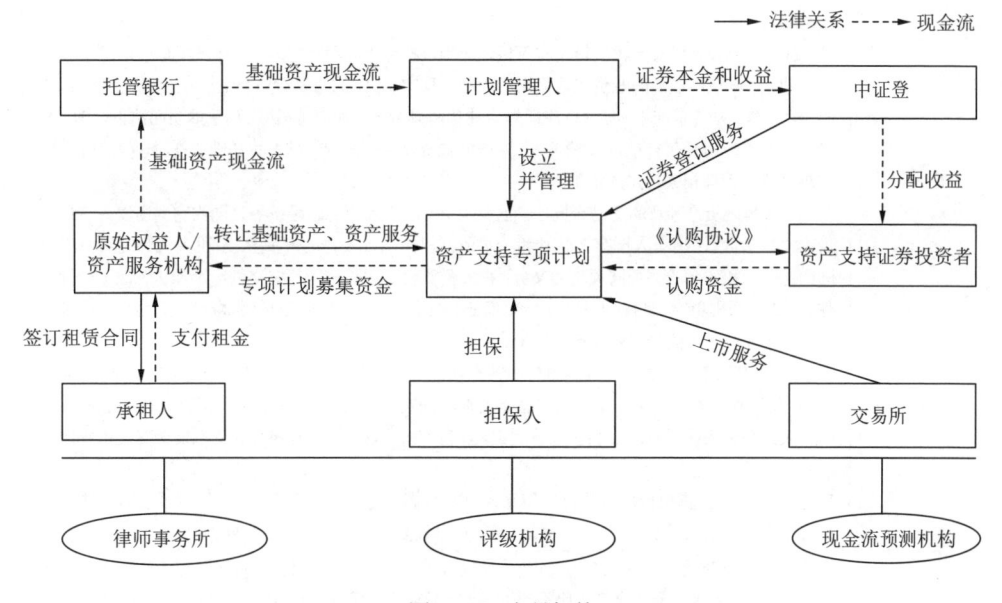

图20-11 交易机构

值得注意的是:①融资租赁ABS的入池基础资产系融资租赁债权,而租赁物的所有权继续保留在租赁公司名下,只有当触发风险事件,需要处置租赁物时,才需要进行相应变更并进行处置;

②融资租赁业务中一般涉及保证金安排,通常保证金在项目设立时并不转付,仍然由作为资产服务机构的租赁公司继续保管,当触发风险事件,需要由保证金抵扣租赁本息款时,相应进行转付。

2. 审核要求及关注要点

沪深交易所均正式出台了《融资租赁债权资产支持证券挂牌条件确认指南》(简称《挂牌指南》),《挂牌指南》从基础资产、原始权益人及尽调要求等方面做了详尽规定,监管要点基本涵盖了机构在展业过程中需关注的重点事项,如表20-7所示。

表20-7 监管要求需关注的重点事项

事 项	要 求
基础资产	第四条 入池的基础资产在基准日、专项计划设立日除满足基础资产合格标准的一般要求外,还需要符合以下要求: (一)原始权益人应当合法拥有基础资产及对应租赁物的所有权。除租赁物以原始权益人为权利人设立的担保物权外,基础资产及租赁物均不得附带抵押、质押等担保负担或者其他权利限制。已经存在抵押、质押等担保负担或者其他权利限制的,应当能够通过专项计划相关安排在原始权益人向专项计划转移基础资产时予以解除。租赁物状况良好,不涉及诉讼、仲裁、执行或破产程序,且应当不涉及国防、军工或其他国家机密。 (二)基础资产界定应当清晰,附属担保权益(如有)、其他权利(如有)及租赁物的具体内容应当明确。 (三)基础资产涉及的租赁物及对应租金应当可特定化,且租金数额、支付时间应当明确。 (四)基础资产涉及的融资租赁债权应当基于真实、合法的交易活动产生,交易对价公允,具备商业合理性。基础资产不属于《资产证券化业务基础资产负面清单指引》列示的负面清单范畴,不属于以地方政府为直接或间接债务人、以地方融资平台公司为债务人的基础资产,不存在违反地方政府债务管理相关规定的情形。 (五)基础资产涉及的交易合同应当合法有效。出租人应当已经按照合同约定向出卖人支付了租赁物购买价款;出卖人不存在转让租赁物所有权给出租人的抗辩事由。出租人应当已经按照合同约定向承租人履行了合同项下的义务;相关租赁物已按照合同约定交付给承租人;租金支付条件已满足,历史租金支付情况良好;除以保证金冲抵租赁合同项下应付租金外,承租人履行其租金支付义务不存在抗辩事由和抵销情形。 (六)按照国家法律法规规定租赁物的权属应当登记的,原始权益人须依法办理相关登记手续;租赁物不属于依法需要登记的财产类别,原始权益人应当在主管部门指定或行业组织鼓励的相关的登记系统进行融资租赁业务登记,登记的租赁物财产信息应与融资租赁合同及租赁物实际状况相符。 若存在汽车融资租赁债权等特殊情形未进行权属登记的,管理人应当在计划说明书中披露未进行权属登记的原因及合理性,充分揭示风险,并设置相应的权利完善措施
基础资产池	第八条 基础资产池应当具有一定的分散度,至少包括10个相互之间不存在关联关系的债务人,单个债务人入池资产金额占比不超过50%,且前五大债务人入池资产金额占比不超过70%。上述债务人之间存在关联关系的,应当合并计算。原始权益人资信状况良好,且专项计划设置担保、差额支付等有效增信措施的,可以免于上述关于债务人分散度的要求。符合条件并免于债务人分散要求的,管理人应当在计划说明书中披露基础资产池集中度较高的原因及合理性,充分揭示风险,设置相应的风险缓释措施
原始权益人	第十六条 原始权益人开展业务应当满足相关主管部门监管要求、正式运营满2年、具备风险控制能力且为符合下列条件之一的融资租赁公司: (一)境内外上市公司或者境内外上市公司的子公司。为境内外上市公司子公司的,其总资产、营业收入或净资产等指标占上市公司的比重应当超过30%。 (二)主体评级达AA级及以上的融资租赁公司。 符合以下条件之一的,原始权益人可以为前款第(一)项和第(二)项规定以外的融资租赁公司: (一)单笔入池资产信用等级A-级及以上资产的未偿还本金余额对优先级本金覆盖倍数大于100%,且入池资产对应的租赁物为能产生持续稳定的经营性收益、处置时易于变现的租赁物。 (二)入池资产为汽车融资租赁债权,承租人高度分散,单笔入池资产占比均不超过0.1%,基础资产相关业务的逾期率、违约率等风控指标处于较低水平,且原始权益人最近一年末净资产超过人民币2亿元,最近一个会计年度净利润为正。 (三)专项计划设置担保、差额支付等有效增信措施,提供担保、差额支付等增信机构的主体评级为AA级及以上

续表

事　项	要　求
尽职调查	第十条　管理人应当按照《证券公司及基金管理公司子公司资产证券化业务尽职调查工作指引》要求开展尽职调查工作，尽职调查范围原则上应当覆盖全部入池资产。 　　入池资产满足相关条件免于本指南第八条债务人分散度要求的，管理人应当强化对原始权益人、增信机构及债务人的尽职调查要求，应当就增信合同、债务人底层现金流锁定相关业务合同以及上述合同签署的相关授权、审批等情况进行充分尽职调查，发表明确的尽职调查意见。 　　入池资产符合笔数众多、资产同质性高、单笔资产占比较小等特征的，可以采用抽样尽职调查方法。采用抽样尽职调查方法的，管理人及其他中介机构应当设置科学合理的抽样方法和标准，并对抽取样本的代表性进行分析说明。对于基础资产池有重要影响的入池资产应当着重进行抽样调查

3. 增信安排与出表

与其他ABS品种类似，租赁ABS一般也会设置内外部增信手段，内部增信包括优先次级结构、超额利差、超额抵押、违约事件/加速清偿事件/权利完善事件等信用触发机制，外部增信一般包括股东方或租赁公司自身的差额支付、流动性支持、担保等，而外部增信安排的设计会直接影响到会计出表的论证。

由于租赁公司监管要求中设定了8倍杠杆的上限，因而发展到一定阶段，如果股东增值无法持续跟进，则租赁公司有通过资产出表降低杠杆的需求。出表型方案与不出表型差异一般主要有以下几种：

（1）差额支付承诺或流动性支持的条款的范围和表述与不出表型有差异。不出表方案中通常是对优先级本息无条件全额增信，出表型方案则会在金额上限、是否带回补机制（下一期基础资产回款优先回补增信触发的垫付资金）、是否承担增信资金的成本等方面设置一定条件。

（2）产品的分层和次级的占比。租赁ABS的评级分层方法根据不同的租赁资产类型会有所差异，对公类租赁资产项目与对公信贷资产接近，汽车、设备租赁等资产类型与零售类资产接近。在不出表的强增信项目中，一般次级比例会严格控制在5%，且夹层档的评级符号与增信主体的评级符号挂钩，出表型项目则一般次级比例更高。

（3）次级档需要对外真实出售。在不出表型的证券化方案中，租赁公司的次级一般都是由自身自持的，但是在出表型方案中，大部分的次级档证券需要对外出售。出售的对象和比例需要和会计师具体商定。

4. 期限设计

证券的期限与底层租赁资产的现金流情况相对应，由于融资租赁一般采用等额本息或者等额本金还款方式，因而证券的加权期限会显著短于到期期限。在部分项目也遇到资产池整体期限仍然过长的情况，且超出市场投资人接受的期限长度，也会考虑采用一些特殊条款：

（1）截取部分年限合同期限发行。如由于部分资产单笔金额过大，且租赁合同无法再拆分，或部分资产期限过长，可考虑截取部分现金流入池。市场过往个别项目中，有截取前2年或3年资产现金流入池的操作，即在资产入池条款中，明确特定的入池合同期限。

（2）设置含权期限条款。如由于部分资产期限过长，又不希望截取部分现金流影响发行规模，也可以考虑项目中设置含权期限条款，比如3+n形式，3年末赋予投资人回售选择权。

5. 涉税事项

在融资租赁交易中，租赁公司向承租人开具增值税专用发票，承租人用于进项抵扣。目前国内资产证券化SPV载体（不管是信托或者资管计划）无法开具增值税专用发票，因此，不管租赁ABS是否出表，通常还会继续由租赁公司向承租人开具发票并缴纳增值税。

根据《财政部税务总局关于资管产品增值税有关问题的通知》（财税〔2017〕56号），"资管产品管理人运营资管产品过程中发生的增值税应税行为，暂适用简易计税方法，按照3%的征收率缴纳增值税"，但整体税款需计算增值税附加税12%（包括城市维护建设税7%、教育税附加3%、地方教育费附加2%）。因此，资管产品整体税负率为3.26%。

目前不同SPV载体管理人所在地的税务部门对于SPV是否缴纳增值税的要求有所不同，部分区域判断标准系"底层资产是否为保本型资产"，如认定为非保本资产，可豁免缴纳资管产品增值税。管理人缴纳资管增值税后，向租赁公司开具增值税普通发票。

对于资产证券化所产生的资管增值税可否在租赁公司端进行抵扣的问题，也有赖于租赁公司所在地税务机关的认定标准，如表20-8所示。

表20-8　税务机关的认定标准

	专项计划不缴税	专项计划缴税
租赁公司无法抵扣	如专项计划豁免缴税，对租赁公司原有的缴税安排不影响	实际上增加了整体的成本负担
租赁公司可以抵扣		按照直租项目13%税率、回租项目6%税率进行抵扣，专项计划缴税反而降低了整体的成本

根据2016年12月21日财税〔2016〕36号文，对于融资租赁和融资性售后回租业务：

"（1）经中国人民银行、银监会或者商务部批准从事融资租赁业务的试点纳税人，提供融资租赁服务，以取得的全部价款和价外费用，扣除支付的借款利息（包括外汇借款和人民币借款利息）、发行债券利息和车辆购置税后的余额为销售额。

（2）经中国人民银行、银监会或者商务部批准从事融资租赁业务的试点纳税人，提供融资性售后回租服务，以取得的全部价款和价外费用（不含本金），扣除对外支付的借款利息（包括外汇借款和人民币借款利息）、发行债券利息后的余额作为销售额。"

融资租赁应收款作为权属明确的债权类资产，是最早进行证券化的基础资产类型之一，也是市场发展最成熟、持续发行量最大的资产类型之一。在供给端，由于租赁合同规模的不断上升，且租赁公司作为金融企业有着不断回收资金、滚动投放的内生性需求，可证券化的资产体量庞大。在需求端，租赁合同债权权属清晰、现金流稳定且平滑、底层租赁物有效降低了风险，这些特点都使得租赁资产成为投资人持续青睐的一类资产类型。

但随着租赁行业的不断成熟，以及部分"通道型"租赁公司的关停，租赁行业自身的集中度在不断提升。且近年部分资质背景一般的租赁公司所发行的ABS产品出现一些信用风险，因而租赁ABS的发行主体呈现头部化集中的趋势。

在细分资产类型方面，以汽车为代表的零售消费类资产和以设备为代表的小微租赁资产更受市场追捧。同时，绿色（碳中和）、专精特新、智能制造、乡村振兴等主题的特色租赁ABS也层出不穷。

21. ABS是如何贯穿房企融资周期的？

导读：在过往"高杠杆、高周转"的业务模式下，房地产企业的融资属性发挥得淋漓尽致，在其整个融资链条中，不乏各类ABS产品的身影，特别是供应链ABS等品种还由地产行业向其他行业推广复制。本问结合地产企业的融资特点，重点介绍与之相关的几类ABS产品。

一、房地产企业融资链条分析

房屋预售与现售模式对比如图21-1所示。

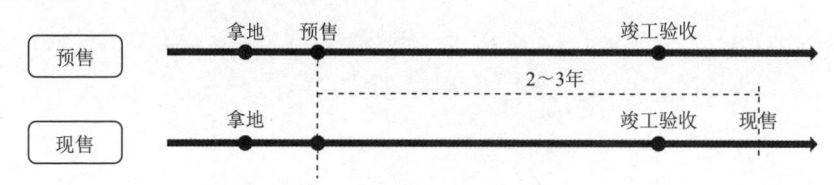

图21-1 房屋预售与现售模式对比

预售制度在住房市场发展的初期，对于解决地产开发供不应求、推动行业快速发展起到关键作用，但也导致地产开发企业普遍形成"高周转、高杠杆"的经营模式，如图21-2所示。

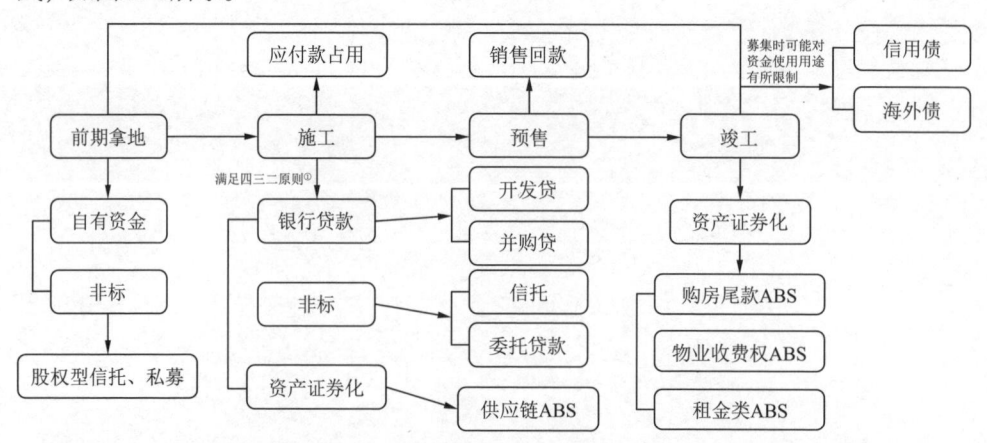

图21-2 地产开发企业项目周期中涉及的各类融资方式

---

① 四三二原则是指："满足四证齐全、项目资金比例达到30%、开发商或其控股股东具备二级资质。"

从拿地开始，在地产项目开发及运营的各个环节，为了满足地产企业不同阶段的不同融资需求，包括ABS产品在内的各类融资方式应运而生。

二、地产类ABS品种及产品特点

表21-1为主要的地产类ABS品种比较。

表21-1　主要的地产类ABS品种比较

	购房尾款 ABS	供应链 ABS	CMBS	类 REITs
基础资产/底层资产	住宅销售的按揭尾款/合同尾款	房地产企业对上游供应商的应付账款	写字楼、商场、酒店等运营型物业	写字楼、商场、酒店等运营型物业
融资人	房地产企业	上游供应商	房企或持有物业的项目公司	房企或持有物业的项目公司
还款来源	第一还款来源：购房人 第二还款来源：房地产企业	房地产企业	第一还款来源：商业物业运营现金流； 第二还款来源：项目公司； 第三还款来源：房地产企业（增信方）	商业物业现金流/商业物业处置价款/增信方补足款项
融资期限	一般2年或3年	一般为1年，最长通常不超过1.5年	一般按照3×n年的设计，最长可达18年甚至超过20年，每满3年设置开放退出机制	根据回购条件、处置方式等灵活设计
融资规模	根据预计未来购房尾款的回款规模确定	根据应付账款的规模确定	根据物业评估价值及运营净现金流综合确定	根据物业评估价值及运营净现金流综合确定
操作要点及效果	将不断形成的购房尾款盘活以实现融资，有利于加快房屋销售款的回笼，拓宽融资渠道	通过将公司短期应付账款的期限延长至1年或更长，有利于拉长公司付款周期及负债久期，优化负债结构； 有助于为上游供应商开辟新的融资渠道，提升业务合作黏性	有效盘活经营性物业资产，不需要进行物业产权过户（仅需抵押），操作成本较低； 通过物业抵押和物业现金流还款覆盖提升产品信用评级、降低融资成本； 融资期限较长，融资规模较大	通过股权真实出售的方式提升"破产隔离"效果，有助于提高产品信用评级（在物业资质很好的情况下摆脱对融资主体资质的限制）； 最大限度提升融资规模； 未来有望通过公募REITs渠道退出

1. 购房尾款ABS

（1）基础资产及合格标准

基础资产，是指基础资产清单所列的由原始权益人在专项计划设立日转让给管理人的，原始权益人因向购房人销售商品房，从而基于购房合同自基准日（含该日起对购房人享有的要求其支付购房尾款所对应的债权及其附属担保权益（如有）。上述债权包括购房尾款、违约金、赔偿金及其他依据购房合同应由购房人支付的款项。

基础资产现金流来源：包括按揭贷款银行或公积金中心发放按揭贷款的现金流，或者购房人自身支付合同尾款的现金流（较少涉及）。

重要合格标准：①基础资产转让事宜取得项目开发贷贷款银行的同意；②购房人已经支付首付款，且首付比例符合当地监管要求；③购房合同均已签署，且网签备案已完成。

（2）交易结构及步骤

购房尾款ABS交易结构如图21-3所示。

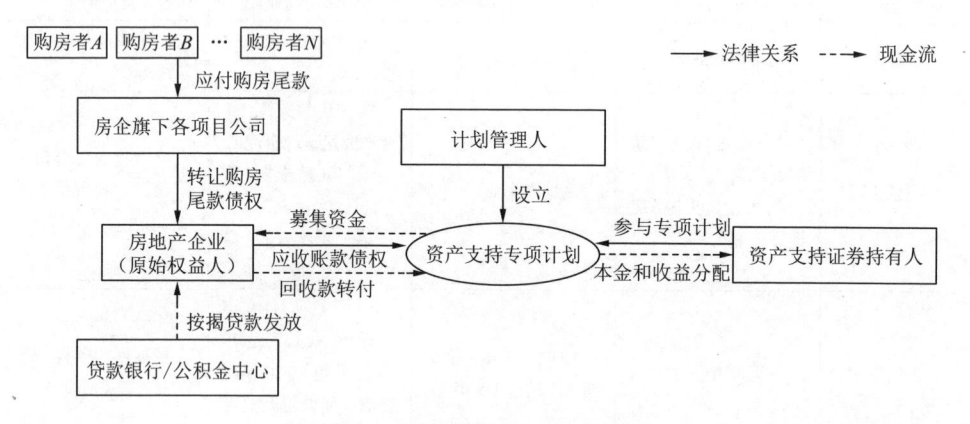

图21-3 购房尾款ABS交易结构

房地产企业集团将下属不同项目公司持有的购房尾款资产打包并受让（也有一些尾款ABS项目只涉及单个楼盘，这种情况也可由项目公司直接作为原始权益人发起）；

原始权益人向SPV出售基础资产，并取得发行对价；

项目存续期间，购房尾款资产不断产生现金流回款，由资产服务机构定期（一般为按季度）向SPV进行转付；

通常按揭回款期限从十天半个月到几个月不等，为提高融资效率，一般采用循环购买设计，循环期只支付投资人利息，摊还期分配本金。

（3）产品特点及注意事项

产品期限与循环购买：

银行按揭贷款的放款速度受限于当时贷款政策以及按揭行的贷款额度等因素，快则十天半个月，慢则3~4个月。随着产品审核趋严，目前都要求入池资产完成合同网签备案，在网签备案完成后，通常放款也会很快完成。为了拉长融资期限，在资产端会引入循环购买操作。

购房尾款ABS实质上是房企利用过渡性现金流进行中长期融资，也是房企将融资功能发挥到极限的体现。

重复融资与预售资金监管：

一般地产开发项目上都会有银行投放房地产开发贷款，销售回款也会定向作为开发贷款的还款来源，在开发贷未结清的情况下，理论上是无法将销售尾款作为现金流进行ABS融资。为解决上述矛盾，在实操中，一方面，要求取得项目开发贷银行的同意；另一方面，需要对该项目的预期销售回款现金流进行测算，要求回款能够有效覆盖开发贷、项目其他应付款项以及ABS还款等。

近两年对于预售资金的监管越发严格，该背景下购房尾款ABS的操作空间相应也会变得越来越小。

增信要求与会计处理：

在预售制度下，不管是首付款还是按揭款，对于房企而言都是"预收款"，在完成交房前，卖方义务未完成，购房尾款ABS的基础资产属于"未来债权"，无法按照既有债权的逻辑进行评级认定，也仍然需要融资人进行强增信和现金流补足。因而大多数的购房尾款ABS还是作为房企的有息负债计入报表，按照"借款-资产支持证券""债券-资产支持证券"等科目列示，但也有房企计入"贸易及其他应付款"（很可能未按照有息负债统计）。

事实上，笔者操作的市场最早期的购房尾款ABS与上面"融资"逻辑有所不同，而是部分上市房企出于年底改善报表的动机，在年底前将一包购房尾款资产"卖断出售"，项目周期按照短期限跨年的安排，回收的资金与常规的房屋预售资金一样计入"预售款"。好处是能够降低有息负债，同时预售资金的增长也代表了未来确认收入的潜力，给到二级市场和投资人相应的预期，也称为"出表型购房尾款ABS"。近两年也有部分房企通过引入"保理"、弱化增信等方式，继续在资产端循环购买，操作两年期或三年期的"出表型"购房尾款ABS，具体需要结合会计师要求进行项目条款设计。

2. 供应链ABS

（1）业务背景

供应链的概念是从工业生产领域扩展而来的，一般泛指围绕核心企业，从配套零件开始，制成中间产品及最终产品，最后由销售网络把产品送到消费者手中的，将供应商、制造商、分销商直到最终用户连成一个整体的功能网链结构。

供应链ABS一般特指围绕核心企业信用反向延伸的供应链金融资产证券化，是以核心企业应付账款基础上展开的供应链融资创新模式。站在核心企业角度，其对下游客户供货并形成的应收账款一般称为"正向供应链"，其对上游供应商采购并形成的应付账款称为"反向供应链"（核心企业的应付，等同于供应商的应收）。

供应链ABS一般特指"反向供应链ABS"，即基于核心企业应付账款作为基础资产进行融资，在上游供应商回笼应收账款的前提下，实现核心企业在对应付账期和现金流上的有效管理。

供应链ABS产品起源于房地产开发企业，地产供应链ABS也在目前市场供应链ABS的发行中占据绝对份额，下面以传统类型的地产供应链ABS为例对这一品种进行分析。

(2) 基础资产及合格标准

基础资产是指按《基础资产买卖协议》约定，原始权益人出售予专项计划并交割完成的应收账款债权。为免疑义，该等基础资产系债权人因申请保理服务[①]而转让予原始权益人并同意原始权益人出售予专项计划的应收账款债权及其附属担保权益。

除应收账款债权常规的合格标准之外，根据沪深交易所《企业应收账款资产支持证券挂牌条件确认指南》，"基础资产涉及核心企业供应链应付款等情况的，资产池包括至少10个相互之间不存在关联关系的债权人且债务人资信状况良好"，即在分散度方面至少需要10户以上的供应商。此外，供应链ABS的信用基础为单一核心企业，产品的信用评级与核心企业的主体评级一致，实操中要求核心企业评级AA+以上。

(3) 交易结构及步骤

供应链ABS交易结构如图21-4所示。

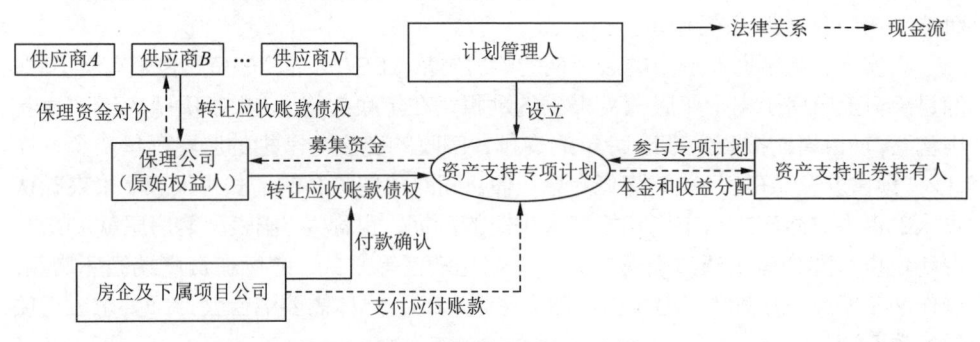

图21-4 供应链ABS交易结构

房地产企业集团协调多个供应商将"对地产企业或下属项目公司的应收账款"向保理公司进行转让，并取得转让对价，地产企业对应付账款进行付款确认；

保理公司作为原始权益人向SPV出售基础资产，并取得转让对价；

地产企业及下属项目公司到期直接向SPV进行应付账款偿付，SPV向投资人进行本息分配。

(4) 产品特点及注意事项

产品期限与循环购买：

在实际底层业务中，核心企业向供应商的付款账期长短不一，在目前的地产供应链ABS产品设计中，一般统一将账期拉长至1年（最长1年半），以提高融资效率。在其他行业尤其是一些制造业企业供应链ABS中，也有部分项目仍按照底层实际账期处理，同时进行循环购买操作。

会计处理：

供应链ABS名义上是为供应商进行融资，但还是由核心企业进行发起的。对于

---

① 由于涉及数量较多且相对分散的供应商，一般会引入保理公司受让并统一归集基础资产。

核心企业而言，发行供应链ABS前后并不影响其会计处理，会计科目上始终是"应付账款"，不会计入"有息负债"，也不影响其资产负债率。

成本承担：

保理公司及SPV受让应收账款时，以折价购买形式，融资成本也体现在折价中。如果真实的交易背景就是供应商提前回收应收款，则由供应商承担融资成本是合理的；如果实际由供应商配合核心企业将账期拉长，则由核心企业在后续与供应商的业务往来中进行贴补等方式承担实际的融资成本。

创新模式：

目前供应链ABS创新延伸有两个方向，一是"1+N"（"1"即信用等级较高、偿付能力较强的核心企业，"N"即与核心企业存在供应关系的供应商）向"N+N"延伸；二是由一级供应商向多级供应商延伸（许多核心企业搭建了体系内的供应链金融平台，使得供应链金融资产"凭证化"，可"多级""拆分"流转）。

3. CMBS

（1）产品定义

（commercial mortgage backed securities，CMBS）商业房地产抵押贷款支持证券，在美国市场，CMBS是商业银行将多笔商业地产抵押贷款打包发行资产支持证券，国内市场的CMBS一般是指融资人基于所持有的单个或多个商业物业进行的证券化融资。

（2）交易结构及步骤

CMBS交易结构如图21-5所示。

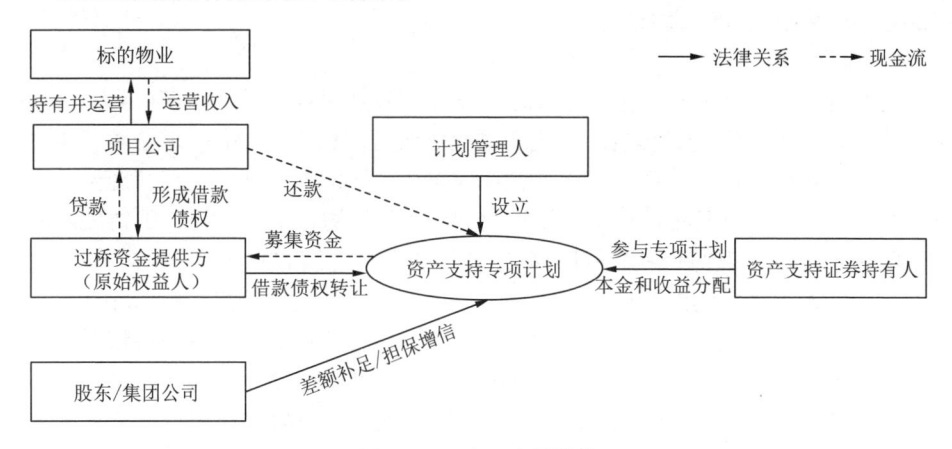

图21-5 CMBS交易结构

过桥资金提供方（作为原始权益人，一般为股东或关联方）向项目公司（持有物业的法人主体）发放借款，形成债权；

原始权益人将借款债权作为基础资产转让给SPV，取得募集资金对价，过桥方实现资金退出；

存续期间，项目公司以物业运营收益作为还款来源偿还借款，SPV基于回款向投资人分配本息。

(3) 证券要素及特点

表21-2为一单典型CMBS产品的模拟证券要素。

表21-2 一单典型CMBS产品的模拟证券要素

证　券	期　限	还本付息方式	信用评级	分层比例
优先A级证券	3+3+3+3+3+3 年	季度还本付息	AAA	60%
优先B级证券	3+3+3+3+3+3 年	季度付息，到期还本	AA+	35%
次级证券	18 年	—		5%

假定某期CMBS产品的模拟要素如上，对应分析如下。

① 产品期限

由于CMBS产品是以物业运营收益作为最终还款来源，基于不动产物业收益回报的现状（一线城市商业的租售比普遍在3%～5%），需尽量拉长期限才有可能匹配合适的融资规模。为什么经常看到的项目案例都是18年？主要受限于以下几方面因素：一是项目期限不可能无限长，需要产权剩余期限内；二是监管审核能够允许的期限最长也在20年左右；三是从现金流计算的角度，在这个年限基础上再拉长期限，对发行规模的增长起不到帮助。

而将长期限产品设置为每3年开放退出的含权结构，更多是为匹配投资人的投资期限需求，也有项目按照2+2年或者5+5年设计，或是直接按照10年期或15年期产品定向销售给长期资金方。

② 物业估值

与其他基础资产的一个最大区别是，不动产物业其自身的估值评价会对产品规模、分层要素等产生重要影响。主流的物业估值方法包括收益法（现金流折现法）、市场法及重置成本法，收益法是将物业在未来生命周期内的预期运营净现金流折现到当下进行估值，市场法是基于可比物业的销售价格进行估值对比，重置成本法则是现时重置成本[①]扣除其各项损耗来确定被评估资产价值的方法。

由于CMBS产品的内在逻辑和本质要求是基于运营现金流进行融资和还款，因而在实操中更推崇收益法，审核端通常要求在进行估值测算时，收益法权重不低于50%。市场法有其合理性，但与住宅物业不同，大型商业物业缺乏各方面条件很接近的可比成交价格，且由于国内市场当前租售比很低，一般收益法估值的结果与市场法相差较大。重置成本法一般较少使用，只有当物业没有活跃的交易市场，且可比出租案例较少、无法量化未来的收益和风险时采用。

③ 增信手段

除了常规的优先次级分层外，CMBS项目一般还会设置以下增信手段：

资产抵押，以不动产物业进行抵押增信；

---

① 重置成本又称现行成本，是指按照当前市场条件，重新取得同样一项资产所需支付的现金或现金等价物金额。

现金流超额覆盖，不动产物业的运营现金流对优先级证券的本息形成超额覆盖；

主体增信，由股东方等强增信主体进行主体增信。

此外，还有些项目会设置保证金、账户最低资金留存等增信措施。

④ 证券分层

CMBS项目优先级证券会区分为优先A档及优先B档，这里涉及评级公司在进行评级分层时的分层逻辑。简单而言，由于项目中设置了主体增信，优先级证券的级别不低于增信主体的级别，如上面模拟分层案例中，当增信主体的级别为ＡＡ+时，优先B档的证券级别与之保持统一；而在物业抵押及现金流超额覆盖的加持下，优先Ａ档能够实现高于增信主体一个级别，从ＡＡ+增信至ＡＡＡ。

在偿付方面，优先Ａ档的本金会在项目存续期间（18年）内摊还完毕，优先B档期间只付息、到期还本。

⑤ 发行规模

实操中有以下要素对产品发行规模产生影响：

物业评估值决定了整体发行规模上限。目前审核端会按照物业所在城市层级、区位、增信主体强弱等限制抵押率①水平，如ＡＡＡ强主体增信、一线城市核心地段的项目最高也不超过70%等。

运营净现金流水平直接决定A、B档比例。综上所述，评级端基于现金流超额覆盖将优先A档证券进行评级提升，目前一般是要求每期优先A档本息现金流覆盖倍数达到1.2~1.3倍以上，这样现金流水平直接决定了A、B两档的比例；除此之外，在审核端还要求运营现金流能够覆盖优先A档本息+优先B档利息，也会影响两档的规模。

因而物业估值和现金流是决定整体发行规模，以及证券分层的两个核心要素，且由于现金流本身也是影响物业估值的最核心要素，可以说现金流水平是CMBS产品要素中核心的核心。

（4）注意事项

前端以债权形式形成基础资产：

CMBS产品的底层资产是不动产物业及其所产生的运营现金流，为什么要在前面架设债权结构，主要原因在于：一是将各种类型的现金流纳入底层，针对不同类型的不动产物业，运营过程中可能会产生租金、广告费、停车费、物业费等各类收入，创设债权结构、将各类收入作为还款来源能够很好地解决这一问题；二是从期限角度考虑，由于各类现金流来源的合同期限有长有短，比如商铺租约一般3年或5年一签，停车费则是即停即付，为了与产品端18年的期限匹配，先形成对应期限的债权。

反过来讲，如果某项目对应的底层商户租约都是长租约（18年甚至更长）、且仅以租金现金流入池，这时按照租赁合同债权界定基础资产也不是没有可行性，但由

---

① 抵押率（LTV）= 优先级融资规模 / 物业评估价值。

于存在换租风险，架设债权的形式还是极大地便利了基础资产的特定化。

早期项目中，出于合规性角度考量，前端的债权一般由信托公司发放信托贷款，或者银行发放委托贷款形成，但随着委贷新规的施行，以及资金信托通道成本的攀升，目前大多直接由关联企业借款，极大地降低了过桥成本及通道成本。

从双SPV到单SPV：

上条提到，过往采用信托贷款或委托贷款形成债权，还有一个考量是办理物业抵押。交易所企业ABS的SPV载体系资产支持专项计划，由于作为专项计划管理人的证券公司和基金子公司并不是《贷款通则》下具备贷款资质的机构，很多地方的不动产登记机关不认可将物业抵押至证券公司和基金子公司（代表专项计划），因而必须引入商业银行或者信托公司。但近年来，随着业务的常态化，几乎全国各地的不动产登记机关都相应认可了专项计划抵押办理事项，项目结构也相应从双SPV精简至单SPV。

原有融资偿还：

由于CMBS的目标资产为运营现金流优质的成熟物业，这类物业项下本身就有经营性物业贷款等原有融资，目前实操中能够允许在证券化产品发行后偿还原有融资，但要求原有债权人出具同意函（允许提前还款），且在发行后一定时间内（如1个月）完成还款、抵押变更登记操作。

4. 类REITs

（1）产品定义

REITs（Real Estate Investment Trust）又称为房地产投资信托基金（在第27问中对REITs产品相关内容进行详细介绍），国内市场的类REITs产品之所以被称为类REITs，一是发行端未实现公募化，还是以ABS架构向机构投资人私募发行；二是发行的证券还是传统的资产支持证券，是固定收益属性的证券，缺乏股性。SPV通过直接或间接持有项目公司股权的方式持有目标资产，以目标资产运营所产生的现金流作为偿付来源发行资产支持证券的产品模式称为类REITs，与其他ABS产品最大的区别是其前端是股权形式持有资产。

按照发行场所分为银行间类REITs（ABN产品框架下）及交易所类REITs（ABS框架下），按照底层目标资产的类型分为不动产类REITs和其他类REITs（基础设施、PPP等），下面以交易所不动产类REITs为例进行介绍。

（2）交易结构及步骤

类REITs交易结构如图21-6所示。

目标资产剥离。如原持有目标资产的项目公司名下还有其他资产，需要将目标资产剥离至干净的项目公司，有公司分立、实物出资设立等方式。

持有项目公司股权。通过股权吸收合并等操作，专项计划最终以直接或间接持股的方式持有项目公司100%股权，过往为了持股操作便利，很多项目会通过设立私募基金，由专项计划持有私募基金份额，目前审核端倾向于拆除私募基金结构，由"专项计划+信托"或者专项计划直接持有项目公司股权的方式。

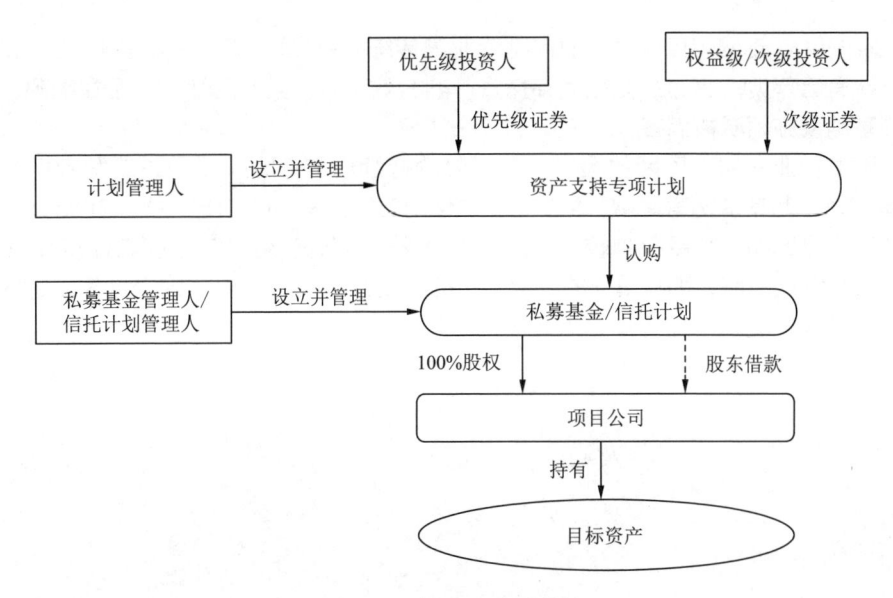

图21-6　类REITs交易结构

存续期间，项目公司基于物业运营收益，通过分红等形式将现金流向上分配，最终作为投资人收益分配的来源。

产品到期，以项目公司股权回购、资产处置等方式实现分配退出。

（3）产品特点

① 融资规模

相比于CMBS（融资规模最多达到物业估值的6～7折），类REITs产品对于融资主体最大的一个吸引点就是融资规模，在特定条件下（强主体、强回购）其融资规模甚至可达到接近物业估值的水平。

② 资产出表

由于类REITs前端是股权100%出让，在资产转出方不提供强增信的情况下，会计上可以实现资产出表的判定。对于一些希望降低资产负债率的央国企，或者要实现当期利润的上市公司等，较为看重出表。在实操中，出表型类REITs与不出表型类REITs在条款设计等方面有着较大差异。

③ 税负成本

相比于其他类型资产证券化项目，在资产重组或剥离、项目公司股权转让、项目公司分红等环节存在各种税负成本，很多复杂交易结构的设计初衷是合理避税的需求，税负负担也始终是发起方开展类REITs交易最重要的考量因素之一。

三、总　　结

在过往"高周转、高杠杆、高利润"的行业背景下，房地产企业天然有着进行各类创新融资的冲动，继而被其他行业学习和模仿，在资产证券化产品方面也不例外，譬如供应链ABS自地产行业向制造业等传统行业推广，CMBS、类REITs成为各类持有运营类物业的企业盘活存量资产的有效工具，其产品结构甚至在能源、交通等基础设施领域被借鉴。

随着行业发展的不断放缓及行业风险的持续暴露，地产类ABS的发行规模也大幅下降，尤其是购房尾款、供应链等"信用类"品种，CMBS、类REITs等基于运营现金流的品种则受影响较小，预期未来这一趋势仍将持续，这也暗合了地产商的转型与发展思路，即从单一的、快周转的开发销售模式向更加综合且多元的高质量运营模式转变。

22. 资产证券化会是PPP的理想退出路径吗？

导读： 近年来，作为引入社会资本参与基础设施建设的重要模式，PPP项目规模急速扩大。随着越来越多的项目陆续建设完成、进入运营期，存量项目的盘活及资本方退出成为重要课题，资产证券化的工具也被寄予厚望。本问结合PPP项目的特点，就PPP资产证券化的业务模式、出表判定、操作难点等进行分析。

一、PPP业务模式及融资方式介绍

政府和社会资本合作（PPP）模式是指政府为增强公共产品和服务供给能力、提高供给效率，通过特许经营、购买服务、股权合作等方式，与社会资本建立的利益共享、风险分担及长期合作关系。通常模式是由社会资本承担设计、建设、运营、维护基础设施的大部分工作，并通过"使用者付费"及必要的"政府付费"获得合理投资回报。政府部门负责基础设施及公共服务的价格和质量监督，以保证公共利益最大化。

根据国家发改委于2014年12月发布的《国家发展改革委关于开展政府和社会资本合作的指导意见》（发改投资〔2014〕2724号）及财政部《政府和社会资本合作项目财政承受能力论证指引》（财金〔2015〕21号）相关规定，PPP项目范围主要有三类：经营性项目、准经营性项目和非经营性项目，三类项目也对应三种不同的操作模式，如图22-1所示。

根据Wind统计，截至2022年9月末，我国PPP项目数共计13 992个，投资规模达到20.68万亿元，项目类型包括市政工程、交通运输、生态建设和环境保护及城镇综合开发等，如图22-2所示。

简单而言，参与PPP的社会资本主要包括产业资本和金融资本两类。

产业资本或实业资本主要是作为发起投资人，筛选项目、和政府部门谈定合作事项、参与招投标并负责项目运作。其通过与政府资本合作成立项目公司，或者发起PPP产业基金等方式进行投资，也是PPP项目风险（包括政府方付费风险）的主要承担者。

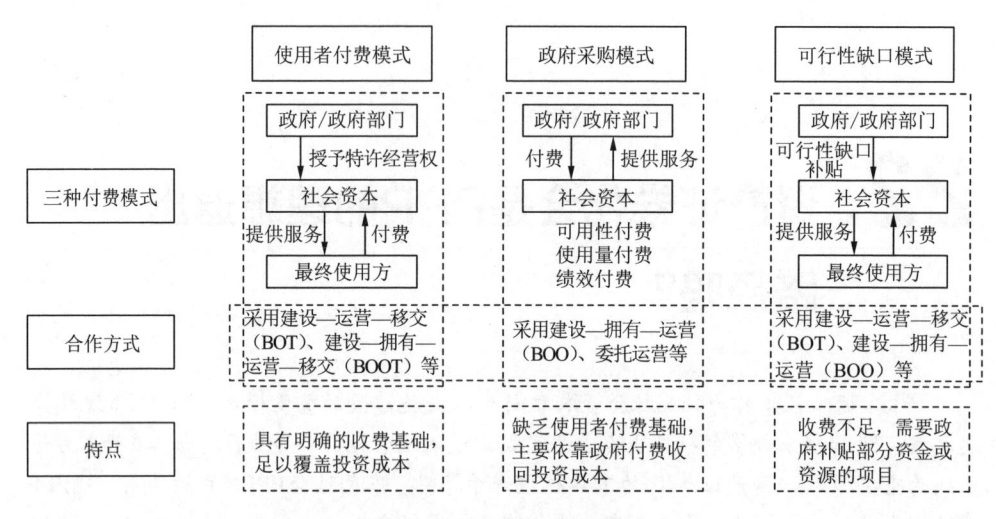

三种付费模式	使用者付费模式	政府采购模式	可行性缺口模式
	政府/政府部门 → 授予特许经营权 → 社会资本 ⇄ (提供服务/付费) 最终使用方	政府/政府部门 ⇄ (付费/提供服务) 社会资本；可用性付费、使用量付费、绩效付费	政府/政府部门 → 可行性缺口补贴 → 社会资本 ⇄ (提供服务/付费) 最终使用方
合作方式	采用建设—运营—移交（BOT）、建设—拥有—运营—移交（BOOT）等	采用建设—拥有—运营（BOO）、委托运营等	采用建设—运营—移交（BOT）、建设—拥有—运营（BOO）等
特点	具有明确的收费基础，足以覆盖投资成本	缺乏使用者付费基础，主要依靠政府付费收回投资成本	收费不足，需要政府补贴部分资金或资源的项目

图22-1　PPP运营模式比较

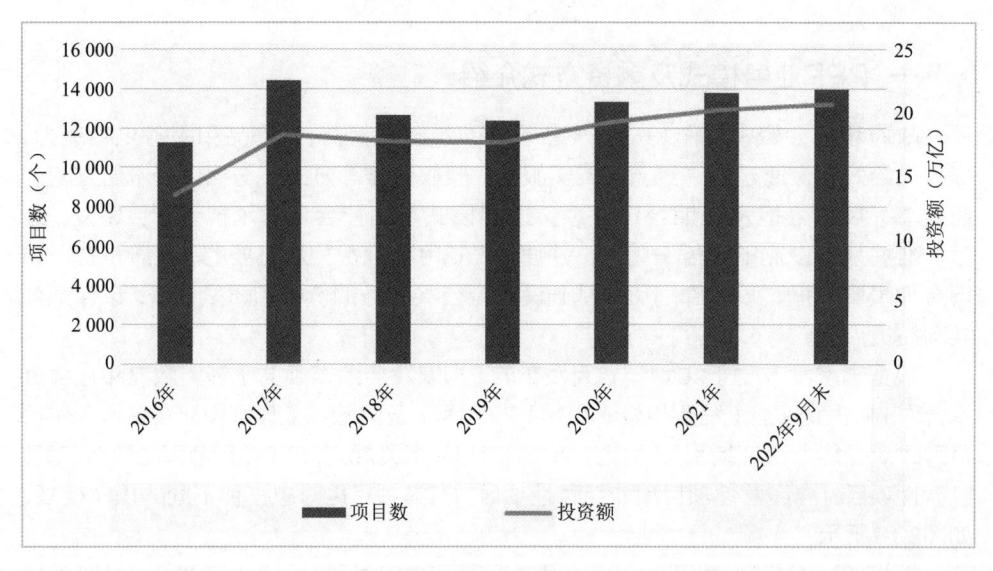

图22-2　2016—2022年9月末中国PPP管理库入库项目累计数及投资额[①]

数据来源：Wind。

由于产业资本体量有限，最终还是要通过与金融资本合作方式撬动杠杆。金融资本的参与模式包括：一是作为社会资本直接参与，通过联合有运营能力的其他社会资本方，投资项目公司股权；或是作为一些引导基金、产业基金的投资方，以基金形式参与项目；此外，最为常见的是政策性银行及商业银行作为PPP项目贷款银行，为项目提供贷款资金。

---

① 近年来，财政部加大清理不合规PPP入库项目，各地退库项目与入库项目基本平衡。

相比而言，公开的资本市场融资在PPP资金来源中占比相对较低，主要是项目建设阶段的PPP专项债券，以及项目运营阶段的PPP资产证券化，如表22-1所示。

表22-1　PPP项目融资方式比较

	优　势	劣　势	主要形式
贷款融资	（1）模式简单成熟； （2）贷款金额较大； （3）流程相对简便	（1）期限与现金流不匹配，中后期还款压力较大； （2）对借款主体要求较高	项目贷款
股权融资/混合融资	（1）新增资本金投入有利于提高项目公司融资能力，带来新的融资渠道； （2）为项目公司运营带来更多经验及支持	（1）不同类型股东投资的目的和动机不同，利益分配及协调成本较高； （2）模式相对复杂，融资成本高	产业基金
债券融资	（1）可公募发行，融资成本较低； （2）期限灵活	（1）审批环节较复杂； （2）对发行主体资质要求高	项目收益债/PPP专项债
证券化融资	（1）资产融资，突破企业主体资质限制； （2）融资期限较长，可与项目运营期限相匹配； （3）一定条件下实现资产出表，降"杠杆"	对项目的合规性以及项目自身的现金流要求较高	PPP-ABS

二、PPP资产证券化介绍

随着PPP模式在我国市场的推广与成熟，PPP资产证券化也经历多轮政策推动，但受限于资产要求、业主方确权等方面的原因，发行规模较小。随着更多PPP项目进入运营期，PPP资产证券化能否更大规模地推广，还有赖于业务模式的不断创新与突破。

1. 政策框架

2014年11月16日，国务院发布《关于创新重点领域投融资机制鼓励社会投资的指导意见》（国发〔2014〕60号），在"创新融资方式，拓宽融资渠道"一节中，明确提出"大力发展债权投资计划、股权投资计划、资产支持计划等融资工具，延长投资期限，引导社保资金、保险资金等用于收益稳定、回收期长的基础设施和基础产业项目"，以及"推动铁路、公路、机场等交通项目建设企业应收账款证券化"等，为PPP项目资产证券化提供了顶层设计。

2014年12月24日，证券投资基金业协会发布《资产证券化业务基础资产负面清单指引》，该指引的附件《资产证券化基础资产负面清单》第一条规定："以地方政府为直接或间接债务人的基础资产（不得作为资产证券化基础资产）。但地方政府按照事先公开的收益约定规则，在政府与社会资本合作模式（PPP）下应当支付或承担的财政补贴除外"。即PPP项目中政府对社会资本支付的付费和补贴款项可以进入资产证券化的基础资产池。

2015年4月25日，发改委等六部门联合发布《基础设施和公用事业特许经营管理办法》（国家发展和改革委员会令第25号），第二十四条指出"国家鼓励通过设立产业基金等形式入股提供特许经营项目资本金。鼓励特许经营项目公司进行结构化融资，发行项目收益票据和资产支持票据等。国家鼓励特许经营项目采用成立私募基金，引入战略投资者，发行企业债券、项目收益债、公司债券、非金融企业债务融资工具等方式拓宽投融资渠道"。该条以资产支持票据为例，明确了资产证券化在PPP项目融资中的重要地位。

2016年8月10日，国家发改委发布《关于切实做好传统基础设施领域政府和社会资本合作工作的通知》（发改投资〔2016〕1744号），明确提出："推动PPP项目与资本市场深化发展相结合，依托各类产权、股权交易市场，通过股权转让、资产证券化等方式，丰富PPP项目投资退出渠道。提高PPP项目收费权等未来收益变现能力，为社会资本提供多元化、规范化、市场化的退出机制，增强PPP项目的流动性，提升项目价值，吸引更多社会资本参与。"1744号文再一次提出了PPP项目的资产证券化问题，明确表达了国家政策层面对PPP项目资产证券化的鼓励和支持。

自此，通过资产证券化方式对PPP项目进行盘活融资在各个层面都得到政策鼓励，而后发改委、证监会及财政部、中国人民银行、证监会相继联合发文就PPP资产证券化的具体实施予以规范和明确。

（1）发改委、证监会《关于推进传统基础设施领域PPP项目资产证券化相关工作的通知》（发改投资〔2016〕2698号）

2016年12月21日，发改委联合证监会发布通知，指出将重点推动"严格履行审批、核准、备案手续和实施方案审查审批程序，签订规范有效的PPP项目合同，已建成并正常运营2年以上，已建立合理的投资回报机制，并已产生持续、稳定的现金流的传统基础设施领域PPP项目"进行证券化融资。优先选取符合国家发展战略、主要社会资本参与方为行业龙头企业的PPP项目开展资产证券化。

（2）财政部、中国人民银行、证监会《关于规范开展政府和社会资本合作项目资产证券化有关事宜的通知》（财金〔2017〕55号）

2017年6月7日，财政部、中国人民银行、证监会三部委联合发文，明确提出项目公司可基于"收益权、合同债权作为基础资产发行资产证券化产品"，项目公司股东可探索"以能够带来现金流的股权作为基础资产，发行资产证券化产品"，并进一步细化了开展资产证券化的PPP项目筛选程序和工作流程要求。

2. 市场发行情况

上交所、深交所对于PPP项目的资产证券化均开放绿色审批通道，但由于目前进入运营期的优质PPP项目较少，实际发行的PPP资产证券化项目数量较少，截至2022年末市场累计已发行40单，发行规模400.63亿元。其中2017年成功发行10单，规模91.09亿元；2018年成功发行2单，规模10.81亿元；2019年成功发行4单，规模73.92亿元；2020年成功发行7单，规模81.93亿元；2021年成功发行6单，规模

59.83亿元；2022年成功发行10单，规模83.05亿元，如图22-3所示。从业务结构上，最初发行的PPP资产证券化项目大多有强增信安排，无法出表，近年来，较多项目通过弱化直接增信及增设储备金等方式来实现资产出表。

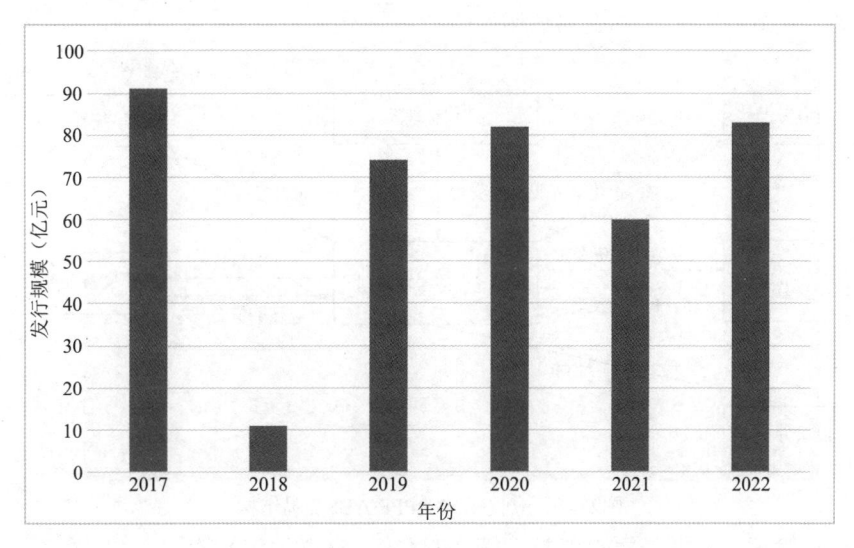

图22-3 历年PPP项目资产证券化产品发行情况

数据来源：Wind。

在目前已发行的40只PPP项目资产证券化产品中，交易所市场和交易商协会市场PPP项目资产证券化产品发行情况如表22-2所示。

表22-2 各交易场所PPP项目ABS发行情况

项 目	合 计	交 易 所	交易商协会
发行只数（只）	40	36	4
发行金额（亿元）	400.63	363.84	36.79

3. 业务模式

（1）收费收益权模式

发起方系PPP项目公司，基础资产为项目公司基于使用者付费或者政府可用性付费、在未来特定年限的收费收益权。该模式项下通常要求股东方/集团方进行担保增信，与其他收费收益权ABS类似，无法做到"会计出表"。PPP收费收益权ABS与其他基础设施相关的收费收益权ABS在业务原理、操作模式、增信要求等方面均类似，在此不再赘述。

（2）应收账款模式

基础资产界定：

在以政府付费为主PPP项目里，基于政府付费金额相对固定，在项目建成后，PPP资产在项目公司资产负债表中主要以"合同资产"入账，体现为"PPP合同应收款"。应收账款ABS模式项下,以未来特定时间、特定范围的PPP合同应收款作为基础资产。

交易结构及步骤:

应收账款类PPP-ABS交易结构如图22-4所示。

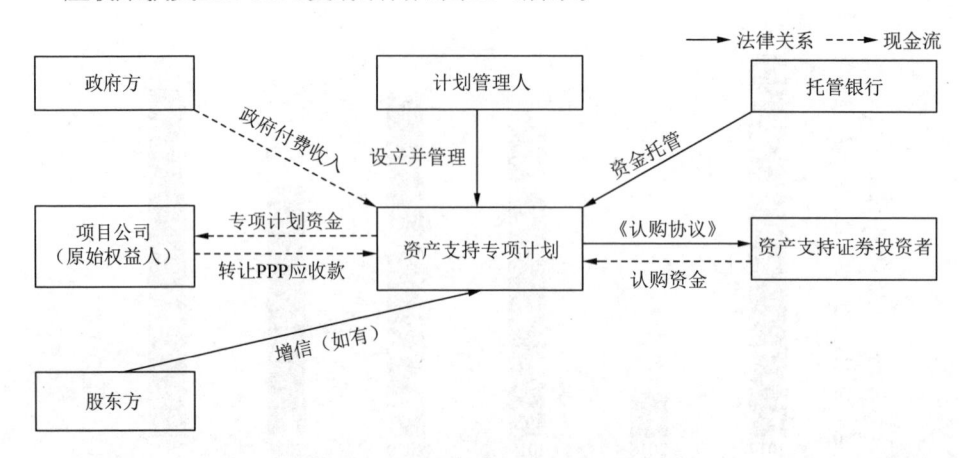

图22-4　应收账款类PPP-ABS交易结构

计划管理人根据与原始权益人签订的《资产买卖协议》的约定,将专项计划资金用于向原始权益人购买基础资产,即原始权益人在专项计划设立日转让给计划管理人的PPP项目应收账款债权。

在项目存续期间,项目公司持续提供PPP运营服务,政府方依据PPP合同等相关约定支付费用,专项计划收到相关付费现金流后进行兑付。

(3) 核心条款及注意要点

资产出表与增信:

从纯融资的角度,ABS模式相比于PPP项目贷款未必有很大优势,尤其是对于高评级的央企、国企股东而言,其开展PPP-ABS更大的动力来自近年来国资委对于压杠杆、降负债的考核,即要求实现"资产出表"。与其他类型ABS品种类似,"出表"与"增信"是一对天生的矛盾。在PPP应收款ABS项目中,目前市场有三类"出表"操作:一是股东方继续提供优先级差补或流动性支持等增信措施,但通过市场化出售一定比例次级,这种模式操作难度相对较小,但需要审计师及内部审批能够认可;二是引入外部担保机构,由担保机构提供增信,难度在于担保机构的审批及担保额度,且增加了整体成本;三是纯粹基于项目自身还款来源,这种情况下对项目资质要求很高,部分一二线或省会城市的地方政府作为付费方的项目有一定操作空间。

融资规模与期限:

PPP项目通常投入大、回报周期长,一般优质项目上存量银行贷款规模也较大,在操作PPP-ABS时还需要考虑融资规模的匹配。一般为了扩大融资规模,会尽可能将融资期限拉长，对应未来更多年限的现金流，同时从销售角度考虑，最终设计为3+3+3年的含权模式。但在含权模式下，由于3年末投资人回售时需要引入流动性支持的增信主体，又会增加"出表"的设计难度。目前部分项目中，通过引入承销商对于回售证券的包销机制进行平衡。

评级逻辑与政府信用：

相比于收费权模式（仅需考虑增信方级别参照），PPP应收款模式下的证券评级逻辑更为复杂，需要综合考虑底层政府付费方的信用资质，以及项目层面一些弱增信安排（如有）的设计。对于单体PPP项目应收款而言，资产的影子评级就等同于单一付费方的财政影子级别。

（4）类REITs模式

类REITs模式中，由SPV持有项目公司股权并获取底层资产收益，如图22-5所示。

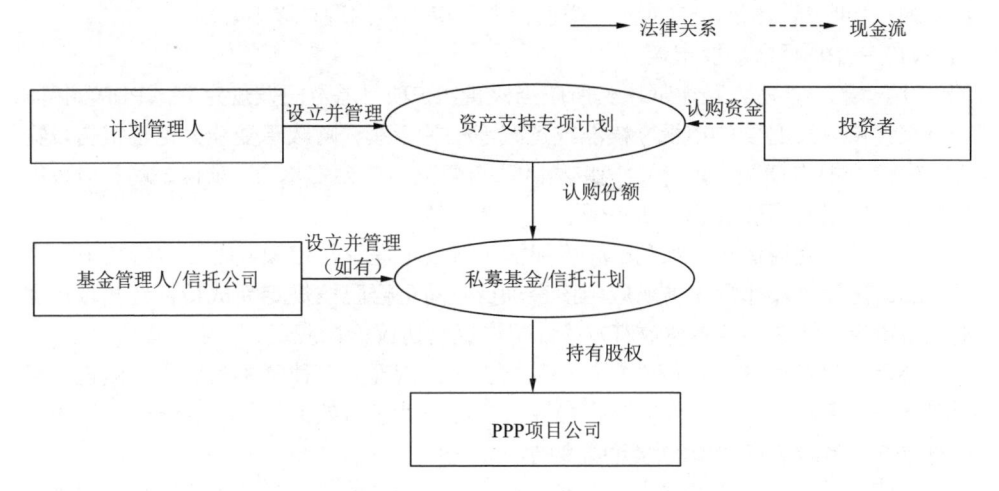

图22-5　PPP-类REITs交易结构

PPP-REITs模式理论上可行，但实操中还是存在诸多技术性难点，目前也仅有个别期次项目得到突破并成功发行。

① PPP底层协议的调整与变更

由于PPP项目涉及前期招标、可行性研究、入库、合同签署、项目建设及运维等诸多环节，流程非常繁杂，且对于引入的社会资本方股东有着严格的要求，股东方股权的转让事宜不仅涉及对于原有PPP协议的变更，更可能会影响项目后续的长期运营，协调成本会很高。部分项目如果股东方本身就是以私募基金等形式参与，且在原有协议安排项下已提前考虑退出条款，则操作起来会相对便利一些。

② 政策条款的限制

根据财金〔2017〕55号文："不得通过资产证券化改变控股股东对PPP项目公司的实际控制权和项目运营责任，实现变相'退出'，影响公共服务供给的持续性和稳定性""项目公司的股东可以以能够带来现金流的股权作为基础资产，发行资产证券化产品，盘活存量股权资产，提高资产流动性。其中，控股股东发行规模不得超过股权带来现金流现值的50%，其他股东发行规模不得超过股权带来现金流现值的70%"。上述条款会直接影响能够开展证券化的股权比例，是否能够突破尚无明确定论。

4. 尽调要求

中国证券投资基金业协会曾在2019年发布《政府和社会资本合作（PPP）项目资产证券化业务尽职调查工作细则》（中基协字〔2019〕292号），以下简称《工作细则》，《工作细则》非常全面地规范了对业务参与人、基础资产的尽调要求。2022年12月30日，上交所发布《上海证券交易所资产支持证券挂牌条件确认规则适用指引第1号——申请文件及编制》《上海证券交易所资产支持证券挂牌条件确认规则适用指引第2号——大类基础资产》，其中对PPP项目开展资产证券化的准入条件和规范要求进一步明确。相比于其他资产类型，主要特殊点体现在以下方面。

（1）PPP项目合规性审查

"第七条 管理人及律师事务所应当核查PPP项目是否已按规定完成PPP项目实施方案评审以及必要的审批、核准或备案等相关手续，财政承受能力论证报告及物有所值评价报告情况（如有）、PPP项目采购情况、社会资本方（项目公司）与政府方签订PPP项目合同的情况、PPP项目入库情况等。

在能源、交通运输、水利、环境保护、市政工程等特定领域需要政府实施特许经营的，管理人及律师事务所应当核查项目公司是否已按规定完成特许经营项目实施方案审定，特许经营者与政府方签订特许经营协议的情况。

使用者付费模式和可行性缺口补助模式下，管理人及律师事务所应当核查项目公司是否取得收费许可文件，该收费许可是否仍处于有效期间；收费价格是否遵循政府定价或者政府指导价的浮动幅度内。

尽调结论应充分支撑PPP项目审批流程完整，核准手续健全，签署协议完善且真实有效，符合相关法律法规及政府其他有关规定。

第八条 管理人及律师事务所应当核查项目建设情况，包括项目建设进度、质量以及是否符合相关政策法规、PPP项目合同以及项目施工合同约定的标准和要求。针对涉及新建或存量项目改建、依据项目合同约定在项目建成并开始运营后才获得相关付费的PPP项目，应核查社会资本方（项目公司）项目建设或改建进度的情况，是否依法履行了基建程序，包括固定资产投资审批、规划、用地、建设、环评、消防、验收等；相应PPP项目是否已经按相关规定或合同约定经验收或政府方认可，并开始运营，有权按照规定或约定获得收益。

尽调结论应充分支撑PPP项目建设情况符合相关法律法规及合同约定，项目基建程序合规，PPP项目有权取得收益。"

（2）地方政府债务及财政相关事项核查

"第九条　管理人及律师事务所应当核查PPP项目是否存在政府方违规提供担保，或政府方采用固定回报、回购安排、明股实债等方式进行变相债务融资等情形。

尽调结论应充分支撑PPP项目不存在现行政策、法律法规规定的关于地方政府违规融资的情况。

第十五条　管理人及律师事务所应当核查在政府付费模式下，政府付费纳入本级或本级以上政府财政预算、政府财政规划的情形；在可行性缺口补助模式下，可行性缺口补助涉及使用财政资金、政府投资资金的，纳入本级或本级以上政府财政预算、政府财政规划的情形。

尽调结论应充分支撑两种付费模式下涉及使用财政资金的情况均已纳入地方政府财政预算。"

（3）新规进一步明确开展资产证券化的PPP项目范围及披露要求

"4.2.2 开展资产证券化的政府和社会资本合作（PPP）项目，原则上应当为纳入财政部PPP示范项目名单或公布的项目库的项目，或者国家发展改革委PPP推介项目库的项目。"

"4.2.3 基础资产为PPP项目受益权、PPP项目资产、PPP项目公司股权的，计划说明书还应当披露下列信息：

（一）PPP项目是否存在政府方违规提供担保，或政府方采用固定回报、回购安排、明股实债等方式进行变相债务融资的情形；

（二）PPP项目合同、项目公司股东协议、融资合同中是否存在社会资本方（项目公司）转让基础资产的限制性约定，或披露是否已满足解除限制的条件、获得相关方转让基础资产的同意等；

（三）PPP项目建设运营中存在尚未付清的融资负债、建设工程结算应付款或需要支付运营成本等情况的，应当披露上述负债偿还或运营成本的支付安排、是否对PPP项目资产现金流归集形成限制、是否可能导致现金流截留风险，以及与社会资本方（项目公司）确定的防范现金流截留风险的措施；

（四）PPP项目是否为纳入财政部PPP示范项目名单或公布的项目库的项目、是否为国家发展改革委PPP推介项目库的项目。"

三、总　　结

PPP对应的基础设施项目普遍投资金额大、周期长、回报率偏低，退出渠道不畅一直是难点课题，资产证券化作为新工具，为PPP项目的退出提供了新思路。PPP资产的部分特点能够有效被ABS工具化解：一是尽管回收周期长，但标准化品种的二级流动性理论上可以得到有效改善；二是在增长放缓、市场无风险收益率显著下行的背景下，PPP资产尽管收益率低，但稳定且安全性高，能够被资本市场部分低风险偏好的固收投资人接受。

同时也要看到，PPP-ABS一直未大规模发行，也表明仍有部分难点难以得到有效解决。

（1）股东方"资产出表"与投资人要求"强增信"的诉求不匹配

如上所述，很多央国企股东开展PPP-ABS最大的诉求在于资产出表、降负债，但投资人普遍认为对PPP项目的底层现金流回款把控力不强（涉及地方政府部门），仍然希望产品能够引入股东方的强增信，双方诉求很难同时匹配。

（2）政府方的协调难度高

开展PPP-ABS，需要作为业主方的地方政府有效配合，在项目操作中一般是要求业主方出具《同意函》，即知晓并认可社会资本方开展ABS，且会按照PPP协议的相关约定进行付费。尽管并未额外增加地方政府的责任与负担，但转变为公开市场产品后，政府部门会认为其付费义务更为刚性，在付费节点等方面弹性空间不大，越是财力有限的区域，顾虑越大。

（3）优质PPP项目的稀缺性

资产证券化仅仅是一个盘活工具，并不能解决底层项目自身的问题。在经历了几十年的基建扩张后，基建项目的边际回报本身就在显著降低，按照很多行业内人员的说法，"能够产生优质现金流的项目早就建完了，也不太可能会缺融资"。且随着地方政府债务不断攀升，部分区域债务风险显著加大，前几年加急上马的一些PPP项目，事实上已经面临政府还款困难、需要展期的困境。选择PPP-ABS的合适标的，往往需要在"好项目"和"坏项目"间找寻合适的平衡。

23. 应收账款是个筐，什么资产都能往里装吗？

导读：如果观察资产证券化产品的分类，基础资产归类为应收账款的最多，既包括既有的应收账款，还包括未来应收账款，既包括正向应收账款，也包括反向应收账款，还有补贴款、质保金等细分类型。本问从应收账款的会计属性和法律定义出发，对不同类型应收账款进行区分，并探究操作中的共性和特点。

一、概念、分类与发行情况

在资产证券化业务实务中，应收账款类型基础资产的内涵和外延实际上已经突破了会计上应收账款的范围，有着更多样化的表现形式。

1. 应收账款的概念定义

根据《会计学》的定义，"应收账款是指企业在正常的经营过程中因销售商品、产品、提供劳务等业务，应向购买单位收取的款项，包括应由购买单位或接受劳务单位负担的税金、代购买方垫付的包装费和各种运杂费等"。应收账款是伴随企业的销售行为发生而形成的一项债权，应收账款的确认与收入的确认密切相关，通常在确认收入的同时，确认应收账款。

根据2020年新颁布的《民法典》，"债务人或者第三人有权以现有的以及将有的应收账款进行出质"，《民法典》认可现有以及将有的应收账款。

根据沪深交易所发布的《企业应收账款资产支持证券挂牌条件确认指南》（以下简称《挂牌指南》），"本指南所称应收账款，是指企业因履行合同项下销售商品、提供劳务等经营活动的义务后获得的付款请求权，但不包括因持有票据或其他有价证券而产生的付款请求权"。

可见，从不同维度出发，应收账款的内涵和外延都会有所差异，作为证券化的基础资产，应收账款ABS也是分类最为繁杂、最易混淆的一种基础资产类型。

2. 应收账款ABS的分类

根据《Wind资产支持证券分类标准》，目前在Wind分类中将一些特定类型的"应收账款"项目进行了单独分类列示，也代表了部分细分资产的个性化特点：

（1）供应链应付账款

供应链应付账款是指以核心企业的上下游交易为基础，以核心企业的信用为保证,出售未来现金流收益获取现时融资。供应链应付账款俗称"反向应收账款",站在核心企业的角度是"应付",而站在上游供应商的角度则是"应收"。

将供应链应付账款单独分类,核心还是基于业务的信用逻辑不同,传统应收账款ABS是从债权人出发,开展的以分散的对下游客户的债权进行的融资;而供应链ABS则是从债务人出发,是基于核心企业作为债务人的强信用,协助分散的上游供应商进行融资。

(2)购房尾款

购房尾款类基础资产一般定义为:基础资产清单所列的由原始权益人在专项计划设立日转让给管理人的,原始权益人因向购房人销售商品房,从而基于购房合同自基准日(含该日)起对购房人享有的要求其支付购房尾款所对应的债权及其附属担保权益(如有)。上述债权包括购房尾款、违约金、赔偿金及其他依据购房合同应由购房人支付的款项。

购房尾款也是应收账款的一种,但由于特定的涉房属性,一般单独分类。

(3)保障房、安置房

保障房ABS一般会嵌套信托贷款结构,对于底层资产的定义为"标的项目项下安置房(含车位等)的未来销售收入"。

由于特定的涉房以及政策属性,将其单独分类。

(4)物业费

在物业费类型基础资产中有定义为物业费收费收益权或物业费债权,对于物业费债权基础资产,是指"依据《前期物业服务合同》《物业服务合同》对业主或开发商所享有的物业费债权"。

综上,由于特定的涉房属性,将其单独分类(在《监管问答三》发布后,交易所物业费ABS已停止发行,目前仅有少量物业费ABN项目发行)。

(5)PPP

由于特殊的项目属性,单独列示。

(6)补贴款

以可再生能源电价补贴款为例,基础资产定义为:"发电企业"因运营特定"发电项目"享有的特定期间内已完成发电但截至"初始起算日"尚未收回的可再生能源电价附加补助资金应收账款(基于《购售电合同》、电费或电量结算单、售电发票、对账单等基础文件)。

补贴款的还款来源基于国家财政,因其特殊属性,单独列示。

(7)保理应收账款

委托人基于受让应收账款、为保理申请人提供保理融资等服务,因而根据保理业务合同的约定,有权收取应收账款回款,以及要求保理申请人向其偿还及支付保理融资本金、保理融资利息、违约金、损失赔偿金及其他依据保理业务合同应由保理申请人向委托人支付的款项的权利。

常规应收账款资产经由保理机构受让后,变为保理应收账款。

除上述特殊细分的资产类型外，其他按照常规"企业应收账款"进行分类，在行业类别上，又以建筑施工行业、医药流通行业等占比较高。

二、案例分析

由于篇幅原因，无法对各类应收账款一一分析，下面以发行规模最大的工程类应收账款为例进行案例分析。

1. 工程应收款ABS

（1）基础资产及尽调要求

基础资产定义：基础资产清单中所列示的，由原始权益人在计划设立日、循环购买日转让给计划管理人的，原始权益人依据工程合同[①]及应收账款转让协议享有的对发包人[②]或其他义务人享有的应收账款（质保金除外）及其附属担保权益，包括初始入池基础资产和后续入池基础资产。

交易所《挂牌指南》对相关挂牌条件进行了明确，也代表了业务过程中的核心尽调要求，主要包括基础资产的合法合规性要求、转让要求、分散度要求等。

"第四条 以企业应收账款作为基础资产发行资产支持证券，初始入池和后续循环购买入池（如有）的基础资产在基准日、初始购买日和循环购买日（如有）除满足基础资产合格标准的一般要求外，还需要符合以下要求：

（一）基础资产界定应当清晰，附属担保权益（如有）的具体内容应当明确。

（二）原始权益人应当合法拥有基础资产，涉及的应收账款应当基于真实、合法的交易活动（包括销售商品、提供劳务等）产生，交易对价公允，且不涉及《资产证券化业务基础资产负面清单指引》。应收账款系从第三方受让所得的，原始权益人应当已经支付转让对价，且转让对价应当公允。

（三）基础资产涉及的交易合同应当合法有效，债权人已经履行了合同项下的义务，合同约定的付款条件已满足，不存在属于预付款的情形，且债务人履行其付款义务不存在抗辩事由和抵销情形。

（四）基础资产涉及的应收账款应当可特定化，且应收账款金额、付款时间应当明确。

（五）基础资产的权属应当清晰明确，不得附带抵押、质押等担保负担或者其他权利限制。已经存在抵押、质押等担保负担或者其他权利限制的，应当能够通过专项计划相关安排在原始权益人向专项计划转移基础资产时予以解除。

（六）基础资产应当具有可转让性。基础资产的转让应当合法、有效，转让对价

[①] 工程合同：是指承包人与发包人签订的与工程设计施工及设备供应有关的《总承包工程合同》《工程合同》《建设工程施工合同》等，以及该等合同的补充及确认该合同项下应收账款的资金拨付申请表、验工计量明细、工程进度款确认书、已完工程量报告、工程计量计价审表和请款单等相关计价文件。

[②] 发包人：就每笔基础资产而言，是指根据各工程合同负有支付应收账款义务的机构，以及任何法律允许的继任机构。

承包人：就每笔基础资产而言，是指根据各工程合同负有工程设计、施工、设备供应等相关义务的承包人及/或其继承人，即初始债权人。

应当公允。存在附属担保权益的，应当一并转让。

（七）应收账款转让应当通知债务人及附属担保权益义务人（如有），并在相关登记机构办理应收账款转让登记。若存在特殊情形未进行债权转让通知或未办理转让登记，管理人应当在计划说明书中披露未进行转让通知或未办理转让登记的原因及合理性，充分揭示风险，设置相应的权利完善措施进行风险缓释。

第五条 基础资产池应当具有一定的分散度，至少包括10个相互之间不存在关联关系的债务人且单个债务人入池资产金额占比不超过50%。"

在具体项目中，则会结合监管要求及基础资产的行业特性和底层业务情况设定合格标准，相关机构进行针对性尽调。

基础资产合格标准（示例）：

• 初始债权人和/或原始权益人已经履行并遵守了基础资产所对应的任一份工程合同项下其所应当履行的义务，合同约定的付款条件已经满足，且发包人未提出因初始债权人和/或发起机构瑕疵履行而要求减少应收账款等主张；发包人不享有任何主张扣减或减免应付账款的权利；基础资产所涉及的应收账款不能违反工程合同要素。

• 基础资产不存在属于预付款或工程借款的情形，且发包人履行其付款义务不存在抗辩事由和抵销情形。

• 自基础资产交付日，原始权益人对基础资产享有能够对抗所有主体的合法的、有效的、可执行的所有者权利。该权利尚未设定任何种类的担保权益或产权负担，但为本项目的增信机构提供反担保所设置的权利质押除外。

• 原始权益人保证基础资产对应同一计价凭证（根据尽职调查结果明确计价凭证）项下的债权全部入池（不包含质保金），同一笔计价凭证不存在分拆的情况。

• 入池基础资产对应发包人与初始债权人和/或原始权益人无正在进行的或将要进行的诉讼、仲裁或其他纠纷，且应均为国有企业。

• 入池基础资产对应发包人最近两年内不存在因严重违法失信行为，被有权部门认定为失信被执行人、重大税收违法案件当事人或涉金融严重失信人的情形，不存在对公司未来财务状况、经营成果、现金流量构成重大不利影响的未决诉讼。

• 工程合同中的发包人系依据中国法律在中国境内设立且合法存续的国有企业法人、事业单位法人，不应为地方政府或截至初始起算日监管部门已经下发的最新《地方政府融资平台全口径融资统计表》等文件列示的非退出类地方融资平台公司。

• 在对应的初始起算日、计划设立日或循环购买日，单一发包人入池应收账款余额占比不超过15%，或发包人及其关联方的入池应收账款余额合计占比不超过20%（根据实际情况设定）。

• 基础资产不包含质保金。

• 基础资产不属于违约基础资产。

• 基础资产对应的全部工程合同及受让协议或凭证等适用法律为中国法律，且在中国法律项下均合法有效，并构成相关发包人合法、有效和有约束力的义务，发起机构可根据其条款向发包人主张权利。

- 基础资产涉及的应收账款基于真实、合法的交易活动（包括销售商品、提供劳务等）产生，交易对价公允。
- 基础资产合法、有效，不存在法律、行政法规限制或禁止转让的情形。转让对价公允，存在附属担保权益的，应当一并转让。
- 基础资产对应应收账款的预期付款日不得晚于本专项计划预期到期日前一个资金归集日，应收账款的预期付款日不能过度集中，任一资金归集日的预期回款金额不得超过发行规模的40%（根据实际情况设定）。
- 基础资产不涉及国防、军工或其他国家机密。
- 基础资产不涉及诉讼、仲裁、执行或破产程序。

（2）交易结构及步骤

应收账款ABS交易结构如图23-1所示。

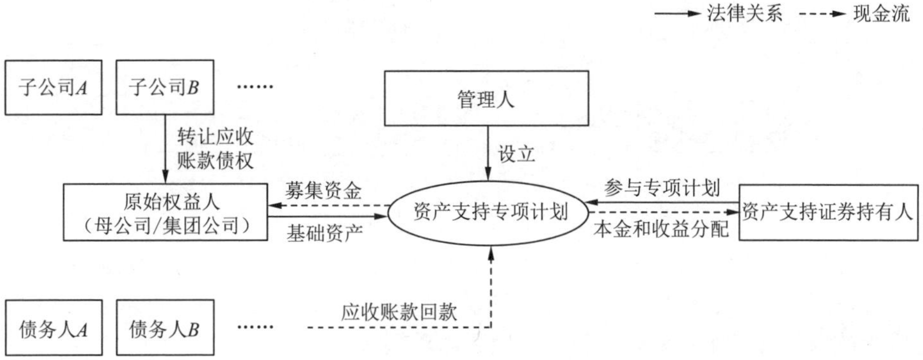

图23-1 应收账款ABS交易结构

原始权益人受让其子公司持有的基础资产（应收账款债权），并将此债权转让予由管理人设立的资产支持专项计划。

投资人通过认购资产支持证券，参与专项计划，管理人将专项计划募集资金转付原始权益人，作为受让基础资产的对价。

专项计划存续期内，债务人将应收账款回款支付至专项计划，由管理人向资产支持证券持有人分配本金及收益。

（3）增信措施与出表判定

该类应收账款资产系最典型的债权类资产，各种内外部增信措施在不同项目中都有不同程度体现，影响因素主要有两方面：一是应收账款的资质情况，包括债务人影子评级、区域、分散度等；二是原始权益人自身的资产出表诉求。

对于持有大量工程应收款的建筑施工企业而言，资产出表的诉求普遍较为强烈，尤其在国资委要求"降负债、降两金"的大背景下。在实际业务中，通常会结合增信条款的强弱、次级销售比例等进行平衡。

2. 工程尾款（质保金）ABS

（1）业务背景

根据《建设工程质量保证金管理暂行办法》（建质〔2017〕138号文，以下简称

"138号文"),"发包人应按照合同约定方式预留保证金,保证金总预留比例不得高于工程价款结算总额的3%"。目前工程建设业务的实际质保金比例在5%左右,部分发包人利用自身强势市场地位,将质保金比例提升至10%及以上。

缺陷责任期内,承包人履行合同约定责任;缺陷责任期满,发包人向承包人返还质保金。质保金条款已被广泛运用到诸如建设工程、承揽加工以及买卖等合同关系中。

根据138号文,缺陷责任期一般为1年,最长不超过2年。建设工程业务实操中,由于发包人的强势市场地位及市场监管不足,质保金通常于工程完成后1~3年内才能到期返还,且2~3年期质保金占比较高,如图23-2所示。

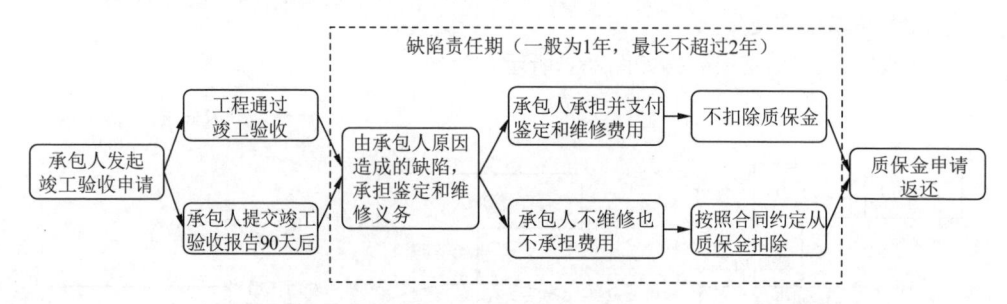

图23-2 质保金回款路径

综上所述,建筑行业质保金规模大、回款期限长且不计息,对建筑企业形成较大资金占用压力,影响企业投资及盈利能力。此外,质保金作为应收款项亦对央国企应收款项压降工作带来较大压力,盘活需求很大。

(2) 资产特征及可行性分析

基础资产定义为:"承包人基于工程合同的约定,有权要求发包人支付工程尾款款项所形成的债权及其附属担保权益(如有),工程尾款款项包括在项目竣工和/或缺陷责任期届满后支付的竣工价款、工程质量保证金和未竣工价款。"

质保金资产入池的主要难度在于其特殊属性,根据《挂牌指南》:

基础资产涉及的交易合同应当合法有效,债权人已经履行了合同项下的义务,合同约定的付款条件已满足,不存在属于预付款的情形,且债务人履行其付款义务不存在抗辩事由和抵销情形。

基础资产的权属应当清晰明确,不得附带抵押、质押等担保负担或者其他权利限制,已经存在抵押、质押等担保负担或者其他权利限制的,应当能够通过专项计划相关安排在原始权益人向专项计划转移基础资产时予以解除。

针对上述难点,一般通过以下缓释方式进行解决和突破:

严格设置合格资产标准,要求"基础资产应当符合《建设工程质量保证金管理办法》的规定,其工程合同已明确约定工程质量要求、缺陷责任期期限、工程质量保证金扣留比例、缺陷责任及工程质量保证金返还安排""如因极端情况导致入池资产被扣留而影响本专项计划回收款时,将触发承包人违约责任,承包人应对本专项计划相关损失进行赔偿"。

由原始权益人出具《维好承诺函》，承诺维护或督促承包人维护与基础资产项下债务人的良好合作关系，积极催收，如债务人对工程质量等方面提出异议，将积极沟通，尽职履责，做好维修等工作，力争全额取得工程尾款。

简而言之，资产证券化基础资产需满足合法形成且可转让和未来现金流可预测且稳定两个主要条件。对于合法形成且可转让的质保金资产，返还的前置条件可归纳为"确保工程质量"和"履行保修义务"，该前置条件亦是影响未来现金流可预测且稳定的关键因素。"确保工程质量"取决于承包方施工能力，"履行维修义务"取决于承包方履约意愿及能力。因而实操中会选择资质背景强的发起主体，且要求在证券端设置相关增信条件，以缓释相关风险。

三、产品特点及操作要求

应收账款类基础资产的关注要点一般体现在资产确权和资产转让的有效性方面。

1. 资产确权

从法律关系上来看，应收账款就是买方和卖方之间的债权，应收债款的确权，确认的就是买方和卖方之间的债权债务关系是否成立。对于银行贷款、融资租赁等基于融资行为的债权类资产，债权要素及借贷双方的意思表示非常清晰，在《借款合同》等文件中都会有很细致的约定。但应收账款是基于经营活动，尽管一般也会有《采购合同》等协议基础，但很多时候仅仅是框架性协议，且当下游客户较为强势时（如医药企业应收账款面向医院），基本上都无法做到对证券化入池的应收账款进行强确权。

在业务实操中，需要根据不同的行业和底层业务类型，结合销售合同、出库单、运输单、验收单、对账单、回款单及相关审批记录等，确认货物或服务已经按照合同约定供应完毕。同时，贸易背景的真实性核查也至关重要。

2. 资产转让

（1）债权转让通知

根据《民法典》第五百四十六条规定："债权人转让债权，未通知债务人的，该转让对债务人不发生效力"。在很多项目中，无法取得完整的债权转让通知及回函，尽管该等债权转让已在原始权益人与计划管理人之间发生法律效力，但对债权人不发生效力。一般都是设置权利完善事件，当触发权利完善事件时，再行通知。

（2）限制性转让条款

如基础交易合同项下存在限制性转让条款，过往项目中一般不允许入池（除非能够签署补充协议进行调整）。在《民法典》出台后，根据第五百四十五条规定："债权人可以将债权的全部或者部分转让给第三人，但是有下列情形之一的除外：（一）根据债权性质不得转让；（二）按照当事人约定不得转让；（三）依照法律规定不得转让。当事人约定非金钱债权不得转让的，不得对抗善意第三人。当事人约定金钱债权不得转让的，不得对抗第三人。"由于应收账款属于金钱债权，即便存在限制性转让条款，原始权益人与债务人之间关于限制债权转让的约定不得对抗第三人，该等约定不影响基础资产转让的有效性。

（3）附属担保权益的转让

根据《民法典》第五百四十七条规定："债权人转让债权的，受让人取得与债权有关的从权利，但是该从权利专属于债权人自身的除外。受让人取得从权利不因该从权利未办理转移登记手续或者未转移占有而受到影响"。因而抵质押等从权利自动随主债权的转移而转移，当触发一些完善事件时，才需要进行变更登记。

（4）转让定价

由于应收账款为不生息资产，受让应收账款时通常为折价受让，折价率需结合发行成本等综合确定。

综上所述，应收账款类资产由于其底层业务的复杂性、回款周期的不确定性等特点，使之成为最多样、也是最复杂的基础资产之一。在不同项目中，最重要的是结合底层业务的特征，进行针对性设计，并把握实质风险。

24. 知识产权ABS有那么高端吗？

导读：尽管发行规模不算很大，但知识产权ABS是近两年市场颇多关注的一个品种，本问从知识产权资产的定义、分类出发，对目前市场已经出现的知识产权ABS业务模式进行简要分析。

一、业务背景与市场情况

创新型中小企业的融资在全球范围内都是备受关注的问题，对于拥有知识产权资产的创新企业，如能将本来需要数年、数十年才能实现的知识产权收益在当期体现，改善现金流状况，或利用所得现金进行后续研发，对于其长期持续发展都大有裨益。在鼓励知识产权创新融资的大背景下，知识产权资产证券化近年受到颇多关注。

2015年3月，国家知识产权局颁布《关于进一步推动知识产权金融服务工作的意见》，提出推进证券业与知识产权的有效对接。财政部、国家知识产权局2020年5月7日发布《关于做好2020年知识产权运营服务体系建设工作的通知》，以下简称《通知》。继续在全国选择若干重点城市支持开展知识产权运营服务体系建设。《通知》提出，扩大知识产权质押融资规模，依法依规推进知识产权证券化。2021年9月，中共中央、国务院印发《知识产权强国建设纲要（2021—2035年）》，明确提出了"积极稳妥发展知识产权金融""规范探索知识产权融资模式创新"。

1. 产品定义

知识产权资产证券化，是指以可产生现金流的知识产权资产或其衍生资产作为基础资产，并以其未来所产生的现金流（预期收入）为支持，发行资产支持证券进行融资的融资方式。

知识产权一般定义为权利人对其所拥有的知识资本所享有的专有权利或独占权，实务中可分为以下主要品类，如图24-1所示。

2. 我国知识产权市场情况

以2022年前三个季度为例，此期间授权专利329.09万件，其中发明和实用新型专利以企事业单位授权为主，如图24-2所示。2022年前三个季度，共申请商标581.26万件，其中成功注册商标471.35万件，如图24-3所示。

在著作权方面，截至2021年末登记著作权626.44万件，其中计算机软件占比最高，达到36.40%，影视作品、录音录像制品和音乐作品占比5.99%，如图24-4所示。

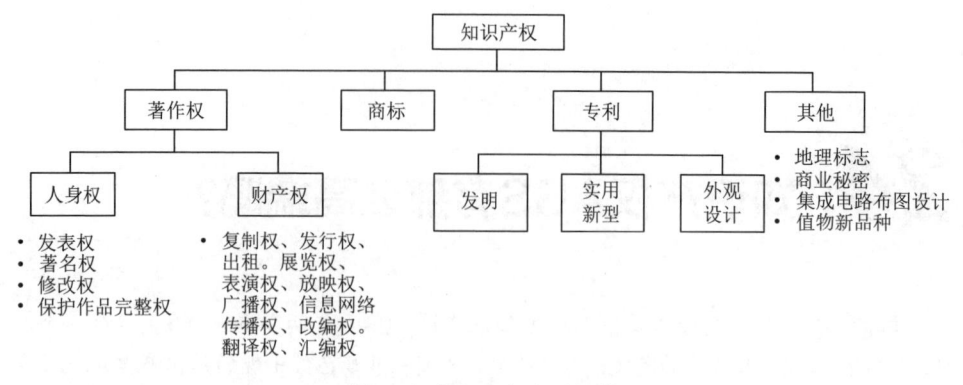

图24-1　知识产权主要品类

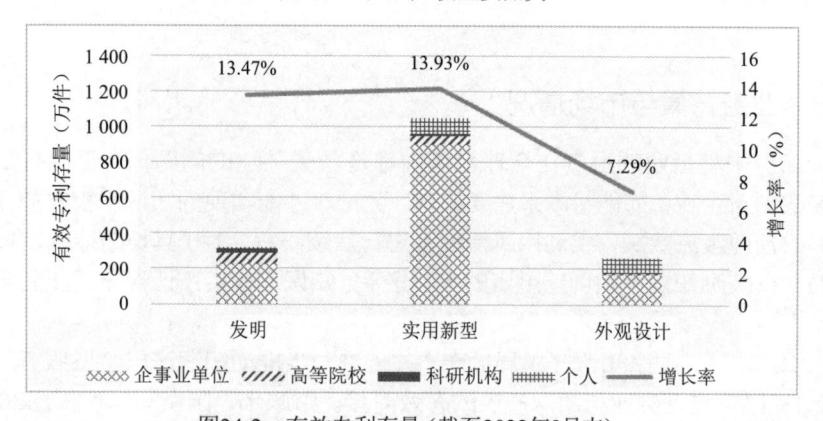

图24-2　有效专利存量（截至2022年9月末）

数据来源：国家知识产权局、国家版权局。

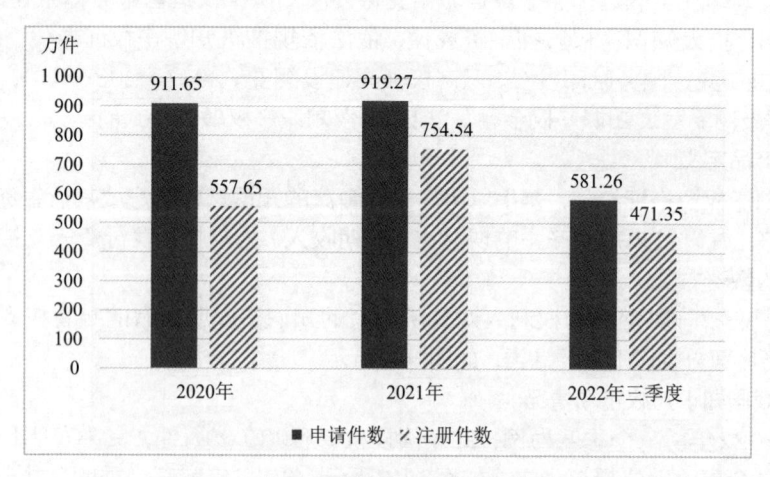

图24-3　商标注册和申请件数

数据来源：国家知识产权局、国家版权局。

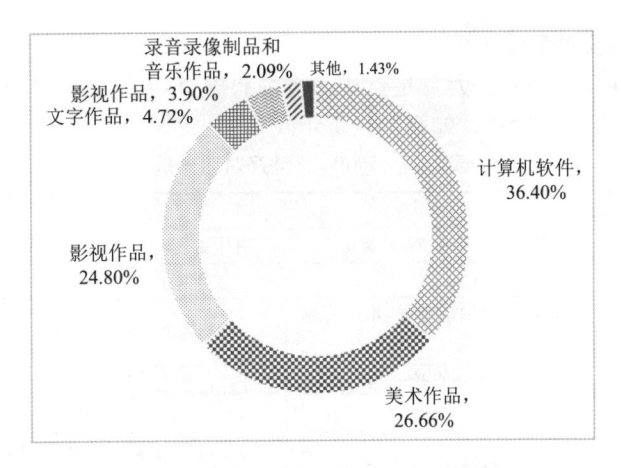

图24-4 著作权登记量分布（2021年末）

数据来源：国家知识产权局、国家版权局。

3. 知识产权ABS发行情况

知识产权ABS的发行离不开区域创新土壤，再叠加近年来各地对于知识产权融资的补贴鼓励政策，使得知识产权ABS的发行呈现明显的区域特征。截至2022年末，国内成功发行过知识产权资产证券化产品的省份分别为安徽省、北京市、广东省、江苏省、山东省、上海市、天津市、浙江省，其中，广东省发行规模达到全国发行总规模的63.47%，如图24-5所示。

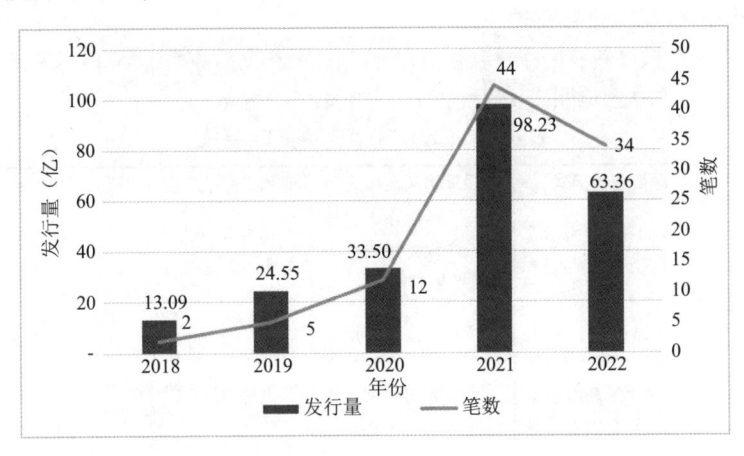

图24-5 2018—2022年知识产权ABS发行规模

二、产品模式

知识产权资产的分类较为多样，相应地，需结合不同细分类型资产的法律特征和收费来源等设计相应的业务模式。

1. 知识产权资产的法律特征

为便于对知识产权资产尤其是其法律特征有更直观的了解，与日常较为常见的动产、不动产进行对比分析，如表24-1所示。

表24-1 动产、不动产对比分析

	知识产权	动产	不动产
权利客体	创造性智慧成果和工商业标记	有体物	
权利实现方式	依靠法律保障	一般可以通过事实占有实现对客体的支配	
保护期限	有明确的保护期，保护期届满，权利归于消灭	与自然寿命一致	
地域性	只在本国范围内有效，需要分别向各国申请	国内国外皆有效	
排他性	较弱，容易被侵权	一旦占有，就基本排除了别人占有的可能性，被侵权可能性小于知识产权	
担保方式	只能质押	可以抵押、质押	只能抵押
所有权变动方式	只有财产权可以转移，人身权不可转移，转移须经登记后方可生效	交付时转移所有权	登记后转移所有权
不确定性	任何单位和个人认为专利不符合标准，可以提出专利无效	较小	
强制许可	出于公共利益，反垄断等原因，对于发明和实用新型专利，专利局可以绕过专利权人实施许可	无	

2. 知识产权ABS业务模式

基于知识产权资产的法律特性，以及其收费或收益来源情况，目前市场上发行的知识产权ABS主要包括以下四种模式，如表24-2所示

表24-2 知识产权ABS的四种模式

	融资租赁模式	保理供应链模式	专利或商标二次许可模式	小贷+质押模式
基础资产	与科技型企业形成的知识产权租金债权	与上游合作方通过知识产权使用费形成的应收账款债权	与企业形成的专利许可实施费债权	贷款本息债权
底层交易	知识产权持有人向融资租赁公司出售知识产权，获得购买价款，并分期支付租金以租用知识产权	债权人提供知识产权服务，与债务人形成应收账款，并将债权转让给保理公司，获得融资	专利权人以独占许可的方式，将其持有的特定专利授权予融资租赁公司，获得专利许可使用费，并分期支付专利许可实施费以得到反授权	贷款人将知识产权质押给放款人获取贷款，并按照借款合同分期支付本息
知识产权类型	发明专利、实用新型专利、著作权、商标	著作权	发明专利、实用新型专利、商标	发明专利、实用新型专利、软件著作权
增信措施	内部分层、超额覆盖、差额支付承诺、担保	内部分层、超额覆盖、差额支付承诺、担保、知识产权质押		
适用客体	融资租赁公司	保理公司	融资租赁公司	小贷公司

(1) 融资租赁模式

融资租赁模式的承租人大多为能够自主研发知识产权的科技型企业，知识产权类型包括发明专利、实用新型专利、著作权、商标等，如图24-6所示。

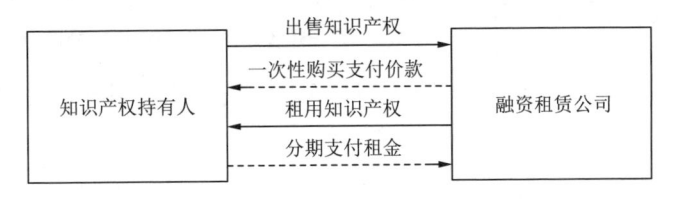

图24-6 知识产权融资租赁融资模式

在融资租赁模式项下，其交易结构类似于常规的租赁ABS，一般如果由融资租赁公司主导发行，则由融资租赁公司（或其股东方）进行增信，如融资租赁公司仅仅作为放款通道，则通常会引入担保公司等第三方进行增信，如图24-7所示。

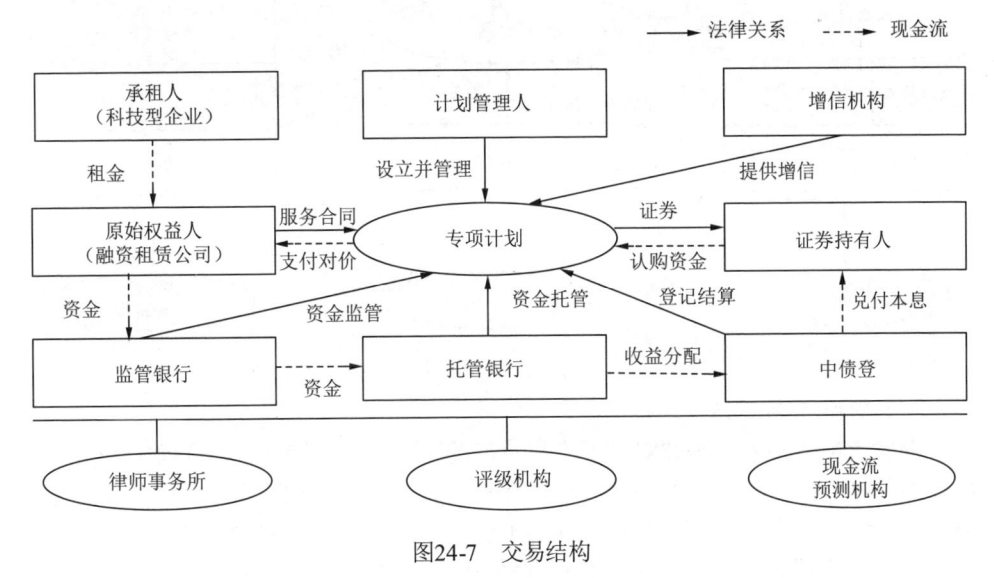

图24-7 交易结构

简要交易步骤如下：

持有知识产权资产的企业（作为承租人）与融资租赁公司签订《融资租赁合同》，以知识产权资产作为租赁物，通过售后回租的方式取得租赁款项。并约定一定期限后，承租人将支付一笔留购价款，购回知识产权的所有权；

融资租赁公司作为资产证券化的发起机构和原始权益人，将所发放的一批融资租赁债权打包（10户以上），与计划管理人设立的专项计划签署《资产买卖协议》，约定将融资租赁债权转让给专项计划；

计划管理人基于所受让的基础资产（融资租赁债权）发行资产证券化产品。

(2) 小贷+质押模式

目前，市场上以小贷公司作为原始权益人发行的知识产权ABS规模最大，涉及的知识产权类型包括发明专利、实用新型专利、软件著作权等，如图24-8所示。小贷模式相比于融资租赁模式，仅仅是将放款主体由融资租赁公司替换为小贷公司，同时企业方（持有知识产权资产的主体）以知识产权资产对该笔小贷还款进行质押增信，如图24-9所示。

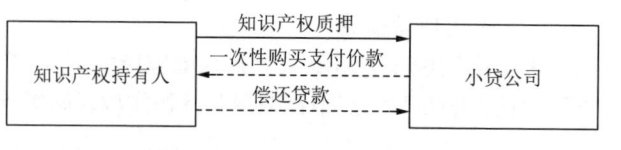

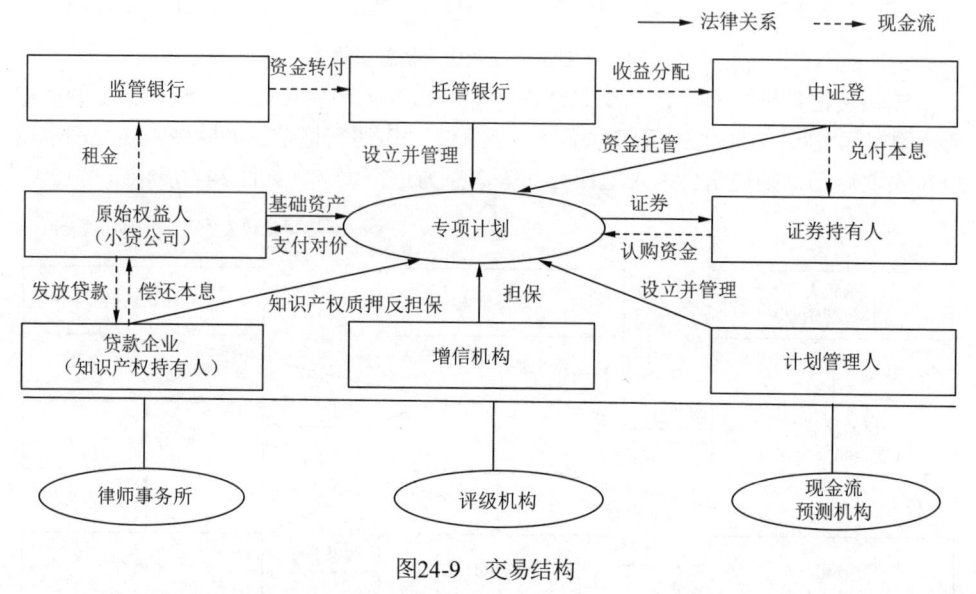

图24-8 知识产权小贷融资模式

图24-9 交易结构

（3）专利/商标二次许可模式

在融资租赁模式下需要对知识产权资产的所有权进行转让、小贷模式下需要进行质押，对于一些特定类型的知识产权资产，如果转让或质押影响企业方或其他使用方对知识产权的使用，会通过专利许可与二次许可的方式来操作。

"二次许可"模式其交易结构类似融资租赁模式，最初发行的基础资产类型为发明专利、实用新型专利。推出后迅速在各个区域得到复制，资产类型由专利权扩展至商标权。

专利权人以独占许可专利的方式，将其持有的特定专利授权予原始权益人融资租赁公司后反授权给专利权人，专利权人一次性获得专利许可使用费实现融资，如图24-10所示。

简要交易步骤如下：

持有知识产权资产的企业（作为许可方）与第三方公司（作为被许可方，一般为融资租赁公司或保理公司）签署《专利独占许可协议》（以下简称"第一次专利许可合同"），在第一次专利许可合同项下，专利权人作为许可方，将特定专利授予第三方公司（作为被许可方）实施专利，第三方公司相应取得特定专利的约定权益及再许可权利,并根据第一次专利许可合同的约定,一次性向专利权人支付许可费。

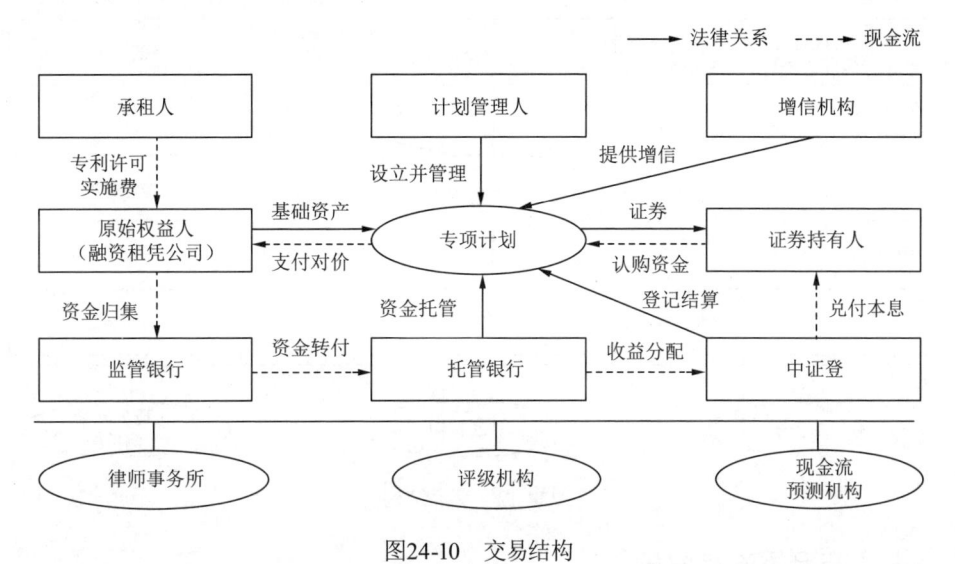

```
                                          ──► 法律关系    ----► 现金流
```

图24-10 交易结构

基于第一次专利许可合同取得特定专利的约定权益及再许可权利,第三方公司(作为许可方)与使用方(作为被许可方)签署《专利独占许可协议》(以下简称"第二次专利许可合同"),在第二次专利许可合同项下,第三方公司(作为许可方)基于其根据第一次专利许可合同而取得的对特定专利享有的权益及再许可权利,以独占许可专利的方式,将特定专利授予专利客户(作为被许可方)实施专利,专利客户相应取得基于该等特定专利生产专利产品的权利,并根据第二次专利许可合同的约定支付许可费。

特别注意的是,使用方不一定是知识产权的原持有方,也可以是其他实际最终使用知识产权的主体。

（4）保理供应链模式

供应链模式基础资产为采购人与上游合作方通过知识产权交易形成的应收账款,主要适用于大型音频、视频平台,如图24-11所示。

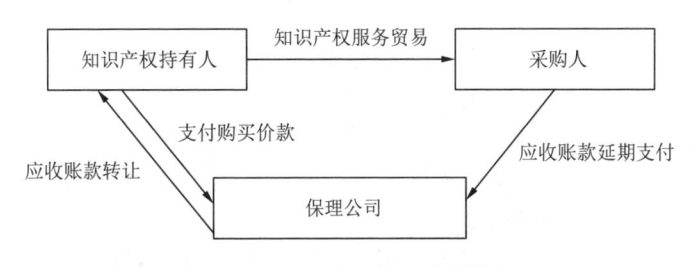

图24-11 知识产权保理融资模式

知识产权供应链ABS模式类同于传统的反向供应链ABS,依托于核心债务人的信用,如图24-12所示。

图24-12 交易结构

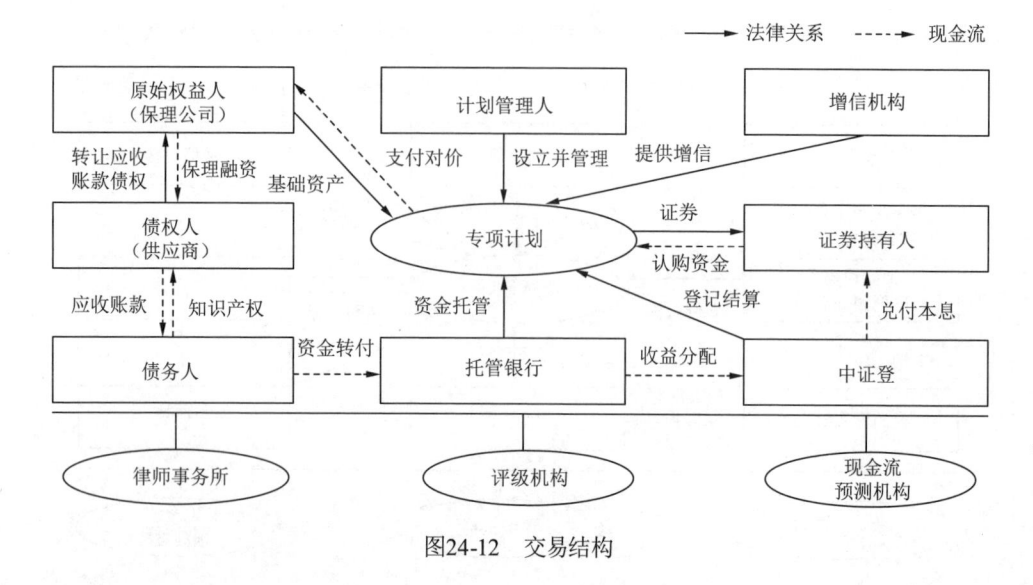

三、产品重难点分析

由于知识产权资产的价值认定、现金流评估难度较大，并且法律属性复杂，在业务过程中，需要尽可能地将相关问题点考虑全面。

1. 知识产权资产在价值认定等方面难度较大

（1）知识产权估值的难度大

无论是著作权、专利权还是商标权，其市场价值不仅不易评估，而且会遭受消费者偏好、替代品出现、科技更新等因素的影响。如知识产权的法定保护期即将届至，权利还会因进入公共领域而贬值。

（2）知识产权权利本身的不稳定性

例如，经形式审查的实用新型和外观设计专利或自动取得的著作权被宣告无效的风险较大。审查机构受知识、经验、技术和资源等因素的制约，经实质审查取得的知识产权，也可能面临被宣告无效的风险。

（3）知识产权具备重复可利用性

如著作权可以通过签订非专有许可使用合同许可多人使用，专利权和商标权则可以通过普通使用许可而分别授予不同人使用。

如在作为资产证券化底层资产的同时，知识产品又被授予其他主体使用，则必然使原被授权人面临竞争，影响入池资产现金流收益，从而伤及投资人利益。

（4）知识产权具备可分割性

知识产权的不同权能可授予不同的人使用。特别是在版权领域，如将某作品的表演权、放映权、信息网络传播权等分别授予不同人或不同区域的人使用，将出现不同主体彼此地位、权利内容不同却并存于共同知识产品之上的局面。

如果其中一项权利作为资产证券化底层资产，其他权能产生的收益不入池，被证券化资产会面临替代性竞争而被稀释。

2. 业务开展过程中注意事项

（1）对权利转让、实施许可等公示情况进行充分核查

随着各类知识产权公示的法律规定不断齐全，业务过程中应充分注重对知识产权各种公示情况进行核查，排除那些可能面临侵权、诉讼或可能被宣告无效的专利权，如表24-3所示。

表24-3　几类主要知识产权的审查、转让及许可要求

	专利权			著作权	商标权
	发明	实用新型	外观设计		
审查方式	实质审查	形式审查	形式审查	自动取得	实质审查
转让手续	登记生效			不强制备案 备案可以对抗善意第三人	核准 公告后生效
许可手续	备案，但不备案不影响许可合同效力			不强制备案 备案可以对抗善意第三人	应当备案，但不备案不影响许可合同效力

（2）谨慎选择知识产权资产，把握知识产权有效期

不同知识产权资产的价值稳定性存在天然差别，需结合行业发展情况、市场情况等进行专业评估，有赖于行业专业机构的调研分析。

另外从法律规定上来看，部分知识产权资产有着明确保护期，比如《专利法》规定"发明专利权的期限为20年，实用新型专利权和外观设计专利权的期限为10年"；《著作权法》规定"公民的作品，其保护期为作者终生及其死亡后五十年，截至作者死亡后第五十年的12月31日；如果是合作作品，截至最后死亡的作者死亡后第五十年的12月31日""法人或者其他组织的作品，权利的保护期为五十年，但作品自创作完成后五十年内未发表的，本法不再保护"。

整体而言，知识产权ABS的复杂点是需要针对不同类型知识产权资产设计收费模式，以形成基于知识产权的适格"现金流"，随着知识产权资产类型的不断丰富，未来一定也会出现更多的知识产权ABS业务模式，同时知识产权资产的现金流预测、估值方式、评级方法等也将进一步完善。

25. 不良资产是否真不良？

导读：由于不良资产特殊的风险属性，不良资产ABS的技术评估通常也会更加复杂，但在深入研究、充分评估的基础上，不良资产支持证券的投资收益往往颇为可观。本问就国内不良资产证券化的市场情况及产品特征进行介绍及分析。

一、不良资产及其市场情况

从市场标准以及监管要求来看，对何谓"良性"资产、何谓"不良"资产划分并没有统一的分类标准和方法。一般而言，主要采用以风险、营利能力等方法对资产进行分类。从会计学角度，不良资产又对应会计科目里的"坏账"。

常见的广义不良资产类型包括债权类不良资产、实物类不良资产及股权类不良资产，其中最常见、占比最多的是债权类不良资产，尤以银行为代表的金融机构表内不良资产最为典型。

近年来，随着经济承压，银行机构不良资产压力持续增大。根据中诚信国际的统计：截至2022年9月末，商业银行不良贷款余额为2.99万亿元，较2021年末增加1 442.21亿元，增长率达到5.07%；不良贷款率为1.66%，较2021年末下降0.07个百分点。2021年，银行业通过清收、核销、转让等多种方式处置不良资产3.13万亿元，处置规模已连续两年突破3万亿元。2022年1—9月，银行业处置不良资产2.14万亿元。截至2022年9月末，商业银行关注类贷款余额为4.02万亿元，较2021年末的3.81万亿元略有增长，如图25-1所示。

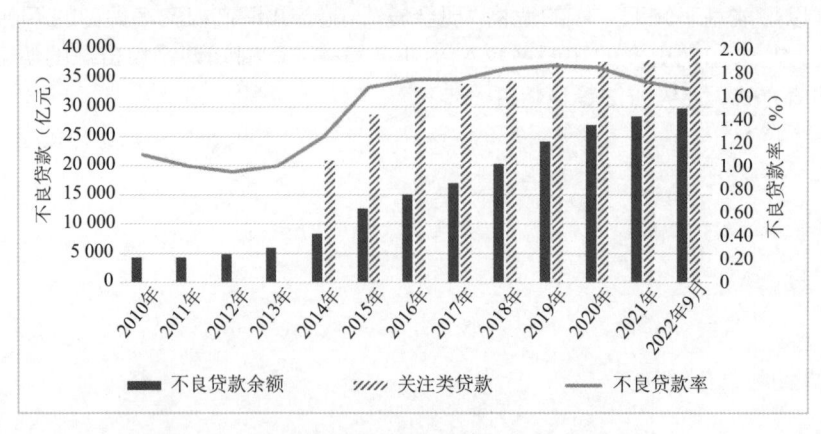

图25-1 中诚信国际统计的不良贷款余额、不良贷款率

2020年和2021年不良ABS发行规模分别为282.60亿元和299.92亿元，约占当年度银行不良资产处置规模的0.94%和0.96%，已成为银行不良资产处置渠道的有效补充。

二、不良资产证券化发展历程

不良资产证券化发展历程如图25-2所示。

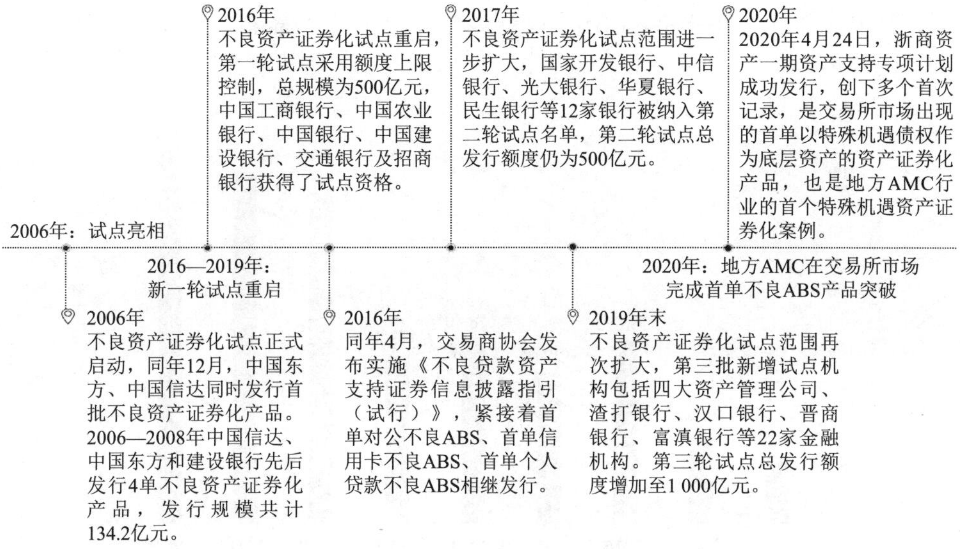

图25-2　不良资产证券化发展历程

（1）2006年：试点亮相

2006年，不良资产证券化试点正式启动，同年12月，中国东方、中国信达同时发行首批不良资产证券化产品。2006—2008年，中国信达、中国东方和建设银行先后发行4单不良资产证券化产品，发行规模共计134.2亿元。

（2）2016—2019年：新一轮试点重启

2016年，不良资产证券化试点重启，第一轮试点采用额度上限控制，总规模为500亿元，工商银行、农业银行、中国银行、建设银行、交通银行及招商银行获得了试点资格。

同年4月，交易商协会发布实施《不良贷款资产支持证券信息披露指引（试行）》，紧接着首单对公不良ABS、首单信用卡不良ABS、首单个人贷款不良ABS相继发行。

2017年，不良资产证券化试点范围进一步扩大，中信银行、光大银行、华夏银行、民生银行等银行被纳入第二轮试点名单，第二轮试点总发行额度仍为500亿元。

2019年末，不良资产证券化试点范围再次扩大，第三批新增试点机构包括四大资产管理公司、渣打银行、汉口银行、晋商银行、富滇银行等22家金融机构，第三轮试点总发行额度增加至1 000亿元。

（3）2020年：地方AMC在交易所市场完成首单不良ABS产品突破

2020年4月24日，浙商资产一期资产支持专项计划成功发行，创下多个首次纪录，是交易所市场出现的首单以特殊机遇债权作为底层资产的资产证券化产品，也是地方AMC行业的首个特殊机遇资产证券化案例。

截至2022年末，全市场不良资产证券化产品发行超过1 600亿元，绝大部分在银行间市场发行，交易所市场仅有几单创新试点。

自2016年新一轮不良ABS试点重启以来，历年发行规模呈现平稳上升态势，如图25-3所示。

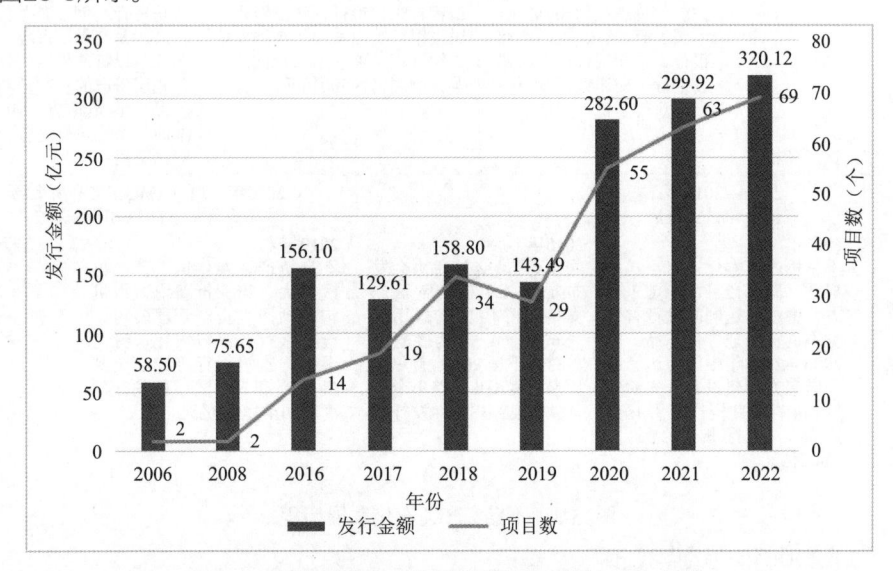

图25-3　银行间市场不良资产支持证券历年发行规模

从基础资产构成来看，个人住房抵押不良贷款、信用卡不良贷款及企业不良贷款是占比排在前三位的，如表25-1所示。

从发起机构参与情况来看，目前国有大行及股份制银行仍然是发行的主力，如表25-2所示。

表25-1　银行间市场不良资产支持证券发行构成（截至2022年末）

资产类型	累计发行规模（亿元）	累计发行单数（只）
个人消费不良贷款	57.96	23
个人住房抵押不良贷款	504.77	38
其他不良贷款	102.40	4
企业不良贷款	404.87	27
汽车不良贷款	8.52	2
小微企业不良贷款	86.18	30
信用卡不良贷款	460.11	163
总计	1 624.81	287

表25-2　截至2022年末各批试点机构不良资产证券化产品发行情况

试点批次	发起机构	发起机构类型	累计发行单数
第一批	工商银行	国有银行	42
第一批	建设银行	国有银行	49
第一批	中国银行	国有银行	17
第一批	农业银行	国有银行	25
第一批	交通银行	国有银行	12
第一批	招商银行	股份制银行	30
第二批	中信银行	股份制银行	14
第二批	光大银行	股份制银行	2
第二批	华夏银行	股份制银行	3
第二批	民生银行	股份制银行	15
第二批	兴业银行	股份制银行	12
第二批	平安银行	股份制银行	11
第二批	浦发银行	股份制银行	23
第二批	浙商银行	股份制银行	6
第二批	北京银行	城商行	1
第二批	江苏银行	城商行	2
第二批	杭州银行	城商行	1
第三批	中国华融	资产管理公司	1
第三批	中国东方	资产管理公司	3
第三批	贵阳银行	城商行	3
第三批	广发银行	股份制银行	6
第三批	邮储银行	国有银行	6
第三批	中国信达	资产管理公司	3

目前部分地方AMC公司在交易所市场尝试不良资产ABS业务，但仍属于小范围试点突破阶段，整体规模较小，如表25-3所示。

表25-3　交易所市场部分不良ABS产品情况

项目名称	原始权益人	发行规模	资产类型	发行时间
浙商资产一期资产支持专项计划	浙江省浙商资产管理有限公司	5	特殊机遇债权	2020-04-21
招商平安资产支持专项计划	深圳市招商平安资产管理有限责任公司	10	不良资产应收款债权	2022-03-23
浙商资产1号资产支持专项计划	浙江省浙商资产管理有限公司	14.40	特殊机遇债权	2022-12-28
贵州AMC重组债权资产支持专项计划	贵州省资产管理股份有限公司	10	不良资产重组债权	反馈阶段[①]

资料来源：作者整理。

---

① 截至2023年1月10日最新状态。

三、案例分析

下面分别基于2022年9月26日和2022年9月22日发行的一单对公类不良资产ABS及一单零售类不良资产ABS进行演示分析。

1. 对公类不良资产ABS

（1）交易结构

交易结构如图25-4所示。

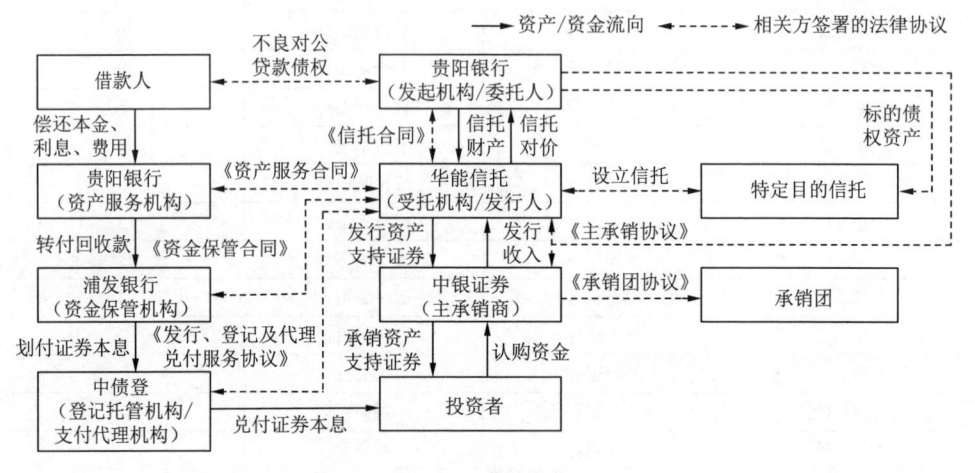

图25-4 交易结构

（2）基础资产及特征

基础资产及特征如表25-4所示。

表25-4 基础资产及特征

初始起算日	2022-06-02 00:00
贷款笔数	50
借款人户数	36
截至初始起算日资产池未偿本息余额（万元）	82 746.08
资产池的整体回收率（%）	9.83
证券实际发行金额（万元）	5 300.00
资产池的超额抵押比率（%）	1 561.25
抵质押贷款本息余额占比（%）	63.13
信用贷款本息余额占比（%）	0
保证贷款本息余额占比（%）	36.87
前五大债务人本息余额占比（%）	71.10
前十大债务人本息余额占比（%）	78.20
单户债务人最大未偿本息金额（万元）	28 932.20
单户债务人最小未偿本息金额（万元）	435.12
单户贷款平均本息余额（万元）	2 298.50

(3)基础资产价值评估相关的尽调、估值和回收预测

中债资信根据借款人违约时所处的经营状态并结合对偿债意愿的评估及最可能处置方案,选取不同的评估方法对借款人偿债能力进行判断,估算借款人回收金额和回收时间。

① 借款人分析

中债资信在判断债权有效的基础上,根据借款人经营现状及最可能处置方案,对借款人偿债能力和偿债意愿进行评估,对于违约时仍正常经营的借款人,通过评估其持续经营产生的可偿债经营净现金现值估算借款人回收率,对于违约时已停止经营或仅能维持经营的借款人,通过评估企业在假设破产清算状态下资产的清收价值估算借款人回收率,如表25-5所示。

表25-5 估算借款人回收率

回收背景	评估方法	适用范围
停产或倒闭,且从产业竞争力、实际控制人意愿等角度,不具备继续运营可能性,有证据表明存在有效资产	假设清算法	(1)非持续经营条件下的企业; (2)仍在持续经营但不具有稳定净现金流或净现金流很小的企业
企业虽不能按约还债,但企业目前仍然持续经营,或虽已停产但从产业地位看仍具备一定竞争力和持续经营可能性,同时企业实际控制人有强烈复产意愿且复产不存在其他	现金流偿债法	(1)有持续经营能力并能产生稳定可偿债现金流的企业; (2)企业经营、财务资料规范,能够依据以前年度经营情况对未来进行合理预测

② 保证人分析

中债资信在判断保证担保有效和明确担保金额及性质的基础上,对自然人保证人和非自然人保证人采取不同的方法估算保证人回收率。对于自然人保证人,主要考虑自然人名下个人财产变现价值对本次入池不良资产的保障;对于非自然人保证人,如保证人已违约,或保证人没有违约但不能正常经营,则保证人回收率取为0;如保证人没有违约且正常经营,原则上综合考虑担保意愿、保证人与借款人之间的关联关系、担保性质、担保金额、担保期限、保证人的级别等因素,重点分析保证人偿债能力和偿债意愿,定量评估保证人回收率,此时需关注保证人核心资产受限情况,如果保证人核心资产已抵质押给入池贷款,则借款人违约时,抵质押物的处置会对保证人的正常经营造成影响。基于审慎原则,本期对保证人的回收率采用"一户一议"的措施予以估值。

③ 抵质押物分析

中债资信对抵质押物的评估是建立在抵质押物清收价值判定的基础上,抵质押物清收价值即处置价值减去处置成本,是对抵质押物快速变现价值的预估,通常低于正常市场情况下的价值。在评估抵质押物清收价值时,中债资信先对抵质押物有效性进行判断,再结合现场调研结果、公开可得信息等对抵质押物价值进行估算,并综合考虑影响抵质押物变现的因素及可能的处置方式,判断抵质押物清收

价值。

考虑疫情期间，复工的延迟及开工率的降低或使得借款人的营业收入下降，从而降低还款能力。同时，资产服务机构的催收效果可能不及预期，诉讼拍卖周期可能会延长，导致回收率及回收时间可能会存在波动。因此，中债资信针对疫情对回收带来的不确定性在回收总金额和回收时间分布上均考虑以上不利因素，并从清收价值及回收时间分布两方面加以调整。

（4）增信条款

信用增级措施方面，本期采用优先档/次级档分层及设立流动性储备账户。

（5）评级思路、方法与分层结果

中债资信对爽誉2022年第二期不良资产支持证券的评级，考虑了基础资产回收估值情况、信用增级措施和证券交易结构，并通过模型进行量化分析。

中债资信认为，本期证券入池基础资产主要为发起机构的不良对公贷款，抵质押担保贷款的入池未偿本息余额占比为63.13%；在综合考虑借款人、保证人及抵质押物等相关特征，基于其可行的处置回收方案，对于基础资产未来现金回收情况进行评估。经过分析评估，中债资信认定本期证券资产池整体的回收率水平为9.83%。信用增级措施方面，本期采用优先档/次级档的内部信用增级措施，资产预计可供分配的回收金额形成的超额抵押能够为优先档证券本息偿付提供较好的信用支持；交易结构方面，本期证券相关参与机构具备成为服务机构的尽职能力，同时设置了流动性储备金账户以缓释证券的流动性风险，从整体来看，证券的交易结构风险较低。结合评级模型测算结果，中债资信确定本期信贷资产支持证券的评级结果为：优先档证券的信用等级为AAAsf，次级档证券未予评级。

（6）现金流分配

在"违约事件"发生前，主要分配顺序如下：

应缴纳的相关"税"及应支付部分服务机构的"固定服务费用"；

应支付的"优先档资产支持证券"的利息金额；

将相应金额记入"信托（流动性）储备科目"，使该账户的余额不少于"必备流动性储备金额"；

偿还"优先档资产支持证券"的本金，直至所有"优先档资产支持证券"的"未偿本金余额"为零；

应支付的"资产服务机构""基本资产服务费"；

偿还"次级档资产支持证券"的本金，直至所有"次级档资产支持证券"的"未偿本金余额"为零；

按"次级档资产支持证券固定资金成本"向"次级档资产支持证券持有人"全部清偿完毕；

在"次级档资产支持证券固定资金成本"偿还完毕后，将剩余资金的80%作为"超额奖励资产服务费"金额（如有）支付给"资产服务机构"；

将所有余额作为"次级档资产支持证券"的收益进行分配。

相比于正常类资产的分配，不良ABS的分配中会突出资产服务机构的超额服务费。

2. 零售类不良资产ABS

（1）交易结构

交易结构如图25-5所示。

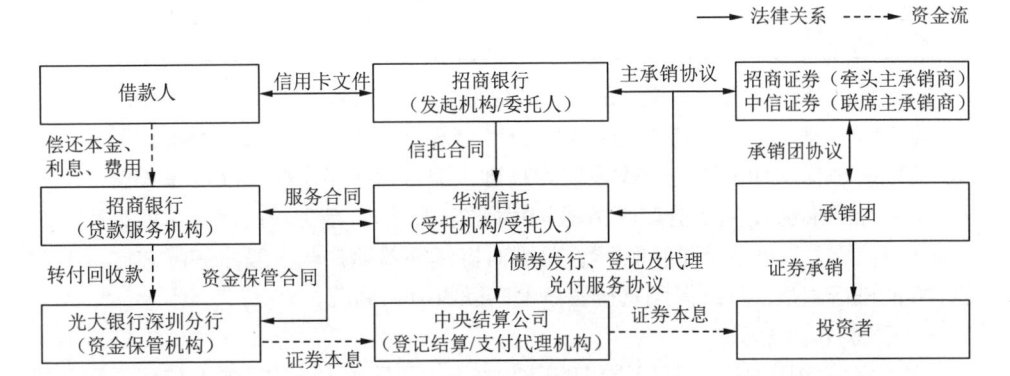

图25-5　交易结构

（2）基础资产及特征

基础资产及特征如表25-6所示。

表25-6　基础资产及特征

初始起算日	2022-06-30 24:00
贷款笔数	81 381
借款人户数	76 269
资产池未偿本息费余额（万元）	413 787.38
资产池未偿本金余额（万元）	377 298.08
资产池未偿息费余额（万元）	36 489.30
预计回收总金额（万元）	81 990.30
单笔贷款最大未偿本息费余额（万元）	37.22
单笔贷款平均本息费余额（万元）	5.08
单笔贷款平均预计回收金额（万元）	1.01
前五大借款人未偿本息费总额占比（%）	0.04
前十大借款人未偿本息费总额占比（%）	0.08
加权平均贷款逾期期限（月）	3.67
加权平均授信额度（万元）	5.69
加权平均年龄（岁）	36.28
加权平均年收入（万元）	9.48

续表

历史数据	
历史数据范围	2015-01—2022-06
静态池分组个数（个）	48/39
模型测算	
毛回收率（%）	19.81
催收费率（%）	7

（3）基础资产价值评估相关的尽调、估值和回收预测

本期证券基础资产具有数量较多、分散度较高、同质性较强等特点。因此，中债资信以静态样本池的历史回收表现为基础，综合考虑静态样本池与基础资产的差异、未来经济形势变化及贷款服务机构尽职能力，结合基础资产自身特征等可能对基础资产信用表现产生影响的因素，分别对持续还款账户与一般账户静态样本池的统计特征进行调整，从而得到基础资产池的回收分布情况。

①静态样本池选取

中债资信使用由招商银行提供的自2015年1月至2022年6月成为信用卡不良资产的贷款记录作为进一步分析的静态样本池。

②静态样本池各期条件回收率分析

各期条件回收率计算的是信用卡不良贷款当期回收金额在当期期初未偿本息费余额中的占比，以信用卡不良资产形成时间为起点，刻画了信用卡不良贷款在形成之后的各期的回收情况。对静态样本池的分析得到，信用卡不良贷款各期回收率呈现逐期下降的趋势，并且各期回收率受到逾期期限、成为不良时未偿本金余额、借款人年龄、获得的授信额度、年收入、地区、职业、学历、卡片类型等相关特征的影响。

中债资信根据持续还款账户与一般账户分别构建静态池样本后，分别基于持续还款账户和一般账户静态池每笔贷款成为不良后每月的条件回收率数据，通过统计分析方法，找到对回收率有影响的因素主要为成为不良时未偿本金余额、借款人年龄、获得的授信额度、年收入、地区、职业、学历、卡片类型等。通过研究发现，其中成为不良时未偿本金余额对条件回收率的预测能力最强，因此我行选择该变量作为分类依据，将持续还款账户静态池分为48组，一般账户静态池分为39组。

中债资信认为，宏观环境、资产的逾期期限、成为不良时的未偿本金余额、准入的政策及催收政策等成为影响回收的主要因素。招商银行各年不同月份成为不良的贷款在前24期的回收表现呈现波动，经了解，招商银行的信用卡发放政策、准入标准与催收政策并未发生明显的变化，回收率呈下降的主要原因是由于外部宏观形势变化所致的。此外，由静态池表现来看，自2019年下半年开始，持续还款账户在成为不良之后24个月内的回收率水平明显高于一般账户。

③资产池各期条件回收率估计

通过持续还款账户与一般账户静态样本池的分析结果，各自用同样连续变量

对资产池中持续还款账户与一般账户进行分类，将静态样本池的条件回收率映射到资产池，初步预测资产池各类别成为不良后各期的回收率及资产池整体预测回收率。考虑受到宏观经济环境、招商银行催收政策及资产池与静态池的不良账龄差异等影响，对资产池的预测回收进行了一定的调整，得出基准情景下资产池中持续还款账户与一般账户回收率。

从资产池中持续还款账户与一般账户回收率与账龄的关系图来看，账龄越长，回收率越低，这与催收的实际情况基本相符，一般来说，账龄越长的资产催收难度越高，对应的催收费用也越高，回收率则越低。同时，持续还款账户的回收率显著高于一般账户，与静态池历史数据表现相符。

（4）增信条款

信用增级措施方面，本期采用优先档/次级档分层及设立流动性储备账户。

（5）评级思路、方法与分层结果

根据资产池回收估值情况、组合信用风险量化分析和现金流压力测试模型的测算结果，并结合交易结构风险、主要参与机构尽职能力、法律风险等评级要素的定性分析，中债资信确定本期证券的评级结果为：优先档资产支持证券的信用等级为AAAsf，次级档资产支持证券未予评级。

（6）现金流分配

违约事件发生前、后的现金流分配顺序如表25-7和表25-8所示。

表25-7　违约事件发生前的现金流分配顺序

1-2	按顺序支付税费、发行费用
3	同顺序支付不包括贷款服务机构在内的参与机构报酬、优先支出上限内的可报销费用、贷款服务机构垫付的小于等于累计回收款金额7%的执行费用及利息、由信托财产承担的费用支出
4	贷款服务机构的固定报酬
5	优先档证券利息
6	流动性储备金
7	优先支出上限外可报销费用
8	优先档证券本金
9	次级档证券本金
10	次级档证券预期资金成本
11	剩余资金的90%作为贷款服务机构的浮动服务报酬
12	剩余资金全部作为次级档证券的收益

表25-8　违约事件发生后的现金流分配顺序

1-2	按顺序支付税费、发行费用
3	同顺序支付不包括贷款服务机构在内的参与机构报酬、参与机构可报销的实际费用、贷款服务机构垫付的小于等于累计回收款金额7%的执行费用及利息、由信托财产承担的费用支出
4	贷款服务机构的固定报酬（如果违约事件不是贷款服务机构直接或间接引致）
5	优先档证券利息

续表

6	优先档证券本金
7	贷款服务机构的固定报酬（如果违约事件是贷款服务机构直接或间接引致）
8	次级档证券本金
9	次级档证券预期资金成本
10	剩余资金的90%作为贷款服务机构的浮动服务报酬
11	剩余资金全部作为次级档证券的收益

四、不良ABS关注要点

不良资产的情况相比于正常类资产更为复杂，在项目操作过程中，也要更加关注资产的回收、催收服务等，并在交易结构的设计中予以考虑。

1. 资产情况

相比于正常类资产，还需尤其关注以下几点：

（1）资产的整体质量

在五级分类中的分布情况，次级、可疑、损失类占比多少，进入不良分类的时间等。

（2）抵质押情况

不良资产现金流主要来源于催收及抵押物处置，在第一还款来源已经无法有效实现的情况下，尤其会关注第二还款来源。

（3）资产集中度

资产在区域、行业方面的集中度情况，很有可能会显著影响回收预期，尤其同一区域或是同一行业的对公类不良，还需排查是否存在三角债、互保等情况。

2. 服务机构的催收水平及尽责情况

不良资产支持证券的回款高度依赖贷款服务机构及其合作催收机构的催收能力，一般通过事前尽调及超额服务报酬的设置等事后约束。为了促进贷款服务机构的尽职履责意愿，以及避免因预测的基础资产回收金额低于实际回收金额导致次级证券收益率过高，一般会设置超额奖励服务费（贷款服务机构的浮动报酬）。具体为按照约定的现金流分配顺序支付完毕次级证券固定资金成本后，剩余回收金额的一部分（30%～80%）支付给贷款服务机构的服务费用，目前95%以上的不良ABS项目都会设置超额奖励服务费。

3. 交易结构设置

（1）流动性储备账户

由于不良资产现金流回收依赖于处置，回收时间方面的不确定性强。除优先次级等常规增信措施外，一般还会设置流动性储备账户，将本期的一部分现金流回收款计提至流动性储备账户，以保障下一期税费、优先级证券利息的偿付。根据中债资信的统计，已发行的不良ABS项目中，95%以上会设置流动性储备账户。

(2）次级证券固定资金成本设置

固定资金成本的设置用来一定程度保障次级投资人的收益。不良资产支持证券由于其回款的不稳定性，会在较大程度上影响投资人的投资收益，尤其是次级证券投资人，因此，在这种情况下，一般会设立一定的次级证券的固定资金成本（或称预期资金成本），在该部分固定资金成本支付完毕之后，再进行超额奖励服务费的支付。目前在已发行的不良贷款证券化项目中，几乎所有项目均包含固定资金成本的设置。

4. 回收情况

资产回收预测是不良ABS的核心，在进行回收分析时，需综合发起机构过往回收率、市场同类资产的回收率，以及参考评估机构和评级机构的回收预测，以及结合市场环境变化进行动态调整。

26. 权益并表型ABS知多少？

导读： 在国有企业去杠杆、降负债的监管背景下，权益并表型资产证券化产品近年来受到很多国有企业的青睐，同时，由于缺乏底层实质现金流来源等原因也备受争议。本问对权益并表ABN及并表型类REITs产品的结构特征和方案要点进行介绍。

一、产品背景与市场情况

（1）产品背景

2018年9月，《关于加强国有企业资产负债约束的指导意见》，完成降低资产负债率指标，成为众多国有企业结构性去杠杆的重要任务和国务院国资委的重要要求。

2019年财政部颁布了财会〔2019〕2号文，对企业发行永续债提出了更为严格的要求，政策变动对企业通过永续债降杠杆也产生了一定影响。

多重需求叠加下，权益并表型资产证券化产品应运而生，产品最大特征是能够实现企业权益端少数股东权益增加，最终实现整体资产负债率降低。

（2）市场情况

权益并表型资产证券化产品最早由央企于2019年在交易商协会以ABN形式发行（下文简称"并表ABN"），后扩展到部分优质AAA国企（目前能够准入的最低门槛要求），在交易所市场也曾少量发行，但因基金业协会备案受限未大规模开展，2022年以来，交易所市场在原有并表ABS的基础上，推出了强调底层现金流的并表型类REITs产品（详见后面介绍）。

据不完全统计，截至2022年12月底，并表ABN累计发行规模约为2 616亿元（114单），涉及50余家发行主体，其中包括约20家央企集团及30余家地方国企。2022年以来，受国资委层面指导要求，央企集团发行较少，新增发行以地方省属国有企业为主。

二、并表ABN产品介绍

下面就一单典型并表ABN项目的交易结构、交易步骤及产品要点进行分析。

1. 交易结构

交易结构如图26-1所示。

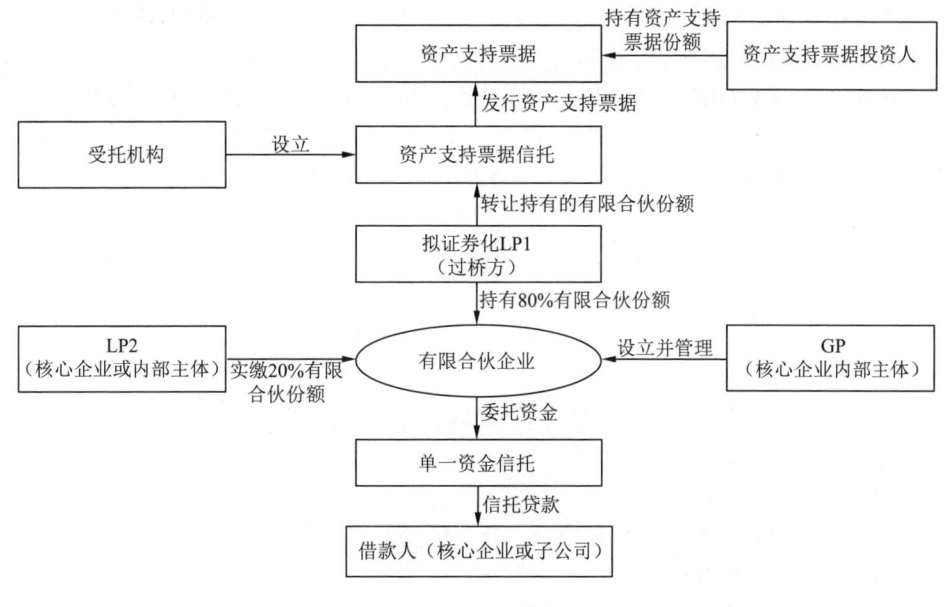

图26-1 交易结构

2. 交易步骤

（1）设立有限合伙企业

资产证券化产品由"拟证券化LP"（LP1）作为发起人，与LP2（核心企业或其内部主体）共同作为有限合伙人设立合伙企业，分别认购不超过80%和20%的有限合伙份额，GP（普通合伙人）由核心企业所控制主体担任。

（2）拟证券化LP有限合伙份额作为基础资产发行资产支持票据

LP1以持有的80%有限合伙份额作为基础资产发行资产支持票据，募集资金用于实缴有限合伙企业份额，LP2同步完成对应20%有限合伙份额的实缴。

（3）通过信托贷款构建底层资产

有限合伙企业委托信托公司设立单一资金信托，以有限合伙企业实缴资金向核心企业或其子公司发放信托贷款（如子公司作为借款主体，需核心企业提供担保）。

（4）产品终止安排

资产支持票据存续期限届满时（一般为2~3年），央企集团通过偿付底层信托贷款本金及当期利息的方式，由有限合伙企业进行分配后兑付资产支持票据端投资者的全部本金及当期利息。

3. 方案要点

（1）并表逻辑分析

在有限合伙企业层面，设合伙人会议，合伙人会议由GP（核心企业内部主体或其他所控制的指定主体）、LP1（ABN信托代表）与LP2（核心企业或其内部主体）三方构成，一方一票。决策委员会设3名委员，GP、LP1和LP2各委派一名委员，对于决策委员会所议事项，决策委员会委员每人享有一票表决权。在上述决策机制安排下，核心企业在3票中控制2票。

核心企业对于有限合伙企业的并表，也正是是基于控制条款。根据《企业会计准则第33号——合并财务报表》的规定，控制是指投资方拥有对被投资方的权力，通过参与被投资方的相关活动而享有可变回报，并且有能力运用对被投资方的权力影响其回报金额。

基于前述合同安排，核心企业不但拥有对合伙企业的权力，通过参与合伙企业的相关活动而获得可变回报，而且有能力使用权力来影响其可变回报，因此，核心企业能够对合伙企业实现控制，并且将合伙企业纳入合并范围[1]。

（2）会计处理效果

上述交易背景下，在核心企业合并层面：

LP2的20%份额部分，抵消；

100%的内部借款，抵消；

合并层面增加80%少数股东权益，资产负债率降低。

（3）相关主体的选择要求

① 为什么是有限合伙企业而不是一般工商企业

这一层SPV的目的是将市场化的资金变为少数股东权益，其资金的运用主要是进行债权类的投资，如果是一般工商企业，债权投资利息收益需要缴纳企业所得税，增加税负成本。有限合伙企业不是企业所得税纳税主体，纳税主体向上穿透，根据合伙人的性质再进行判断其适用的所得税范畴。

② LP1（过桥方）如何选择

一般建议非核心企业的并表公司，否则LP1份额从过桥方转给资产支持票据信托时，理论上还需要进行出表判定。

③ GP的选择

普通合伙人本身没有资质要求，但根据《中华人民共和国合伙企业法》第三条规定："国有独资公司、国有企业、上市公司以及公益性的事业单位、社会团体不能成为普通合伙人。"合伙企业法之所以做这样的规定，目的是防止某些特殊民事主体承担无限责任，损害此类主体股东或举办者（开办者）的利益。

---

[1] 编制合并报表的情形一般包括：1. 投资方持有被投资方半数以上的表决权的。2. 投资方持有被投资方半数或以下的表决权，但通过与其他表决权持有人之间的协议能够控制半数以上表决权的。3. 投资方持有被投资方半数或以下的表决权，综合考虑以下情况：（1）投资方持有的表决权相对于其他投资方持有的表决权份额的大小，以及其他投资方持有表决权的分散程度；（2）投资方和其他投资方持有的被投资方的潜在表决权，如可转换公司债券、可执行认股权证等；（3）其他合同安排产生的权利。4. 当表决权不能对被投资方的回报产生重大影响时，如仅与被投资方的日常行政管理活动有关，并且被投资方的相关活动由合同安排所决定，投资方需要评估这些合同安排，以评价其享有的权利是否足够使其拥有对被投资方的权力。5. 投资方可能难以判断其享有的权利是否足以使其拥有对被投资方的权力，需要考虑以下事项：（1）投资方能否任命或批准被投资方的关键管理人员；（2）投资方能否出于其自身利益决定或否决被投资方的重大交易；（3）投资方能否掌控被投资方董事会等类似权力机构成员的任命程序，或者从其他表决权持有人手中获得代理权；（4）投资方与被投资方的关键管理人员或董事会等类似权力机构中的多数成员是否存在关联方关系。

但关于此处"国有企业"的定义和解释一直存在较大争议，根据相关立法背景，法律界普遍认为此处"国有企业"应解释为"全民所有制企业"，国有独资公司、全民所有制企业和国有控股上市公司之外的国有公司担任GP并不违反合伙企业法。目前北京、南京、广东等地均已出现国有独资企业的子公司担任GP的案例，并取得相关监管认可。

（4）预期收益及产品分配的相关要求

由于分配经营收益并不构成有限合伙企业的义务，与投资人将并表ABN产品作为"类债"投资存在一定冲突，如何确保有限合伙企业一定会将资金用于向核心企业放款，以及如何确保收到回款后向LP进行分配，通常都是通过产品层面相关条款设计进行明确。

① 合格投资标准（由合伙协议约定，如修订需3票通过）对所投资标的进行了严格约束，包括（示例性要求）：

投资标的交易对手需要为ＡＡＡ央企或国企；

需要为发行人自身或体系内并表子公司；

回流现金再投资需要比前次投资在进行无风险收益率对标调整后再跳升年化3%。

② 提前出具分配的决议

将相关分配安排的决议提前出具，且针对不同类型事项设置不同的生效标准。针对如下事项2票通过即可生效：投资符合合格标准的标的；投资回流本金、收益的分配。针对如下事项则需要3票通过：增减合伙企业出资额；增加合伙人或对合伙人除名等。

③ 强制分配的约定

约定如果到期投决会决定不分配，但3个月内没有合适投资标的时，满3个月需要强制分配。

三、并表类REITs产品简介

综上所述，由于基金业协会不认可无底层现金流的并表ABS产品备案，以及国资委层面对并表ABN产品认定的收紧，2022年以来，市场陆续出现对应底层"强现金流"资产的并表类REITs产品，典型的是国电投基于底层电站类资产开展的多期项目，如表26-1所示。

表26-1　并表类REITs项目产品要素

项目名称	发行金额	发行日	期　限	底层项目
国家电投-东北公司能源基础设施投资资产支持专项计划（类REITs）	22.01亿元	2022-07-04	18年（3+3+3+3+3）	燕山湖发电公司持有的燕山湖电厂项目

续表

项目名称	发行金额	发行日	期限	底层项目
国家电投-内蒙古公司能源基础设施投资大板发电资产支持专项计划（类REITs）	30.00 亿元	2022-08-10	17.97 年（2.97+3+3+3+3）	内蒙古大板发电有限责任公司持有的内蒙古大板电厂新建工程项目

并表类REITs产品可以看作是并表ABN和类REITs的结合，上端仍然是并表的有限合伙架构，而在有限合伙企业的投资方向上，从单纯的信托贷款变成投资项目公司股权及股东借款。

合伙企业的交易结构如图26-2所示。

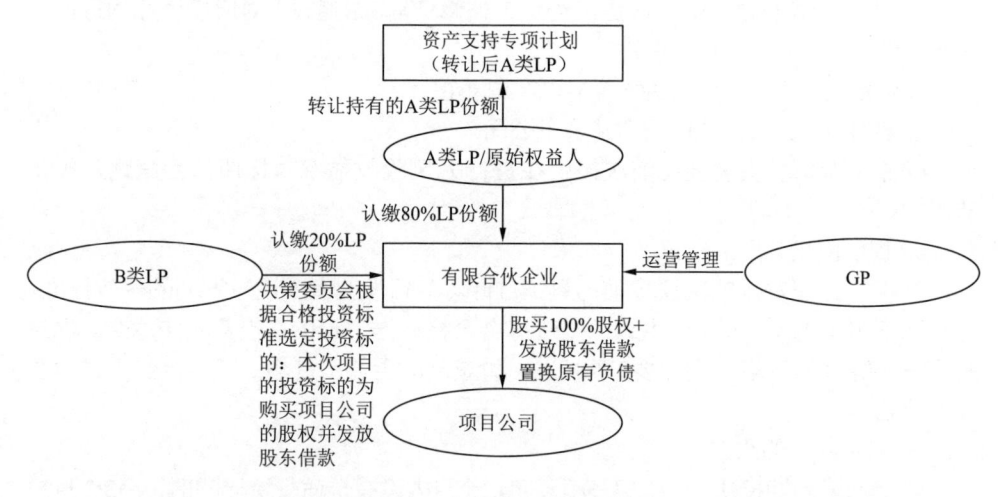

图26-2 合伙企业的交易结构

专项计划的交易结构如图26-3所示。

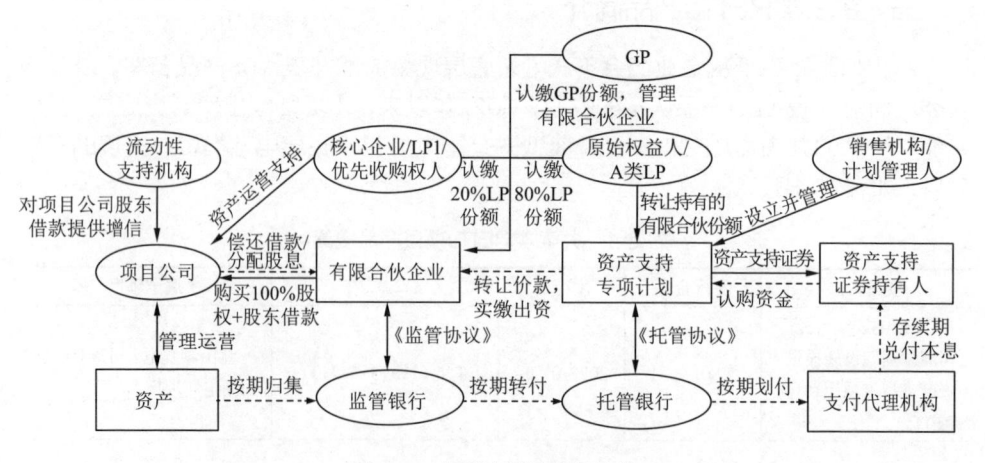

图26-3 专项计划的交易结构

相比于并表ABN，并表类REITs最大的差异是有着特定的现金流来源，不管是电厂的发电收入或者不动产物业的运营收入等。

在证券端，也会体现一定的差异，并表ABN因为还款来源直接对应到核心企业的一笔信托贷款，整体就是一档AAA评级优先级证券。而并表类REITs一般分为优先A、优先B档，A档证券的本息主要由特定现金流覆盖，B档证券本金分配来源对应为处置收入。

27. 公募REITs是终点吗？

导读：随着基础设施公募REITs的试点推出，REITs绝对是近两年资本市场最热的词。"除了REITs，没有更好的金融创新可以讲"，仿佛REITs就是金融产品创新的终点。

本问在回顾和对比国外REITs市场发展情况的基础上，重点就公募REITs的试点要求、产品结构等进行介绍，并就其与传统ABS的区别进行简要分析。

一、概念定义及市场情况

REITs（Real Estate Investment Trusts）全称为不动产投资信托基金，传统是指"向投资者发行收益凭证，募集资金投资于不动产，并向投资者分配投资收益的一种投资基金"。REITs起源于美国，后发展到澳大利亚、日本、新加坡等。从诞生到现在，基础资产从商业物业逐步拓展到了交通、能源、零售、医疗等领域，全球资产管理规模已超过2.5万亿美元。

以全球范围内发行规模最大的商业物业REITs为例，原物业持有人将所持有的物业进行REITs上市后，通过专业的管理机构进行物业的日常经营管理，物业所产生的租金收入以派息的方式分配给投资人，从而使投资人能够在享有物业增值收益的同时获取长期稳定的租金收益，投资者还可将其持有的份额在公开的二级市场上进行交易转让。对于物业持有人，REITs是不动产物业的"IPO"，对于证券投资人，是认购了对应物业所发行的"股票"。

目前，全球REITs主要发行场所包括美国、日本、澳大利亚、新加坡、印度等，其中美国是全球最大的REITs市场，约占全球总市值的63%，如表27-1所示。

根据相关市场统计，截至2021年末，亚太市场REITs约为270只，总市值达5 691.92亿美元，主要发行场所包括日本、澳大利亚、新加坡等，其中日本、澳大利亚和新加坡三地REITs市值合计占比达到79.82%，如表27-2所示。

表27-1 美国权益性REITs总市值及数量（截至2022年6月末）

	数量（只）	市值（亿美元）
美国REITs	213	14 028.77
权益型REITs	169	13 409.95
其中：基础设施	6	2 284.87
工业	14	1 617.88

续表

	数量（只）	市值（亿美元）
数据中心	2	967.62
仓储物流	6	10 13.78

数据来源：National Association of Real Estate Investment Trusts。

注：美国基础设施类REITs仅投资于"投资标的"中提到的狭义基础设施，不包含仓储物流、数据中心等，与我国定义有别；除基础设施、工业、数据中心、仓储物流这几类外，剩余以商业地产类为主。

表27-2　亚太主要国家REITs总市值（截至2021年末）

国　　家	数量（只）	市值（亿美元）	市值占比（%）
日本	64	2 124.15	37.32
澳大利亚	43	1 414.33	24.85
新加坡	33	1 004.70	17.65
泰国	59	152.45	2.68
中国	7	124.30	2.18

数据来源：European Public Real Estate Association。

二、我国基础设施公募REITs的试点背景及开展情况

自2020年4月试点推出以来，公募REITs已成为全市场最受关注的金融产品，目前已经形成较为完整的政策体系和产品体系，并且随着资产类型和发行数量的增多，业务试点也逐步走向深水区。

1. 政策历程

2020年4月30日，中国证监会、国家发展改革委联合发布了《关于推进基础设施领域不动产投资信托基金（REITs）试点相关工作的通知》（证监发〔2020〕40号）（以下简称"《试点通知》"），标志着我国基础设施公募REITs试点正式拉开序幕。

《试点通知》发布后，证监会、发改委及交易所等监管部门全面推进产品配套细则的制定，组织试点的申报工作，发行人及各市场机构积极参与。截至2022年12月31日，共24只公募REITs已经成功挂牌上市、1只通过待发行、4只被交易所受理、5只公募REITs扩募已被交易所受理，并且试点范围不断扩大，优质资产的筛选申报工作持续推动。

2. 政策体系

国家发改委、证监会、交易所和基金业协会相继出台多份文件，构成国内公募REITs试点的"顶层设计+核心配套文件"的政策体系，重要文件列示如表27-3所示。

表27-3 "顶层设计+核心配套文件"的政策体系

规则属性	文件简称	文号	文件	发布时间	发布机构	涉及环节	覆盖范围
顶层设计	《试点通知》	证监发〔2020〕40号	《关于推进基础设施领域不动产投资信托基金（REITs）试点相关工作的通知》	2020-04-30	发改委、证监会	总体推进工作统筹	明确推进基础设施REITs试点的意义、基本原则、要求、总体工作安排等
	《试点申报通知》	发改办投资〔2020〕586号	《关于做好基础设施领域不动产投资信托基金（REITs）试点项目申报工作的通知》	2020-08-03	发改委	项目申报	规范试点项目范围、申请材料要求等
	《指引》	证监会公告〔2020〕54号	《公开募集基础设施证券投资基金指引（试行）》	2020-08-06	证监会	基金审核	规范REITs设立及运作基本原则
	《试点库》	发改办投资〔2021〕35号	《国家发展改革委办公厅关于建立全国基础设施领域不动产投资信托基金（REITs）试点项目库的通知》	2021-01-13	发改委	项目申报	建立全国基础设施REITs试点项目库
	《扩大试点申报通知》	发改投资〔2021〕958号	《关于进一步做好基础设施领域不动产投资信托基金（REITs）试点工作的通知》	2021-07-02	发改委	项目申报	扩大试点范围，进一步明确申报要求
	《管理人办法》	证监会令（第198号）	《公开募集证券投资基金管理人监督管理办法》	2022-05-20	证监会	项目申报	完善公募基金管理人监管要求，突出放管结合
	《保租房试点工作通知》	证监办发〔2022〕53号	《关于规范做好保障性租赁住房试点发行基础设施领域不动产投资信托基金（REITs）有关工作的通知》	2022-05-27	发改委、证监会	项目申报	规范保障性租赁住房REITs工作
	《新购入项目申报》	发改办投资〔2022〕617号	《关于做好基础设施领域不动产投资信托基金（REITs）新购入项目申报推荐有关工作的通知》	2022-07-13	发改委	项目申报	规范新购入项目申报推荐工作
核心配套规则	《业务办法》	上证发〔2021〕9号、深证上〔2021〕144号	《公开募集基础设施证券投资基金（REITs）业务办法（试行）》	2021-01-29	上交所、深交所	基金发售、上市、交易、运营	基金份额发售、上市、交易及存续期管理，相关资产支持证券的挂牌转让等业务规范；明确申请文件、申请流程、自律监管等

续表

规则属性	文件简称	文号	文件	发布时间	发布机构	涉及环节	覆盖范围
核心配套规则	《审核关注事项指引》	上证发〔2021〕10号、深证上〔2021〕144号	《公开募集基础设施证券投资基金业务指引第1号——审核关注事项（试行）》	2021-01-29	上交所、深交所	基金发售、上市、交易、运营	基金上市和基础设施资产支持证券挂牌条件确认交易结构、运作管理安排等
	《发售业务指引》	上证发〔2021〕11号、深证上〔2021〕144号	《公开募集基础设施证券投资基金业务指引第2号——发售业务（试行）》		上交所、深交所	基金发售	规范基金询价、定价、认购、配售及发售信息披露、扩募等细节
	《扩募指引》	上证发〔2022〕83号、深证上〔2022〕530号	《公开募集基础设施证券投资基金（REITs）业务指引第3号——新购入基础设施项目（试行）》	2022-05-31	上交所、深交所	基金扩募	新购入基础设施项目的条件、程序安排、信息披露管理及停复牌要求、扩募购入资产的发售和定价安排
	《保租房指引》	上证发〔2022〕109号、深证上〔2022〕675号	《公开募集基础设施证券投资基金（REITs）规则适用指引第4号——保障性租赁住房（试行）》	2022-07-15	上交所、深交所	基金发售、上市、交易、运营	明确对保租房REITs的业务参与机构与基础设施项目资质、回收资金使用与监管、基金运营管理与信息披露方面的要求
配套自律规则	《网下投资者管理细则》	—	《公开募集基础设施证券投资基金网下投资者管理细则》	2021-01-29	中国证券业协会	基金发售（网下询价、认购环节）	明确REITs网下投资者注册要求、行为规范、违规处罚等压实基金管理人财务顾问责任
	《尽调工作指引》	—	《公开募集基础设施证券投资基金尽职调查工作指引（试行）》	2021-02-28	中国基金业协会	基金审核	明确对REITs项目、业务参与人的尽调工作的要求与内容；压实中介机构尽调责任
	《运营操作指引》	—	《公开募集基础设施证券投资基金运营操作指引（试行）》			基金运营	明确基金运营过程中的会计核算、收益分配、信息披露业务要求与内容

续表

规则属性	文件简称	文　号	文　件	发布时间	发布机构	涉及环节	覆盖范围
业务指南	《发售业务指南》	上证函〔2021〕895号、深证上〔2021〕455号	《公开募集基础设施证券投资基金（REITs）业务指南第1号——发售上市业务办理》	2021-04-30	上交所、深交所	基金发售、上市	明确发售、上市业务及相关信息披露等工作程序
	《上交所存续业务指南》	上证函〔2021〕1033号	《上海证券交易所公开募集基础设施证券投资基金（REITs）业务指南第2号——存续业务》	2021-06-17	上交所	存续期	明确产品存续期信息披露、停复牌、分红、解除限售等工程流程
	《电子平台用户手册》	深证上〔2021〕457号	《深圳证券交易所公开募集基础设施证券投资基金业务指南第2号——网下发行电子平台用户手册》	2021-04-30	深交所	基金发售	提供网下发行电子平台参与公开募集基础设施证券投资基金询价和发售时的参考
	《深交所交易业务指南》	深证上〔2021〕600号	《深圳证券交易所公开募集基础设施证券投资基金业务指南第3号——交易业务》	2021-06-18	深交所	基金交易	明确基金现券交易、回购交易等业务等工作程序
	《深交所存续期业务指南》	深证上〔2021〕692号	《深圳证券交易所公开募集基础设施证券投资基金业务指南第4号——存续期业务办理》	2021-07-15		存续期	明确产品存续期信息披露、停复牌、分红、解除限售等工程流程

3. 已发行产品情况

截至2022年末，我国市场已发行24只基础设施公募REITs产品，其中产权资产类有14只，其特点为基金到期净值不会变为零，但期间分派率较低；特许经营权类有10只，其特点为基金到期净值变为零，但期间分派率较高。已发行产品核心要素如表27-4所示。

表27-4　已发行公募REITs产品核心要素

序号	产品名称	原始权益人	基础资产	资产类型	发行规模（亿元）	预计首年分派率[①]（％）	交易所
1	华安张江光大园封闭式基础设施证券投资基金	上海光全投资中心、光控安石投资	上海张江光大园	产业园区	14.95	4.74	上交所

---

① 预计首年分派率已年化。

续表

序号	产品名称	原始权益人	基础资产	资产类型	发行规模（亿元）	预计首年分派率（%）	交易所
2	东吴苏州工业园区产业园封闭式基础设施证券投资基金	苏州工业园区科技发展有限公司、苏州工业园区建屋产业园开发有限公司	国际科技园五期B区和2.5产业园一期、二期项目	产业园区	34.92	4.50	上交所
3	中金普洛斯仓储物流封闭式基础设施证券投资基金	普洛斯中国控股有限公司	7个仓储物流园	仓储物流	58.35	4.45	上交所
4	富国首创水务封闭式基础设施证券投资基金	北京首创股份有限公司	深圳市福永、松岗、公明水质净化厂及合肥十五里河污水处理厂	水务	18.50	8.74	上交所
5	浙商证券沪杭甬高速封闭式基础设施证券投资基金	浙江沪杭甬高速公路股份有限公司	杭徽高速浙江段	高速公路	43.60	12.35	上交所
6	博时招商蛇口产业园封闭式基础设施证券投资基金	招商局蛇口工业区控股股份有限公司	深圳蛇口网谷产业园万融大厦、万海大厦	产业园区	20.79	4.10	深交所
7	红土创新盐田港仓储物流封闭式基础设施证券投资基金	深圳市盐田港集团有限公司	现代物流中心项目	仓储物流	18.40	4.47	深交所
8	平安广州交投广河高速公路封闭式基础设施证券投资基金	广州交通投资集团有限公司	广河高速项目	高速公路	91.14	10.56	深交所
9	中航首钢生物质封闭式基础设施证券投资基金	首钢环境产业有限公司	生物质能源项目、残渣暂存场项目、餐厨项目	垃圾处理及生物质发电	13.38	15.58	深交所
10	华夏越秀高速公路封闭式基础设施证券投资基金	越秀（中国）交通基建投资有限公司	机场北连接线、汉孝高速公路主线路	高速公路	21.30	7.70	深交所
11	建信中关村产业园封闭式基础设施证券投资基金	北京中关村软件园发展有限责任公司	孵化加速器项目、互联网创新中心5号楼项目、协同中心4号楼项目	产业园区	28.80	4.62	上交所
12	华夏中国交建高速公路封闭式基础设施证券投资基金	中交投资有限公司、中交第二航务工程局有限公司、中交第二公路勘察设计研究院有限公司	武汉至深圳高速公路嘉鱼至通城段及其附属设施	高速公路	93.99	4.71	上交所

续表

序号	产品名称	原始权益人	基础资产	资产类型	发行规模（亿元）	预计首年分派率（%）	交易所
13	国金铁建重庆渝遂高速公路封闭式基础设施证券投资基金	中铁建重庆投资集团有限公司、重庆高速公路股份有限公司	渝遂高速公路重庆段	高速公路	47.93	8.36	上交所
14	鹏华深圳能源清洁能源封闭式基础设施证券投资基金	深圳能源集团股份有限公司	深圳能源东部电厂（一期）项目	清洁能源发电	35.38	11.69	深交所
15	中金厦门安居保障性租赁住房封闭式基础设施证券投资基金	厦门安居集团有限公司	园博公寓项目、珩琦公寓项目	保障性租赁住房	13.00	4.33	上交所
16	红土创新深圳人才安居保障性租赁住房封闭式基础设施证券投资基金	深圳市人才安居集团有限公司、深圳市福田人才安居有限公司、深圳市罗湖人才安居有限公司	安居百泉阁项目、安居锦园项目、保利香槟苑项目和凤凰公馆项目	保障性租赁住房	12.42	4.24	深交所
17	华夏北京保障房中心租赁住房封闭式基础设施证券投资基金	北京保障房中心有限公司	文龙家园项目、熙悦尚郡项目	公租房	12.55	4.30	上交所
18	华夏合肥高新创新产业园封闭式基础设施证券投资基金	合肥高新股份有限公司	合肥创新产业园一期项目	产业园区	15.33	4.43	深交所
19	国泰君安临港创新智造产业园封闭式基础设施证券投资基金	上海临港奉贤经济发展有限公司、上海临港华平经济发展有限公司	临港奉贤智造园一期、临港奉贤智造园三期	产业园区	8.24	4.74	上交所
20	国泰君安东久新经济产业园封闭式基础设施证券投资基金	上海华新、昆山华普瑞、无锡奥迈特、常州麦里奇	东久（金山）智造园项目、东久（昆山）智造园项目、东久（无锡）智造园项目、东久（常州）智造园项目	产业园区	15.18	5.33	上交所

续表

序号	产品名称	原始权益人	基础资产	资产类型	发行规模（亿元）	预计首年分派率（%）	交易所
21	华泰紫金江苏交控高速公路封闭式基础设施证券投资基金	江苏沿江高速公路有限公司	沪苏浙高速公路（即G50沪渝高速江苏段）及其附属设施	高速公路	30.56	5.87	上交所
22	中金安徽交控高速公路封闭式基础设施证券投资基金	安徽省交通控股集团有限公司	沿江高速公路芜湖（张韩）至安庆（大渡口）段	高速公路	108.85	6.63	上交所
23	华夏基金华润有巢租赁住房封闭式基础设施证券投资基金	有巢住房租赁（深圳）有限公司	有巢东部经开区项目，有巢泗泾项目	保障性租赁住房	12.16	4.29	上交所
24	华夏杭州和达高科产业园封闭式基础设施证券投资基金	杭州万海投资管理有限公司、杭州和达高科技发展集团有限公司	孵化器项目和达药谷一期项目	产业园区	14.09	4.53	深交所

在已发行的项目中，根据发行人属性分类，发行人为央企、省属企业和副部级城市市属企业的合计共18只，占比75%；根据底层资产分类，园区类、交通类和保租房类最多，数量分别为8只、7只和4只，占比分别为33.33%、29.17%和16.67%，其余为仓储物流类、生态环保类、能源类。

三、我国基础设施公募REITs的产品要素及核心关注点

我国基础设施公募REITs仍处于试点阶段，在准入范围、募集资金投向等方面有着严格要求，随着业务的常态化发展，资产类型及产品结构等方面还有进一步突破的空间。

1. 试点范围及准入标准

国家发改委2021年7月2日发布《关于进一步做好基础设施领域不动产投资信托基金（REITs）试点工作的通知》（发改委958号文），相比于首批试点，当前试点资产范围进行了扩充，区域扩大至全国，行业新纳入保障性租赁住房、停车场、水利设施、旅游设施等，酒店、商场、写字楼等商业地产项目仍不属于试点范围。

（1）区域要求

全国各地区符合条件的项目均可申报。重点区域包括：京津冀、长江经济带、粤港澳大湾区、长江三角洲、海南自贸区、黄河流域生态保护区。

（2）行业要求

基础设施领域公募REITs试点是我国探索公募REITs市场的首次尝试，优先支

持基础设施补短板行业，包括铁路、港口、收费公路等交通设施，风电、光电、水电等能源基础设施，供水、供电、停车场等市政基础设施，污水、固废处理等生态环保设施，还包括仓储物流、园区、保障性租赁住房及其他新型基础设施，并探索在水利设施、旅游基础设施领域的优质资产。

（3）其他要求

包括但不限于：项目权属清晰、范围明确；土地使用依法合规；运营时间原则不低于3年（可实现稳定收益的可适当降低）；收益持续稳定且来源合理分散；净现金流分派率不低于4%；首次发行资产评估净值不低于10亿元，储备的扩募资产规模不低于首发资产的2倍。

2. 产品交易结构

基础设施公募REITs交易结构如图27-1所示。

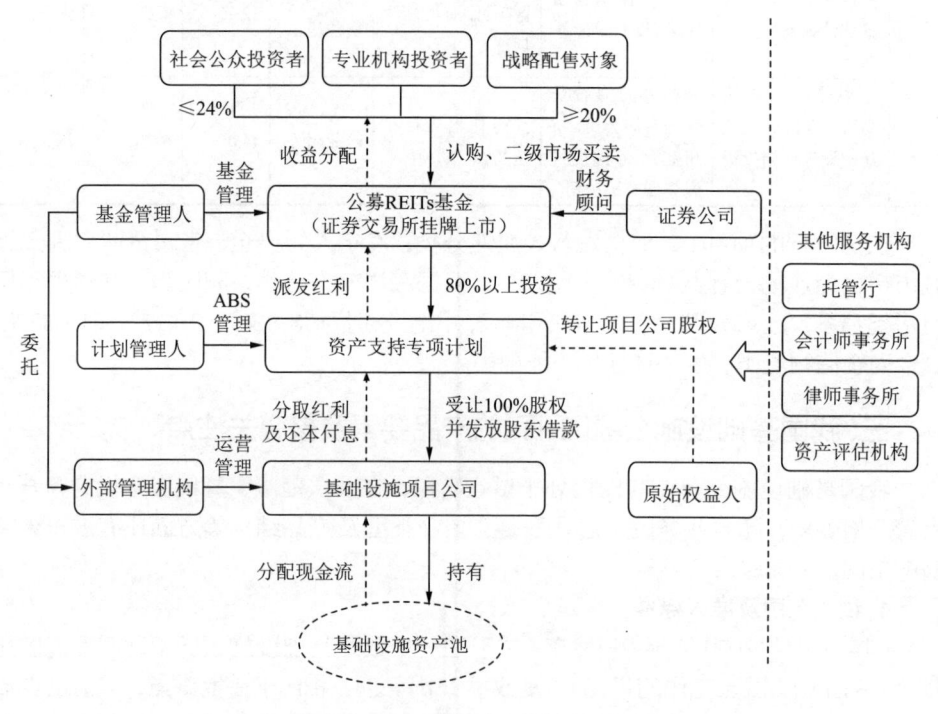

图27-1 基础设施公募REITs交易结构

简要交易步骤如下：

（1）基金管理人设立公募REITs基金，向公众和机构投资者配售基金份额，并出资持有由计划管理人设立的资产支持专项计划；

（2）原始权益人将基础设施项目公司转让予资产支持专项计划，并接受股权转让价款；

（3）基础设施项目公司持有相应底层资产，通过上述结构，底层资产现金回流将分配给公募REITs基金持有人。

简言之，公募REITs产品结构是在原有类REITs结构上的扩展，相比于传统的ABS产品，在发行端架设了一层公募基金结构，通过"公募基金+专项计划"实现公募化发行。

3. 核心关注点

（1）资产出表与控制

在会计处理上，公募REITs的发行可以是"出表型"或者"并表型"，在实操中主要是通过调节发起机构认购公募基金的份额比例或者通过相关身份角色对公募基金施加影响或控制。根据监管规则，原始权益人自留基金份额不低于20%（无上限要求），如自留份额超过34%（重大事项一般1/3以上份额享有否决权），甚至超过51%，则通常认定其对基金实际控制。

此外，项目中一般还会继续委任发起机构体系内的原有资产运营方继续负责资产运营，资产方仍然将底层资产纳入管理服务范围。

（2）税收筹划

基础设施REITs产品中的税收问题分为三个环节（资产重组阶段、股权转让阶段、存续期阶段），关注三大税种（增值税、企业所得税、土地增值税）。2022年1月29日，财政部、税务总局发布《关于基础设施领域不动产投资信托基金（REITs）试点税收政策的公告》，专门针对公募REITs中涉及的几个重点税收问题进行明确，有效缓解了发起机构在公募REITs中的税收负担。

（3）回收资金的使用

开展基础设施REITs试点的目的之一，是盘活存量资产、形成投资良性循环，《试点通知》对募集资金的用途作出了明确规定，要求回收资金的使用应明确具体用途和相应金额、符合国家产业政策，鼓励将回收资金用于国家重大战略区域范围内的重大战略项目，以及新的基础设施和公用事业项目建设。

总结：公募REITs试点千呼万唤始出来，让各界对未来市场无限遐想。公募REITs产品在当前时点推出，有其历史必然性：一是经历数十年的基建大投资后，地方政府、国有资本及各类社会资本手中都沉淀了体量极大、亟须盘活的资产，迫切需要新的退出路径；二是在多轮的加杠杆后，负债型的投资驱动在绝大多数区域已近尽头，引入权益资金迫在眉睫；三是随着居民财富的不断积累与提升，在财富管理端也十分需要安全性高、收益稳定的投资标的，且随着近两年市场无风险收益率的显著下行，投资人对稳定收益率回报的预期也在不断降低，客观上带动了REITs产品的火爆行情。

权益型REITs其收益来源于相对固定的租金/资产运营收入和浮动的资产增值可能性，独特的收益风险特征及与不动产市场的深度绑定也是其区别于传统股票、债券等投资品种的最大差异。

但也要看到，与其他ABS产品一样，REITs产品本身只是一项金融工具，虽然能够将社会居民端的财富与基础资产更好地连接在一起，但并不能解决基础资产本身的运营回报与运营风险，也无法回避我国传统基础设施类投资边际效用及回报不断趋低的事实。尤其当试点扩大至体量更为庞大的商业物业资产时，如何平衡资产价格泡沫及居民投资的安全性，都是摆在市场和监管面前的难题。

第四篇

财务与税务

28. 新会计准则对资产证券化业务带来哪些影响?

导读：新会计准则的施行在多个方面对资产证券化业务产生了影响，本问针对影响较大的新金融工具准则下关于金融资产分类的相关内容进行重点分析。

一、新会计准则介绍

新会计准则的叫法经常会在各种场合出现，但关于新会计准则的界定不够明晰。严格来讲，新会计准则指财政部于2006年2月15日发布的企业会计准则和独立审计准则，大多时候特指新的企业会计准则。企业会计准则体系包括基本准则、42项具体准则，金融类和非金融类两大类会计科目和报表体系，以及配套的一系列企业会计准则解释。

新会计准则的"新"是相对于旧准则而言，且本身也在不断地进行完善修改，其中42项具体准则在2006—2019年期间持续有更新调整，如表28-1和表28-2所示。

表28-1　企业会计准则1~42号及更新时间

具体准则	更新时间
企业会计准则第1号——存货	2006-02-27
企业会计准则第2号——长期股权投资	2014-03-27
企业会计准则第3号——投资性房地产	2006-02-27
企业会计准则第4号——固定资产	2006-02-27
企业会计准则第5号——生物资产	2006-02-27
企业会计准则第6号——无形资产	2006-03-09
企业会计准则第7号——非货币性资产交换（财会〔2019〕8号）	2019-09-11
企业会计准则第8号——资产减值	2006-03-09
企业会计准则第9号——职工薪酬	2014-02-17
企业会计准则第10号——企业年金基金	2006-03-09
企业会计准则第11号——股份支付	2006-03-09
企业会计准则第12号——债务重组	2019-10-28

续表

具体准则	更新时间
企业会计准则第 13 号——或有事项	2006-03-09
企业会计准则第 14 号——收入（财会〔2017〕22 号）	2017-09-07
企业会计准则第 15 号——建造合同	2006-03-09
企业会计准则第 16 号——政府补助（财会〔2017〕15 号）	2017-05-25
企业会计准则第 17 号——借款费用	2006-03-09
企业会计准则第 18 号——所得税	2006-03-09
企业会计准则第 19 号——外币折算	2006-03-09
企业会计准则第 20 号——企业合并	2006-03-09
企业会计准则第 21 号——租赁（财会〔2018〕35 号）	2019-10-28
企业会计准则第 22 号——金融工具确认和计量（财会〔2017〕7 号）	2017-09-08
企业会计准则第 23 号——金融资产转移（财会〔2017〕8 号）	2017-09-08
企业会计准则第 24 号——套期会计（财会〔2017〕9 号）	2017-09-08
企业会计准则第 25 号——保险合同	2020-12-24
企业会计准则第 26 号——再保险合同	2006-03-09
企业会计准则第 27 号——石油天然气开采	2006-03-09
企业会计准则第 28 号——会计政策、会计估计变更和差错更正	2006-03-09
企业会计准则第 29 号——资产负债表日后事项	2006-03-09
企业会计准则第 30 号——财务报表列报	2014-02-17
企业会计准则第 31 号——现金流量表	2006-03-09
企业会计准则第 32 号——中期财务报告	2006-03-09
企业会计准则第 33 号——合并财务报表	2014-03-03
企业会计准则第 34 号——每股收益	2006-03-09
企业会计准则第 35 号——分部报告	2006-03-09
企业会计准则第 36 号——关联方披露	2006-03-09
企业会计准则第 37 号——金融工具列报（财会〔2017〕14 号）	2017-09-07
企业会计准则第 38 号——首次执行企业会计准则	2006-03-09
企业会计准则第 39 号——公允价值计量	2015-12-08
企业会计准则第 40 号——合营安排	2015-12-08
企业会计准则第 41 号——在其他主体中权益的披露	2015-12-08
企业会计准则第 42 号——持有待售的非流动资产处置组和终止经营、（财会〔2017〕13 号）	2017-09-07

表28-2　企业会计准则解释

会计准则解释	通知时间	主要内容
财政部关于印发《企业会计准则解释第 1 号的通知》	2008-05-22	就中国境内企业设在境外的子公司在境外发生有关交易或事项、经营租赁中出租人发生的初始直接费用及融资租赁中承租人发生的融资费用、企业将发行的金融工具确认为权益性工具、嵌入保险合同或嵌入租赁合同中的衍生工具、企业持有待售的固定资产和其他非流动资产的确认和计量等内容进行了解释

续表

会计准则解释	通知时间	主要内容
财政部关于印发《企业会计准则解释第2号的通知》	2008-09-17	就同时发行A股和H股的上市公司如何运用会计政策及会计估计、企业购买子公司少数股东拥有对子公司的股权、企业或其子公司进行公司制改制的相关资产和负债的账面价值、企业采用建设经营移交方式（BOT）参与公共基础设施建设业务、售后租回交易认定为经营租赁等内容进行了解释
财政部关于印发《企业会计准则解释第3号的通知》	2009-06-25	就采用成本法核算的长期股权投资，投资企业取得被投资单位宣告发放的现金股利或利润、企业持有上市公司限售股权，对上市公司不具有控制、共同控制或重大影响的、高危行业企业提取的安全生产费、企业收到政府给予的搬迁补偿款、利润表调整等内容进行了解释
财政部关于印发《企业会计准则解释第4号的通知》	2010-08-09	就企业合并、非同一控制下的企业合并、企业因处置部分股权投资或其他原因丧失了对原有子公司控制权、企业集团内涉及不同企业的股份支付交易、融资性担保公司所执行会计标准、企业发生的融资融券业务所执行会计标准等内容进行了解释
关于印发《企业会计准则解释第5号的通知》	2012-11-30	就非同一控制下的企业合并无形资产确认、企业开展信用风险缓释工具相关业务、企业采用附追索权方式出售金融资产，或将持有的金融资产背书转让、银行业金融机构开展同业代付业务等内容进行了解释
关于印发《企业会计准则解释第6号的通知》	2014-01-24	就企业因固定资产弃置费用确认的预计负债发生变动、被合并方是最终控制方以前年度从第三方收购来的情况下，合并方编制财务报表如何确定被合并方资产、负债的账面价值等内容进行了解释
关于印发《企业会计准则解释第7号的通知》	2015-11-13	就投资方因其他投资方对其子公司增资而导致本投资方持股比例下降，从而丧失控制权但能实施共同控制或施加重大影响、重新计量设定受益计划净负债或者净资产所产生的变动应计入其他综合收益、子公司发行优先股等其他权益工具，应如何计算母公司合并利润表中的"归属于母公司股东的净利润"、母公司直接控股的全资子公司改为分公司的、授予限制性股票的股权激励计划等内容进行了解释
关于印发《企业会计准则解释第8号的通知》	2016-01-04	就商业银行如何判断是否控制其按照银行业监督管理委员会相关规定发行的理财产品、商业银行如何对其发行的理财产品进行会计处理等内容进行了解释
关于印发《企业会计准则解释第9号——关于权益法下投资净损失的会计处理的通知》	2017-06-21	就关于权益法下有关投资净损失的会计处理等内容进行了解释
关于印发《企业会计准则解释第10号——关于以使用固定资产产生的收入为基础的折旧方法的通知》	2017-06-21	就关于以使用固定资产产生的收入为基础的折旧方法等内容进行了解释
关于印发《企业会计准则解释第11号——关于以使用无形资产产生的收入为基础的摊销方法的通知》	2017-06-21	就关于以使用无形资产产生的收入为基础的摊销方法等内容进行了解释

续表

会计准则解释	通知时间	主要内容
关于印发《企业会计准则解释第12号——关于关键管理人员服务的提供方与接受方是否为关联方的通知》	2017-06-21	就关于关键管理人员服务的提供方与接受方是否为关联方等内容进行了解释
关于印发《企业会计准则解释第13号的通知》	2019-12-16	就关于企业与其所属企业集团其他成员企业等相关的关联方判断、企业合并中取得的经营活动或资产的组合是否构成业务的判断等内容进行了解释
关于印发《企业会计准则解释第14号的通知》	2021-02-02	就关于社会资本方对政府和社会资本合作（PPP）项目合同的会计处理、基准利率改革导致相关合同现金流量的确定基础发生变更的会计处理等内容进行了解释
关于印发《企业会计准则解释第15号的通知》	2021-12-31	就关于企业将固定资产达到预定可使用状态前或者研发过程中产出的产品或副产品对外销售的会计处理、资金集中管理相关列报、亏损合同的判断等内容进行了解释

新会计准则对资产证券化业务的影响主要体现在以下环节：

一是对相关基础资产在资产科目的计量，涉及《企业会计准则第22号——金融工具确认和计量》《企业会计准则第21号——租赁》等；

二是资产证券化交易的会计处理，涉及《企业会计准则第23号——金融资产转移》《企业会计准则第33号——合并财务报表》等；

三是投资人端对所投资资产支持证券的计量，也受准则第22号等影响。整体而言，新金融工具准则相关要求的影响最大，也最为直接。

二、新金融工具准则介绍及影响分析

新金融工具准则的全面施行，在金融资产分类等方面会对资产证券化业务产生直接影响，尤其是对ABS产品的投资端。

1. 产生背景及实施安排

2014年7月，国际会计准则理事会（IASB）颁布了新金融工具准则——《国际财务报告准则第9号——金融工具》（IFRS 9），并同时颁布其他准则的相应修订，如《国际财务报告准则第7号——金融工具：披露》等。

为进一步完善企业会计准则体系，解决金融工具相关会计实务问题，并保持与国际财务报告准则的持续趋同，财政部于2017年3月31日，修订发布了三项金融工具相关准则：《企业会计准则第22号——金融工具确认和计量》《企业会计准则第23号——金融资产转移》《企业会计准则第24号——套期会计》（分别简称"新CAS 22""新CAS 23""新CAS 24"）；财政部于2017年5月2日修订发布：《企业会计准则第37号——金融工具列报》（简称"新CAS 37"），上述四项准则统称"新金融工具准则"。

财政部发布的新金融工具准则采用不同类型企业分步走，鼓励企业提前施行：

（1）自2018年1月1日起在境内外同时上市的企业，以及在境外上市并采用国际财务报告准则或企业会计准则编制财务报告的企业施行；

（2）自2019年1月1日起在其他境内上市企业施行；

（3）自2021年1月1日起在执行企业会计准则的非上市企业施行。

财政部对保险公司执行新金融工具准则的过渡办法另有规定：

（1）在境内外同时上市的保险公司以及在境外上市并采用国际财务报告准则或企业会计准则编制财务报告的保险公司，符合特定条件的，允许暂缓至2021年1月1日起施行；不符合特定条件的则需自2018年1月1日起施行；

（2）其他保险公司自2021年1月1日起施行新金融工具相关企业会计准则，如表28-3所示。

表28-3 新金融工具准则实施要求

序号	修订的企业会计准则	境内外同时上市及境外上市公司	其他境内上市公司及新三板挂牌公司	执行企业会计准则的非上市企业
1	《企业会计准则第22号——金融工具确认和计量》（2017年修订）	自2018年1月1日起施行（不含符合条件的保险公司）	自2019年1月1日起施行（含证券公司；不含符合条件的保险公司）	自2021年1月1日起施行
2	《企业会计准则第23号——金融资产转移》（2017年修订）			
3	《企业会计准则第24号——套期会计》（2017年修订）			
4	《企业会计准则第37号——金融工具列报》（2017年修订）			

2. 核心内容

新金融工具准则的核心变化包括：

（1）金融资产的分类。金融资产分类由现行"四分类"改为"三分类"，减少金融资产类别，提高分类的客观性和有关会计处理的一致性。对所有金融工具采取同一分类方法，废除了嵌入衍生工具与主合同金融工具的分离核算，围绕"业务模式"和"合同现金流"两条标准，确定金融资产的分类及其计量。

（2）减值模型的改变。金融资产减值会计由"已发生损失模型"改为"预期信用损失模型"，以更加及时、足额地计提金融资产减值准备，防止过往采用"已发生损失模型"在金融危机中暴露的损失确认"太少太迟"的问题。而预期信用损失法会普遍导致各项减值准备较旧准则增加，主要体现在信贷资产和其他信用风险资产减值准备的增提上。

（3）套期会计。修订套期会计相关规定，使套期会计更加如实地反映企业的风险管理活动，避免套期会计与企业风险管理实务脱节。比如降低了企业采用套期会计的门槛及复杂程度,实践中包括对非金融资产的风险组成部分的净敞口套期等,也开始采用套期会计。扩大了符合条件的被套期项目和套期工具范围。

3. 金融资产重分类对于ABS投资端的影响

新金融工具准则相关变化对于ABS产品投资端的影响相对明显,相对于原有的分类方式,会一定程度影响金融机构损益表。

(1)金融资产重分类的对比变化

新金融工具准则项下金融资产分类的变化对比如表28-4所示。

表28-4 新金融工具准则项下金融资产分类的变化对比

	IAS 39	IFRS 9
金融资产分类标准	按持有目的	按"业务模式"和"合同现金流特征"
金融资产分类	四分法: 交易性金融资产; 持有至到期投资; 贷款和应收款项; 可供出售金融资产	三分法: 以摊余成本计量(AC); 以公允价值计量且其变动计入当期损益(FVTPL); 以公允价值计量且其变动计入其他综合收益(FVTOCI)

金融资产分类围绕"业务模式"和"合同现金流特征",业务模式测试指主体如何管理其金融资产以获得现金流量,一是只收取合同现金流,二是出售金融资产赚价差,三是两者皆有;合同现金流量特征测试(SPPI)指企业需要判断金融资产在特定日期内产生的合同现金流量是否仅为对本金和未偿付本金对应利息的支付。

SPPI测试堪称是新准则与旧准则的最核心差异之一,SPPI测试的难点是企业需要对其持有的金融工具合同逐笔分析现金流特征,由于金融工具合同种类繁多且数量大,需要强大的信息系统的操作,如表28-5所示。对于持有较多非标投资组合但信息系统跟不上的企业和机构而言,还需考虑人工操作方式分析非标投资的合同现金流量特征的准确性和工作效率。

表28-5 金融资产分类标准

以摊余成本计量(AC)类	当金融资产通过合同现金流量特征(SPPI)测试,且满足"以收取合同现金流量为目标"的业务模式时,应分类为以摊余成本计量的金融资产
以公允价值计量且其变动计入其他综合收益(FVTOCI)类	当金融资产通过合同现金流量特征(SPPI)测试,且业务模式是"兼有收取合同现金流量和出售两种目标"的,应分类为以公允价值计量且其变动计入其他综合收益的金融资产FVTOCI(债务工具);未通过SPPI测试,且不是以交易为目的的部分可以被分类为FVTOCI(权益工具)
以公允价值计量且其变动计入当期损益(FVTPL)类	上述两种金融资产以外的,应分类为以公允价值计量且其变动计入当期损益的金融资产

相比于其他两类,AC类允许以摊余成本计量,避免公允价值变动对于报表的影响。而FVOCI与FVPL的差异是公允价值变动所计入的科目不同,FVPL类体现为当期损益,直接影响当期利润;而FVOCI类计入其他综合收益,更多是"纸面盈

亏"的概念，在资产到期或出售时体现实际盈亏。

新旧会计准则比较（IAS39、IFRS9）如表28-6所示。

表28-6　新旧会计准则比较（IAS39、IFRS9）

	模型	金融资产分类
IAS39（旧）	采用"已发生损失"（incurred loss）模型，针对"已发生"的损失计提准备。计提准备需要满足一定的"门槛"条件，必须有客观证据表明已发生的损失才能计提准备金。预计未来发生的损失不计提准备	金融资产分为四分类：以公允价值计量且其变动加入损益的金融资产、贷款和应收账款、持有至到期投资、可供出售金融资产；分别对应：交易性金融资产（含衍生金融工具）、指定属于此类的金融资产、按摊余成本计量、按成本（若公允价值无法确定）、按公允价值计量且其变动计入权益
IFRS9（新）	采用前瞻性的"预期损失模式"，确认预期信用损失并在报告日更新预期损失金额，以反映信用风险的变化	金融资产分为债务工具、衍生工具、权益工具。债务工具判断合同现金流是否仅为本金和利息的支付：是→以收取合同现金流为目的→以摊余成本计量（AMC）；收取合同现金流和出售→以公允价值计量且其变动计入其他综合收益（FWOCI）；其他业务模式或否→以公允价值计量且其变动加入损益（FNPL）。衍生工具→以公允价值计量且其变动加入损益（FNPL）。权益工具：为交易而持有→FNPL；否→公允价值选择权→是→以公允价值计量且其变动计入其他综合收益（FVOCI）

资料来源：YY评级整理。

新旧会计准则下分类如图28-1所示。

（2）ABS产品投资的分类

旧准则下，按照持有至到期投资和可供出售金融资产分类，资产价值波动较小。

```
旧准则的四分类
┌─────────────────────────────────────────────────────────────────┐
│ ┌──────────┐    ┌──────────┐    ┌──────────┐    ┌──────────┐   │
│ │以公允价值 │    │          │    │          │    │          │   │
│ │计量且其变 │    │可供出售金 │    │贷款和应收 │    │可供出售金 │   │
│ │动计入损益 │    │融资产    │    │账款      │    │融资产    │   │
│ │的金融资产 │    │          │    │          │    │          │   │
│ └────┬─────┘    └────┬─────┘    └────┬─────┘    └────┬─────┘   │
└──────┼───────────────┼───────────────┼───────────────┼─────────┘
       ▼               ▼               ▼               ▼
   ┌───────┐      ┌─────────┐    ┌──────────┐    ┌──────────┐
   │债券、权│      │债权、权益│    │发放贷款和 │    │政府债、政│
   │益工具、│      │工具、基金│    │垫款、资产│    │金债等    │
   │基金投资│      │投资      │    │支持证券、│    │          │
   │       │      │         │    │资管和信托│    │          │
   │       │      │         │    │计划、同业│    │          │
   │       │      │         │    │理财等    │    │          │
   └───┬───┘      └────┬────┘    └────┬─────┘    └────┬─────┘
    大部分           大部分    少部分   大部分贷款      大部分持
                                      和应收账款       有至到期
                                                      投资
```

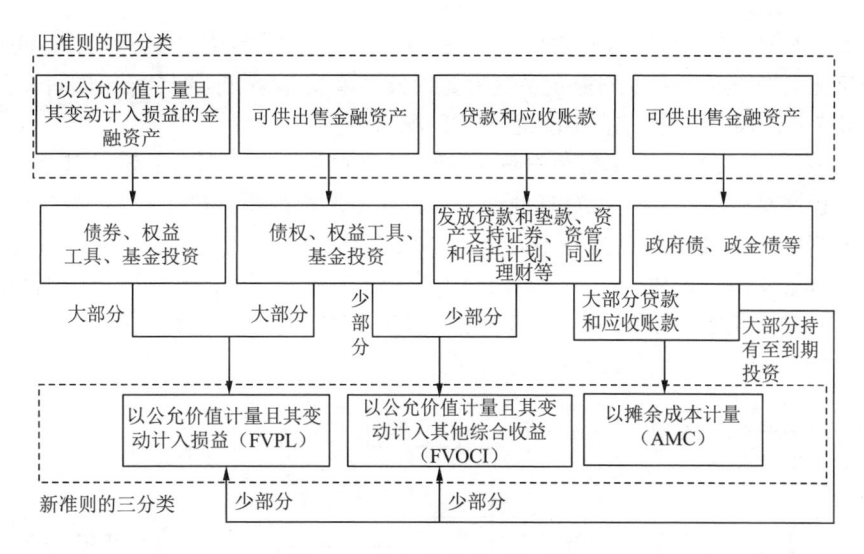

图28-1　新旧会计准则下分类

资料来源：YY评级整理。

旧会计准则下，按照持有金融资产的意图和目的将金融资产分为四类，分别是以公允价值计量且其变动计入当期损益的金融资产（以交易性金融资产为主）、持有至到期投资、贷款和应收款项、可供出售金融资产。具体到投资ABS产品时，基本视其持有目的是持有至到期还是择时交易，将持有的ABS计入持有至到期投资、可供出售金融资产和交易性金融资产，但由于计入交易性金融资产极易带来利润表变动，因此，又以前两者为主。

综上所述，新准则下，需结合"业务模式"和"合同现金流特征"进行三分类，大多是按以公允价值计量且其变动计入当期损益（FVTPL）或以公允价值计量且其变动计入其他综合收益（FVTOCI）计量，能够满足以摊余成本计量的金融资产分类（AC）的产品种类较少。其中是否能够满足AC法计量标准，又以合同现金流特征（SPPI）测试最为核心。

能否通过SPPI测试，取决于ABS产品的基础资产和交易结构是否符合"产品的偿债现金流完全来源于基础资产的'本金+利息'的判断"。本金是指金融资产在初始确认时的公允价值，本金金额可能因提前还款等原因在金融资产的存续期内发生变动；利息包括对货币时间价值、与未偿本金金额相关的信用风险，以及其他基本借贷风险综合考量后的资金收益。

按照常见的几大类ABS基础资产类型进行分别判断：

① 收益权类ABS。其基础资产系原始权益人未来特定时间内的特定现金流，尽管该类ABS产品优先级收益率确定，但其底层资产的现金流并非"本金+利息"模式，产品现金流来源不是基于对货币时间价值或与未偿本金金额相关的信用风险做出，不能通过SPPI测试；

② CMBS、类REITs不动产类ABS。尽管经过较为复杂的结构设计，底层现金流来源仍为不动产产生的租金及其处置价值，以及外部支持现金流（如有），现金流也非"本金+利息"模式，不能通过SPPI测试；

③ 债权类ABS。在基础资产现金流明确来源于底层债务人还款的前提下，进一步分析产品结构中是否含有其他现金流来源（是否存在外部支持），如存在外部现金流来源，则偿债现金流并不完全符合来源于"本金+利息"的标准，不能通过SPPI测试，如图28-2所示。不存在外面现金流来源的项目，还需结合基础资产现金流形态进行判定，如供应链ABS、应收账款ABS，底层资产并无严格意义上"利息"的概念，如何认定存在一定的主观性。

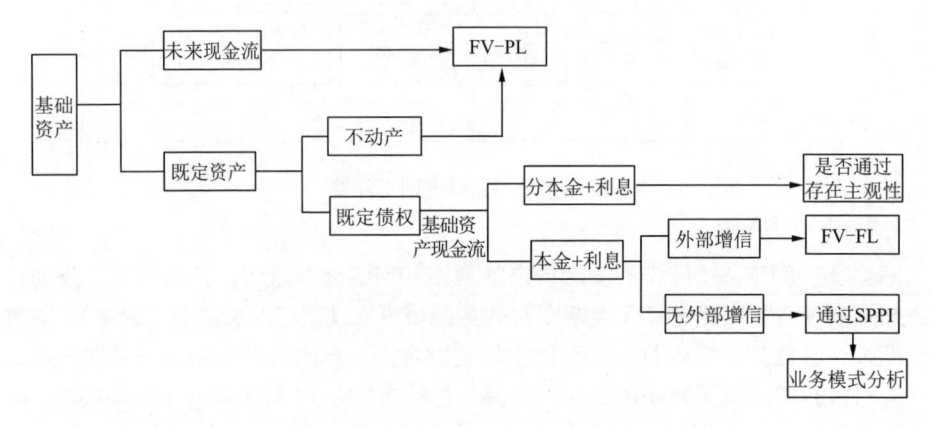

图28-2 新会计准则ABS产品分类

综上，根据新会计准则，ABS产品由于产品结构和基础资产都较为复杂，目前尚无分类的官方细则指引，存在一定的分类难度。但可以确定的是，在目前市场情况下，仅有特定类型ABS产品满足摊余成本进行计量的条件，当按照FVOCI与FVPL方式计量时，公允价值的波动会对报表产生直接影响。且由于ABS产品的特殊性，如何确认公允价值也是一个难题（关于ABS产品估值的分析，详见本书第35问）。

三、资管产品的会计处理分析

前面讲到了新金融工具准则下，金融机构投资ABS产品的分类方式，针对的是金融机构自营投资部分，同样的，新规下资管产品投资的会计处理分析也经历了相关转变，且由于资管产品面临申购和赎回，某种程度上，会计处理的影响相比自营盘更大。

中国人民银行、银保监会、证监会、外汇局关于规范金融机构资产管理业务的指导意见（银发〔2018〕106号，简称《资管新规》）要求：

"十八、金融机构对资产管理产品应当实行净值化管理，净值生成应当符合企业会计准则规定，及时反映基础金融资产的收益和风险，由托管机构进行核算并定期提供报告，由外部审计机构进行审计确认，被审计金融机构应当披露审计结果并同时报送金融管理部门。

金融资产坚持公允价值计量原则，鼓励使用市值计量。符合以下条件之一的，可按照企业会计准则以摊余成本进行计量：

（一）资产管理产品为封闭式产品，且所投金融资产以收取合同现金流量为目的并持有到期。

（二）资产管理产品为封闭式产品，且所投金融资产暂不具备活跃交易市场，或者在活跃市场中没有报价，也不能采用估值技术可靠计量公允价值。

金融机构以摊余成本计量金融资产净值，应当采用适当的风险控制手段，对金融资产净值的公允性进行评估。当以摊余成本计量已不能真实公允反映金融资产净值时，托管机构应当督促金融机构调整会计核算和估值方法。金融机构前期以摊余成本计量的金融资产的加权平均价格与资产管理产品实际兑付时金融资产的价值的偏离度不得达到5%或以上，如果偏离5%或以上的产品数超过所发行产品总数的5%，金融机构不得再发行以摊余成本计量金融资产的资产管理产品。"

根据资管新规，金融资产坚持公允价值计量原则，鼓励使用市值计量，同时规定了两种可使用摊余成本法计量的特殊情形（简称情形一、情形二）。

2021年9月30日，财政部进一步发布了《资产管理产品相关会计处理规定（征求意见稿）》（财办会〔2021〕34号），《征求意见稿》规定：

"资产管理产品的会计确认、计量和报告应当遵循企业会计准则。

……

资产管理产品的会计确认、计量和报告应当以持续经营为前提。资产管理产品具有有限寿命本身不影响持续经营假设的成立。

……

（一）关于金融资产的分类

资产管理产品应当根据其管理金融资产的业务模式和金融资产的合同现金流量特征，将金融资产划分为以摊余成本计量、以公允价值计量且其变动计入其他综合收益和以公允价值计量且其变动计入当期损益的金融资产。

资产管理产品将金融资产分类为以摊余成本计量的金融资产的，相关金融资产的合同现金流量特征必须与基本借贷安排一致，即相关金融资产在特定日期产生的合同现金流量仅为对本金和以未偿付本金金额为基础的利息的支付。

货币市场基金、现金管理类理财产品等资产管理产品管理金融资产的业务模式以出售为目标的，应当将相关金融资产分类为以公允价值计量且其变动计入当期损益的金融资产。

公募基金、理财产品等资产管理产品具有中短期寿命期或需满足定期开放申购和赎回要求的，其持有的权益工具投资通常为交易性而不符合指定为以公允价值计量且其变动计入其他综合收益的金融资产的条件。"

《征求意见稿》的规定与新金融工具准则的相关要求一脉相承，资产管理产品具有有限寿命本身不影响持续经营假设的成立，意味着资管产品在会计准则遵循方面没有任何特殊性。

另外,在摊余成本法的使用规定上,相较于《资管新规》,有进一步明确和收紧:一是货币基金、现金管理类产品、中短期限/定期开放式产品基本没有使用摊余成本法的空间(因为高流动性特点,管理的金融资产业务模式典型以出售为目的,或者说很难做到持有到期);二是要求满足合同现金流量特征(对应《资管新规》中情形一),相当于情形二的适用情形被删除,即便符合"暂不具备活跃交易市场,或者在活跃市场中没有报价,也不能采用估值技术可靠计量公允价值",在新准则要求下仍然不能用摊余成本法估值,这意味着此前ABS、私募债、二级资本债、永续债、优先股等都无法套用此条使用摊余成本法估值。

整体而言,新会计准则框架内的新金融工具准则对资产证券化业务多个环节带来显著影响,尤其体现在相关金融工具的分类及出表判定方面,新准则能够减少金融工具分类的主观性,但是后续计量又难以避免公允价值获取的难题,在国内ABS产品中体现尤为明显。关于资产证券化产品会计出表的判定,将在下一问进行详细讨论。

29. "出表"或"不出表",谁来决定?

导读:"出表"几乎是一个百分百会与资产证券化联系在一起的概念,但口头关于"出表"的说法并不准确。本问基于会计准则的相关要求,详细介绍"出表"的判定依据、判定逻辑、判定步骤等,并对业务实践中各类交易条款与"出表"的关系进行归纳。

一、"出表"的范围界定

在正式分析资产证券化出表判定之前,先来厘清几个概念。出表的"表",是指企业的资产负债表(包括合并范围内子公司)。"出表"是指证券化交易之后,对应的基础资产不继续在企业资产负债表中进行体现。谈论"出表"的前提在于该基础资产本身在企业报表的"资产"科目,如对于收费收益权类型的ABS品种,基础资产没有"入表",自然不存在"出表"一说,实务中涉及出表判定的资产类型一般是既有债权类ABS项目或不动产基础设施相关的REITs项目。

另外,出表也不必然等同于负债率降低,在证券化交易完成后,只是涉及资产科目的调整,由"贷款/应收账款/投资性房地产"等科目变为"现金"科目,只有当发起机构以回收的现金偿还既有负债后,企业资产负债率才会相应降低。

二、"出表"的判定依据和情形

在新会计准则体系下,资产是否出表,有着严格的判断路径和体系。

1. 金融资产与非金融资产的出表判定依据

根据《企业会计准则第22号——金融工具确认和计量(财会〔2017〕7号)》:

"金融资产,是指企业持有的现金、其他方的权益工具以及符合下列条件之一的资产:

(一)从其他方收取现金或其他金融资产的合同权利。

(二)在潜在有利条件下,与其他方交换金融资产或金融负债的合同权利。

(三)将来须用或可用企业自身权益工具进行结算的非衍生工具合同,且企业根据该合同将收到可变数量的自身权益工具。

(四)将来须用或可用企业自身权益工具进行结算的衍生工具合同,但以固定数量的自身权益工具交换固定金额的现金或其他金融资产的衍生工具合同除外。其中,企业自身权益工具不包括应当按照《企业会计准则第37号——金融工具列报》

分类为权益工具的可回售工具或发行方仅在清算时才有义务向另一方按比例交付其净资产的金融工具,也不包括本身就要求在未来收取或交付企业自身权益工具的合同。"

对于非金融资产的出表,只需遵循《企业会计准则第33号——合并财务报表》的规定,将拟出表资产转移到合并财务报表范围之外的SPV或其他交易主体即可,即转出方放弃控制。

对于金融资产的出表,需要同时遵守《企业会计准则第33号——合并财务报表》和《企业会计准则第23号——金融资产转移》的规定,使拟出表资产能够按照金融资产转移和终止确认的条件转移到合并财务报表范围之外的SPV(或某个交易主体),即转入方实际控制。

在具体业务实践中,对于不动产物业或基础设施REITs项目的出表判定,基本也是按照金融资产出表的分析框架,后面基于金融资产进行介绍。

2. "出表"判定的情形

根据《企业会计准则第23号——金融资产转移》的规定,资产证券化基础资产"出表"问题,主要探讨的是基础资产向特殊目的实体的转移是否应当终止确认,以及在多大程度上终止确认的问题,大致可以归纳为如表29-1所示的三类。

表29-1 "出表"判定的三种情形

情　　形		基本处理方法
已转移金融资产所有权上几乎所有的风险和报酬		终止确认该金融资产(确认新资产/负债)
既没有转移也没有保留金融资产所有权上几乎所有的风险和报酬	放弃了对金融资产的控制	
	未放弃对金融资产的控制	按照继续涉入所转移金融资产的程度确认有关资产和负债及任何保留权益
保留了金融资产所有权上几乎所有的风险和报酬	继续确认该金融资产,并将收益确认为负债

(1)完全"出表"

完全"出表"即认定发起机构终止确认该金融资产,一般要求风险和报酬转移程度在90%以上。

(2)继续涉入

继续涉入经常在实务中被称为"部分出表",但实际上"部分出表"的概念并不准确,基础资产还是完全出表,只不过在基础资产完全出表和现金资产增加的同时,会计处理中应当按照其继续涉入所转移金融资产的程度同时确认"继续涉入资产"及"继续涉入负债"。继续涉入所转移金融资产的程度,是指该金融资产价值变动使发起机构或原始权益人面临的风险水平。继续涉入资产值是最大可能损失的金额,计入以公允价值计量且其变动计入当期损益的金融资产科目。

(3)完全"不出表"

风险和报酬转移程度在10%以下,发起机构并未实现出表。发起机构需将SPV合并,募集资金增加现金资产的同时,也增加一笔负债,相当于一笔融资性行为。

三、"出表"的判定逻辑和步骤

根据《企业会计准则第23号——金融资产转移》的要求，需要使拟出表资产能够按照金融资产转移和终止确认的条件转移到合并财务报表范围之外的SPV（或某个交易主体）中，从而实现转入方实际控制。判断转入方是否实际控制分为两种情形：

（1）收取金融资产现金流的权利都转移给SPV（或某个交易主体），可以确定转入方控制了金融资产。

（2）将金融资产转移给另一方，但保留收取金融资产现金流量的权利，并承担将收取的现金流量支付给最终收款方的义务。

在资产证券化结构中，发起机构通常还会继续担任资产服务机构等角色，或继续承担资产现金流归集、转付等相关职能，因此，通常适用上述第二种情形。具体判定逻辑如图29-1所示。

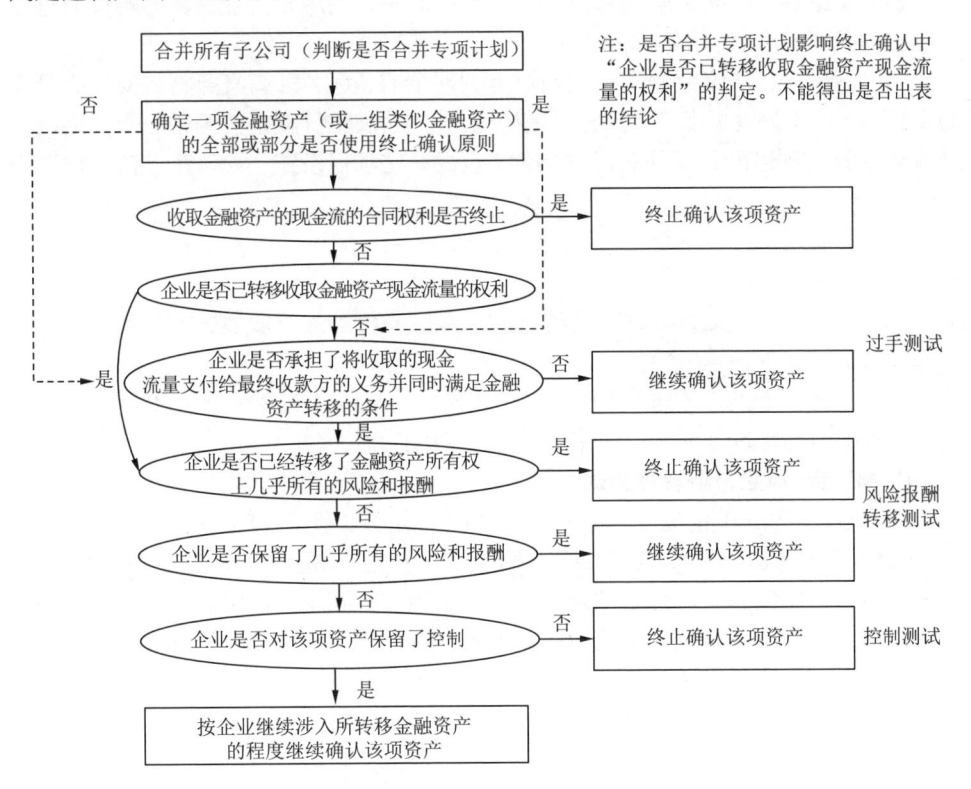

图29-1 资产"出表"的判定步骤

1. 第一步：合并控制

即受让资产的SPV（专项计划或信托等）是否纳入合并报表体系内。根据《企业会计准则第33号——合并财务报表》第七条"合并财务报表的合并范围应当以控制为基础予以确定"，需要判断发起机构或原始权益人对SPV是否有控制，形成控制则合并，未形成控制则不合并。当且仅当投资者满足以下条件时，发起机构或原始权益人对特殊目的载体有控制：

（1）是否有主导被投资人的权利；

（2）是否通过被投资人的涉入面临可变回报的敞口或取得可变回报的权利；

（3）是否具备利用对被投资人的权利影响回报金额和能力。

上述控制判断的原则略显抽象，实务中主要看企业从资产证券化产品中获得可变回报的能力，例如，企业认购了全部次级份额，或者企业作为资产服务机构收取浮动资产服务费等。上述情形下企业使用其权利获得可变回报的能力很强，一般会认定为需要合并SPV。

需要注意的是，不论是否合并，都不能直接得到是否出表的结论。仍需分别在两种情形下进一步通过过手测试或风险报酬转移测试来最终判断是否出表。

2. 第二步：过手测试

根据《企业会计准则第23号——金融资产转移》的规定，金融资产转移通过过手测试需要同时满足以下三个条件：

（1）不垫款。从该金融资产收到对等的现金流量时，才有义务将其支付给最终的收款方。企业发生短期垫付款，但有权全额收回该垫付款并按照市场上同期银行贷款利率收取利息的，视同满足本条件（也是一些项目设置"流动性支持条款"仍可出表的依据）。

（2）不挪用。企业不得对资产进行抵押或挪用，但可以将其作为对最终收款方支付现金流量的保证。

（3）不延误。有义务将收取的现金流量及时支付给最终收款方（一般能够允许的最长转付时间不超过3个月）。

结合上述三个条件不难发现，在"出表型"产品设计时要格外关注企业收款账户中的资金混同风险及现金流归集与兑付频率的匹配。

3. 第三步：风险报酬转移测试

在满足过手测试的前提下，须进一步判断企业是否转移了资产所有权上的风险和报酬。风险报酬转移测试的核心结论是看风险和报酬转移比例是否达到可出表的临界值。

风险转移比例的计算方式常以资产转让前后在不同压力测试场景下，基于各场景可能发生的概率分别拟合出企业可获得资产转让前后现金流的标准差，并以"1-资产转让后现金流标准差/资产转让前现金流标准差"作为衡量风险转移的参考比例，如表29-2所示。

表29-2　某案例项下风险报酬转移前后现金流测试

时间	情景	未来现金流现值	概率（%）	现金流期望值	差异	加权平均差异值
		a	b	c=a*b	d=a-sum(c)	e=ABS(d*b)
风险报酬转移前	1	7 082	25	1 770.5	30	7.5
	2	7 050	50	3525	-2	1
	3	7 026	25	1 755.5	-26	6.5
	总计	—	100	7052	—	15

续表

时间	情景	未来现金流现值	概率(%)	现金流期望值	差异	加权平均差异值
风险报酬转移后	1	342	25	85.5	26.25	6.56
	2	314	50	157	-1.75	0.88
	3	293	25	73.25	-22.75	5.69
	总计	—	100	315.75	—	13.13

风险和报酬转移比例=1-转移后e÷转移前e=1-13.13÷15=12.47%

需要强调的是，风险报酬转移测试中所测量的不是"风险敞口的绝对值"，而是"风险敞口的波动值"。例如，发起人将一包资产真实出售给SPV，发起人按照不超过5%的金额比例对资产包提供增信，按照历史经验和现金流预测，这包资产的预期损失率显著集中于0~5%区间。如此一来，发起人通过该笔交易使得其在该资产包上面的损失上限低至5%，即"最大风险敞口"下降了95%左右。但由于资产包的预期损失本来就在5%以内，这部分风险几乎由发起人继续承担了，也就是说，发起人保留了该资产包的大部分（会计意义上的）风险和报酬。不难发现，相对于重大且罕见的"黑天鹅事件"，会计准则要求发起人更加关注合理且可能的"较大概率事件"。

会计师事务所根据比值是否满足判定要求，得出完全转移（完全出表）、完全保留（完全不出表）、介于完全转移和完全保留之间的结论，一般完全转移要求风险转移比例达到90%（具体以会计师事务所实际要求为准）以上。

4. 第四步：控制转移

在实际操作中，如风险报酬转移测试的结果介于完全转移和完全保留之间，这就需要继续判断企业对资产的控制权利是否实质发生转移。即便风险报酬未完全转移，但当发起方放弃了对基础资产的控制，还是能够实现完全出表（可以理解为风险报酬是被动获取的）。

这里比较难理解，在于如何去界定"控制"的概念。事实上，根据金融资产终止确认法则，判断发起人（转出方）是否放弃了控制，应当关注受让方能否自由地处置所转移资产，即受让方能够单独出售资产且没有额外条件对此出售加以限制。

认定"放弃控制"所遵循的逻辑类似"反证法"，即并不是站在转出方的角度，而是站在转入方的角度，只有证明转入方能够"自由控制"，才能得出转出方"放弃控制"。在实务中，由于基础资产底层权利义务条款、运营黏性等方面的限制，通常很难认定SPV作为转入方"能够完全自由地处置所转移资产"，也就很难得出发起人放弃了控制的结论。如判定构成控制，则按照继续涉入进行会计处理。

四、影响"出表"的核心条款

综上分析可知，会计上对于出表的判定是一个复杂且多维的过程，但基本上最终都会落到"企业对资产和现金流是否有控制""企业是否仍享有可变风险和回报"这两点，围绕这两个关键，实务中在产品设计端尤其需要注意以下核心条款。

（1）增信条款

发起机构（或股东方）在产品端的增信涉及判断合并控制中的"可变回报"、过手测试中的"垫款",以及风险报酬转移测试的测算结果,说是影响出表的"首要条款"毫不为过。实务中出于产品评级和证券销售的考量,又需要引入增信条款,此时若仍需要达到"出表"效果,则需进一步对增信条款设置限制条件,比如有明确上限金额的差额支付或带转回机制和资金成本的流动性支持等。

(2)自持条款

企业主体持有资产证券化产品份额越多,其保留的风险报酬比例越高。尤其对于次级证券而言,其承担了相当比例的浮动风险和收益,次级证券的自持比例会显著影响到风险报酬转移测试的结果。从目前四大会计师事务所或境内会计师事务所的普遍操作来看,5%的次级自持比例是一条分界线,超过5%比例的次级自持很难实现完全出表(具体需结合实际项目情况进行综合判断)。

(3)服务报酬设置

当发起机构继续作为资产服务机构并收取服务报酬时,也会对"可变回报"等产生影响,一般会从服务报酬的金额、费用标准是否市场化等方面进行测算分析。

(4)现金流归集条款

现金流归集越及时,回款路径越简单清晰,越有利于会计出表的认定,实务中需要进一步结合资产类型等进行判定。

(5)循环购买安排

循环购买是指针对久期较短的基础资产,基础资产产生回款后不全部用于向投资人进行分配,而是用于持续购买满足合格标准的新增基础资产,以合理匹配证券期限。由于循环购买操作本身可能涉及现金流延误支付、企业转出资产再投资的资产混同风险,且循环购买效率、购买价格、入池资产质量等因素都直接影响企业的可变回报,因而有循环结构的产品一般较难出表。但如果通过设置合理、公允、自主的购买机制,保证受让方完全不受企业干预地根据入池标准独立主动购买资产,比如依托系统进行自动化筛选、入池、标记、监控的产品有可能实现出表。

需要注意的是,会计出表也离不开法律上的"真实出售"这一前提。从上面的分析不难发现,会计判定强调"实质重于形式"原则,会层层分析交易架构下是否完成了实质性的风险报酬转移,但事实上,"转让的形式"同样重要。换言之,如果没有实现"形式上的转移",即使完成了"实质上的转移",也同样无法出表。打个比方,在衍生品设计中,可以通过信用违约互换等衍生工具来转移基础资产的风险和收益,但如果没有实质性资产转让,依然无法会计出表。

综上,"出表"或"不出表"实在是一个复杂而微妙的会计问题,究其根由,部分是源于会计准则体系中"资产负债表观"和"利润表观"这一对根深蒂固的矛盾。在资产证券化业务中,"出表"或"不出表"尽管表现为一个会计认定的问题,但实质上关系产品结构设计的方方面面,且反过来驱动交易条款的设定和调整,很多时候需要兼顾发起机构出表诉求、评级要求、投资人利益等。在分析交易条款时,不应该只是看到条款本身的约定,更要发掘条款设计的背后原因,进而更好地理解项目本质。

30. 离税收中性还有多远？

导读：前文提到，"税收中性"是资产证券化业务的核心要义之一。本问从资产证券化交易的各个环节出发，结合不同业务品种和资产类型的特殊要求，对业务过程中的主要涉税事项进行分析。

一、现行资产证券化业务相关税收规定

截至目前，专门针对资产证券化的税收文件仅有《财政部、税务总局关于信贷资产证券化有关税收政策问题的通知》(财税〔2006〕5号文，以下简称"5号文"）及2022年出台的《关于基础设施领域不动产投资信托基金（REITs）试点税收政策的公告》（财政部、税务总局公告2022年第3号，以下简称"3号公告"）。

"5号文"虽然内容只针对信贷资产证券化产品，但由于颁布较早，且在很长时间内一直是唯一一份与资产证券化业务直接相关的税务文件，相关要求在各类资产证券化产品中被广泛参考，"5号文"主要对"三类税种"和"三个主要涉税环节"进行了规定，如表30-1所示。

表30-1 "5号文"的税收要求

	印花税	营业税（"营改增"后对应增值税）	所得税
信贷资产从发起机构转让至信托机构	不征收	—	发起机构转让信贷资产取得的收益应按企业所得税的政策规定计算缴纳企业所得税，转让信贷资产所发生的损失可按企业所得税的政策规定扣除
受托机构管理信贷资产	不征收	对受托机构从其受托管理的信贷资产信托项目中取得的贷款利息收入，应全额征收营业税；贷款服务机构取得的服务费收入、受托机构取得的信托报酬、资金保管机构取得的报酬、证券登记托管机构取得的托管费、其他为证券化交易提供服务的机构取得的服务费收入等，均应按现行营业税的政策规定缴纳营业税	对信托项目收益在取得当年向资产支持证券的机构投资者分配的部分，在信托环节暂不征收企业所得税；贷款服务机构取得的服务收入、受托机构取得的信托报酬、资金保管机构取得的报酬、证券登记托管机构取得的托管费、其他为证券化交易提供服务的机构取得的服务费收入等，均应按照企业所得税的政策规定计算缴纳企业所得税

续表

	印花税	营业税（"营改增"后对应增值税）	所 得 税
资产支持证券发行及投资者认购	不征收	对金融机构（包括银行和非银行金融机构）投资者买卖信贷资产支持证券取得的差价收入征收营业税；对非金融机构投资者买卖信贷资产支持证券取得的差价收入，不征收营业税[①]	在对信托项目收益暂不征收企业所得税期间，机构投资者从信托项目分配获得的收益，应当在机构投资者环节按照权责发生制的原则确认应税收入，按照企业所得税的政策规定计算缴纳企业所得税； 机构投资者买卖信贷资产支持证券获得的差价收入，应当按照企业所得税的政策规定计算缴纳企业所得税，买卖信贷资产支持证券所发生的损失可按企业所得税的政策规定扣除； 机构投资者从信托项目清算分配中取得的收入，应按企业所得税的政策规定缴纳企业所得税，清算发生的损失可按企业所得税的政策规定扣除

从"5号文"的规定不难发现，其基本还是遵循了"税收中性"的相关原则，首先，在交易环节本身不增加税收负担（各个环节印花税全免）；其次，基础资产运营本身涉及的税收（贷款利息营业税/增值税）随着基础资产从发起机构转让至SPV，纳税主体相应调整，且因为税率差异，实际上税负成本还降低了（下面具体分析）；最后，对于各类服务机构而言，视同一项常规金融业务，正常缴纳营业税/增值税和所得税，对于投资人而言，投资资产支持证券也与其他金融产品投资无异。

对于REITs产品而言，由于涉及复杂的资产重组，资产重组和转让环节的税收影响极大，尤其是所得税，因而在基础设施公募REITs试点不久，即发布了"3号公告"对部分涉税环节进行了明确，如表30-2所示。

表30-2 "3号公告"的税收要求

资产重组环节	原始权益人在基础设施资产重组环节，即将基础设施资产划转至项目公司环节，适用特殊性税务处理[②]，不征收企业所得税
发行环节	原始权益人向REITs转让项目公司股权时暂不缴纳企业所得税，递延至REITs募资完成后再缴纳； 原始权益人自持的REITs份额对应的基础设施资产转让的企业所得税，递延至实际转让时再缴纳
运营及分配环节	基础设施REITs运营、分配等环节涉及的税收，仍按现行税收法律法规的规定执行； 如原始权益人通过二级市场认购（增持）该基础设施REITs份额，按照先进先出原则认定优先处置战略配售份额，即原始权益人转让REITs份额时视为先转让战略配售自持的份额

资料来源：毕马威中国。

"3号公告"主要在两个方面减轻了原始权益人的所得税压力：一是REITs设立前的重组，原始权益人向项目公司划转基础资产可以直接适用特殊重组，暂无须缴纳企业所得税，豁免了现行重组文件要求企业重组必须满足12个月锁定期的要求；

---

① 指根据《财政部国家税务总局关于企业重组业务企业所得税处理若干问题的通知》的规定，企业重组符合一定规定条件的，交易各方对其交易中的股权支付部分，可以按规定进行特殊性税务处理。

二是原始权益人自留的份额，仅需要针对实际出售的部分纳税。

二、增值税

综上所述，根据"5号文"的税务精神，对于基础资产收益（贷款利息收入）涉及的营业税，其缴税主体由发起机构调整为受托机构（代表特殊目的信托）。但由于"5号文"仅明确针对信贷资产证券化业务，是否适用于其他资产证券化品种有不同理解，且"营改增"试点中关于金融行业的相关规定较为复杂，因而造成实践中对于基础资产及SPV端的增值税缴纳标准不一，也最容易出现争议。

1. 资产证券化业务涉及的"营改增"法规政策梳理

"营改增"相关政策文件如表30-3所示。

表30-3 "营改增"相关政策文件

发布时间	简称	文件	主要精神
2016-03-23	36号文	《财政部、国家税务总局关于全面推开营业税改征增值税试点的通知（财税〔2016〕36号）》（增值税政策的基础性文件）	规定自2016年5月1日起，在全国范围内全面推开营业税改征增值税（以下称"营改增"）试点，建筑业、房地产业、金融业、生活服务业等全部营业税纳税人，纳入试点范围，由缴纳营业税改为缴纳增值税
2016-12-21	140号文	《财政部、国家税务总局关于明确金融、房地产开发、教育辅助服务等增值税政策的通知（财税〔2016〕140号）》	针对营改增试点期间有关金融、房地产开发、教育辅助服务等政策予以补充通知： （1）明确定义保本收益：合同中明确承诺到期本金可全部收回的投资收益。金融商品持有期间（含到期）取得的非保本的上述收益，不属于利息或利息性质的收入，不征收增值税； （2）规范持有到期表述：纳税人购入基金、信托、理财产品等各类资产管理产品持有至到期，不属于《销售服务、无形资产、不动产注释》（财税〔2016〕36号）第一条第（五）项第4点所称的金融商品转让； （3）产品管理人纳税人：资管产品运营过程中发生的增值税应税行为，以资管产品管理人为增值税纳税人
2017-01-06	2号文	《财政部、国家税务总局关于资管产品增值税政策有关问题的补充通知（财税〔2017〕2号）》	2017年7月1日（含）以后，资管产品运营过程中发生的增值税应税行为，以资管产品管理人为增值税纳税人，按照现行规定缴纳增值税、对资管产品在2017年7月1日前运营过程中发生的增值税应税行为，未缴纳增值税的，不再缴纳；已缴纳增值税的，已纳税额从资管产品管理人以后月份的增值税应纳税额中抵减

续表

发布时间	简称	文件	主要精神
2017-06-30	56号文	《财政部、国家税务总局关于资管产品增值税有关问题的通知》（财税〔2017〕56号）	资管产品管理人（以下称管理人）运营资管产品过程中发生的增值税应税行为（以下称资管产品运营业务），暂适用简易计税方法，按照3%的征收率缴纳增值税；对资管产品在2018年1月1日前运营过程中发生的增值税应税行为，未缴纳增值税的，不再缴纳；已缴纳增值税的，已纳税额从资管产品管理人以后月份的增值税应纳税额中抵减

目前国内对殊目的载体的法律实体定位尚无统一认定，整体还是按照SPV管理人所对应的监管要求执行相关的税务规定，无论是特殊目的信托还是资产支持专项计划，基本还是纳入泛资管产品的管理框架，会按照上述文件的规定认定增值税缴纳的相关事项，适用3%的征收率。

2. 不同产品类型中的增值税缴纳标准

在具体业务实践中，SPV管理人可能会基于SPV载体类型、基础资产是否涉及保本、基础资产端是否缴税等对于SPV载体的增值税缴纳事项有不同理解，如表30-4所示。

表30-4　不同ABS产品中涉及的增值税情形

	SPV类型	SPV端增值税	基础资产端增值税
信贷资产证券化	特殊目的信托	缴纳	出表型：不缴纳 不出表型：缴纳
企业资产证券化	资产支持专项计划	保本型基础资产：缴纳 非保本型基础资产：不缴纳	正常缴纳，但租赁等特殊类型可抵扣
资产支持票据	特殊目的信托	双SPV且前手已缴：不缴纳 其他：缴纳	正常缴纳，但租赁等特殊类型可抵扣

在信贷资产证券化业务中，因为"5号文"有明确规定，信托层面的增值税都会去缴纳，而基础资产端增值税是否继续缴纳，一般会按照是否出表去认定，出表型的豁免缴纳，不出表型的继续缴纳。特别的，对于金租公司等发起机构，由于租赁业务涉及给客户开票、增值税抵扣的需求，无论是否出表，基础资产端都还是会继续缴纳。

在企业资产证券化业务中，不同管理人的认定标准会有差别，有相对保守谨慎的管理人会对所有类型项目都缴纳SPV端增值税，大多数管理人则会依据"140号文"中关于所投资资产是否为保本型进行区别认定，保本型的认定标准通常会按照"基础资产层面是否会涉及担保、差额支付、付款确认等条款"（注意：专项计划层面的增信不影响）。而基础资产端则普遍会继续根据底层的业务情况继续缴纳，对于租赁、保理等特定类型的基础资产，则可以相应抵扣。

资产支持票据业务中，很多信托公司会区分交易结构是否含双层SPV架构，如"资金信托+ABN信托"的架构下，一般是资金信托端缴纳增值税，ABN信托端豁免。基础资产端则与企业资产证券化类似。

3. 特殊类型基础资产及抵扣处理

根据"36号文"，增值税纳税人分为一般纳税人和小规模纳税人。一般纳税人适用的增值税税率：

"（一）纳税人发生应税行为，除本条第（二）项、第（三）项、第（四）项规定外，税率为6%；

（二）提供交通运输、邮政、基础电信、建筑、不动产租赁服务，销售不动产，转让土地使用权，税率为11%；

（三）提供有形动产租赁服务，税率为17%；

（四）境内单位和个人发生的跨境应税行为，税率为零。具体范围由财政部和国家税务总局另行规定。"

而对于资管产品运营业务，暂适用简易计税方法，按照3%的征收率缴纳增值税，不可抵扣进项税，开具的发票类型为增值税普通发票。因而对于特定类型的基础资产，即便作为基础资产的债权转让至SPV，开票义务等无法转移，导致原始权益人仍然需要缴税，比较典型的是融资租赁债权，税务文件中也对此做了明确约定，《国家税务总局关于营业税改征增值税试点期间有关增值税问题的公告》（国家税务总局公告2015年第90号）约定"提供有形动产融资租赁服务的纳税人，以保理方式将融资租赁合同项下未到期应收租金的债权转让给银行等金融机构，不改变其与承租方之间的融资租赁关系，应继续按照现行规定缴纳增值税，并向承租方开具发票。"

在交易所的融资租赁资产证券化业务中，基础资产端的增值税照常缴纳，专项计划端增值税有缴纳或者不缴纳情形，第一种情形下，不少地方的税务部门已经能够认可ABS资管增值税作为抵扣依据（尽管管理人向租赁公司开具的为增值税普通发票）。

第二种情形下，涉及增值税抵税的是保理的"差额征税"，典型的是在供应链ABS中，保理公司作为原始权益人会折价受让应收账款，如果按照折价金额缴纳增值税，税负成本较高，部分区域允许保理公司按照"差额纳税"处理，即在计算增值税额时扣除融资成本（保理公司向ABS转让时的折价）。

三、所得税

除了相关服务机构在服务过程中服务收入正常缴纳所得税之外，资产证券化业务可能涉及所得税的环节主要有：

（1）原始权益人向SPV进行资产转让；

（2）投资人买卖资产支持证券或取得投资收益分配；

（3）基础资产运营过程中。

基础资产转让涉及企业所得税问题的判断，其判断的关键是评价资产证券化是原始权益人的资产转让行为还是融资行为，如是原始权益人的融资行为，原始权益人不确认资产转让所得，不涉及所得税处理问题，如是基础资产转让行为，原始权益人需就基础资产转让所得缴纳企业所得税。实践中，判断原始权益人在税收上是否实现了基础资产转让，一般以会计上是否将资产"出表"作为参考标准。

目前境内投资资产证券化产品的投资人均为机构投资者，机构投资者买卖资产支持证券获得的差价收入，应当按照企业所得税的政策规定计算缴纳企业所得税，买卖资产支持证券所发生的损失可按企业所得税的政策规定扣除。

关于基础资产运营过程中涉及的所得税事项，分为两种情形：一种是普通的融资类型项目，向SPV转付的现金流是所得税前现金流；另一种是依托于项目公司分红（如REITs项目），是税后现金流，因此，项目公司层面所得税缴纳会影响投资人收益。

第五篇

投资人及二级市场

31. 资产支持证券是个什么券？

导读：市场上关于标准化ABS、非标ABS、私募ABS等说法不一，说到底还是源于对资产支持证券的分类、发行方式等界定不清晰。本问从不同ABS品种的监管规则出发，结合我国债券市场的发展历程和当前实际情况，对相关概念进行厘清。

一、证券的定义与分类

证券泛指多种经济权益凭证的统称，用来证明券票持有人享有的某种特定权益的法律凭证。狭义的证券主要指证券市场中的证券产品，股票和债券是最典型、也最为大众熟悉的证券类型。顾名思义，资产支持证券最大的特点是"资产支持"，是指以基础资产未来所产生的现金流为偿付支持所发行的证券。

《中华人民共和国证券法》（以简称《证券法》）对于资产支持证券的法律地位也予以了明确，根据2020年3月起新施行的《证券法》第二条："在中华人民共和国境内，股票、公司债券、存托凭证和国务院依法认定的其他证券的发行和交易，适用本法；本法未规定的，适用《中华人民共和国公司法》和其他法律、行政法规的规定。资产支持证券、资产管理产品发行、交易的管理办法，由国务院依照本法的原则规定。"

二、"标"与"非标"的界定——市场认可在银行间及交易所市场挂牌的资产证券化产品为标准化债权

多年来，"标"与"非标"的讨论和界定在我国证券市场一直有颇多争论，对于证券化产品而言，由于其发行载体、发行场所、发行方式、监管机构的多样性，导致何为标准化资产证券化产品无法得到明确认定。直到由中国人民银行、中国银行保险监督管理委员会、中国证券监督管理委员会、国家外汇管理局制定，并于2020年8月3日起施行的《标准化债权类资产认定规则》（以下简称《认定规则》）正式发布后，市场的认定标准才正式得到统一。根据《认定规则》：

"一、本规则所称的标准化债权类资产是指依法发行的债券、资产支持证券等固定收益证券，主要包括国债、中央银行票据、地方政府债券、政府支持机构债券、金融债券、非金融企业债务融资工具、公司债券、企业债券、国际机构债券、同业存单、信贷资产支持证券、资产支持票据、证券交易所挂牌交易的资产支持证

券,以及固定收益类公开募集证券投资基金等。二、其他债权类资产被认定为标准化债权类资产的,应当同时符合以下条件:(一)等分化,可交易;(二)信息披露充分;(三)在中国人民银行和金融监督管理部门认可的债券市场登记托管机构集中登记、独立托管;(四)公允定价,流动性机制完善;(五)在银行间市场、证券交易所市场等国务院同意设立的交易市场交易。"

按照上述标准,目前发行的各类资产证券化品种中,仅有信贷资产支持证券、资产支持票据、证券交易所挂牌交易的资产支持证券符合标准化债权的认定标准,分别在银行间市场及证券交易所市场挂牌交易。

三、银行间及交易所市场都是我国多层次资本市场的重要组成部分

综上所述,目前市场对于资产证券化产品的认知和归类主要还是按照债权类资产(尽管带有明显股性色彩的基础设施公募REITs产品也已推出),相应的监管框架体系也参照各类债券品种。

相比于银行间市场,证券交易所市场更为大众熟悉和了解,实际上"银行间市场"这个名词只是金融业内的俗称,确切地说是债券行业内的俗称,其全称是"中国外汇交易中心暨全国银行间同业拆借中心"(简称"交易中心"),交易中心为中国人民银行直属事业单位,目前,同时设立由中国人民银行100%持股的中国金融交易中心有限责任公司负责相关法人主体的职能。

交易中心是国家外汇体制改革的产物,成立于1994年4月,1997年6月开办银行间债券交易业务。而银行间市场债券业务的兴起,是历史上商业银行退出交易所市场的连锁反应和结果。1997年上半年,股票市场过热,大量银行资金通过各种渠道流入股票市场,其中交易所的债券回购成为银行资金进入股票市场的重要形式之一。同年6月,根据国务院统一部署,中国人民银行发布了《中国人民银行关于各商业银行停止在证券交易所证券回购及现券交易的通知》(银发〔1997〕240号),要求商业银行全部退出上海和深圳交易所市场,商业银行在交易所托管的国债全部转到中央国债登记结算有限责任公司(简称"中央结算公司"或"中债登");同时规定商业银行可通过全国银行间同业拆借中心提供的交易系统进行债券回购和现券交易,标志着银行间债券市场的正式启动。

尤其在2007年中国银行间市场交易商协会成立后,以及所主管的非金融企业债务融资工具飞速发展,逐步确立了银行间市场在我国债券市场的主导地位。

而新《证券法》也为银行间市场作为全国性证券交易场所的法定地位提供的法律支撑:

"第九十六条 证券交易所、国务院批准的其他全国性证券交易场所为证券集中交易提供场所和设施,组织和监督证券交易,实行自律管理,依法登记,取得法人资格。

证券交易所、国务院批准的其他全国性证券交易场所的设立、变更和解散由国务院决定。

国务院批准的其他全国性证券交易场所的组织机构、管理办法等，由国务院规定。

第九十七条　证券交易所、国务院批准的其他全国性证券交易场所可以根据证券品种、行业特点、公司规模等因素设立不同的市场层次。

第九十八条　按照国务院规定设立的区域性股权市场为非公开发行证券的发行、转让提供场所和设施，具体管理办法由国务院规定。"

银行间及交易所债务市场特征比较如表31-1所示。

表31-1　银行间及交易所债券市场特征比较

	银行间市场	交易所市场
交易品种	国债、地方政府债、政府支持机构债（铁道债为主）、央行票据、政策性金融债、金融债、同业存单、企业债、非金融企业债务融资工具、国际机构债券等（含信贷资产支持证券[1]及资产支持票据）	国债、地方政府债、企业债、公司债（含可交换公司债）、可转换债等（含资产支持证券）
市场定位	场外市场	场内市场
参与投资人	机构投资者	机构投资者（除存款类金融机构外[2]）、个人投资者
登记结算机构	中债登、上清所	中证登
监管机构	中国人民银行、交易商协会	证监会、证券交易所
报价方式	一对一询价方式	集中竞价
结算方式	实时全额逐笔结算（全价结算）	多边净额结算（净价结算）、担保交收
结算风险	交易双方自行承担	中证登作为中央对手方

由于历史原因，银行间与交易所债券市场无论在债券品种、债券发行准入标准、参与机构、监管部门、结算方式甚至债券计息方法等都存在差异，银行间与交易所债券市场之间存在一定的问题。

从债券品种的角度来看，国债、地方债、政金债等可以在银行间和交易所两个市场进行交易，但是绝大多数公司信用类债券（除发改委主管的企业债券外）都难以跨市场开展交易。以超短融、短融、中票、非公开定向融资工具为主体的，由中国人民银行下属交易商协会主管的非金融企业债务融资工具只能在银行间债券市场进行交易，而由证监会及下属交易所负责管理的公司债券则只能在交易所市场交易。除此之外，由金融机构发行的各类金融债券和同业存单也在银行间债券市场进行交易。若相关机构或资管产品等主体希望同时购买非金融企业债务融资工具和公司债

---

[1] 目前仅有一只信贷资产支持证券在交易所上市交易——2014年由平安银行股份有限公司作为发起机构、国泰君安证券股份有限公司作为承销机构、华能贵诚信托有限公司作为发行人和受托机构的"平安银行1号小额消费贷款信贷资产支持证券"，该只证券由中债登登记托管，在上交所挂牌交易，详见"上交所'关于平安银行1号小额消费贷款资产支持证券交易有关事项的通知'http://www.sse.com.cn/lawandrules/sselawsrules/bond/listing/c/c_20210128_5312008.shtml"。

[2] 1997年国务院、中国人民银行要求包括商业银行在内的存款类金融机构退出交易所市场，目前已不同程度地放开。

券，则需要分别进入两个市场，考虑为这些债券提供托管服务的金融市场基础设施包括中证登、中债登及上清所，投资者由此也需要在多个金融市场基础设施中进行开户等各类操作，由此造成了不便。

从市场交易主体的角度来看，银行由于历史原因此前难以进入交易所债券市场，因此主要在银行间市场中进行交易，交易所市场则主要由非银金融机构和资管产品账户开展各类交易，由此形成了两个市场债券产品流动性的差异。这一现象也使得中国人民银行在实施货币政策时还需要考虑债券市场的割裂与分层，对货币政策的传导效率造成了影响。

从2018年开始，中国人民银行、证监会、发改委等部门着力促进债券市场在执法机制、信用评级、信息披露、违约处置等多方面进行统一。尤其是2020年7月19日由中国人民银行、证监会联合发布《中国人民银行 中国证券监督管理委员会公告（〔2020〕第7号）》（简称《公告》），《公告》明确将以互联互通的方式促进银行间及交易所市场的各项统一。为落实《公告》精神，2022年1月20日，由上海证券交易所、深圳证券交易所、全国银行间同业拆借中心、银行间市场清算所股份有限公司、中国证券登记结算有限责任公司共同制定并发布了《银行间债券市场与交易所债券市场互联互通业务暂行办法》（以下简称《暂行办法》）。根据《暂行办法》，互联互通拟在尊重两个市场现有挂牌流通模式、现有账户体系及交易结算规则的基础上，通过前台和后台基础设施连接的机制安排实现买卖两个市场交易流通债券，且联通方向包括"通银行间"和"通交易所"。

债券市场统一进程相关文件，如表31-2所示。

表31-2 债券市场统一进程相关文件

时　　间	发文机构	文　件　名	主要内容
2012-04	中国人民银行、证监会、发改委	公司信用类债券部际协调机制成立暨第一次会议召开	通过了《公司信用类债券部际协调机制议事规则》，强调在部际协调机制框架下，进一步加强协调合作，共同推动公司信用类债券市场健康发展
2017-12	中国人民银行、证监会、银保监会	《关于规范债券市场参与者债券交易业务的通知》（银发〔2017〕302号文）	规范债券市场参与者债券交易业务，包括建立贯穿全环节、覆盖全业务的内控体系、在指定交易平台规范开展债券交易等
2018-08	国务院	国务院金融稳定发展委员会专题会议	要求抓紧研究制定建立统一管理和协调发展的债券市场的务实举措
2018-09	中国人民银行、证监会	《中国人民银行 证监会公告〔2018〕第14号》	推动银行间和交易所债券市场评级业务资质的统一，实现两个市场评级业务资质互认
2018-12	中国人民银行、证监会、发改委	《关于进一步加强债券市场执法工作有关问题的意见》	建立债券市场统一执法机制，支持证监会对真个债券市场违法行为进行统一查处

续表

时间	发文机构	文件名	主要内容
2019-08	证监会	《关于银行在证券交易所参与债券交易有关问题的通知》	允许部分商业银行在交易所市场开展现券竞价交易
2019-12	中国人民银行、发改委、证监会	《公司信用类债券信息披露管理办法（征求意见稿）》《公司信用类债券募集说明书编制要求（征求意见稿）》《公司信用类债券定期报告编制要求（征求意见稿）》	对银行间和交易所债券市场公司信用类债券的信息披露标准、募集说明书等的统一进行征求意见
2019-12	中国人民银行、发改委、证监会	《关于公司信用类债券违约处置有关事宜的通知（征求意见稿）》	明确公司跨市场多种类型公司信用类债券违约处置的相关原则和处置方法
2020-07	最高人民法院	《全国法院审理债券纠纷案件座谈会纪要》	针对银行间和交易所债券市场债券纠纷案件的解决统一设立相关规则
2020-07	中国人民银行、证监会	《中国人民银行 中国证券监督管理委员会公告》〔2020〕第7号	以互联互通的方式促进银行间及交易所市场的各项统一
2020-12	中国人民银行、发改委、证监会	《公司信用类债券信息披露管理办法》	明确公司信用类债券信息披露的基本原则，统一要求了债券信息披露的要件、内容、时点、频率等；再次明确由证监会开展债券市场的统一执法工作
2021-08	中国人民银行、发改委、财政部、银保监会、证监会和外汇局	《关于推动公司信用类债券市场改革开放高质量发展的指导意见》	从完善法制、推动发行交易管理分类趋同、提升信息披露有效性、强化信用评级机构监管、加强投资者适当性管理、健全定价机制、加强监管和统一执法、统筹宏观管理、推进多层次市场建设拓展高水平开放十个方面，对推动公司信用类债券市场改革开放和高质量发展提出了具体意见
2022-01	交易所、交易中心、上清所、中债登	《银行间债券市场与交易所债券市场互联互通业务暂行办法》	对两个市场相关基础设施机构连接的机制安排进行了规定

四、"公募"与"私募"，不同发行方式的选择

在日常业务过程中，经常会出现"公募ABS""私募ABS""非标ABS"等叫法，不同的叫法的特定指向容易混淆。第二部分就"标"与"非标"进行了界定，标准化产品及非标准化产品的区分主要在于是否有公开挂牌转让的场所，而公募与私募是指发行方式的不同选择，公募/私募和标/非标并不能完全画等号，标准化产品包括公募和私募方式发行，但非标产品只能私募发行，如表31-3所示。

表31-3　不同ABS产品的发行方式

品　种	监管要求
信贷资产证券化	《信贷资产证券化试点管理办法》 第四十一条　资产支持证券可以向投资者定向发行。定向发行资产支持证券可免于信用评级。定向发行的资产支持证券只能在认购人之间转让
交易所企业资产证券化	《证券公司及基金管理公司子公司资产证券化业务管理规定》 第二十九条　资产支持证券应当面向合格投资者发行，发行对象不得超过二百人，单笔认购不少于100万元人民币发行面值或等值份额。合格投资者应当符合《私募投资基金监督管理暂行办法》规定的条件，依法设立并受国务院金融监督管理机构监管，并由相关金融机构实施主动管理的投资计划不再穿透核查最终投资者是否为合格投资者和合并计算投资者人数。 第三十八条　资产支持证券仅限于在合格投资者范围内转让。转让后，持有资产支持证券的合格投资者合计不得超过二百人
资产支持票据	《非金融企业资产支持票据指引》 第七条　资产支持票据可以公开发行或定向发行。公开发行资产支持票据，应聘请具有评级资质的信用评级机构对资产支持票据进行信用评级

根据相关管理办法：

① 信贷资产证券化产品可以公开发行或定向发行，但在实操过程中，目前均以公开发行方式开展；

② 企业资产证券化产品仅可以面向不超过200人的合格机构投资者私募发行，与私募公司债①的发行方式相同；

③ 资产支持票据可以公开发行或私募定向发行，分别适用不同的审核及披露要求，实操中两种发行方式都很常见。

业务过程中最容易表述混淆的是交易所企业资产证券化品种，虽然是标准化产品，但目前发行方式均为私募发行。据悉，监管机构已经在研究企业ABS公募发行②、竞价交易等事项，后续预计也会推出公募发行方式。

---

① 公司债还包括大公募品种[面向机构和个人投资人公开发行和小公募品种（面向机构及合格个人投资者、金融资产不低于300万元）公开发行]。

② 2023年2月，中国证券投资基金业协会资产证券化业务委员会2023年第一次工作会议在上海召开。会议围绕贯彻落实党的二十大关于"健全资本市场功能，提高直接融资比重"的重要部署，聚焦更好地发挥交易所债券市场功能作用，从推动资产证券化和REITs市场高质量发展两个方面开展研讨。在ABS方面，会议提出进一步完善基础制度，研究推出ABS公开发行方式。

32. ABS产品投资人有哪些？

导读：随着ABS产品发行规模的不断增长，市场投资人群体也日益丰富，本问基于近年来登记托管机构定期披露的投资人数据，对不同市场、不同品种的ABS产品投资人构成情况进行分析。

一、投资人准入要求

作为银行间或交易所市场挂牌的标准化债权资产，ABS产品的投资人要求与对应挂牌上市场所的投资人准入要求相对应。

1. 银行间市场

（1）合格机构投资者分类

银行间市场是面向机构投资人的场外市场，按照是否跨境，分为境内合格机构投资者及合格境外机构投资人；按照是否法人主体，又分为法人类合格机构投资者和非法人类合格机构投资者（俗称的"产品户"）。中国人民银行上海总部是负责合格投资者备案准入、开户的管理机构。

法人类合格机构投资者是指符合本公告（中国人民银行公告〔2016〕第8号）要求的金融机构法人，包括但不限于：商业银行、信托公司、企业集团财务公司、证券公司、基金管理公司、期货公司、保险公司等经金融监管部门许可的金融机构。

非法人类合格机构投资者是指金融机构等作为资产管理人（以下简称管理人），在依法合规的前提下，接受客户的委托或授权，按照与客户约定的投资计划和方式开展资产管理或投资业务所设立的各类投资产品，包括但不限于：证券投资基金、银行理财产品、信托计划等。保险产品，经基金业协会备案的私募投资基金、住房公积金、社会保障基金、企业年金、养老基金、慈善基金等，参照非法人类合格机构投资者管理。

境外机构投资者，是指符合本公告（《关于进一步做好境外机构投资者投资银行间债券市场有关事宜公告》中国人民银行公告〔2016〕第3号）要求，在中华人民共和国境外依法注册成立的商业银行、保险公司、证券公司、基金管理公司及其他资产管理机构等各类金融机构，上述金融机构依法合规面向客户发行的投资产品，以及养老基金、慈善基金、捐赠基金等中国人民银行认可的其他中长期机构投资者。

（2）"甲类、乙类、丙类"账户区分

除金融机构外，原有规定非金融机构可通过结算代理方式进入全国银行间债券市场。针对非金融机构的准入，根据《中国人民银行金融市场司关于非金融机构合格投资人进入银行间债券市场有关事项的通知》（银市场〔2014〕35号）：

"一、非金融机构合格投资人可通过非金融机构合格投资人交易平台进行债券投资交易。

二、非金融机构合格投资人应符合以下条件：

（一）依法成立的法人机构或合伙企业等组织，业务经营合法合规，持续经营不少于一年；

（二）净资产不低于3 000万元；

（三）具备相应的债券投资业务制度及岗位，所配备工作人员应参加中国银行间市场交易商协会（以下简称"交易商协会"）及银行间市场中介机构组织的相关培训并获得相应的资格证书；

（四）最近一年未发生违法和重大违规行为；

（五）中国人民银行要求的其他条件。"

因此，银行间债券市场结算成员此前分为甲、乙、丙三类：甲类为商业银行；乙类一般为信用社、基金、保险和非银行金融机构；丙类户大部分为非金融机构法人。甲、乙类户可直接入市交易结算，丙类户只能通过甲类户代理结算和交易，乙类成员只能替自己做清算。后续因为丙类户出现的违法违规问题，2013年4月开始银行间债市开启了整顿风暴，非金融机构企业户基本被清理，仅存一些少数的境外金融机构可作为丙类户开户，所以，目前银行间市场甲乙丙类账户的划分意义不大，活跃账户基本都是金融机构和金融产品。

2. 交易所市场

沪深交易所市场的《债券适当性管理办法》最新于2022年5月进行了修订，主要变化包括：债券投资者分类中的原"合格投资者"表述修改为"专业投资者"，专业投资者认定条件不变；对于个人投资者能够投资的债券品种做了更严格的规定。

根据最新的《债券适当性管理办法》，专业投资者应当符合下列条件：

"（一）经有关金融监管部门批准设立的金融机构，包括证券公司、期货公司、基金管理公司及其子公司、商业银行及其理财子公司、保险公司、信托公司、财务公司等；经行业协会备案或者登记的证券公司子公司、期货公司子公司、私募基金管理人。

（二）上述机构面向投资者发行的理财产品，包括但不限于证券公司资产管理产品、基金管理公司及其子公司产品、期货公证券公司资产管理产品、基金管理公司及其子公司产品、期货公司资产管理产品、银行理财产品、保险产品、信托产品、经行业司资产管理产品、银行理财产品、保险产品、信托产品、经行业协会备案的私募基金。协会备案的私募基金。

（三）社会保障基金、企业年金等养老基金，慈善基金等社会公益基金，合格境外机构投资者（QFII）、人民币合格境外机构投资者（RQFII）。

（四）同时符合下列条件的法人或者其他组织：

1. 最近1年末净资产不低于2 000万元；

2. 最近1年末金融资产不低于1 000万元；

3. 具有2年以上证券、基金、期货、黄金、外汇等投资经历。

（五）同时符合下列条件的个人：

1. 申请资格认定前20个交易日名下金融资产日均不低于500万元，或者最近万元，或者最近3年个人年均收入不低于50万元；

2. 具有2年以上证券、基金、期货、黄金、外汇等投资经历，或者具有2年以上金融产品设计、投资、风险管理以及相关工作经历，或者属于本条第（一）项规定的专业投资者的高级管理人员、获得职业资格认证的从事金融相关业务的注册会计师和律师。

（六）中国证监会和本所认可的其他投资者。

前款所称金融资产按照《投资者适当性管理办法》相关规定予以认定。"

专业投资者可以交易在交易所上市交易或者挂牌转让的全部债券，但下列债券仅限专业投资者中的机构投资者交易：

"（一）依据《公司债券管理办法》第十六条 面向普通投资者公开发行的公司债券外的其他公司债券；

（二）企业债券，注册机关另有规定的除外；

（三）本所规定的其他仅限专业投资者中的机构投资者交易的债券。

资产支持证券仅限专业投资者中的机构投资者交易。"

综上，《债券适当性管理办法》明确规定了资产支持证券目前仅限于专业机构投资人参与。

二、ABS产品投资人构成情况

ABS产品托管信息披露情况如表32-1所示。

表32-1 ABS产品托管信息披露情况

	托管机构	托管数据披露查询路径
信贷资产支持证券	绝大多数在中债登，少量在上清所[①]	中国债券信息网首页→中债数据→统计数据 上清所首页→研究与统计→统计月报
交易所企业资产支持证券	中证登	上证债券信息网首页→市场数据→市场统计→统计月报→主要券种投资者持有结构 深证固定收益信息平台首页→市场数据→市场统计→主要券种投资者持有结构
资产支持票据	上清所	首页→研究与统计→统计月报

根据相关登记托管机构所披露数据，2020—2022年末，信贷ABS余额分别为22 220.93亿元、26 067.53亿元和24 272.66亿元，交易所企业ABS余额分别

---

① 截至2022年末，上清所托管的信贷资产支持证券仅有351.78亿元，在此不做展开分析。

为20 054.35亿元、20 494.75亿元和17 528.47亿元，交易商协会ABN余额分别为7 011.63亿元、9 158.14亿元和7 780.76亿元，如图32-1所示。

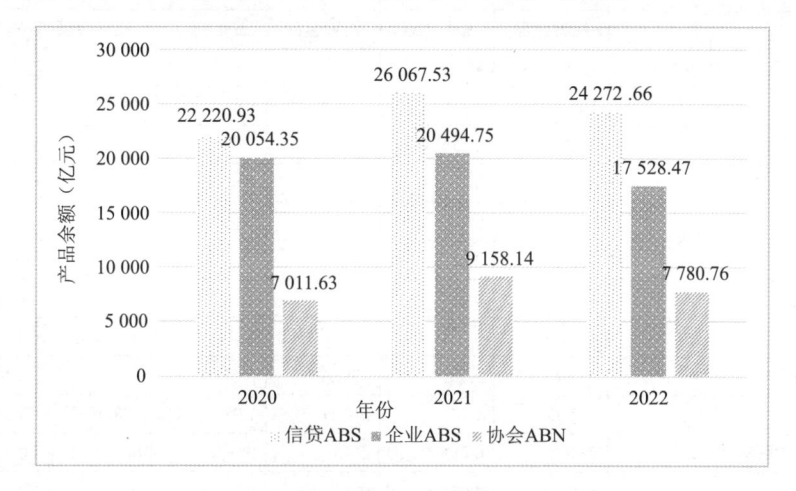

图32-1　2020—2022年末各类ABS产品余额

数据来源：中证登、中债登和上清所。

1. 信贷ABS持有人情况

根据中债登披露2022年末的数据来看，商业银行和非法人产品是持仓的绝对主力，持仓占比分别为73.75%和18.71%，如表32-2所示。此外，证券公司、境外机构和保险等亦有少量投资。近年来，信贷ABS持有人结构未发生明显变化，商业银行和非法人产品（包括银行理财）一直是最主要投资人。

在商业银行群体中，国有大行和股份制银行占据了绝对的份额，以2020年末数据为例，在商业银行自营共计61.14%的投资份额中，国有大行及股份制银行占据48.52%，城商行、农商行、外资银行分别占比5.71%、4.73%和2.12%。

非法人产品是上面介绍的各类资管产品，其实际委托资金大部分还是来源于商业银行。

银行理财方面：一是会通过直接开户投资信贷资产支持证券，二是会通过券商资管、信托等设立的资管产品参与投资。目前监管要求"本行发行的理财产品不得直接或间接投资于其作为发起机构发行的次级档资产支持证券"。

表32-2　2020—2022年末中债登托管的信贷ABS投资人明细（单位：亿元）

投资者结构	2020年末 托管金额	2020年末 占比（%）	2021年末 托管金额	2021年末 占比（%）	2022年末 托管金额	2022年末 占比（%）
政策性银行	15.14	0.07	0	0	0	0
商业银行[①]	13 339.04	61.14	17 077.73	66.42	17 641.21	73.75

---

① 由于中债登自2021年起未披露商业银行投资者细分结构，故此处仅列出2020年数据。

续表

投资者结构	2020 年末 托管金额	2020 年末 占比（%）	2021 年末 托管金额	2021 年末 占比（%）	2022 年末 托管金额	2022 年末 占比（%）
全国性商业银行及其分支行	10 586.58	48.52	—	—	—	—
城市商业银行	1 245.00	5.71	—	—	—	—
农村商业银行	1 031.89	4.73	—	—	—	—
农村合作银行	0	0	—	—	—	—
村镇银行	0	0	—	—	—	—
外资银行	463.46	2.12	—	—	—	—
其他银行	12.11	0.06	—	—	—	—
信用社	0.50	0	0	0	0	0
保险机构	65.27	0.30	129.99	0.51	95.09	0.40
证券公司	293.32	1.34	510.11	1.98	748.01	3.13
基金公司及基金会	7.28	0.03	0	0	0	0
其他金融机构	660.27	3.03	0	0	0	0
非法人产品	7 158.89	32.81	6 799.40	26.44	4 475.77	18.71
境外机构	278.25	1.28	388.72	1.51	211.46	0.88
其他	0	0	806.27	3.14	749.36	3.13
合计	21 817.96	100.00	25 712.22	100.00	23 920.88	100.00

2022年末信贷ABS投资人结构如图32-2所示。

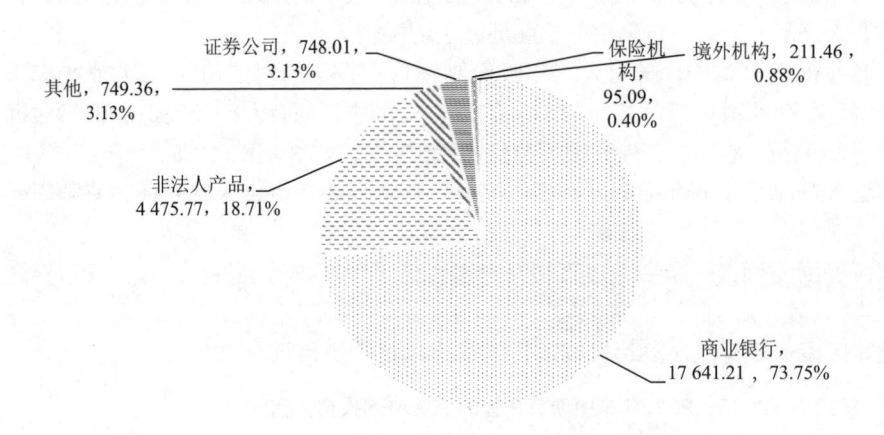

图32-2　2022年末信贷ABS投资人结构（亿元）

数据来源：中债登。

2. 企业ABS持有人情况

由于交易所市场投资人群体结构相对更加多样，且企业ABS风险收益区间较大，交易所ABS产品的投资者也更为多元化。两市交易所分别定期公布其持有人结构，但口径有所细微区别，如图32-3和图32-4所示。

整体规模方面，截至2022年末，上交所ABS存量为13 476.33亿元，占交易所ABS的73.34%，深交所ABS存量4 898.24亿元，占交易所ABS的26.66%。

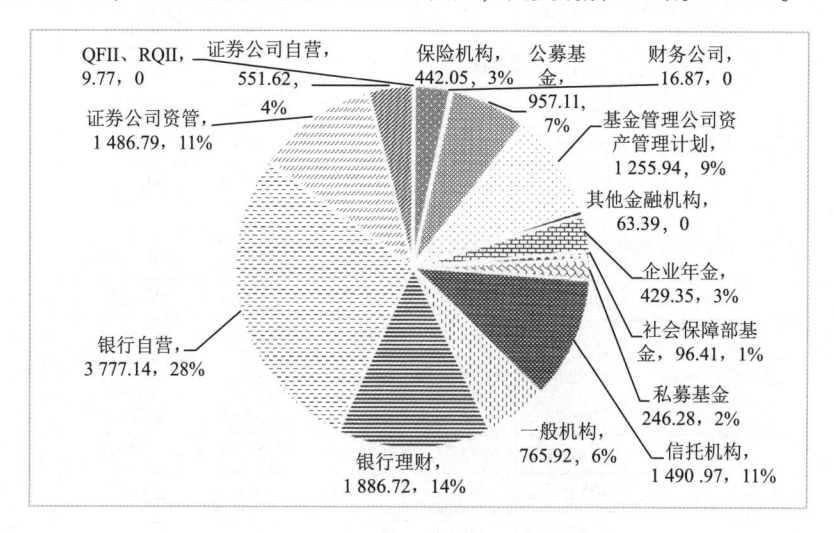

图32-3　2022年末上交所ABS持有人结构

数据来源：上证债券信息网。

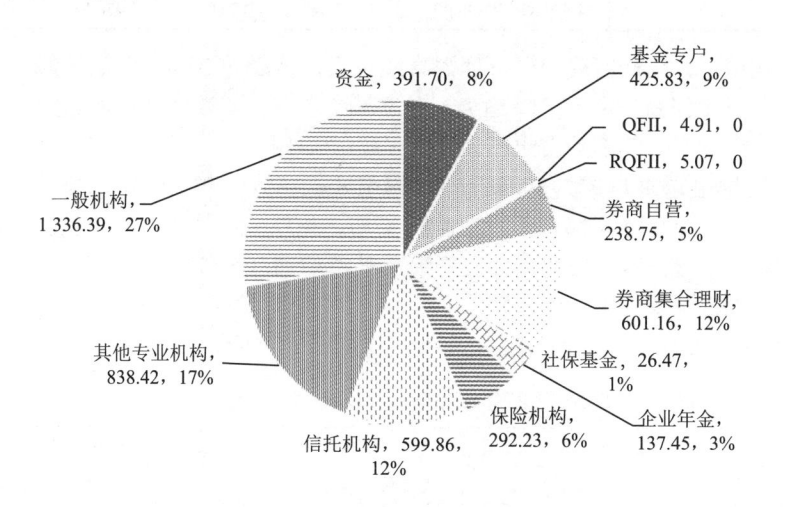

图32-4　2022年末深交所ABS持有人结构[①]

数据来源：深圳证券交易所固定收益信息平台。

（1）上海证券交易所

2020—2022年末上交所ABS持有人结构如表32-3所示。

---

① 深交所将不动产投资信托（类REITs品种）单独列示，已合并计算。

表32-3 2020—2022年末上交所ABS持有人结构（单位：亿元）

投资者结构	2020年末 托管金额	占比(%)	2021年末 托管金额	占比(%)	2022年末 托管金额	占比(%)
QFII、RQFII	45.42	0.31	20.09	0.13	9.77	0.07
保险机构	862.73	5.92	674.77	4.44	442.05	3.28
财务公司	21.51	0.15	11.47	0.08	16.87	0.13
公募基金	754.42	5.18	818.27	5.38	957.11	7.10
基金管理公司资产管理计划	939.30	6.44	1 475.75	9.70	1 255.94	9.32
其他金融机构	51.86	0.36	41.61	0.27	63.39	0.47
企业年金	0	0	219.91	1.45	429.35	3.19
社会保障基金	0	0	165.02	1.08	96.41	0.72
私募基金	120.63	0.83	245.41	1.61	246.28	1.83
信托机构	723.44	4.96	1 229.22	8.08	1 490.97	11.06
一般机构	2 592.97	17.79	845.96	5.56	765.92	5.68
银行理财	2 350.73	16.13	3 139.11	20.64	1 886.72	14.00
银行自营	5 181.83	35.55	4 380.55	28.80	3 777.14	28.03
证券公司资管	402.12	2.76	1 476.00	9.70	1 486.79	11.03
证券公司自营	530.73	3.64	468.28	3.08	551.62	4.09
自然人投资者	0	0	0	0	0	0
合计	14 577.69	100.00	15 211.42	100.00	13 476.33	100.00

持仓构成中，银行自营和银行理财直接投资比例超过40%，仍然是最大的投资人群体，但近年已有一定的下降趋势。考虑基金专户、证券公司资管等部分是银行资金委托，银行资金的实际占比还会更高，超过50%以上。

非银机构也越来越成为交易所ABS的重要投资人，包括保险、公募基金、信托、券商自营、券商资管都有不同程度的参与。此外，随着企业年金、社保基金投资范围的不断放开，这类长期资金也开始逐渐参与到这一市场。

（2）深圳证券交易所

2020—2022年末深交所ABS持有人结构如表32-4所示。

表32-4 2020—2022年末深交所ABS持有人结构（单位：亿元）

投资者结构	2020年末 托管金额	占比(%)	2021年末 托管金额	占比(%)	2022年末 托管金额	占比(%)
基金	345.84	6.31	468.87	7.66	391.70	8.00
基金专户	349.38	6.38	567.94	9.28	425.83	8.69
QFII	1.28	0.02	6.05	0.10	4.91	0.10
RQFII	6.84	0.12	15.56	0.25	5.07	0.10
券商自营	203.84	3.72	196.59	3.21	238.75	4.87

续表

投资者结构	2020 年末 托管金额	2020 年末 占比(%)	2021 年末 托管金额	2021 年末 占比(%)	2022 年末 托管金额	2022 年末 占比(%)
券商集合理财	180.75	3.30	645.96	10.55	601.16	12.27
社保基金	0	0	74.31	1.21	26.47	0.54
企业年金	0	0	111.92	1.83	137.45	2.81
保险机构	155.07	2.83	203.17	3.32	292.23	5.97
信托机构	374.87	6.84	655.19	10.70	599.86	12.25
其他专业机构	130.36	2.38	1 549.56	25.31	838.42	17.12
一般机构	3 728.43	68.08	1 627.60	26.58	1,336.39	27.28
合计	5 476.66	100.00	6 122.72	100.00	4,898.24	100.00

由于深交所未明确一般机构和其他专业机构的范围，我们推测将银行自营和银行理财归类在其中，其整体投资人构成与上交所相近。

3. ABN持有人情况

根据上海清算所披露的交易商协会产品托管情况，2022年末各类产品余额142 230.67元，中期票据、PPP、超短期融资券的规模占比较大，如表32-5所示。

表32-5　2022年末交易商协会产品余额情况（单位：亿元）

产　品	余　额
超短期融资券	16 985.33
非公开定向债务融资工具	23 692.48
短期融资券	5 145.34
中期票据	88 510.36
资产支持票据	7 780.76
项目收益票据	116.40
合计	142 230.67

数据来源：上海清算所。

在持有人结构的披露方面，上清所将资产支持票据及项目收益票据合并披露，考虑项目收益票据金额占比较少，合并计算的投资人结构也基本能反映ABN的投资人构成情况，如表32-6和图32-5所示。在ABN投资人构成方面，也是以商业银行和各类资管产品为主。

表32-6　2020—2022年末交易商协会ABN持有人结构（单位：亿元）

投资者结构	2020 年末 托管金额	2020 年末 占比(%)	2021 年末 托管金额	2021 年末 占比(%)	2022 年末 托管金额	2022 年末 占比(%)
一、政策性银行	35.00	0.43	0	0	0	0
二、存款类金融机构	2 786.37	34.47	3 170.52	34.13	2 646.09	33.51
1. 国有大型商业银行	324.67	4.02	354.78	3.82	253.05	3.20

续表

投资者结构	2020年末 托管金额	2020年末 占比(%)	2021年末 托管金额	2021年末 占比(%)	2022年末 托管金额	2022年末 占比(%)
2.股份制商业银行	1 540.53	19.06	1 806.98	19.45	1 512.54	19.15
3.城市商业银行	672.66	8.32	703.50	7.57	529.94	6.71
4.农商行及农合行	171.61	2.12	155.96	1.68	143.02	1.81
5.村镇银行	0	0	0	0	0	0
6.信用社	13.06	0.16	2.44	0.03	0.50	0.01
7.外资银行	60.07	0.74	145.09	1.56	205.96	2.61
8.其他存款类金融机构	3.77	0.05	1.77	0.02	1.08	0.01
三、保险类金融机构	41.12	0.51	12.52	0.13	4.76	0.06
四、证券公司	251.02	3.11	262.33	2.82	283.92	3.60
五、基金公司	0	0	0.44	0	0.50	0.01
六、其他金融机构	23.78	0.29	128.87	1.39	144.04	1.82
七、非金融机构法人	177.01	2.19	96.70	1.04	86.41	1.09
八、非法人类产品	4 598.70	56.89	5 242.51	56.43	4 333.38	54.87
九、名义持有人账户（境内）	100.39	1.24	346.22	3.73	375.04	4.75
十、境外机构	70.64	0.87	29.43	0.32	23.03	0.29
十一、其他	0	0	0	0	0	0
合计	8 084.03	100.00	9 289.54	100.00	7 897.16	100.00

数据来源：上海清算所。

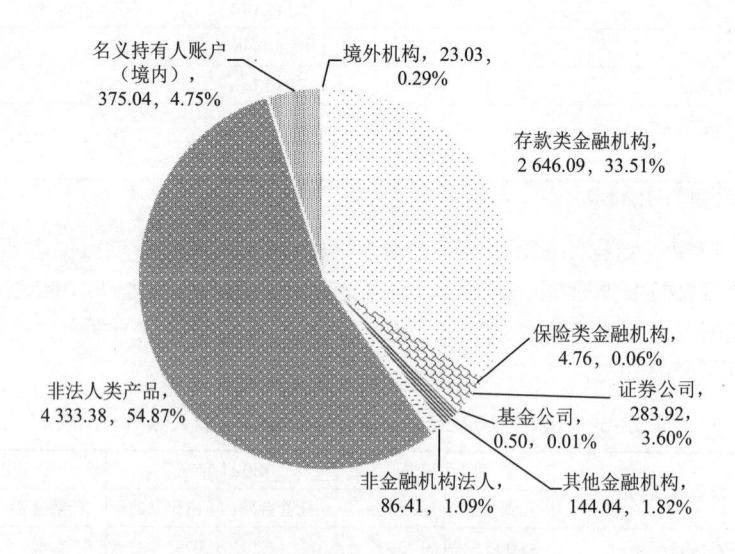

图32-5 2022年末交易商协会ABN持有人结构

数据来源：上海清算所。

三、境外投资者参与情况

随着境内债券市场的国际化程度不断加深，目前境外投资者可通过QFII&RQFII、银行间债券市场直接投资以及债券通（北向通）参与国内债券市场的投资。

1. 参与方式

（1）QFII&RQFII（合格境外机构投资者）

（qualified foreign institutional investors, QFII）合格境外机构投资者制度，是指允许符合条件的境外机构投资者经批准汇入外汇资金，并转换为当地货币，通过专用账户投资当地证券市场，其本金、资本利得、股息等经批准后可购汇汇出的一种资本市场开放模式。

（rmb qualified foreign institutional investors, RQFII）人民币合格境外机构投资者制度，是指符合条件的境外机构投资者运用境外的人民币资金进行境内证券期货投资的一种创新模式。

2020年9月，中国证监会、中国人民银行与国家外汇管理局联合发布《合格境外机构投资者和人民币合格境外机构投资者境内证券期货投资管理办法》（简称《管理办法》），并由中国证监会同步发布配套性规定《关于实施〈合格境外机构投资者和人民币合格境外机构投资者境内证券期货投资管理办法〉有关问题的规定》（简称《管理办法问题规定》），将QFII及RQFII（以下合称"合格境外投资者"）的适用规范合二为一，在取消投资额度限制的基础上，进一步扩展投资范围。截至2023年1月末，经中国证监会审批通过的合格境外投资者共计746家。

（2）银行间债券市场直接投资

2013年，中国人民银行分别就QFII及RQFII进入银行间债券市场加以规范，即QFII、RQFII投资银行间债券市场应向中国人民银行递交书面申请，且须在国家外汇管理局批准的投资额度内投资。

为推动银行间债券市场对外开放，自2015年起，中国人民银行先后发布《中国人民银行关于境外央行、国际金融组织、主权财富基金运用人民币投资银行间债券市场试点有关事宜的通知》《关于进一步做好境外机构投资者投资银行间债券市场有关事宜的公告》，允许符合条件的境外机构投资者以向中国人民银行上海总部备案方式（而不必经中国证监会审批成为QFII/RQFII）直接投资银行间债券市场，且未对投资额度加以限制，但通过该渠道的境外机构投资者仍需委托具有国际结算业务能力的银行间市场结算代理人协助进行备案、开户、交易和结算。

截至2023年1月末，共计527家境外机构投资者通过结算代理模式进入银行间债券市场。

（3）债券通（北向通）

2017年，中国人民银行发布《内地与香港债券市场互联互通合作管理暂行办法》，推出"债券通"这种具有创新性的跨境投资方式。

2. 参与规模

根据中国人民银行通报的数据，截至2022年末，境外机构在我国债券市场的持债规模为3.46万亿元，其中持有银行间市场债券为3.39万亿元。根据中证登及上清所披露的数据，境外投资者持仓构成中，国债约为2.2万亿元、政策性金融债约为0.7万亿元、同业存单约为1 600亿元、交易商协会各类债务融资工具约为700亿元，其他还包括地方债、商业银行债、熊猫债、信贷资产支持证券等。根据上交所及深交所披露的数据，截至2022年末，QFII&RQFII在上交所债券持仓为644.62亿元，深交所债券持仓为137.13亿元，包括国债、可转债、公司债、资产支持证券等各类品种。

在ABS品种方面，如第二部分所列示，截至2022年末，境外机构在信贷ABS、ABN、交易所企业ABS的持仓分别为211.46亿元、23.03亿元、19.75亿元，整体金额还较小。

整体而言，境外投资者目前参与银行间市场发行的资产证券化产品为主，一是参与路径方面，银行间债券市场针对境外机构开放更早、参与路径也更为多元；二是SPV选择方面，部分境外投资人还是更认可信托作为SPV载体；三是发行主体和资产选择方面，偏好RMBS、车贷ABS、消费金融ABS等零售类资产（与境外市场资产可比性更强），尤其银行间信贷ABS中部分汽车金融公司系合资背景，外资机构天然更为熟悉。

33. 资产支持证券真的没有流动性吗？

导读：ABS产品的流动性较弱是一个老生常谈的问题，本问基于ABS产品及其他债券品种的整体成交情况进行比较，考察其流动性现状，并对不同市场、不同基础资产对应的ABS品种进行分析，总结各种因子对于流动性的影响。

一、ABS产品流动性现状

在资本市场，流动性描述的是资产或证券在市场上以反映其内在价值的价格可以达成买卖的快速程度。换句话说，转换成流动性最强的资产——现金的便利性。一般而言，一个市场的流动性表现在多个方面，包括达成交易的即时程度、交易成本的高低、交易数量、交易对均衡价格的影响程度等。由此出发，学术界从四个维度定义市场的流动性，分别是：即时性、市场宽度、市场深度和市场弹性[①]，关于证券流动性的研究汗牛充栋，在此不做深入探讨。

考虑直观性和数据可得性，本文以最为通行的两个静态流动性指标——交易量和换手率对ABS产品的流动性进行初步探讨。

1. 随着ABS产品的发行量增加，二级交易量也不断上升

2014—2022年各类资产支持证券发行金额及存续金额如图33-1所示。

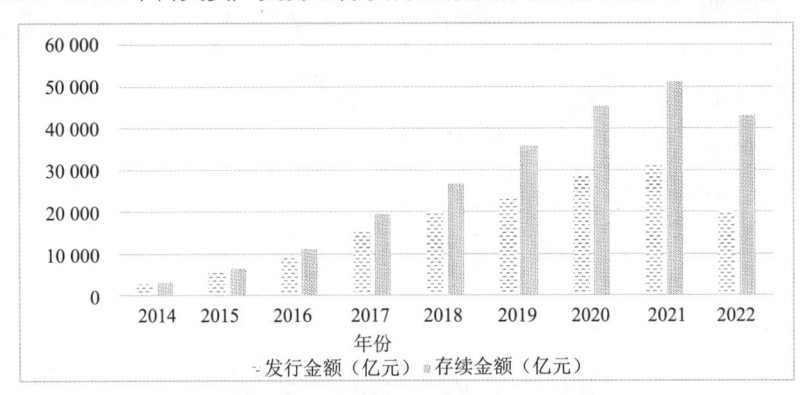

图33-1 2014—2022年各类资产支持证券发行金额及存续余额

数据来源：Wind（统计口径为信贷ABS、交易所企业ABS及ABN，下同）。

[①] 即时性也称交易的速度，是达成交易的快速程度；市场宽度用来衡量流动性的价格因素，是指交易价格偏离中间价值的程度；市场深度用来衡量交易数量，可交易数量越多、市场深度越高；市场弹性是指价格偏离后恢复的速度。

2014—2022年资产支持证券成交量及年度换手率如图33-2所示。

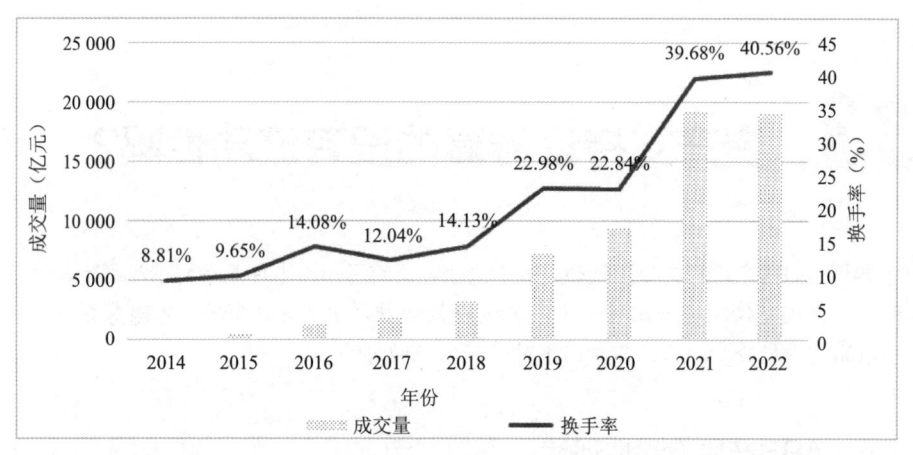

图33-2 2014—2022年资产支持证券成交量及年度换手率

数据来源：Wind。

注：换手率＝当年度成交量/年初年末平均余额

由图33-2可以看到，随着近些年全市场资产证券化产品发行规模以及存量规模的增加，产品的交易日趋活跃，换手率呈波动提升的趋势。

2. 与其他债券相比，ABS产品成交活跃度仍然较低

不同债券品种的成交情况对比如图33-3和表33-1所示。

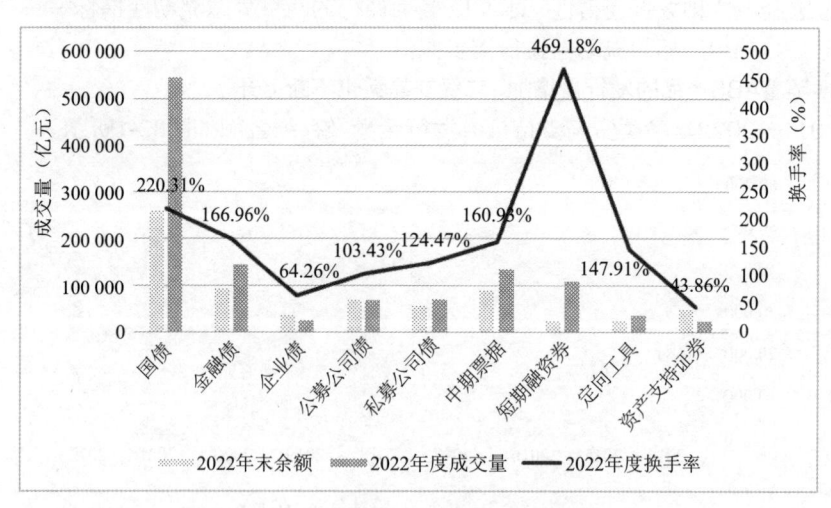

图33-3 不同债券品种的成交情况对比

注：
(1) 由于储蓄国债无法交易，为避免误差，本统计口径未包含储蓄国债；
(2) 由于上清所未披露交易数据，故中期票据、短期融资券、定向工具和交易商协会ABN的交易数据来源于Wind金融终端，其余数据均来源于上证债券信息网、深证固定收益信息平台、中国债券信息网及上海清算所官方网站。

表33-1 不同债券品种的成交情况对比

债券品种	2020年末余额（亿元）	2021年末余额（亿元）	2022年末余额（亿元）	2020年度成交量（亿元）	2021年度成交量（亿元）	2022年度成交量（亿元）	2020年度换手率（%）	2021年度换手率（%）	2022年度换手率（%）
国债	201 801.06	234 063.67	261 273.15	462 765.64	406 314.58	545 641.76	256.52	186.44	220.31
金融债	71 857.21	80 454.20	93 007.39	52 755.91	104 562.56	144 809.13	80.81	137.30	166.96
企业债	37 089.15	37 719.02	37 688.71	21 396.43	23 881.95	24 229.84	58.21	63.85	64.26
公募公司债	55 140.72	64 167.86	68 839.08	47 416.34	60 618.97	68 785.64	96.99	101.62	103.43
私募公司债	50 382.98	56 226.85	56 247.82	7 329.02	47 291.94	70 000.43	16.50①	88.72	124.47
中期票据	73 805.18	79 713.55	88 510.36	113 302.88	110 701.79	135 361.17	165.25	144.22	160.93
短期融资券	21 524.66	24 074.14	22 130.67	99 747.72	96 298.81	108 391.49	481.16	422.37	469.18
定向工具	21 429.08	23 761.98	23 692.48	22 559.54	28 259.53	35 094.21	106.80	125.07	147.91
资产支持证券	49 316.88	57 189.41	50 309.31	12 893.49	21 193.45	23 572.61	29.03	39.80	43.86

整体而言，国债、金融债等品种信用等级高、标准化程度高，其流动性优于其他信用债品种；在信用债品种里，银行间市场债券的流动性优于交易所债券，尤其是短融的换手率显著高于其他品种；与传统认知不太相符的是，从数据表现看，公募公司债券与私募公司债券流动性差异不大；资产支持证券的整体换手率低于其他主流债券品种，比流动性最弱的企业债仍要低出不少。

3. 不同品类资产支持证券的流动性存在一定差异

信贷ABS、企业ABS及ABN流动性情况如表33-2所示。

表33-2 信贷ABS、企业ABS及ABN流动性情况（单位：亿元）

资产支持证券品种	2022年末存量余额	2022年度成交金额	2022年换手率（%）	2021年换手率（%）	2020年换手率（%）
信贷ABS	14 337.05	6 180.00	38.82	44.73	26.24
交易所企业ABS	20 306.94	7 486.74	33.65	28.87	11.33
交易商协会ABN	8 370.59	6 354.89	71.35	60.09	56.40

数据来源：Wind。

---

① 来源于交易所网站披露数据，显著低于其他年份，可能是统计口径差异的原因。

2022年末信贷ABS、企业ABS及ABN存量余额及成交金额如图33-4所示。

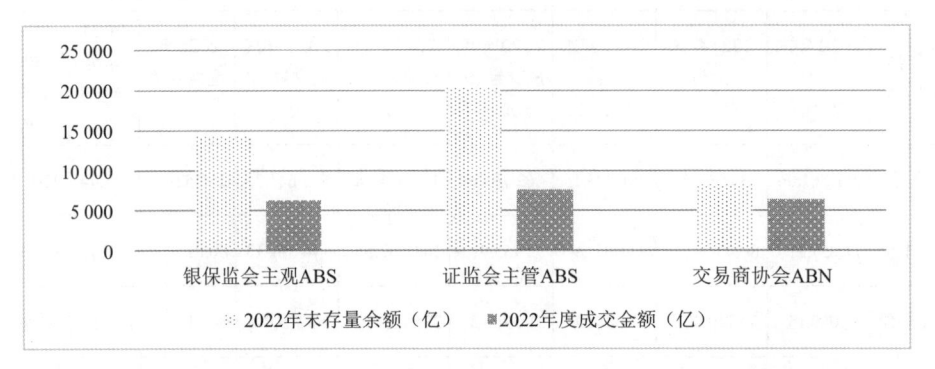

图33-4　2022年末信贷ABS、企业ABS及ABN存量余额及成交金额

数据来源：Wind。

各类ABS品种的换手率近年来整体都有提升趋势，具体到产品类型上，ABN产品的流动性明显高于信贷ABS和企业ABS，企业ABS的流动性近两年提升较为明显，换手率已经接近信贷ABS的水平。

二、细分品种的交易活跃度比较

ABN未披露细分品种的成交数据，下面选取信贷ABS及企业ABS里的主流细分品种进行比较。

1. 银行间信贷ABS

2020—2022年各类信贷ABS品种成交情况如表33-3所示。

表33-3　2020—2022年各类信贷ABS品种成交情况

基础资产类型	2022年存量余额占比（%）	2020年换手率（%）	2021年换手率（%）	2022年换手率（%）
住房抵押贷款	74.46	25.96	42.49	39.70
个人汽车贷款	16.71	24.46	27.18	37.49
不良贷款	2.85	46.64	42.67	46.53
小微企业贷款	2.52	14.33	35.03	44.81
消费贷款	1.94	19.90	30.41	26.85
信用卡分期贷款	0.67	8.13	16.87	14.01
住房公积金贷款	0.55	9.62	29.65	9.70
企业贷款	0.13	19.47	31.22	13.85
融资租赁债权	0.12	16.28	6.98	0

数据来源：Wind。

注：换手率计算公式同上；为剔除明显的异常数据，删除了可能为DTDJ的交易数据（起息日3日内净价100的交易），下同。

RMBS及车贷ABS作为目前存续的最主要品种，其成交活跃度也相对较高，小微企业贷款ABS尽管占比不高，但因为发行主体相对集中、产品同质性相对较高，其成交活跃度也相对较高。2022年以来，由于RMBS的发行大幅缩水，也显著影响了存量RMBS的成交情况，RMBS的成交萎缩也明显带动信贷ABS整体的成交走低。

2. 交易所企业ABS

企业ABS不同品种换手率对比如表33-4所示。

表33-4　企业ABS不同品种换手率对比

基础资产类型	2022年存量余额占比(%)	2021年换手率(%)	2022年换手率(%)
企业应收账款	21.17	26.02	31.06
CMBS	17.88	21.34	21.15
融资租赁债权	13.74	20.26	36.95
类REITs	8.58	15.02	18.12
供应链应付账款	8.26	35.68	36.94
一般小额贷款债权	7.72	32.08	36.02
互联网消费贷款	5.29	26.77	35.45
基础设施收费	3.62	17.69	25.53
信托受益权	3.34	16.93	18.77
棚改/保障房	2.18	27.18	29.50
特定非金款项	1.69	24.50	26.04
其他未分类	1.28	20.65	9.93
PPP	1.26	5.00	8.95
购房尾款	1.13	32.42	36.84

数据来源：Wind。

注：2021年以前交易所ABS细分成交数据披露不全，选取2021年末和2022年末数据进行列示。

在存量占比5%以上的资产品类中，供应链ABS、小额贷款/互联网消费贷款ABS的换手率始终保持较高水平，原因可能是供应链ABS接近核心债务人的信用债产品、信用特征标准化，小额贷款和互联网消费贷款ABS的发行主体相对集中、同一主体的发行频次高，这些特征都有利于激发产品的交易活跃度。2022年以来，购房尾款ABS的换手率有所提升，通过观察成交数据，更多是由于2022年地产爆雷，多个主体的尾款ABS展期，投机性需求及抛售成交反而使得该品种的成交显著增加。

三、结　　论

通过上面各项成交数据的对比，不难得出几点共性结论：

一是产品的发行量越大，越具备二级交易的基础，无论是大类资产品种的表现

(RMBS、车贷ABS、互联网消费ABS、地产供应链ABS），还是分析同一发行主体的成交情况，都呈现这一特点。

　　二是产品结构越简单、标准化程度越高越易于交易，限制ABS产品交易活跃度的很重要一点是其结构的复杂性，相比信用债品种，不仅需要考察参与主体的信用资质，还要考察交易结构、底层资产等，一级参与的投资人一般经历很长的信评流程，二级投资人参与的难度相对较高；供应链ABS这类产品特征趋近于信用债的品种，反而是成交活跃度相关较高。

34. 资产支持证券质押融资是否可行？

导读：考察债券品种流动性很重要的一个方面是其再融资的便利性，目前国内市场主要包括债券回购和债券借贷两种交易方式。在银行间市场和交易所市场，尽管资产支持证券都是可以作为债券回购和债券借贷的标的券种，但除了银行间信贷ABS有一定的回购交易量外，资产支持证券的再融资活跃度还远远不足，有赖进一步提升。

一、债券回购及债券借贷业务介绍

债券市场债券持有人盘活债券的方式包括融资和融券两种，分别对应债券回购及债券借贷业务。

债券回购，是指债券交易双方在交易时，以契约的方式约定在某一时间以某一价格，由最初债券的"卖方"（也即融资方、正回购方）向最初债券的"买方"（也即出资方、逆回购方）再次购回该笔债券的行为。初始卖出/质押出债券，借入资金并支付利息的交易称为债券正回购；初始主动借出资金，买入/获得质押债券并获取利息的交易称为债券逆回购。

根据标的债券是否交易过户，债券回购分为买断式回购和质押式回购，买断式回购需要在回购起始及回购到期时转让标的债券所有权并进行交易过户，质押式回购则仅仅是将标的债券作为质押品。

按照参与方数量及担保品管理方式的不同，又可分为双边回购和三方回购，如图34-1和图34-2所示。双边回购是指资金融出方与资金融入方一对一协商确定价量、担保品等合约要素的回购方式，双边回购的条款由买卖双方自由商定，一般也称为协议回购；三方回购是指由独立第三方提供担保品管理服务，提供交易结算，为证券估值并确保保证金的交付等的回购方式。不难发现，双边回购的灵活度更高，但标准化程度更低，反之，三方回购则具备标准化程度更高的特点。

债券借贷是指债券融入方以一定数量的履约担保债券为质物，从债券融出方借入标的债券，同时约定在未来某一日期归还所借入标的债券，并由债券融出方返还相应质物的债券融通行为，如图34-3所示。

债券借贷业务涉及履约担保券和标的券，履约担保券仅仅是作为担保品，根据其是否过户分为质押式债券借贷以及转让式债券借贷，不论哪种，到期履约担保债券还是回到原持有人名下。

图34-1　双边回购

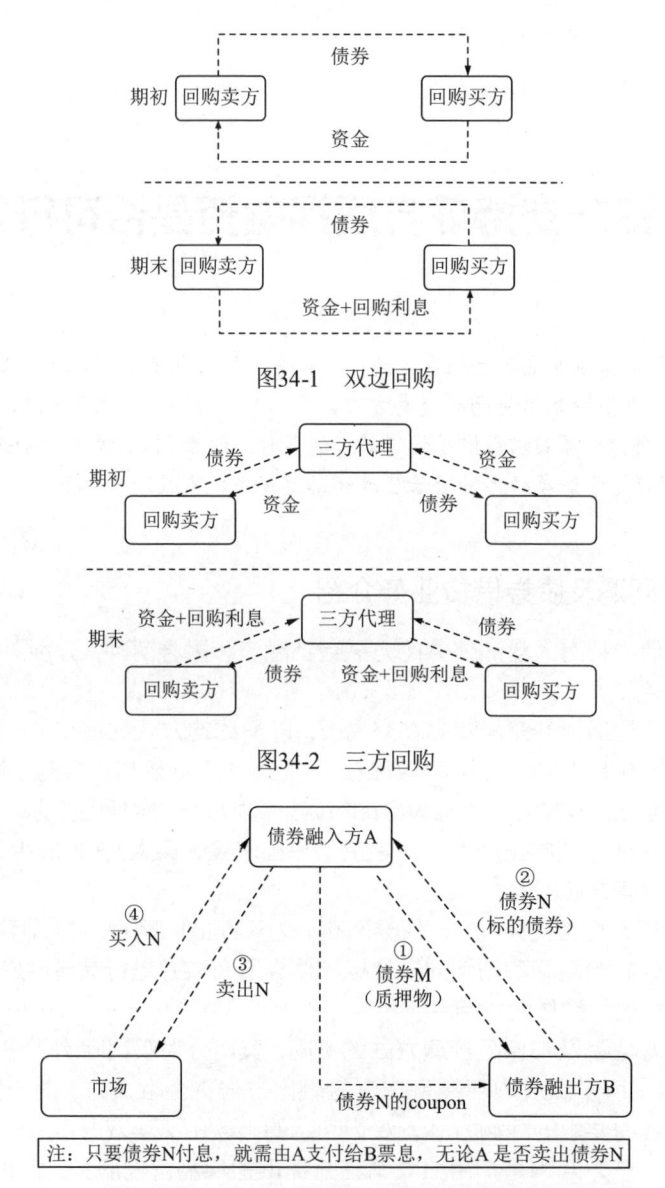

图34-2　三方回购

注：只要债券N付息，就需由A支付给B票息，无论A是否卖出债券N

图34-3　债券借贷业务的借贷操作

标的券是"借""还"的主体，期初由融出方转让至融入方，到期如果选择债券交割，融入方需要再将等量标的券归还融出方，并支付借贷费用；如选择现金交割，由双方签署补充协议约定价款支付，如图34-4所示。现金交割方式下的债券借贷视同于债券融入方的一笔债券买入、远期支付交易（由履约券担保）。

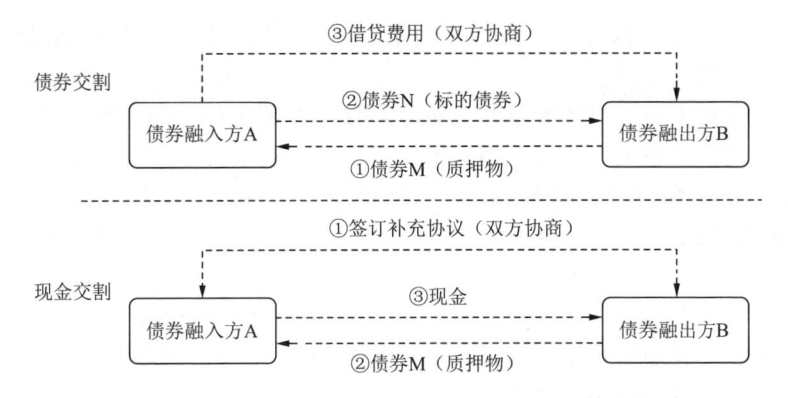

图34-4　债券借贷业务的债券交割操作

与股票市场的融券类似，债券借贷具备卖空的特征，有时持券人也会利用流动性较差的信用债、抵押借入流动性较好的利率债，再用于质押融资，如图34-5所示。通过债券回购、债券借贷等工具的灵活运用，能极大程度地发挥债券的交易属性、再融资属性，提高持券人综合收益。

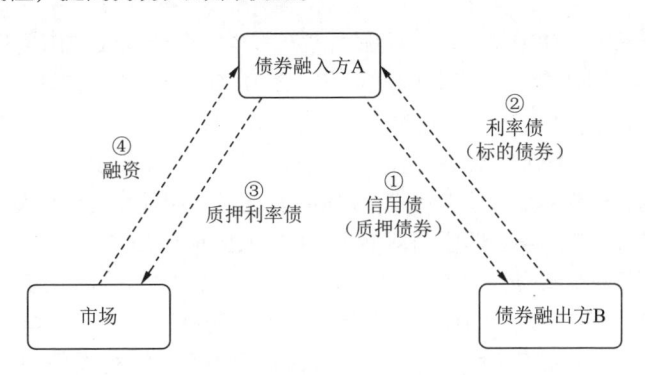

图34-5　质押融券

二、国内市场发展情况

同步于我国债券市场的发展，国内债券回购交易始于交易所，后在银行间债券市场推出，并逐渐成为债券回购及借贷交易的主要市场。

1. 发展历程及产品比较

1990年，沪深交易所的设立标志着我国集中交易的场内证券市场开始形成，而同期全国股份制改造如火如荼，法人股流通问题凸显，当时对法人股流通无规范可循，为此，国家体改委设立了全国证券交易自助报价系统（securities trading automated quotations system，STAQ）、中国人民银行设立了全国电子交易系统（national electronic trading system，NET）这两个场外法人股交易市场，NET也是中央国债登记结算公司的前身。

1991年，STAQ宣布试办债券回购交易，是我国最早的债券回购市场。1993年和1994年，上交所及深交所相继正式推出国债质押式回购交易，标志着交易所债券回购市场的形成。

1995—1996年，中国股票市场逐步活跃，交易所债券回购市场开始超常增长，不少机构投资者通过债券回购交易融资，并将资金投入股市，大量资金涌入股市推动了期间股市的大幅上涨。但同时也出现了很多问题，如操作不规范、利用回购绕开监管、地下交易，甚至部分券商大量挪用客户债券做回购融资以弥补资金短缺等。

股市的清理整顿反过来催生了银行间市场，1997年在国务院的统一部署下，中国人民银行要求商业银行全面退出交易所债券市场，银行间债券市场业务开始起步（相关背景介绍详见本书第31问）。

历经多次规范整治，2004年，上交所、深交所、中证登联合公布《标准券折算管理办法》，对国债和企业债规定了不同折算比率将不同现券折成标准券，此后数年间又完成几次修订。2006年5月，推出新的债券回购交易制度，主要内容包括核算单位由证券公司变为证券账户，开始实施质押库模式，进行交易系统前端检查等。

在银行间市场，2000年中国人民银行发布《全国银行间债券市场债券回购主协议》，标志着银行间债券回购交易的规范化，2004年财政部、中国人民银行、证监会发布《关于买断式回购交易业务的通知》，中国人民银行发布《全国银行间债券市场债券买断式回购业务管理规定》，银行间债券市场债券买断式回购正式推出。

债券借贷业务在我国则起步较晚，2006年11月，中国人民银行发布《全国银行间债券市场债券借贷业务管理暂行规定》（中国人民银行公告〔2006〕第15号），标志着我国银行间债券市场正式推出债券借贷业务。在推出的前几年，市场非常冷清，一年仅寥寥几笔交易。在国有大行参与等因素的推动下，2012年后债券借贷业务开始加速发展。2022年2月11日，中国人民银行发布《银行间债券市场债券借贷业务管理办法》，对相关规则进行了进一步完善。

2015年3月，上海证券交易所发布《关于开展债券借贷业务试点的通知》，标志着债券借贷业务进入交易所市场。

至此，债券回购及借贷市场形成交易所市场及银行间市场并立的格局，且各有特色，如表34-1所示。

表34-1　国内市场债券回购及借贷品种比较

项　　目	质押式回购	买断式回购	债券借贷
方式	以券融资	以券融资	以券融券
交易目的	主要为了融资	主要为了融资	卖空、套利或者再融资
交易场所	沪、深交易所银行间债券市场	上交所(仅限国债)银行间债券市场	沪、深交易所银行间债券市场
标的债券所有权是否转移	否	是	否(我国均为质押式债券借贷)

续表

项　　目	质押式回购	买断式回购	债券借贷
押券规则	可押多只券	单笔单券	可押多只券
期限	最长365天	最长365天	最长365天
是否必须履约	必须履约	到期可以不履约，承担违约责任即可；引入了"不履约申报"制度，融资方或出资方如无法按期履约，可主动进行到期回购的"不履约申报"	债券借贷发生违约的，借贷双方应当协商解决，守约方有权要求违约方继续履行或者终止履行，并可要求违约方根据规定或者借贷双方的约定支付补息、罚息
利息支付处理	逆回购方应将回购期间兑付的利息全额返还给正回购方	回购期间兑付的利息在到期交易价格中进行调整	标的债券：债券借入方应于兑息当日向借出方返还 质押债券：利息归债券借入方

2. 市场成交情况

（1）债券回购市场

① 市场规模

银行间与交易所回购规模在近年来均保持了极高的增速，从绝对规模来看，银行间质押式回购余额远高于交易所，规模之比约为4∶1。交易所市场的回购交易主要在上交所，当前，上交所债券回购未到期余额占两个交易所总余额比例超过90%。由于交易所未披露债券质押回购的券种明细，下面基于银行间市场相关数据进行分析，如图34-6所示。

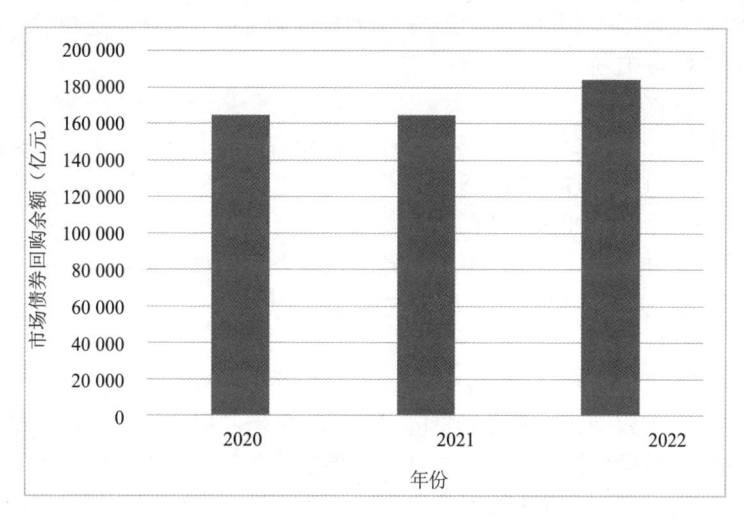

图34-6 2020—2022年银行间市场债券回购余额

资料来源：中国货币网、中债登。

目前市场回购以质押式为主，买断式回购仅占极小的部分。从银行间回购未到期余额及交易量来看，质押式回购占比超99%，且逐年不断提升。

② 券种结构

2021—2022年银行间市场债券质押式回购成交情况统计，如表34-2所示。

表34-2　2021—2022年银行间市场债券质押式回购成交情况统计（单位：亿元）

券　　种	2022年	2021年
国债	4 202 661.67	3 481 153.63
地方政府债	557 873.73	350 292.74
央行票据	4 949.61	2 865.90
政策性银行债	5 993 843.51	4 609 706.70
政府支持机构债	37 717.58	40 198.53
商业银行债券	500 172.87	285 946.74
非银行金融机构债券	25 425.32	18 193.62
企业债券	75 002.15	80 933.72
信贷资产支持证券	13 097.12	4 956.74
其他债券	812.42	1 989.86
合计	11 411 555.99	8 876 238.17

数据来源：中债登。

自2021年起，中债登开始披露银行间市场质押式回购的券种明细，从金额和占比上看，政策性银行债、国债因其标准化程度高、风险低的特点，在质押券中占据绝对比例。信贷资产支持证券作为可质押的标的券种，已经有不小体量的回购交易额，且2022年的回购交易活跃度相比于2021年显著提升，累计成交超过1.3万亿元。

（2）债券借贷市场

① 市场规模

目前银行间、沪深交易所市场均可开展债券借贷业务，上交所暂未披露相关明细数据，深交所2022年7月方开展债券借贷业务，体量很小，下面以银行间市场相关情况进行演示分析，如图34-7所示。

在多种因素推动下，2014年之后债券借贷业务开始加速发展，2017年开始，结算量突破2万亿元关口，2022年更是超过15万亿元规模。

② 券种结构

与质押回购类似，利率债因信用风险低、标准化程度高，是债券借贷的主力券种。对于债券融入方而言，债券借贷的主要目的是借券融资，选择利率债作为标的也就不难理解。按照中国货币网披露的债券借贷券种结构，近三年国债的债券借贷成交占比分别为36.20%、40.58%和43.70%；政策性金融债的债券借贷成交占比分别为56.11%、55.64%和55.00%，其他则是地方政府债、金融债有少量成交，信贷资产支持证券未见成交统计。

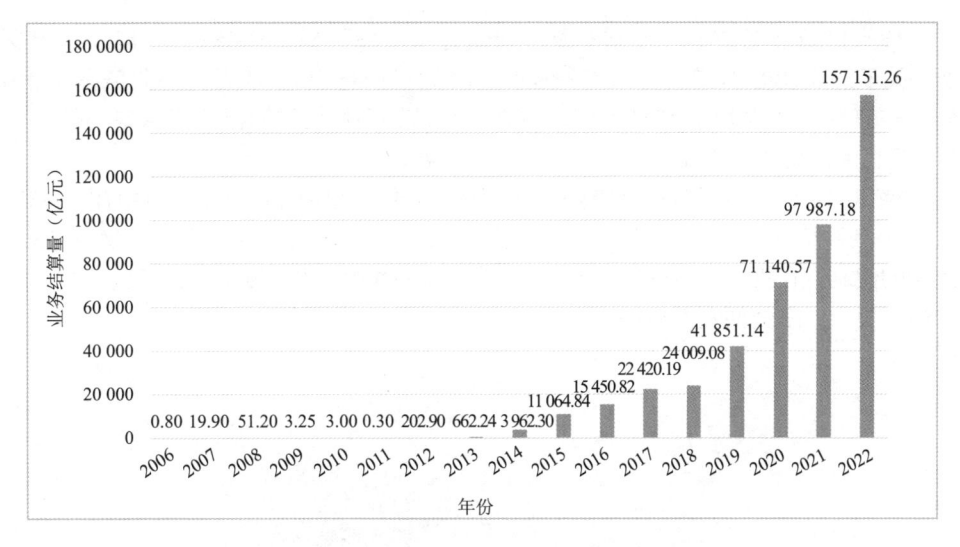

图34-7　近年来银行间市场债券借贷业务结算量

数据来源：中债登[①]。

三、总　　结

综上，在银行间市场，目前信贷资产支持证券的质押回购已经呈现一定交易量，且活跃度呈提升趋势。

在交易所市场，2015年上交所发布的《上海证券交易所债券质押式协议回购交易业务指引》第十五条规定："协议回购的质押券包括在本所交易或转让的各类债券、资产支持证券以及本所认可的其它产品"，但协议回购标准化程度低，成交难度较大。而2018年《上海证券交易所、中国证券登记结算有限责任公司债券质押式三方回购交易及结算暂行办法》（上证发〔2018〕22号）将资产支持证券纳入三方回购担保品范围："第十九条　可作为三方回购的担保品应当是上交所上市交易或者挂牌转让的债券，包括公开发行债券、非公开发行债券和资产支持证券。上交所可以根据市场情况调整用于三方回购的担保品品种。

以下债券不可作为三方回购的担保品：

（一）资产支持证券次级档；

（二）已经发生违约或经披露其还本付息存在重大风险的债券和资产支持证券；

（三）上交所认为不适合充当回购担保品的其他债券。"

尽管准入没有障碍，但从实务交流中了解，目前交易所市场资产支持证券质押回购仍然不够活跃，主要原因还是在于相比于其他债券品种，其信用标准化程度较低。

[①] 由于中债登的数据披露年限及完整度较高，本文采用中债登的债券借贷数据进行演示，但同期中国货币网披露的数据略高于中债登，原因可能是由于中债登对托管在上清所的证券成交数据统计不全。

债券借贷业务方面,根据《银行间债券市场债券借贷业务管理办法》、上交所《关于开展债券借贷业务试点的通知》《深圳证券交易所债券交易业务指南第5号——债券借贷业务》,资产支持证券在三个市场中均可作为标的债券参与债券借贷,但目前未见实际成交,市场仍需进一步发展。

整体而言,受益于银行间市场整体回购融资较为活跃的影响,且RMBS、车贷ABS等品种标准化程度相对较高、发起机构较为集中,银行间市场信贷ABS质押回购的便利性在提升。但交易所市场企业ABS券种个性化程度更高,开展质押回购的难度更大,融资便利性有待进一步提升。

35. ABS产品的二级估值可靠吗？

导读：债券估值是一项技术活儿，复杂的公式和曲线时常让人云里雾里。本问从估值原理出发，力求简单、直观地将估值过程和主流估值方法进行介绍，并进一步讨论ABS产品估值的难点和解决思路。

一、债券估值概述

估值，顾名思义就是对资产价值的评估。在会计上，对于报表中资产的估值一直是一个有争议的话题，对于流动性好、经常高频交易和换手且有公开市场的资产（如上市流通股票、期货等）估值比较简单，直接采用成交价（收盘价）即可；然而，对于那些流动性差的资产（如物业不动产、机器设备等），可能就要采用其他一些方法，比如按照它未来可能能够创造的现金流来估值（现金流贴现法），或者用买入时的成本价减去每年的折旧来估值（成本法）。债券作为特殊的一类有价证券，流动性介于上述两者之间，惯常采用的估值方法也分为成本法和市价法，成本法又包括买入成本法和摊余成本法，市价法包括成交价（收盘价）估值和第三方估值方法。

1. 成本法估值

成本法的估值出发点是买入价格，买入成本法（历史成本法）以债券的买入价格加上债券的应计利息来进行估值，摊余成本法以债券的买入价格加上债券的应计利息和每日累计摊销的折溢价对债券进行估值。

买入成本法计算起来较为简单。举个例子，假如按照98元买入一张剩余期限一年的债券，票面利率5%，债券一年以后到期归还100元面值和支付5元利息共105元，这样一年时间所获得的收益应该是5元的利息加上2元的溢价，即7元。如果用买入成本法进行估值计算，在债券到期前一天，债券估值为103元（98元买入成本加5元应计利息），2元的买入折价没有考虑，就存在低估（如果溢价买债券就会反过来存在虚高）。

而摊余成本法则会将买入时2元的折价在剩余期限内平均摊还，并体现在净值变化上，相比而言，摊余成本法比买入成本法更为公允一些。

那么，既然摊余成本法更为公允，为什么还有机构用买入成本法呢？因为在新会计准则中，只有"持有到期类资产"才能用摊余成本法估值，非持有到期类资产如果不易估值则可以权且用买入成本法估值。所以，过往有一些"较真"的资管机构就会对采用摊余成本法估值的账户限制债券卖出，降低了流动性，这样不得不采用买入成本法。

2. 市价法估值

市场成交价估值很好理解，类比股票，以当日二级市场收盘价进行估值。成交价估值尽管看似公允，但对于成交量小、成交不连续的债券，则价格可能会波动很大，且易于被人为干预，并不能很好地反映公允价值。

第三方估值法是目前市场普遍采用的方法，即参照第三方机构给出的估值价格。主流的第三方机构类型及其各自运用到的估值模型将在后文详细介绍，整体而言，第三方机构是基于市场整体的利率曲线并结合每只债券的具体要素等进行估值计算。

3. 资管新规背景下，成本法估值已逐渐退出舞台

从上面的介绍不难发现，成本法估值的好处是估值变动很平稳，且只涨不跌，过去受到银行机构等的青睐。但成本法估值忽略了两个重大的风险：一是信用波动风险，估值只涨不跌是建立在债券不会违约的假设前提下；二是开放赎回的风险，当产品端涉及期间开放申赎时，如果估值不够公允，则不同批次申购或赎回的份额的净值也不公允。

成本法估值的运用跟过去特定阶段的市场背景是分不开的，在资产端（债券无违约）和产品端（理财、资管产品）刚兑以及理财端固定收益+滚动续发资金池模式的搭配下，成本法净值只涨不跌且易于管理，自然而然成为金融机构首选，在此不做过多展开。也正是看到上述种种风险，监管机构对于金融资产估值的要求越来越严格，根据《关于规范金融机构资产管理业务的指导意见》（俗称"资管新规"）：

"十八、金融机构对资产管理产品应当实行净值化管理，净值生成应当符合企业会计准则规定，及时反映基础金融资产的收益和风险，由托管机构进行核算并定期提供报告，由外部审计机构进行审计确认，被审计金融机构应当披露审计结果并同时报送金融管理部门。

金融资产坚持公允价值计量原则，鼓励使用市值计量。符合以下条件之一的，可按照企业会计准则以摊余成本进行计量：

（一）资产管理产品为封闭式产品，且所投金融资产以收取合同现金流量为目的并持有到期。

（二）资产管理产品为封闭式产品，且所投金融资产暂不具备活跃交易市场，或者在活跃市场中没有报价，也不能采用估值技术可靠计量公允价值。

金融机构以摊余成本计量金融资产净值，应当采用适当的风险控制手段，对金融资产净值的公允性进行评估。当以摊余成本计量已不能真实公允反映金融资产净值时，托管机构应当督促金融机构调整会计核算和估值方法。金融机构前期以摊余成本计量的金融资产的加权平均价格与资产管理产品实际兑付时金融资产的价值的偏离度不得达到5%或以上，如果偏离5%或以上的产品数超过所发行产品总数的5%，金融机构不得再发行以摊余成本计量金融资产的资产管理产品。"

资管新规明确了资管产品净值化的管理模式，仅仅对小部分封闭式产品适当容忍可采取摊余成本法估值。在此背景下，市价法估值方法成为必选项，而如何选择合理的第三方估值方法也日益成为市场关注的核心。

二、债券估值原理与方法

目前市场参考较多的估值有两类，如表35-1所示，一类是以中债估值和中证估值代表的传统估值机构，还包括上清所估值、CFETS（交易中心）估值；另一类是以YY估值为代表的市场化估值机构。

表35-1 市场主要估值机构

	估值机构	估值模型
中债估值	中债金融估值中心有限公司（中债登旗下）	Hermite（赫尔米特）插值模型
中证估值	中证指数有限公司（沪深证券交易所共同出资成立）	贝叶斯平滑样条模型（Bayesian smoothing spline model）
CFETS估值	中国外汇交易中心暨全国银行间同业拆借中心（中国人民银行直属）	线性回归模型
上清所估值	银行间市场清算股份有限公司	改进型平滑样条拟合法
YY估值	瑞霆狗（深圳）信息技术有限公司	

估值是一项理论性和专业性很强的工作，关于估值方法和模型的探究并不是本问的重点，本问仅就估值原理与思路做简要阐述。为便于理解以及内部的连贯性考虑，下面以应用最广的中债估值体系为例进行介绍，主要内容来源于中债估值中心发布的《中债收益率曲线和估值基本原则》（2021年12月版），目前各估值机构也会披露各自所使用估值方法和编制过程，如图35-1所示。有兴趣的读者可参照阅读。

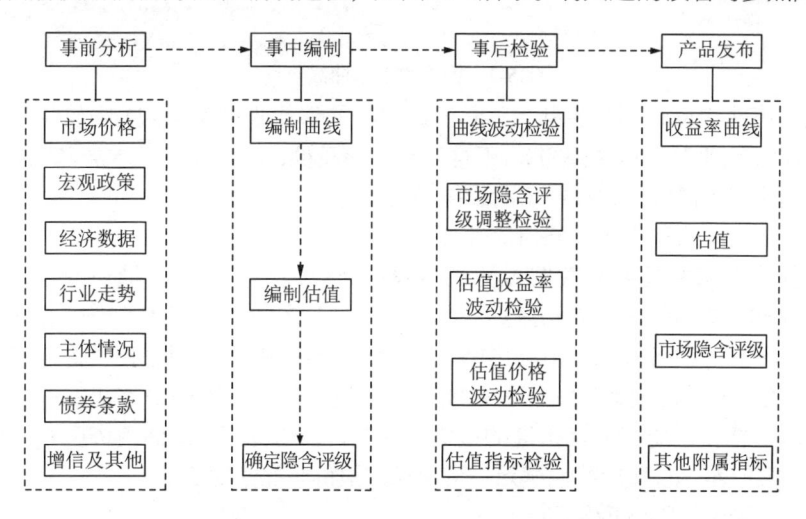

图35-1 中债收益率曲线及估值编制流程

1. 收益率曲线的编制

收益率曲线的编制是个券估值的基础，收益率曲线的构造，实际上就是曲线拟合的过程，即通过市场中可见的、合理的、离散分布于各个期限的行情信息，拟合出光滑连续的收益率曲线。

中债债券收益率曲线包括国债、政策性金融债、公司信用类债券、资产支持证券等完整曲线族系。截至2021年12月，中债收益率曲线包括到期、即期、远期等利率类型共计3 500余条，如图35-2所示。

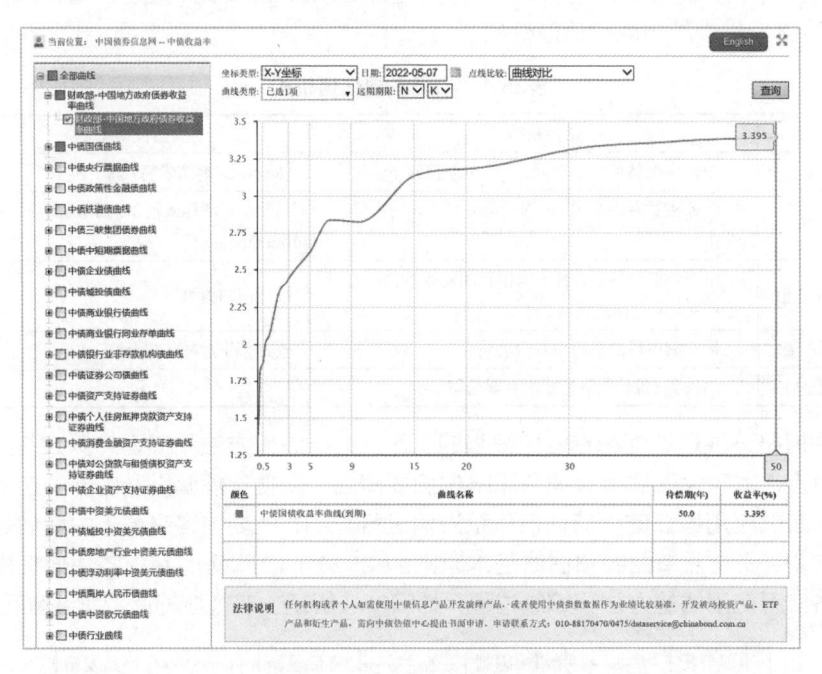

图35-2 中债收益率曲线查询

收益率曲线反映不同品种、不同评级债券的整体收益率情况（中债收益率曲线编制时评级参考中债隐含评级）。不难发现，该品种、该评级下样本券范围越广，信息采集越全，所拟合出的收益率曲线越精准。

（1）数据来源和市场价格可靠性评价

中债收益率曲线编制数据来源包括银行间双边报价数据、结算数据、柜台双边报价数据、交易所债券交易数据、市场成员收益率估值数据等。市场价格包括可靠一级市场价格和可靠二级市场价格。一般的，不存在"指导投标""商定利率"及"费用返还"等干扰因素，发行信息披露较为充分的一级市场价格可靠性更高；在二级市场价格中，能够相互印证的报价与成交价，与发行主体信用资质相匹配的成交价，买卖价差、时间持续性满足一定要求的报价可靠性更高。

（2）市场价格的选取原则

① 新发且流动性好的债券价格优先：在同品种、相似期限存在多只债券的情

况下，优先选择新发行且流动性好的债券的市场价格；

② 可靠价格优先：在一只债券同时存在多笔市场价格的情况下，优先选择可靠性更高的市场价格；

③ 最新价格优先：在一只债券日内存在多时点可靠市场价格的情况下，优先选择最新的市场价格；

④ 成交价格优先：在可靠报价与可靠成交价同时存在的情况下，优先选择可靠成交价。

（3）专家判断及异常价格剔除

在市场价格不充分、不可靠或存在异常或扭曲的情况下，应通过专家判断"去粗取精，去伪存真"。

为剔除交易结算价中的异常价格，需要将每日各类债券的交易结算价格与上一工作日对应的债券收益率曲线进行比较，发行异常价格，根据进一步对结算交易情况的分析，剔除"买断式回购"或为"做量"等原因而形成的异常价格。

2. 个券的估值

对于个券的估值，以中债收益率曲线为基础，采用现金流贴现模型进行估值，具体公式为：

$$PV = \frac{C/f}{(1+y/f)^w} + \frac{C/f}{(1+y/f)^{w+1}} + \cdots + \frac{C/f}{(1+y/f)^{w+n-1}} + \frac{M}{(1+y/f)^{w+n-1}}$$

式中：

PV——债券价值；

y——估值收益率，C——票面利率；

f——每年的利息支付频率，n——剩余的付息次数，$n-1$——剩余的付息周期数；

M——面值，D——估值日距最近一次付息日的天数（算头不算尾）；

$w=D$——当前付息周期的实际天数。

综上，现金流由债券基础条款确定，是客观存在的因子，影响债券价值计算的仅仅是估值收益率，即贴现率的选择。

第一步：选取合适的收益率曲线。收益率曲线的选择应考虑债券性质、币种、计息方式和基准利率类型（针对浮动利率债券）等，收益率曲线谱系越广、特征分类越清晰，越容易选取到越贴切的收益率曲线；

第二步：在对应的收益率曲线基础上确定个券的估值点差。估值点差反映债券因发行主体及债券信用、债券流动性等因素造成的细微定价差异，主要包括信用点差和流动性点差。其中，信用点差反映债券信用资质的差异，主要包括发行主体经营及财务表现、外部增信效力等；流动性点差反映债券因投资群体、交易场所和质押资格等造成的流动性差异。

3. 不同估值方法的差异比较

从上面估值过程不难想象，造成同一债券出现不同估值结果是很正常的，差异可能出现在以下任一环节：

（1）样本数据选取的差异性。在选取样本数据时，数据的广度和质量都会影响最终结果，中债估值、中证估值分别在银行间和交易所市场托管数据的可得性方面的优势，也是造成市场按照"银行间参照中债估值、交易所参照中证估值"的原因之一。

（2）模型选择对曲线拟合效果的差异性。收益率曲线是基于样本券数据和模型进行拟合的结果，选取的模式不同当然会造成拟合结果的不同，各个模型有自身特点，很难一概而论孰优孰劣。

（3）隐含评级和估值点差确定的主观性。对于每只债券在估值机构内部隐含评级的认定，以及对应的估值点差的判断，是存在较强主观性的，无法做到完全统一。

三、资产支持证券的估值难点与解决思路

资产支持证券的估值难点源于其产品结构复杂、标准化程度低及可比价格相对较少等特征，未来仍然需要从信息披露、估值方法等多个方面不断优化，以提升资产支持证券的估值公允性和可参考性。

1. 估值难点

（1）产品结构复杂，难以准确确定其未来现金流

如上文估值模型所示，准确的现金流是估值计算的前提，但种种因素限制了证券化产品现金流的取得。

信息披露不完整。尤其对于企业ABS和定向ABN，发行文件并不公开披露，估值机构能够获取的数据信息有限；

现金流计算方式复杂。即便是取得了完整的信息文件，但考虑证券化产品涉及优先劣后、循环购买、计划摊还或过手摊还、加速清偿、期限含权等复杂的结构设计，再叠加不同基础资产类型所对应的早偿、逾期、违约、回收等因素影响，要算出合理准确的现金流实在不是一件容易的事。

（2）二级成交不足，可比价格参照较少

证券化产品目前的成交不够活跃，导致有效的成交价格相对较少，增加了收益率曲线的编制难度，也影响了曲线的拟合效果。

（3）产品标准化程度低，很多产品难以准确分类

相较于信用债，证券化产品的谱系实在太杂，即便从大类资产维度进行划分，也难以做到十分精确。目前中债估值针对特定资产类型发布的收益率曲线也仅限于个人抵押贷款资产支持证券曲线、消费金融资产支持证券曲线、对公贷款与租赁债权资产支持证券曲线，都是在证券化产品中标准化程度较高的资产类型。

2. 解决思路

完善思路与上述难点相对应，主要在以下几个方面：

（1）提升信息披露水平

完善信息披露包括信息披露的完善性和准确性，以及信息披露的标准化程度，

针对不同的资产类型设计不同的信息披露指引，标准化和模板化程度越高，越利于市场机构使用。事实上，信息披露问题也是二级交易的主要掣肘之一。

（2）促进二级交易的活跃性

关于证券化产品二级交易是老生常谈的课题，关于二级交易的现状和促进思路在本书第33问中有所讨论。

（3）缩短发行与上市间隔

交易所企业ABS由于需要先在基金业协会完成备案再挂牌，发行与上市的间隔天数普遍在20天以上，时间差也会导致上市估值与面值的不合理差异。

（4）建立更科学、更细分的产品分类

结合基础资产类型、发行主体、增信模式等维度，建立更为完善的产品分类体系，以及与之相对应的收益率曲线类型。

当然，市场的完善是一个长期过程，且有些产品特性是无法改变和调整的，在具体业务实践中尤其需要理性看待估值，一是实事求是根据不同产品类型选择合适的价格参照；二是当估值明显异常时，综合一级市场可比发行价格、同一信用主体的其他产品等进行判定。

36. CDS是否开启了再证券化的大门？

导读：以CDS为代表的信用衍生产品在市场上有着很高的关注度，由于有着国外市场的前车之鉴，我国信用衍生产品的推出极为谨慎。目前所创设的与ABS产品相关的信用衍生品仍限定在凭证创设机构向投资人卖出信用风险工具，为投资人起到风险保护的作用，与再证券化距离还很远。

一、信用衍生产品简介

很多人一听到CDS，首先想到的是电影《大空头》中的画面，直觉上会将其联想为次贷危机的罪魁祸首。实际上，CDS只是信用衍生产品的一种，尽管在金融危机期间加剧了信用风险的传导，但信用衍生产品本身是一项极其重要的风险管理工具。

根据国际互换和衍生产品协会（ISDA）的定义，信用衍生产品是指用来分离和转移信用风险的各种工具和技术的总称，交易双方利用信用衍生产品来增加（或减少）对某一经济实体的信用风险暴露。

狭义上而言，信用衍生产品是一种用来交易信用风险的金融合约，合约价值基于标的公司、主权实体或是证券的信用表现，当信用事件（Credit Events）发生时，提供与信用风险造成的损失有关的保险。其中的信用事件既可包括拒付和破产等违约事件，还可包括借款者信用品质变化的信号，比如信用降级、债务重组等事件。

常见的信用衍生产品包括信用风险缓释合约（credit risk mitigation agreement, CRMA）、信用风险缓释凭证（credit risk mitigation warrant, CRMW）、信用违约互换（credit default swap, CDS）、总收益互换（total return swap, TRS）、信用联结票据（credit-linked note, CLN）、信用价差期权（credit spread option, CSO）等。

海外信用衍生产品起源于20世纪90年代初，产生背景源于20世纪中后期以来金融监管对商业银行资本约束的要求增强，推动银行从对传统信贷业务简单持有到期逐步转向积极对其信用风险进行主动管理。在这种背景下，一方面，银行对能够风险对冲、改善资产负债表、降低企业筹资成本的信用衍生产品工具的需求日渐上升；另一方面，以保险公司、基金公司等为代表的其他机构投资者为追求相对高的收益，宁愿承担一定的风险，信用衍生的出现增加了这些机构可投资产品的资产组合范围。

起步初期，由于市场透明度和流动性较低，市场规模一直较小，直到金融危机的出现对信用衍生品市场产生了重要推动性的影响。之后随着合约标准化、交易规则的完善化、产品种类的多元化，产品进入爆发式增长。

二、国内信用衍生产品发展情况及分类

国内目前信用衍生产品的种类较为有限，主要为信用保护类工具，分为合约式和凭证式，在银行间市场和交易所市场均有对应品种，如图36-1所示。

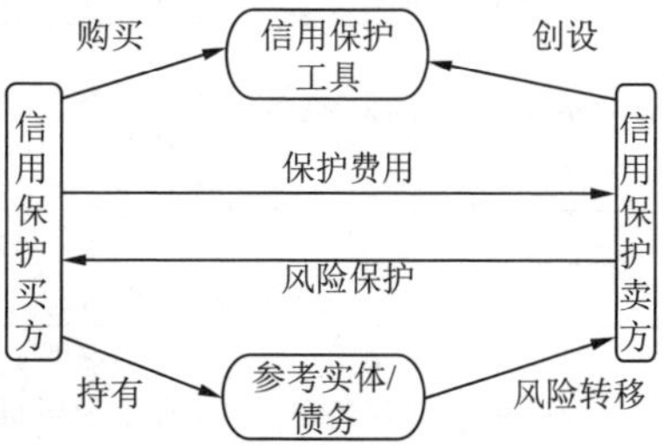

1. 国内信用衍生产品发展历程

2008年金融危机过后，银行间市场交易商协会汲取相关经验教训，于2010年10月29日发布《银行间市场信用风险缓释工具试点业务指引》，推出信用风险缓释合约和信用风险缓释凭证两类工具，标志着信用保护工具在我国的正式推出。

图36-1 信用保护工具运作架构

交易所市场则起步相对较晚，在2018年国务院关于"设立民营企业债券融资支持工具，支持民营企业债券融资"的背景下开始试点，并分别达成首批信用保护合约，如表36-1所示。

表36-1 信用保护工具相关政策梳理

时间	机构	文件	内容
2010-10	交易商协会	《银行间市场信用风险缓释工具试点业务指引》	推出CRMA和CRMW，保护对象为约定的单一债务
2012-08		《中国银行间市场金融衍生产品交易定义文件（2012年版）》	进一步规范场外衍生品市场
2016-09		《银行间市场信用风险缓释工具试点业务规则》	降低信用风险衍生品参与者进入门槛，简化流程；正式拓展信用缓释工具，新增了CDS和CLN，发布4种产品的新版业务指引；保护对象扩大到一个或多个参考实体
2016-09		《关于信用风险缓释工具试点业务相关备案事项的通知》	
2016-12	上清所	《关于开展信用风险缓释工具登记托管、清算结算业务有关事项的通知》	为信用风险缓释工具支持实体经济做基础设施准备
2018-10	交易商协会	《关于信用风险缓释工具一般交易商备案有关事项的通知》	进一步完善信用风险缓释工具自律管理制度
2019-01	上交所	《上海证券交易所中国证券登记结算有限责任公司信用保护工具业务管理试点办法》《信用保护工具交易业务指引》《信用保护工具交易业务指南》	交易所市场的信用风险缓释工具包括信用保护合约和信用保护凭证，试点阶段保护对象主要是交易所债券
	深交所	《深圳证券交易所中国证券登记结算有限责任公司信用保护工具业务管理试点办法》	

续表

时间	机构	文件	内容
2019-04	深交所	《深圳证券交易所信用保护工具业务指引》 《深圳证券交易所信用保护工具业务指南第1号——信用保护合约》	
2019-05	银保监会	《关于保险资金参与信用风险缓释工具和信用保护工具业务的通知》	明确保险资金可参与信用风险缓释工具和信用保护工具，但目的只能是对冲风险
2019-12	上交所	关于开展信用保护凭证业务试点的通知	
2020-04	深交所	《深圳证券交易所信用保护工具业务指南第1号——信用保护合约》（2020年4月修订）	进一步明确信用保护合约业务各环节操作过程，便于市场机构参与信用保护合约业务
2020-10	深交所	《关于开展信用保护凭证业务试点的通知》	鼓励更多市场机构参与信用保护工具业务
2021-04	中证登	《中国证券登记结算有限责任公司受信用保护债券质押式回购管理暂行办法》	
2021-07	上交所	《上海证券交易所信用保护工具交易业务指南》（2021年修订）	
2021-08	交易商协会	《信用风险缓释凭证创设说明书示范文本（2021年版）》	多角度推动信用风险缓释工具的市场创新
2022-01	深交所	《深圳证券交易所债券交易业务指南第3号——信用保护凭证》	
2022-05	交易商协会	推出升级版"支持工具"——"中债民企债券融资支持工具"（CSIPB）	与银行、证券公司、增进公司、担保机构等市场机构形成合力，释放支持民营企业债券融资的积极政策信号； 继续沿用"一箭六星"操作模式，通过创设风险缓释凭证、担保增信、交易型增信、信用联结票据、直接投资以及地方国企合作等六种模式支持符合条件的民企发债

资料来源：YY评级。

2. 国内信用保护工具分类

国内市场各类信用保护工具对比如表36-2所示。

表36-2 国内市场各类信用保护工具对比

产品	信用风险缓释合约(CRMA)	信用风险缓释凭证(CRMW)	信用联结票据(CLN)	信用违约互换(CDS)	信用保护合约	信用保护凭证
场所	银行间市场				交易所市场	
类别	合约类	凭证类	凭证类	合约类	合约类	凭证类

续表

产品		信用风险缓释合约(CRMA)	信用风险缓释凭证(CRMW)	信用联结票据(CLN)	信用违约互换(CDS)	信用保护合约	信用保证凭证
主协议		中国银行间市场金融衍生产品交易主协议	中国银行间市场金融衍生产品交易主协议（凭证特别版）	—	中国银行间市场金融衍生产品交易主协议	中国证券期货市场衍生品交易主协议（信用保护合约专用版）	—
信息披露要求		较少	较多	较多	较少	较少	较多
能否流通		否	能	能	否	否	能
参考标的		单项债务	单项债务	主体/债务	主体/债务	主体/债务	主体/债务
受保护债务范围		没有具体限定				在中国境内发行并在沪深证券交易所上市交易或者挂牌转让的以人民币计价的公司债券、可转换公司债券、企业债券及沪深交易所认可的其他债券	
凭证创设	创设方式	—	备案制	备案制	—	—	备案制
	创设机构	—	满足相关要求的核心交易商	满足相关要求的核心交易商	—	—	满足相关要求的核心交易商
	凭证投资者	—	核心交易商、一般交易商	核心交易商、一般交易商	—	—	合格投资者
投资者分层	认证机构	交易商协会				上海证券交易所、深圳证券交易所	
	认证方式	备案制				备案制	
	核心交易商权限	可与所有参与者进行信用风险缓释工具交易				可与所有参与者进行信用保护工具交易	
	一般/普通交易商权限	只能与核心交易商进行信用风险缓释工具交易				只能与核心交易商进行信用保护工具交易	
杠杆限制	核心交易商	信用风险缓释工具净卖出总余额不得超过其净资产的500%				卖出总余额不得超过其净资产的300%	
	一般/普通交易商	信用风险缓释工具净卖出总余额不得超过其相关产品规模或净资产的100%				卖出总余额不得超过其净资产的100%	
信用事件的分类		1.破产；2.支付违约；3.债券加速到期；4.债务潜在加速到期；5.债务重组等。（根据《中国场外信用衍生产品交易基本术语与使用规则（2016年版）》）				1.破产；2.支付违约；3.债务重组等	
信用事件后的结算方式		实物结算、现金结算				实物结算、现金结算	

涉及的重要概念如下：

合约类：信用风险保护合约通常为一对一签订，标准化程度较低，不能在二级市场上流通。

凭证类：相比于信用风险保护合约，信用风险保护凭证标准化程度更高，可以在二级市场流通转让。

信用事件：破产、支付违约、债务重组等（可选），可以是单一债务违约或者主体违约。

实物结算与现金结算：即凭证创设方以"截至实物结算日标的债务应付未付的本息"购买凭证持有者的标的资产份额，无法实物交割的，按照现金结算。

3. 国内信用保护工具市场规模

从发行情况来看，目前国内信用保护工具中CDS与CLN发行较少，CRMW发行相对较多，且其标准化程度较高，相关信息披露较为全面。

截至2022年10月底，市场上累计共创设信用保护工具577只，以CRMW为主，累计实际发行规模为729.98亿元，目前存续为245只、335.73亿元，如图36-2所示，综上所述。如上文所介绍，我国信用保护工具于2010年开始试点，但在2018年央行重提"通过出售信用风险缓释工具（CRMW）等多种方式，重点支持暂时遇到困难，但有市场、有前景、技术有竞争力的民营企业债券融资"后才开始集中发行，创设意义也由象征性的试点真正开始转为对冲信用风险，不过CRMW规模对标的债券的覆盖倍数仍然很低，2018年至今平均只有0.23倍。

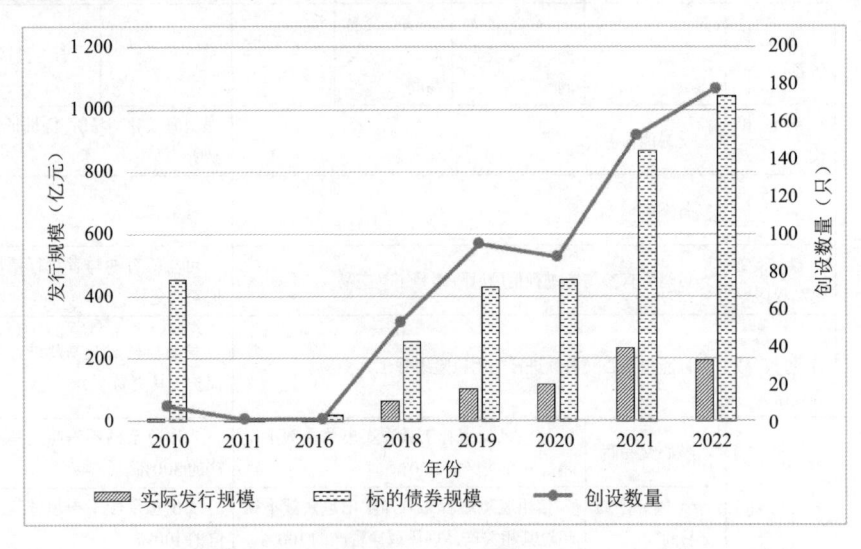

图36-2 各年信用保护工具创设情况及标的债券规模

三、交易所与银行间信用保护工具发行情况

交易所与银行间信用保护工具发行情况如表36-3所示。

表36-3 交易所与银行间信用保护工具发行情况[①]

证券代码	简称	债券名称	基础资产类别	债券评级	发行利率(%)	预期到期日	期限(年)	起始日	到期日	发行金额(万元)	创设价格(%)	信用事件触发条款
021607001.IB	16中信建投CRMW001	16农盈1优先	不良贷款	AAA	3.4800	2019-07-26	2.9781	2016-08-31	2021-07-26	80 000.00	0.30	标的实体破产,标的实体在标的债务项下发生支付违约
021900045.IB	19国泰君安CRMW001 (19京东ABN001中间)	19京东ABN001中间	个人消费贷款债权	BBB-	6.6900	2021-05-24	2.0438	2019-05-09	2021-05-24	3 285.00	1.30	标的实体破产,支付违约,宽限期为10个营业日,起点金额为人民币100万元
021900052.IB	19上海银行CRMW001 (19宇培ABN001优先)	19宇培ABN001优先	商业房地产抵押贷款债权	AA+	6.5000	2037-06-24	18.0000	2019-06-24	2022-06-24	25 000.00	1.40	标的实体破产,支付违约,宽限期为3个营业日,起点金额为人民币100万元
170004.SH	19华泰W1	PR19海优	租赁资产	AAA	5.4000	2021-10-29	1.8630	2019-12-19	2021-10-31	3 000.00	0.35	—
021900104.IB	19光大CRMW008 (19普华租赁ABN001优先01)	19普华租赁ABN001优先01	租赁资产债权	AAA	3.7000	2020-10-20	0.8082	2019-12-30	2020-10-20	—	0.25	支付违约,宽限期为3个营业日,起点金额为人民币100万元

① 此表中存在部分内容未公开披露,笔者将其空出,并画上一字线。

续表

证券代码	简称	债券名称	基础资产类别	债券评级	发行利率（%）	预期到期日	期限（年）	起始日	到期日	发行金额（万元）	创设价格（%）	信用事件触发支付条款
022000009.IB	20海通CRMW001（20诚泰租赁ABN001优先B）	20诚泰租赁（疫情防控债）ABN001优先B	租赁资产债权	AA	7.2000	2022-06-20	2.2959	2020-03-04	2022-06-20	1 000.00	2.90	支付违约，宽限期为10个营业日，起点金额为人民币100万元
022000043.IB	20兴业银行CRMW004（20和信包钢ABN001优先）	20和信包钢ABN001优先	供应链债权	AAA	4.8000	2020-12-09	0.4986	2020-06-10	2020-12-09	2 000.00	1.00	标的债务违约，宽限期为3个营业日，起点金额为人民币100万元
022000046.IB	20中信证券CRMW001（20建鑫3优先）	20建鑫3优先	不良贷款	AAA	3.9000	2023-04-26	2.8274	2020-06-29	2023-04-26	87 500.00	0.30	标的债务违约，宽限期为10个营业日，起点金额为人民币500万元
022000052.IB	20中信证券CRMW002（20建鑫3优先）	20建鑫3优先	不良贷款	AAA	3.9000	2023-04-26	2.8274	2020-07-17	2023-04-26	10 000.00	0.30	指标债务发生支付违约，宽限期为10个营业日，起点金额为人民币500万元
022000068.IB	20中信证券CRMW003（20瑞泽质享1优先）	20瑞泽质享1优先	个人汽车贷款	AAA	3.9000	2022-03-26	1.5260	2020-09-15	2022-03-26	—	0.20	标的债务发生支付违约，宽限期为5个营业日，起点金额为人民币500万元

续表

证券代码	简 称	标的债务							信用保护工具		
^	^	债券名称	基础资产类别	债券评级	发行利率(%)	预期到期日	期限(年)	起始日	到期日	发行金额(万元)	创设价格(%)	信用事件触发赔款
022000070.IB	20招商证券CRM W001(20建鑫5优先)	20建鑫5优先	不良贷款	AAA	4.4500	2023-01-26	2.3288	2020-09-28	2023-01-26	30 000.00	0.20	标的债务发生支付违约。宽限期为10个营业日，起点金额为人民币500万元
022000075.IB	20中信建投CRM W001(20工元至诚4优先)	20工元至诚4优先	不良贷款	AAA	4.4000	2023-03-26	2.4055	2020-10-29	2023-09-26	10 000.00	0.20	标的债务发生支付违约。宽限期为10个营业日，起点金额为人民币500万元
022000076.IB	20兴业银行CRM W006(20兴晴1优先C)	20兴晴1优先C	消费性贷款	AA	4.7800	2022-04-03	1.4247	2020-10-30	2022-04-03	3 000.00	0.40	指标的债务发生支付违约。宽限期为10个营业日，起点金额为人民币500万元
022000077.IB	20招商证券CRM W002(20兴晴1优先C)	20兴晴1优先C	消费性贷款	AA	4.7800	2022-04-03	1.4247	2020-10-30	2022-04-03	1 000.00	0.30	指标的债务发生支付违约。宽限期为10个营业日，起点金额为人民币500万元
022100046.IB	21招商证券CRM W001(21兴晴1优先C)	21兴晴1优先C	消费性贷款	AA	4.0000	2022-12-03	1.4795	2021-06-15	2022-12-03	—	1.20	标的债务发生支付违约。宽限期为10个营业日，起点金额为人民币500万元
022100045.IB	21中信建投CRM W001(21兴晴1优先C)	21兴晴1优先C	消费性贷款	AA	4.0000	2022-12-03	1.4795	2021-06-15	2022-12-03	—	1.20	标的债务发生支付违约。宽限期为10个营业日，起点金额为人民币500万元

续表

证券代码	简称	债券名称	基础资产类别	债券评级	发行利率(%)	预期到期日	期限(年)	起始日	到期日	发行金额(万元)	创设价格(%)	信用事件触发条款
022100094.IB	21国泰君安CRMW003（21兴晴2优先C）	21兴晴2优先C	消费性贷款	AA	3.7000	2023-02-08	1.4137	2021-09-10	2023-02-08	1 000.00	0.45	标的实体破产，标的债务发生支付违约，宽限期为10个营业日，起点金额为人民币500万元
170024.SH	21中信W7	德泰热02	基础设施收费	AAA	5.3000	2023-01-25	1.5562	2021-09-17	2023-01-25	1 500.00	—	支付违约，宽限期为5个营业日，起点金额为人民币100万元
170025.SH	21中信W8	德泰热03	基础设施收费	AAA	5.8000	2024-01-25	2.5562	2021-09-17	2024-01-25	2 500.00	—	支付违约，宽限期为5个营业日，起点金额为人民币100万元
022100125.IB	21中金CRMW002（21兴晴3优先C）	21兴晴3优先C	消费性贷款	AA	3.7000	2023-04-08	1.4027	2021-11-12	2023-04-08	—	—	标的债务发生支付违约，宽限期为10个营业日，起点金额为人民币500万元
022100121.IB	21中信证券CRMW005（21兴晴3优先C）	21兴晴3优先C	消费性贷款	AA	3.7000	2023-04-08	1.4027	2021-11-12	2023-04-08	1 000.00	0.20	标的债务发生支付违约，宽限期为3个营业日，起点金额为人民币100万元
022100151.IB	21中信证券CRMW007（21招银和信3优先C）	21招银和信3优先C	个人汽车贷款	A+	3.8000	2024-06-19	2.4932	2021-12-22	2024-06-19	1 000.00	0.20	标的债务发生支付违约，宽限期为5个营业日，起点金额为人民币100万元

续表

证券代码	简称	标的债务									信用保护工具			信用事件触发发叁款
^	^	债券名称	基础资产类别	债券评级	发行利率(%)	预期到期日	期限(年)	起始日	到期日	发行金额(万元)	创设价格(%)	^
0221100156.IB	21中信证券CRMW 008（21招银和信2优先C）	21招银和信2优先C	个人汽车贷款	AA-	4.0000	2024-06-19	2.5315	2021-12-24	2023-09-19	—	—	标的债务支付违约，宽限期为5个营业日，起点金额为人民币100万元
170066.SH	22银河W1	德银3B	租赁资产	AA+	4.0000	2023-08-31	1.4219	2022-03-30	2023-08-31	1 200.00	0.50	标的债务发生支付违约，宽限期为10个交易日，起点金额为人民币100万元
022200048.IB	22天津银行CRMW 004（22畅达天银ABN001优先B）	22畅达天银ABN001优先B	未分类的ABN	—	4.0000	2023-04-01	1.0000	2022-04-11	2023-04-01	440.00	0.20	—
022200047.IB	22天津银行CRM W003（22畅达天银ABN001优先A）	22畅达天银ABN001优先A	未分类的ABN	—	3.8000	2023-04-01	1.0000	2022-04-11	2023-04-01	2 300.00	0.20	—
022200052.IB	22招商证券CRMW 001（22兴晴1优先C）	22兴晴1优先C	消费性贷款	AA	3.0000	2023-10-08	1.4630	2022-04-22	2023-10-08	—	0.20	标的债务支付违约，宽限期为10个营业日，起点金额为人民币500万元

续表

证券代码	简称	债券名称	基础资产类别	债券评级	发行利率(%)	预期到期日	期限(年)	起始日	到期日	发行金额(万元)	创设价格(%)	信用事件触发条款
0222000054.IB	22华泰证券CRM W001 (22兴晴1优先C)	22兴晴1优先C	消费性贷款	AA	3.0000	2023-10-08	1.4630	2022-04-22	2023-11-08	—	0.30	宽限期支付违约,宽限期为10个营业日,起点金额为人民币500万元
170071.SH	22ZXW014	惠农08优	保理债权	AAA	5.5000	2023-04-28	0.9973	2022-04-29	2023-04-28	—	—	仅包括支付违约种情形,不包括破产和债务重组等。宽限期顺延:5个交易日起点金额:300万元人民币
170074.SH	22JHTW2	GC蔚能A2	租赁资产	AAA	3.4500	2024-02-25	1.7397	2022-05-31	2024-02-25	2 000.00	0.22	支付违约,宽限期为10个交易日,起点金额为人民币100万元,适用宽限期顺延
170073.SH	22JHTW1	GC蔚能A1	租赁资产	AAA	2.9700	2023-02-25	0.7397	2022-05-31	2023-02-25	—	—	支付违约,宽限期为10个交易日,起点金额为人民币100万元,适用宽限期顺延
170077.SH	22招商W2	2美意3B	小额贷款	AA+	3.6000	2024-06-26	2.0274	2022-06-17	2024-06-26	1 400.00	—	宽限期,起点金额为人民币100万元,适用宽限期顺延。宽限期为5个交易日,起点金额为人民币100万元,适用宽限期顺延

续表

证券代码	简称	债务名称	基础资产类别	债券评级	发行利率(%)	预期到期日	期限(年)	起始日	到期日	发行金额(万元)	创设价格(%)	信用事件触发条款
022200098.IB	22浙商银行CRMW024 22普惠3号ABN001优先（乡村振兴）	22普惠3号ABN001优先（乡村振兴）	保理融资债权	AAA	5.9500	2023-07-12	1.0000	2022-07-12	2023-07-12	—	—	标的债务支付违约，宽限期为3个营业日，起点金额为人民币100万元
022200117.IB	22中债增CRMW 007（22前联佳美ABN001优先）	22前联佳美ABN001优先	应收账款债权	AAA	4.5500	2023-07-28	0.9480	2022-08-16	2023-07-28	3 000.00	0.80	支付违约，宽限期为3个营业日，起点金额为人民币100万元
022200118.IB	22浙商银行CRMW030（22前联佳美ABN 001优先）	22前联佳美ABN001优先	应收账款债权	AAA	4.5500	2023-07-28	0.9480	2022-08-16	2023-07-28	25 000.00	0.60	支付违约，宽限期为3个营业日，起点金额为人民币100万元
170088.SH	22平安W1	22蒙牛1A	应收账款	AAA		2023-03-07	0.4959	2022-09-07	2023-03-07		0.05	支付违约，宽限期为10个交易日，起点金额为人民币100万元，适用宽限期顺延
170086.SH	22银河W4	22GT3优	租赁资产	AAA	4.3800	2025-02-25	2.5863	2022-09-09	2025-02-25	31 900.00	1.05	支付违约，宽限期，起点金额为人民币100万元，适用宽限期顺延

续表

证券代码	简称	债券名称	基础资产类别	标的债务 债券评级	标的债务 发行利率(%)	标的债务 预期到期日	标的债务 期限(年)	标的债务 起始日	标的债务 到期日	信用保护工具 发行金额(万元)	信用保护工具 创设价格(%)	信用事件触发条款
170087.SH	22招商W3	美意2B	小额贷款	AA+	4.3900	2023-08-28	1.7014	2022-09-09	2024-05-27	1 600.00	0.10	支付违约,宽限期为10个交易日,起点金额为人民币100万元,适用宽限期顺延
170090.SH	22ZZSW1	3美意3B	小额贷款	AA+	3.3500	2024-05-27	1.6959	2022-09-16	2024-05-27	—	0.10	支付违约,宽限期为10个交易日,起点金额为人民币100万元,适用宽限期顺延
170095.SH	22招商W4	美意4B	小额贷款	AA+	3.7000	2023-10-26	1.6658	2022-10-20	2024-09-26	—	—	支付违约,宽限期为5个交易日,起点金额为人民币100万元,适用宽限期顺延

资料来源:Wind。

由于数据可得性，上述统计仅包含信用风险缓释凭证（CRMW）和信用保护凭证，呈现如下特点：

（1）从标的债务的基础资产类别来看，5单标的资产为不良贷款，9单为消费贷款，7单为租赁资产，其余19单中，资产类别涵盖个人汽车贷款、供应链债权、小额贷款等。上述统计中，信用风险缓释凭证共27单，信用保护凭证共13单，前者占比较多。

（2）从标的债务的评级来看，绝大多数债项评级在ＡＡ+级及以上。有3单评级在ＡＡ级以下，分别为"21中信证券ＣＲＭＷ007（21招银和信3优先Ｃ）""21中信证券ＣＲＭＷ008（21招银和智2优先Ｃ）"和"19国泰君安ＣＲＭＷ001（19京东ＡＢＮ001中间）"；有19单评级为ＡＡＡ。

在3单评级在ＡＡ级以下的债券中，21中信证券ＣＲＭＷ007（21招银和信3优先Ｃ）创设价格0.20％，标的债务为21招银和信3优先Ｃ，评级为Ａ+，资产类别为个人汽车贷款；21中信证券ＣＲＭＷ008（21招银和智2优先Ｃ）创设价格未知，标的债务为21招银和智2优先Ｃ，评级ＡＡ-，资产类别为个人汽车贷款；19国泰君安ＣＲＭＷ001创设价格1.30％，标的债务为19京东ＡＢＮ001中间，评级ＢＢＢ-，底层资产为京东白条。

对于评级较低的券种而言，承销商配套发行信用风险缓释凭证，能够有效提升产品中评级较低层级的市场需求，保障整个项目的成功发行。

（3）从信用事件触发条款来看，目前40单产品的条款设置都比较规整，除3单未披露外，所有产品信用条款触发日期均包含预期到期日，且设置了宽限期及相应的起点金额。因此从条款来看，目前市场上多数产品为投资者提供了相对明确的兑付时间保障，至少能够保证本息按"预期"兑付。

但相较于加权平均期限而言，投资者仍需面临一定程度上投资期限被迫拉长的问题。基于过手型ＡＢＳ产品的信用衍生品通常难以将"预期现金流"与实际现金流的偏差作为信用触发事件，因此，对于投资者而言，假设由于资产池恶化导致ＡＢＳ产品不足以兑付本息，信用保护工具仅能保证本息最终兑付。因此，虽然最终投资者的持有期票息不变，但持有期将长于预期。特别是20中信证券ＣＲＭＷ001及002，凭证期限相比于标的债务20建鑫3优先档的加权平均期限存在较大差距。

（4）从定价层面来看，当前信用风险缓释凭证的定价市场化程度仍然不高。这与部分凭证的标的债务信用风险较低，叠加预期到期日测算保守有关。此外，由于市场发行量仍较小，也难免出现非市场化的偶然因素。

我们认为信用衍生品的创设对于ＡＢＳ市场具有积极的意义，具有较大的发展空间。虽然在试点初期，承销商均选择了自己非常了解且市场接受度也比较高的产品来创设信用衍生产品，但在ＡＢＳ市场发展仍不充分的阶段，承销商对于资产的了解通常仍然高于大多数投资者，使得实务中部分资质实质上较好的品种面临包销风险。通过创设信用保护工具，承销商可以促进部分评级较低的ＡＢＳ产品的销售，节约包销资源。同时对于投资者而言，购买信用保护工具后也可以打消顾虑，通过配套购买信用保护凭证来进一步观察特定资产的表现和信用特征。

需要注意的是,对于过手摊还型的ABS产品而言,并不存在一个确定的、承诺的现金流,而仅仅存在一个"预期现金流"。基于过手型ABS产品的信用衍生品通常难以将"预期现金流"与实际的偏差作为信用触发事件,比较现实的只能是以"预期到期日"或"法定到期日"的本金支付作为信用触发事件。因此,对于投资者而言,假设由于资产池恶化导致ABS产品不足以兑付本息,信用保护工具仅保护了最后的兑付,最终投资者的持有期票息不变,但持有期将长于预期。

定价方面,试点初期产品的定价大多市场化程度不高,参考性不强,部分产品的价格明显是偏高的。随着市场的发展,我们相信市场能够逐步地摸索出合理的定价方式。

四、信用衍生产品的风险防范

在次贷危机过程中,资产证券化和信用衍生品的结合,很大程度上诱发和加剧了危机的蔓延,我国市场则是在充分借鉴和吸取了境外市场的经验教训后,谨慎进行相关试点。目前看来,在风险防范方面还是极其严格。

一是多次明确国内资产证券化试点的原则包括防范风险,且不允许开展再证券化。

二是信用衍生产品参考实体结构相对简单,次贷危机前CDS常常与其他金融衍生品嵌套使用,使得CDS参考实体的透明度降低,层层嵌套后使得投资者根本无法厘清底层资产的风险。

三是信用衍生产品严格控制杠杆,不允许卖空机制,且对交易商的创设规模有严格限制。

读 者 意 见 反 馈 表

亲爱的读者：

感谢您对中国铁道出版社有限公司的支持，您的建议是我们不断改进工作的信息来源，您的需求是我们不断开拓创新的基础。为了更好地服务读者，出版更多的精品图书，希望您能在百忙之中抽出时间填写这份意见反馈表发给我们。随书纸制表格请在填好后剪下寄到：北京市西城区右安门西街8号中国铁道出版社有限公司大众出版中心经济编辑部 张亚慧 收（邮编：100054）。此外，读者也可以直接通过电子邮件把意见反馈给我们，E-mail地址是：lampard@vip.163.com。我们将选出意见中肯的热心读者，赠送本社的其他图书作为奖励。同时，我们将充分考虑您的意见和建议，并尽可能地给您满意的答复。谢谢！

所购书名：_____

个人资料：

姓名：_____ 性别：_____ 年龄：_____ 文化程度：_____

职业：_____ 电话：_____ E-mail：_____

通信地址：_____ 邮编：_____

您是如何得知本书的：

□书店宣传 □网络宣传 □展会促销 □出版社图书目录 □老师指定 □杂志、报纸等的介绍 □别人推荐
□其他（请指明）_____

您从何处得到本书的：

□书店 □邮购 □商场、超市等卖场 □图书销售的网站 □培训学校 □其他

影响您购买本书的因素（可多选）：

□内容实用 □价格合理 □装帧设计精美 □优惠促销 □书评广告 □出版社知名度
□作者名气 □工作、生活和学习的需要 □其他

您对本书封面设计的满意程度：

□很满意 □比较满意 □一般 □不满意 □改进建议

您对本书的总体满意程度：

从文字的角度 □很满意 □比较满意 □一般 □不满意
从技术的角度 □很满意 □比较满意 □一般 □不满意

您希望书中图的比例是多少：

□少量的图片辅以大量的文字 □图文比例相当 □大量的图片辅以少量的文字

您希望本书的定价是多少：

本书最令您满意的是：

1.
2.

您在使用本书时遇到哪些困难：

1.
2.

您希望本书在哪些方面进行改进：

1.
2.

您需要购买哪些方面的图书？对我社现有图书有什么好的建议？

您更喜欢阅读哪些类型和层次的经管类书籍（可多选）？

□入门类 □精通类 □综合类 □问答类 □图解类 □查询手册类

您的其他要求：